KB232585

나만의 주제별 영단어 학습 플래너

VOCA PLANNER

고등 **필수**

신문섭·안세정·황우연

신문섭　혜화여자고등학교 교사
　　　　서울대학교 사범대학 영어교육과 졸업

안세정　중경고등학교 교사
　　　　서울대학교 사범대학 영어교육과 졸업

황우연　잠일고등학교 교사
　　　　서울대학교 사범대학 영어교육과 졸업

VOCA PLANNER 고등 필수

지은이 신문섭, 안세정, 황우연
펴낸이 정규도
펴낸곳 (주)다락원

개정판 1쇄 발행 2025년 11월 28일

편집장 홍인표
편집 정연순
디자인 박나래, 김예지
영문 감수 Ted Gray

다락원 경기도 파주시 문발로 211
내용 문의 (02)736-2031 내선 501
구입 문의 (02)736-2031 내선 250~252
Fax (02)732-2037
출판 등록 1977년 9월 16일 제406-2008-000007호

ISBN 978-89-277-8102-8　54740
　　　978-89-277-8101-1　54740 (set)

http://www.darakwon.co.kr
다락원 홈페이지를 방문하시면 상세한 출판 정보와 함께 MP3 자료 등의 다양한 어학 정보를 얻으실 수 있습니다.

주제별로 핵심 어휘만 쏙쏙 뽑은
VOCA PLANNER
고등 시리즈 확장판 소개

🍀 **VOCA PLANNER 고등 시리즈 확장판**은 '수능 완성' 단계를 새롭게 추가하여 〈고등 필수〉, 〈수능 필수〉, 〈수능 완성〉 총 3단계로 확장 구성했습니다.
고등학생이 꼭 알아야 할 필수 어휘를 촘촘하게 학습하여 내신과 수능 대비를 효과적으로 할 수 있습니다.

🍃 최신 교육과정 권장 어휘와 주요 고등 교과서, 수능 기출, 모의평가, 학력평가를 분석하여 중요 어휘만 선별했습니다.

🍂 소주제로 주제를 세분화하여, 어휘의 뜻을 주제에 맞게 연상하며 학습할 수 있습니다.

🍁 새롭게 추가된 **Voca Plus** 코너로 주요 혼동어를 학습할 수 있습니다.

🍀 플래너 기능이 담긴 **미니 단어장**이 새롭게 추가되어, 휴대하며 어휘를 학습할 수 있습니다.

VOCA PLANNER 고등 시리즈 확장판 단계

고등 필수
표제어 1,500개 수록
대상 고1~고2 ｜ 고등학생이 꼭 알아야 할 고등 기본·필수 어휘

수능 필수
표제어 1,500개 수록
대상 고3~수능 대비 학습자 ｜ 수능 및 모의평가 고빈출 필수·고난도 어휘

수능 완성
표제어 1,500개 수록
대상 수능 전 최종 점검 학습자 ｜ 수능 및 모의평가 최빈출 기본·필수·고난도 어휘 총정리

VOCA PLANNER 특징 및 활용법

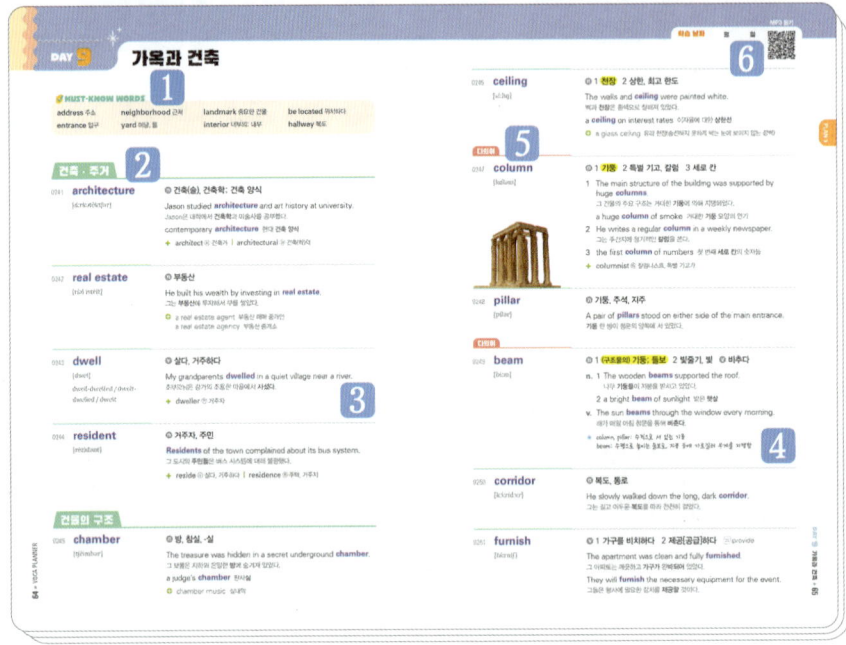

1 **Must-Know Words**
고등 레벨에서 이미 알고 있어야 하는 기본 어휘들이 제시됩니다. 어휘의 뜻을 알고 있는지 확인하고, 자신의 실력을 점검하세요.

2 **소주제별로 관련 표제어가 묶여 있어 어휘 뜻 암기에 효과적**
소주제로 묶여 서로 연관된 어휘들의 뜻을 연상하면서 암기합니다.

3 **표제어의 뜻을 잘 보여주는 최적의 예문**
어휘의 뜻을 잘 보여주는 예문을 읽으며 어휘의 쓰임을 익힙니다.

4 **어휘 학습에 도움을 주는 다양한 팁**
혼동하기 쉬운 어휘, 영영풀이, 어원, 동·반의어, 파생어 등 팁을 읽으며 어휘를 확실하게 익힙니다.

5 **중요한 다의어는 특별 관리**
3개 이상의 뜻을 가진 어휘에는 다의어 표시, 해당 주제에 맞는 뜻에는 노란색 표시가 되어 있습니다.
각각의 뜻과 예문을 꼼꼼히 익힙니다.
*다의어 표시는 없지만 두 개 이상의 뜻이 있는 표제어의 경우에도 주제에 해당하는 어휘에 노란색으로 표시했습니다.

6 **Day별 4가지 버전의 MP3 듣기 활용**
〈표제어 개별/전체 듣기〉로 표제어의 뜻을 떠올려보고, 〈표제어+우리말 뜻 듣기〉로 뜻 확인 후, 〈표제어+우리말 뜻+예문 듣기〉로 예문까지 모두 들으며 어휘의 쓰임과 발음을 확실하게 학습합니다.

학습하기 전 알아두기

n 명사 | **v** 동사 | **a** 형용사 | **ad** 부사 | **prep** 전치사 | **pron** 대명사 | **conj** 접속사
★ 어원과 팁 표시 | ✚ 예문의 핵심 표현 정리 | 영영 영영풀이 표시 | ✚ 파생어 표시

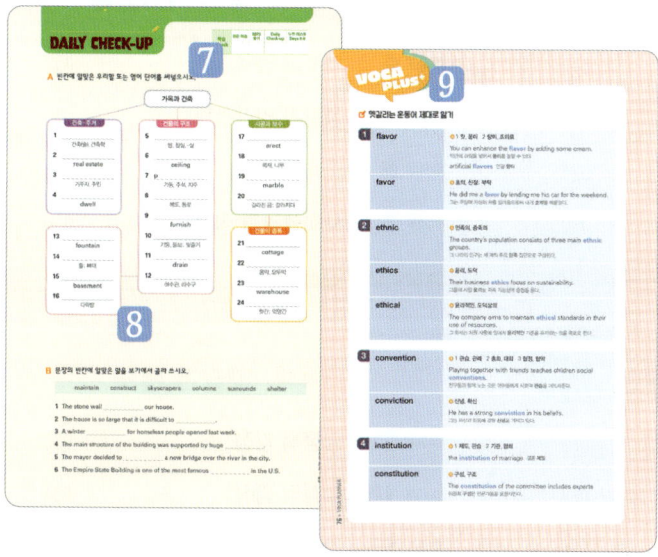

7 Day별 학습 진도 체크 표

하루하루 해야 할 학습 진도표에 학습했는지 여부를 체크하면서 학습하세요.

8 Daily Check-up으로 확실한 복습

소주제에 맞게 분류한 워드맵과 〈확장판〉에 새롭게 추가된 문장 빈칸 채우기 연습으로 어휘를 확실하게 복습합니다.

9 Voca Plus 코너로 헷갈리는 혼동어 제대로 알기

〈확장판〉에 추가된 Voca Plus를 통해 매 PLAN마다 주요 표제어와 헷갈리는 혼동어를 확실하게 학습합니다.

10 매일매일 누적테스트

Days 1–2, Days 2–3 방식으로 하루씩 누적한 테스트로 앞에 학습한 어휘도 누적하여 복습합니다.

11 휴대용 미니 단어장

미니 단어장 속의 To-Do List에 할 일을 체크하면서 어휘를 암기합니다.

온라인 부가자료 (www.darakwon.co.kr)

다락원 홈페이지에서 무료로 다양한 부가자료를 다운로드하거나 웹에서 이용할 수 있습니다.

- **각종 추가 테스트지 제공**

- **PLAN별 추가 Review Test 제공**

- **4가지 버전의 MP3 듣기 파일**

  표제어 전체 듣기 | 표제어 개별 듣기 | 표제어+우리말 뜻 듣기 | 표제어+우리말 뜻+예문 듣기

- **5가지 유형의 문제 출제가 가능한 문제출제프로그램 제공**

  영어 단어 쓰기 | 우리말 뜻 쓰기 | 영영풀이 보고 어휘 쓰기 | 문장이나 어구 빈칸 채우기 | 음성 받아쓰기(단어를 듣고 단어와 우리말 뜻 쓰기)

VOCA PLANNER 고등 필수 목차

VOCA PLANNER 학습 계획표

매일매일 계획을 세워 Day별로 날짜를 쓰면서 단어를 외워보세요. 한 책을 다 학습한 후 2회독하면 더욱 더 고등 필수 어휘를 내 것으로 만들 수 있어요.

		1회독			2회독		
PLAN 1	Day 1	년	월	일	년	월	일
	Day 2	년	월	일	년	월	일
	Day 3	년	월	일	년	월	일
PLAN 2	Day 4	년	월	일	년	월	일
	Day 5	년	월	일	년	월	일
	Day 6	년	월	일	년	월	일
	Day 7	년	월	일	년	월	일
PLAN 3	Day 8	년	월	일	년	월	일
	Day 9	년	월	일	년	월	일
	Day 10	년	월	일	년	월	일
PLAN 4	Day 11	년	월	일	년	월	일
	Day 12	년	월	일	년	월	일
	Day 13	년	월	일	년	월	일
	Day 14	년	월	일	년	월	일
PLAN 5	Day 15	년	월	일	년	월	일
	Day 16	년	월	일	년	월	일
	Day 17	년	월	일	년	월	일
	Day 18	년	월	일	년	월	일
PLAN 6	Day 19	년	월	일	년	월	일
	Day 20	년	월	일	년	월	일
	Day 21	년	월	일	년	월	일
	Day 22	년	월	일	년	월	일
PLAN 7	Day 23	년	월	일	년	월	일
	Day 24	년	월	일	년	월	일
	Day 25	년	월	일	년	월	일
	Day 26	년	월	일	년	월	일

		1회독			2회독		
PLAN 8	Day 27	년	월	일	년	월	일
	Day 28	년	월	일	년	월	일
	Day 29	년	월	일	년	월	일
	Day 30	년	월	일	년	월	일
PLAN 9	Day 31	년	월	일	년	월	일
	Day 32	년	월	일	년	월	일
	Day 33	년	월	일	년	월	일
PLAN 10	Day 34	년	월	일	년	월	일
	Day 35	년	월	일	년	월	일
	Day 36	년	월	일	년	월	일
	Day 37	년	월	일	년	월	일
PLAN 11	Day 38	년	월	일	년	월	일
	Day 39	년	월	일	년	월	일
	Day 40	년	월	일	년	월	일
PLAN 12	Day 41	년	월	일	년	월	일
	Day 42	년	월	일	년	월	일
	Day 43	년	월	일	년	월	일
	Day 44	년	월	일	년	월	일
PLAN 13	Day 45	년	월	일	년	월	일
	Day 46	년	월	일	년	월	일
	Day 47	년	월	일	년	월	일
	Day 48	년	월	일	년	월	일
PLAN 14	Day 49	년	월	일	년	월	일
	Day 50	년	월	일	년	월	일

PLAN 1
인체와 건강

동작과 외모
posture 자세; 태도
graceful 우아한, 품위 있는

신체와 건강
physical 신체의, 육체의
recovery 회복, 완쾌

인체와 건강

의학과 질병
surgery 수술
infectious 전염되는, 전염성의

DAY 1 동작과 외모

✔ MUST-KNOW WORDS

bend 굽히다; 구부리다　　lay 놓다, 두다　　fold 접다　　blow 불다

appearance 외모　　height 키　　weigh 무게가 ~이다　　curly 곱슬곱슬한

얼굴

0001 frown
[fraun]

ⓥ 얼굴[눈살]을 찌푸리다[찡그리다]　ⓝ 찌푸림, 찡그림

He **frowned** when he heard the bad news.
그는 그 나쁜 소식을 듣고 **얼굴을 찌푸렸다**.

A slight **frown** appeared on the old woman's brows.
그 노부인의 눈썹에 살짝 **찡그린** 표정이 나타났다.

0002 sneeze
[sniːz]

ⓥ 재채기하다　ⓝ 재채기

I suddenly felt the urge to **sneeze**.
나는 갑자기 **재채기하려는** 충동을 느꼈다.

a loud **sneeze** 커다란 **재채기**

0003 sigh
[sai]

ⓥ 한숨을 쉬다　ⓝ 한숨

I heard him **sigh** deeply and saw him close his eyes.
나는 그가 깊은 **한숨을 쉬는** 것을 들었고 눈을 감는 것을 보았다.

a **sigh** of relief 안도의 **한숨**

0004 swallow
[swάlou]

ⓥ 삼키다

You should chew your food well before **swallowing** it.
음식을 **삼키기** 전에 잘 씹어야 한다.

➕ swallow ~ whole: ~을 통째로 삼키다

동작

0005 motion
[móuʃən]

ⓝ 운동, 움직임, 동작

Why do infants like the rocking **motion** of the cradle?
왜 아기들은 요람의 흔들리는 **움직임**을 좋아할까?

He made a cutting **motion** with his hand.
그는 손으로 자르는 **동작**을 했다.

➕ in motion 움직이고 있는, 진행 중인

PLAN 1

0006 **posture**

[pɑ́stʃər]

ⓝ 자세; 태도

An upright **posture** gave humans free use of their hands.
직립 **자세**는 인간이 손을 자유롭게 쓸 수 있도록 해주었다.

take a defensive **posture** 방어적인 **태도**를 취하다

0007 **swift**

[swift]

ⓐ 신속한, 재빠른

a **swift** movement   **신속한** 움직임, **빠른** 동작
We need to make a **swift** decision on how to act.
우리는 어떻게 행동할지에 대해 **신속한** 결정을 내려야 한다.

＋ swiftly ⓐⓓ 신속하게, 재빨리

0008 **lean**

[liːn]

ⓥ 1 기대다(against, on)   2 (몸을) 기울이다, 숙이다

1 **lean** against the wall   벽에 **기대다**
   You can **lean** on me whenever you need help.
   네가 도움이 필요할 때면 언제든 나에게 **기대도** 된다.

2 She **leaned** out the window to greet me.
   그녀는 나에게 인사를 하려고 창 밖으로 **몸을 기울였다**.

➕ lean on ~ : ~에게 기대다[의지하다]

0009 **stride**

[straid]

stride-strode-stridden

ⓥ 성큼성큼 걷다   ⓝ (성큼성큼 걷는) 걸음, 걸음걸이

He **strode** across the room toward her.
그는 방을 가로질러 그녀를 향해 **성큼성큼 걸어갔다**.

A cheetah can accelerate to a speed of 40mph in three **strides**.
치타는 세 **걸음**에 시속 40마일의 속도로 가속할 수 있다.

0010 **leap**

[liːp]

leap-
leaped / leapt-
leaped / leapt

ⓥ 뛰다, 도약하다

Squirrels can easily **leap** from tree to tree.
다람쥐들은 나무에서 나무로 쉽게 **뛰어오를** 수 있다.

➕ leap to one's feet   벌떡 일어서다

🔤 to jump high or far

0011 **scratch**

[skrætʃ]

ⓥ 긁다, 할퀴다   ⓝ 긁힌 자국, 찰과상

I **scratched** my leg where the mosquito had bitten me.
나는 모기가 물었던 다리를 **긁었다**.

I found a **scratch** on my phone screen.
나는 내 휴대폰 화면에서 **긁힌 자국**을 발견했다.

0012 embrace
[imbréis]

ⓥ 1 껴안다, 포옹하다 ＝hug 2 (기꺼이) 받아들이다 ⓝ 포옹

v. 1 He **embraced** his wife when she came back home.
그는 아내가 집에 돌아왔을 때 아내를 **포옹했다**.

2 **embrace** change 변화를 **받아들이다**

n. a welcome **embrace** 환영의 포옹

0013 nod
[nɑd]

ⓥ 1 (고개를) 끄덕이다 2 꾸벅꾸벅 졸다

I asked her if she was ready to go, and she **nodded**.
나는 그녀에게 갈 준비가 되었는지 물었고, 그녀는 **고개를 끄덕였다**.

My grandfather sat **nodding** in his armchair.
할아버지는 팔걸이 의자에 앉아 **꾸벅꾸벅** 졸고 계셨다.

➕ nod (one's) approval 고개를 끄덕여 동의하다

0014 burst
[bə:rst]
burst–burst–burst

ⓥ 1 터지다; 터뜨리다 2 갑자기 ～하다 ⓝ 파열, 폭발; 돌발

v. 1 The balloon **burst** when the child stepped on it.
아이가 밟자 풍선이 **터졌다**.

2 Our conversation ended when she **burst** into the room.
그녀가 **갑자기** 방 안으로 **들어와서** 우리의 대화는 끝이 났다.

n. a **burst** of laughter 갑작스러운 웃음

➕ burst into laughter / tears 갑자기 웃음/울음을 터뜨리다

0015 overhead
[òuvərhéd]

ⓐⁿ 머리 위에, 머리 위로 ⓐ 머리 위의

She stared at the stars **overhead**.
그녀는 **머리 위로** 별들을 응시했다.

an **overhead** cupboard 머리 위의 찬장

➕ Danger overhead! 낙하물 주의!

0016 slip
[slip]

ⓥ 미끄러지다 ⓝ 1 (종잇)조각 2 (작은) 실수

v. He **slipped** on the wet floor and fell.
그는 젖어 있는 마룻바닥에서 **미끄러져** 넘어졌다.

n. 1 a **slip** of paper 종잇**조각**, 쪽지

2 a **slip** of the tongue 말**실수**

0017 sneak
[sni:k]
sneak-
sneaked / snuck-
sneaked / snuck

ⓥ 살금살금 가다, 몰래 가다

I **sneaked** into my brother's room while he was outside.
형이 나가 있는 동안에 나는 형 방에 **몰래 들어갔다**.

➕ sneak into ~: ~ 안으로 몰래 들어가다
sneak out of ~: ~ 밖으로 몰래 나가다

0018 grab
[græb]

ⓥ 붙잡다, 움켜잡다

He **grabbed** his son's hand and ran across the yard.
그는 자신의 아들의 손을 **붙잡고** 마당을 가로질러 뛰어갔다.

0019 snap
[snæp]

ⓥ 똑[딱] 부러뜨리다[부러지다]

He looked behind when he heard the branch **snap**.
나뭇가지가 **똑 부러지는** 소리를 들었을 때 그는 뒤를 돌아보았다.

다의어

0020 twist
[twist]

ⓥ 1 비틀다 2 꼬다; 구부리다 ⓝ 1 반전 2 비틀기

v. 1 He grabbed me and **twisted** my arm behind my back.
그는 나를 붙잡고 내 팔을 내 등 뒤로 **비틀었다**.
2 **twist** a straw rope 새끼줄을 **꼬다**

n. 1 an unexpected **twist** 예상하지 못한 **반전**
2 a **twist** of the wrist 손목의 **비틀기**

0021 fasten
[fǽsn]

ⓥ 매다, 묶다, 고정하다 ⟷ unfasten 풀다

fasten the seat belts 안전벨트를 **매다**
Fasten the leash to your dog's collar before going out for a walk. 산책을 나가기 전에 개의 목걸이에 목줄을 **고정해라**.

외모 묘사

0022 gorgeous
[ɡɔ́ːrdʒəs]

ⓐ 아주 멋진, 화려한, 굉장한

You look **gorgeous** today. 너 오늘 **아주 멋져** 보인다.
Where did you buy these **gorgeous** clothes?
너는 이 **멋진** 옷을 어디서 샀니?

다의어

0023 wrinkle
[ríŋkəl]

ⓝ 1 (얼굴의) 주름 2 (천·종이 등의) 구김살
ⓥ 찡그리다; 주름이 생기다

n. 1 The old farmer's face was full of **wrinkles**.
그 나이든 농부의 얼굴에는 **주름**이 가득했다.

v. He **wrinkled** his brow in concentration.
그는 집중하며 이마를 **찡그렸다**.

다의어

0024 figure
[fíɡjər]

ⓝ 1 수치 2 몸매, 모습 3 인물 ⓥ 생각하다

n. 1 unemployment **figures** 실업 **수치**
2 That actor has a good **figure**. 그 배우는 **몸매**가 좋다.
3 a famous historical **figure** 유명한 역사적 **인물**

v. That's what I **figured**. 그것이 내가 **생각했던** 것이다.

0025 **graceful**
[gréisfəl]

ⓐ 우아한, 품위 있는

a **graceful** walk **우아한** 걸음걸이
Maria has grown into a very **graceful** young woman.
Maria는 매우 **우아한** 아가씨로 성장했다.

0026 **elegant**
[éligənt]

ⓐ 우아한, 고상한

elegant manners **우아한** 몸가짐
The living room of the apartment has **elegant** furniture.
그 아파트의 거실에는 **고상한** 가구가 있다.

➕ elegance ⓝ 우아함, 고상함

다의어

0027 **plain**
[plein]

ⓐ 1 분명한, 명백한 ☰obvious
　2 평범한, 단순한; 무늬 없는 ☰simple
　3 솔직한, 있는 그대로의 ☰frank, candid
　4 <mark>아름답지 않은, 매력 없는</mark> ☰homely
ⓝ 평원

a. 1 The results are **plain** to see. 결과는 **분명하다[뻔하다]**.
　2 a **plain** white shirt **무늬 없는** 흰색 셔츠
　3 the **plain** truth **있는 그대로의** 진실
　4 She's really kind of **plain**. 사실 그녀는 **아름답다고는 할 수 없다**.
n. the vast **plains** of the Serengeti 세렌게티의 광활한 **평원**

0028 **slender**
[sléndəːr]

ⓐ 날씬한, 호리호리한 ↔overweight, obese 과체중의, 비만의

a **slender** figure **날씬한** 몸매
The man was **slender** and tall, dressed in dark clothes.
그 남자는 **날씬하고** 키가 컸으며, 어두운 색의 옷을 입고 있었다.

0029 **shabby**
[ʃǽbi]

ⓐ 허름한; 누더기의, 초라한

The street musician wore a **shabby** coat and old shoes.
거리의 악사는 **허름한** 코트와 낡은 신발을 신고 있었다.

The puppy looked **shabby** and needed a bath.
강아지는 **초라해** 보였고 목욕이 필요했다.

0030 **costume**
[kástuːm]

ⓝ 의상, 복장

a folk[traditional] **costume** 민속[전통] **의상**
The **costumes** used in the play were amazing.
그 연극에 사용된 **의상**은 놀라웠다.

DAILY CHECK-UP

A 빈칸에 알맞은 우리말 또는 영어 단어를 써넣으시오.

동작과 외모

얼굴

1 _____ frown
2 _____ 재채기(하다)
3 _____ sigh
4 _____ 삼키다

13 _____ sneak
14 _____ 붙잡다, 움켜잡다
15 _____ snap
16 _____ 비틀다; 꼬다

동작

5 _____ motion
6 _____ 자세; 태도
7 _____ swift
8 _____ 성큼성큼 걷다; 걸음
9 _____ nod
10 _____ 껴안다; 포옹(하다)
11 _____ overhead
12 _____ 미끄러지다; (종잇)조각

외모 묘사

17 _____ 아주 멋진, 화려한
18 _____ wrinkle
19 _____ 수치; 몸매, 모습
20 _____ graceful
21 _____ 우아한, 고상한
22 _____ slender
23 _____ 분명한; 평범한; 매력 없는
24 _____ costume

B 문장의 빈칸에 알맞은 말을 보기에서 골라 쓰시오.

burst   fasten   lean   leap   scratched   shabby

1 Squirrels can easily _____ from tree to tree.

2 You can _____ on me whenever you need help.

3 The balloon _____ when the child stepped on it.

4 I _____ my leg where the mosquito had bitten me.

5 The street musician wore a _____ coat and old shoes.

6 _____ the leash to your dog's collar before going out for a walk.

신체와 건강

throat 목구멍	chest 흉부, 가슴	muscle 근육	stomach 위, 복부
healthy 건강한	relax 휴식을 취하다	prevent 예방하다	heal 낫다; 낫게 하다

0031 **physical**
[fízikəl]

ⓐ 1 신체의, 육체의 ↔mental, spiritual 정신의
2 물질의, 물리적인

physical appearance 신체적 외모
Physical activity promotes good health.
신체 활동이 건강을 증진시킨다.
the **physical** world 물질세계

➕ physical science 물리학, 자연 과학

신체 부위

0032 **jaw**
[dʒɔː]

ⓝ 턱

He couldn't eat any food because of his broken **jaw**.
그는 턱이 부러져서 어떤 음식도 먹을 수 없었다.

➕ the upper/lower jaw 위턱/아래턱

0033 **beard**
[biərd]

ⓝ 턱수염

He has decided to grow a **beard**.
그는 턱수염을 기르기로 결심했다.

★ cf. moustache 콧수염 | whiskers 구레나룻

0034 **fist**
[fist]

ⓝ 주먹

a clenched **fist** 꽉 쥔 주먹
She hit the table with her **fist** to get everyone's attention.
그녀는 모든 사람들의 주목을 끌기 위해 주먹으로 탁자를 쳤다.

0035 **lap**
[læp]

ⓝ 무릎

The baby was sitting on his mother's **lap**.
그 아기는 어머니의 무릎 위에 앉아 있었다.

★ knee는 무릎 관절 부분을 가리키고, lap은 앉은 자세로 허벅지에서 무릎까지의
부분을 의미한다.
cf. a laptop (computer) 휴대용 컴퓨터, 노트북

0036 spine
[spaɪn]

ⓝ 1 **척추, 등뼈** 2 바늘, 가시

The driver injured his **spine** during the accident.
그 운전자는 사고 중에 **척추**에 부상을 입었다.

send shivers down one's **spine** **등골**이 서늘해지게 하다
the **spine** of a cactus 선인장의 **가시**

다의어

0037 joint
[dʒɔɪnt]

ⓝ **관절** ⓐ 공동의, 합동의

n. The knee is the largest **joint** in the human body.
무릎은 인체에서 가장 큰 **관절**이다.

a. open a **joint** account **공동** 계좌를 개설하다

0038 flesh
[fleʃ]

ⓝ 1 **살, 고기; 피부** 2 과육

I couldn't walk well because of a thorn in the **flesh** of my foot.
내 발의 **살** 속에 있는 가시 때문에 나는 잘 걸을 수 없었다.

the sweet **flesh** of a coconut 코코넛의 달콤한 **과육**

➕ a flesh-eating animal 육식 동물(= carnivore)

0039 scar
[skɑːr]

ⓝ 흉터, 상흔

The wound left a **scar** on his face.
그 상처는 그의 얼굴에 **흉터**를 남겼다.

a permanent **scar** 영구적인 **흉터**

0040 vein
[veɪn]

ⓝ 1 **정맥, 혈관** 2 (식물) 잎맥

I could feel the blood rushing through my **veins**.
나는 피가 내 **혈관**을 통하여 몰려가는 것을 느낄 수 있었다.

leaf **vein** patterns 잎맥의 무늬

★ cf. artery 동맥

0041 organ
[ɔ́ːrgən]

ⓝ 기관, 장기

an **organ** donor **장기** 기증자

More than 117,000 people in the U.S. are waiting for **organ** transplants.
미국에서 11만 7천 명 이상의 사람들이 **장기** 이식을 기다리고 있다.

영영 a part of the body that has a specific function, such as the heart or lungs

0042 frail
[freil]

ⓐ 허약한; 노쇠한

My grandfather has become too **frail** to live alone.
할아버지는 너무 **쇠약해지셔서** 혼자 사실 수가 없다.

다의어

0043 faint
[feint]

ⓐ 1 희미한 2 어질어질한; 힘없는 ⓥ 기절하다 ⊜ pass out

n. 1 The image is so **faint** that I can't see what it is.
그 그림은 너무 **희미해서** 나는 그것이 뭔지 알 수가 없다.

2 She felt **faint** because of the heat in the stadium.
경기장 안의 더위로 인해 그녀는 **어질어질함**을 느꼈다.

v. **faint** from hunger 배가 고파 **기절하다**

0044 exhausted
[igzɔ́:stid]

ⓐ 1 탈진한, 기진맥진한 ⊜ worn out 2 다 써버린, 고갈된

The **exhausted** survivors were rescued by a fishing boat.
탈진한 생존자들은 어선에 의해 구조되었다.

an **exhausted** mine **고갈된** 광산

➕ exhaust ⓥ 1 지치게 하다 2 다 써버리다
exhaustion ⓝ 1 탈진 2 고갈

0045 fatigue
[fətí:g]

ⓝ 피로, 피곤

physical and mental **fatígue** 신체와 정신의 **피로**
Driver **fatigue** is one of the most common dangers to road safety. 운전자 **피로**는 도로 안전에 가장 흔한 위험 중 하나이다.

0046 perspire
[pərspáiər]

ⓥ 땀을 흘리다, 땀이 나다 ⊜ sweat

He felt dizzy and started to **perspire**.
그는 어지러움을 느꼈고 **땀을 흘리기** 시작했다.

➕ perspiration ⓝ 땀, 발한 작용

0047 tremble
[trémbl]

ⓥ 떨다, 떨리다, 흔들리다

The boy was pale, and his jaw **trembled** with fever.
그 소년은 창백했고, 열로 인해 턱이 **떨렸다**.

0048 choke
[tʃouk]

ⓥ 질식하다, 숨 막히다; 질식시키다, 숨 막히게 하다

The thick smoke was **choking** me.
짙은 연기가 나를 **숨 막히게 하고** 있었다.

➕ choke to death 질식사하다

0049 swell

[swel]

swell-swelled-
swelled / swollen

ⓥ 붓다, 부풀다; 팽창하다

My wrist was already starting to **swell**.
내 손목이 벌써 **붓기** 시작하고 있었다.

➕ swell up 부어오르다

0050 allergic

[ələ́:rdʒik]

ⓐ 알레르기의; 알레르기가 있는

an **allergic** reaction **알레르기** 반응
I like cats even though I'm **allergic** to them.
나는 고양이 **알레르기가 있는**데도 고양이를 좋아한다.

➕ be allergic to ~ : ~에 알레르기가 있다; ~을 몹시 싫어하다
➕ allergy ⓝ 알레르기

다의어

0051 strain

[strein]

ⓝ 1 긴장, 압박(감) ⹀stress   2 접질림, 근육 손상
ⓥ 혹사하다, 손상시키다

n. 1 under considerable **strain** 상당한 **압박감**을 받는
   2 I got a muscle **strain** in my thigh while playing soccer.
     나는 축구를 하다가 허벅지에 **근육 손상**을 입었다.

v. **strain** a muscle 근육을 **혹사하다**

★ cf. Sprain 삐다, 접질리다

0052 nightmare

[náitmὲə:r]

ⓝ 악몽; 아주 끔찍한 일

suffer from a **nightmare** **악몽**에 시달리다
He often has **nightmares** about falling off a cliff.
그는 절벽에서 떨어지는 **악몽**을 종종 꾼다.

0053 agony

[ǽgəni]

ⓝ (정신 또는 육체의) 심한 고통, 고뇌

He burned himself on the stove and was in **agony**.
그는 난로에 화상을 입고 **고통**스러워했다.

➕ in agony 괴로움에 빠진, 고통스러운
📗 very severe pain or a very sad experience

다의어

0054 acute

[əkjú:t]

ⓐ 1 극심한; 심각한 2 급성의 ⟷chronic 만성의 3 예민한

1 **acute** pain 극심한 통증
  an **acute** labor shortage 심각한 노동력 부족
2 an **acute** disease 급성 질병
  She was treated for **acute** heart failure after giving birth.
  그녀는 출산 후 **급성** 심부전 치료를 받았다.
3 an **acute** sense of smell 예민한 후각

0055 recovery
[rikʌ́vəri]

ⓝ (건강의) 회복, 완쾌

He had a quick **recovery** after surgery.
그는 수술 후 빠르게 **회복**되었다.

➕ be on the road to recovery 회복 중이다
➕ recover ⓥ 회복되다

다의어

0056 ease
[iːz]

ⓝ 1 쉬움 2 (걱정 없이) 편안함 ⓥ (고통을) 완화하다, 덜어 주다

n. 1 **ease** of use 사용하기 **쉬움**
　2 He could have lived a life of **ease**, but he chose to work.
　그는 **편안**한 생활을 할 수 있었지만 일하는 쪽을 택했다.

v. **ease** the pain 통증을 **완화하다**

➕ easy ⓐ 쉬운 | easily ⓐⓓ 쉽게(= with ease)

0057 vitality
[vaitǽləti]

ⓝ 활력, 생명력

Following a healthy eating plan will improve your **vitality**.
건강한 식단 계획을 따르는 것은 **활력**을 증진시켜 줄 것이다.

➕ full of vitality 활력이 넘치는
➕ vital ⓐ 1 매우 중대한 2 생명의 3 활기찬

0058 endurance
[indúərəns]

ⓝ 1 인내(력) ⩵ patience 2 지구력

The little girl showed remarkable **endurance** throughout her illness. 그 어린 소녀는 병을 앓는 동안 내내 놀라운 **인내력**을 보였다.

➕ beyond endurance 참을 수 없을 만큼
➕ endure ⓥ 견디다, 참다

0059 resistant
[rizístənt]

ⓐ 저항력이 있는, 잘 견디는

Excess sugar makes the body less **resistant** to infections.
과도한 당은 감염에 대한 신체의 **저항력**을 약화시킨다.

➕ resist ⓥ 저항하다, 견디다 | resistance ⓝ 저항(력)

0060 circulation
[sə̀ːrkjəléiʃən]

ⓝ 1 (혈액 등의) 순환 2 (신문·잡지의) 발행 부수

the **circulation** of the blood 혈액 **순환**
She has bad **circulation** in her hands and feet.
그녀는 손과 발에 **혈액 순환**이 잘 되지 않는다.

a daily **circulation** 일일 **발행 부수**

➕ circulate ⓥ 1 순환하다 2 (소문이) 퍼지다 3 배포되다

A 빈칸에 알맞은 우리말 또는 영어 단어를 써넣으시오.

1 _____ physical

신체 부위

2 _____ beard

3 _____ 주먹

4 _____ lap

5 _____ 척추; 가시

6 _____ flesh

7 _____ 흉터, 상흔

8 _____ vein

9 _____ 기관, 장기

건강 문제

10 _____ 허약한; 노쇠한

11 _____ faint

12 _____ 탈진한; 고갈된

13 _____ fatigue

14 _____ 땀을 흘리다

15 _____ tremble

16 _____ 붓다, 부풀다

17 _____ 알레르기의

건강 관리와 회복

20 _____ 회복, 완쾌

21 _____ endurance

22 _____ resistant

23 _____ 쉬움; 완화하다

24 _____ circulation

18 _____ 접질림; 혹사하다

19 _____ agony

B 문장의 빈칸에 알맞은 말을 보기에서 골라 쓰시오.

jaw	joint	nightmares	acute	vitality	choking

1 The thick smoke was _____ me.

2 He often has _____ about falling off a cliff.

3 The knee is the largest _____ in the human body.

4 She was treated for _____ heart failure after giving birth.

5 He couldn't eat any food because of his broken _____.

6 Following a healthy eating plan will improve your _____.

의학과 질병

 MUST-KNOW WORDS

suffer 고통받다, (병을) 앓다	severe 심각한, 극심한	illness 병, 앓음	medicine 약; 의학, 의술
cure 치료하다; 치료제	symptom 증상, 징후	patient 환자	pill 알약, 정제

병원

0061 emergency
[iméːrdʒənsi]

ⓝ 비상사태, 위급 상황

in case of **emergency** 비상시에
The plane made an **emergency** landing on the highway.
그 비행기는 고속 도로에 **비상** 착륙을 했다.

➕ emergency room (ER) 응급실

다의어

0062 operation
[ὰpəréiʃən]

ⓝ 1 **수술** 🟰surgery 2 운영; 작동 3 작전

1 He is recovering from a major heart **operation**.
그는 중대한 심장 **수술**을 받고 회복 중이다.
undergo an **operation** 수술을 받다
2 The machine is in **operation**. 그 기계는 **작동** 중이다.
3 a military **operation** 군사 **작전**

➕ operate ⓥ 1 작동하다; 운영되다[하다] 2 수술하다

0063 surgery
[sə́ːrdʒəri]

ⓝ 수술

plastic[cosmetic] **surgery** 성형 **수술**
He has a good reputation as a specialist in brain **surgery**.
그는 뇌**수술** 전문의로서 명성이 높다.

➕ surgical ⓐ 수술의, 수술용의

다의어

0064 sterile
[stérəl / -rail]

ⓐ 1 **살균한, 무균의**
  2 **불임의** 🟰barren ↔fertile 번식 능력이 있는
  3 불모의, 메마른 🟰barren ↔fertile 비옥한

1 All steps of the operation were done under **sterile**
conditions.
수술의 모든 단계는 **무균** 상태에서 수행되었다.
2 a **sterile** woman **불임** 여성
3 They changed a **sterile** land into a green farm.
그들은 **불모**지를 초록빛 농장으로 바꿔놓았다.

➕ sterilize ⓥ 살균하다, 소독하다 | sterilization ⓝ 살균, 소독

0065 **physician**
[fizíʃən]

ⓝ (내과) 의사

A good **physician** listens carefully to their patients' concerns.
좋은 **의사**는 환자들의 걱정을 주의 깊게 듣는다.

★ cf. surgeon 외과 의사

0066 **veterinarian**
[vètərənέəriən]

ⓝ 수의사 ⓔ vet

The **veterinarian** came to see his sick horse.
수의사가 그의 병든 말을 살펴보러 왔다.

0067 **clinical**
[klínikəl]

ⓐ 임상의

clinical research **임상** 연구
Clinical evidence shows that the treatment is effective.
임상 증거는 그 치료가 효과적이라는 것을 보여준다.

➕ clinic ⓝ 의원, 클리닉; (병원 내의) 과

0068 **pharmacy**
[fɑ́:rməsi]

ⓝ 1 약국 2 약학

take the prescription to the **pharmacy** 처방전을 **약국**에 가져가다
Pharmacies play a vital role in developing new drugs.
약학은 신약 개발에 중요한 역할을 한다.

➕ pharmacist ⓝ 약사

질병 · 장애

0069 **disease**
[dizí:z]

ⓝ 질병, 병

She suffers from a rare skin **disease**.
그녀는 희귀 피부**병**을 앓고 있다.

0070 **diagnose**
[dáiəgnous / -nouz]

ⓥ 진단하다

One in seven new mothers is **diagnosed** with depression after giving birth.
엄마가 된 여성 7명 중 1명이 출산 후에 우울증으로 **진단된다**.

➕ diagnosis ⓝ 진단

0071 **infectious**
[infékʃəs]

ⓐ 전염되는, 전염성의

an **infectious** disease **전염**병
These viruses are highly **infectious** and easily spread by contact. 이 바이러스들은 **전염성이** 아주 높고 접촉에 의해 쉽게 전파된다.

➕ infect ⓥ 전염[감염]시키다 | infection ⓝ 전염, 감염; 전염병

0072 **plague**
[pleig]

ⓝ 전염병, 역병; (the -) 흑사병, 페스트   ⓥ 괴롭히다

n. an outbreak of **plague** 전염병의 발병

The **plague** remains a life-threatening disease in Africa.
흑사병은 아프리카에서 생명을 위협하는 질병으로 남아 있다.

v. Due to bad weather, their plans were **plagued** with delays. 악천후로 인해 그들의 계획은 지연에 **시달렸다.**

0073 **epidemic**
[èpədémik]

ⓝ 유행병, 전염병   ⓐ 유행성의, 전염성의

A flu **epidemic** is sweeping the country.
유행성 독감이 그 나라를 휩쓸고 있다.

an **epidemic** disease 전염병

0074 **deadly**
[dédli]

ⓐ 1 치명적인, 생명을 앗아가는   2 극도의, 완전한

It is a **deadly** virus that takes countless lives every year.
그것은 매년 수많은 생명을 앗아가는 **치명적인** 바이러스이다.

deadly silence **완전한** 적막

0075 **chronic**
[kránik]

ⓐ 만성적인, 장기간에 걸친   ↔ acute 급성의

She has suffered from **chronic** headaches for two decades.
그녀는 20년 동안 **만성** 두통을 앓아 왔다.

chronic unemployment **장기간의** 실업

📖 lasting for a long time, often in a negative way

0076 **cancer**
[kǽnsər]

ⓝ 암

In most instances, early **cancers** are completely curable.
대부분의 경우, 초기의 **암**은 완치가 가능하다.

➕ die of cancer 암으로 사망하다

0077 **stroke**
[strouk]

ⓝ 1 뇌졸중, 중풍   2 (글씨·그림의) 획, 한 번 그음

A **stroke** may result in permanent brain damage or death.
뇌졸중은 영구적인 뇌 손상이나 사망을 초래할 수 있다.

a quick **stroke** of a brush 빠른 붓**질** 한 번

0078 **disorder**
[disɔ́ːrdər]

ⓝ 1 무질서   ↔ order 질서   2 장애, 질환

a state of **disorder** **무질서**한 상태

Millions of people suffer from mental **disorders**.
수백만 명의 사람들이 정신 **질환**을 앓고 있다.

an eating **disorder** 식이 장애

0079 **disability**
[dìsəbíləti]

ⓝ (신체적 · 정신적) 장애

She led a happy, successful life despite her **disability**.
그녀는 **장애**에도 불구하고 행복하고 성공적인 삶을 살았다.

➕ disable ⓥ 장애를 입히다 | disabled ⓐ 장애를 가진

0080 **handicap**
[hǽndikæp]

ⓝ 1 (신체적 · 정신적) 장애 2 불리한 조건

They help people with physical **handicaps** find work.
그들은 신체적 **장애**가 있는 사람들이 일자리를 찾도록 돕는다.

Being too handsome can be a **handicap** for an actor.
너무 잘생긴 것은 배우에게 **불리한 조건**일 수 있다.

★ '장애'의 의미로 요즘은 disability를 쓰는 것이 일반적이다.

치료 및 예방

0081 **remedy**
[rémədi]

ⓝ 치료, 요법 ＝treatment, cure

Drinking ginger tea is a common home **remedy** for colds.
생강차를 마시는 것은 감기에 대한 흔한 가정 **요법**이다.

다의어

0082 **treat**
[tri:t]

ⓥ 1 다루다, 대하다 2 치료하다, 처치하다 3 대접하다
ⓝ 특별한 선물, 대접

v. 1 The problem should not be **treated** lightly.
그 문제는 가볍게 **다루어져서는** 안 된다.

2 All burns should be **treated** immediately with cool
water. 모든 화상은 즉시 찬물로 **치료되어야** 한다.

3 I **treated** him to dinner for his birthday.
나는 그의 생일을 맞아 그에게 저녁을 **대접했다**.

n. a birthday **treat** 생일 선물

0083 **prescription**
[priskrípʃən]

ⓝ 처방(전), 처방약

The doctor wrote him a **prescription** for blood pressure
medicine. 의사는 그에게 혈압약 **처방전**을 써주었다.

➕ prescribe ⓥ 처방하다

다의어

0084 **tablet**
[tǽblit]

ⓝ 1 알약, 정제 ＝pill 2 명판 3 태블릿 컴퓨터

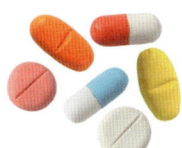

1 She took two aspirin **tablets** to ease the pain in her head.
그녀는 두통을 완화하기 위해 아스피린 두 **알**을 복용했다.

2 Her name is engraved on the **tablet** of her tomb.
그녀의 무덤의 **명판**에 그녀의 이름이 새겨져 있다.

3 I scanned the news headlines on my **tablet**.
나는 **태블릿 컴퓨터**로 뉴스 기사 제목들을 훑어보았다.

0085 dose
[dous]

ⓝ (약의) 복용량, 투여량 ⓥ 투약하다, 복용시키다

If the pain goes on, increase the **dose** of painkillers.
통증이 지속되면 진통제 **투여량**을 늘리세요.

She was heavily **dosed** with different kinds of drugs.
그녀에게는 여러 종류의 약이 많이 **투약되었다**.

➕ a fatal dose 치사량

0086 inject
[indʒékt]

ⓥ 주사하다, 주입하다

The drug is **injected** directly into the muscle.
그 약은 근육에 직접 **주입된다**.

➕ injection ⓝ 주사, 주입

0087 sanitation
[sænitéiʃən]

ⓝ 위생; 위생 시설[관리]

follow strict **sanitation** standards
엄격한 **위생** 기준을 따르다

Poor **sanitation** is a major cause of diseases.
위생 불량은 질병의 주요 원인이다.

➕ sanitary ⓐ 위생의, 위생적인

0088 vaccine
[væksí(:)n / vǽksi(:)n]

ⓝ 백신

The **vaccine** is used to prevent infection by flu viruses.
그 **백신**은 독감 바이러스에 의한 감염을 막기 위해 사용된다.

➕ a vaccine shot 예방 주사, 백신 접종
➕ vaccinate ⓥ 예방 접종을 하다 | vaccination ⓝ 예방 접종

0089 isolation
[àisəléiʃən]

ⓝ 격리, 분리; 고립

After the surgery, the patient was placed in **isolation**.
수술 후 환자는 **격리**되었다.

Social **isolation** can have serious effects on mental health.
사회적 **고립**은 정신 건강에 심각한 영향을 미칠 수 있다.

➕ isolate ⓥ 격리시키다, 고립시키다

0090 immune
[imjú:n]

ⓐ 면역성의, 면역성이 있는

Children usually become **immune** to chickenpox once they have had the disease.
아이들은 대개 한 번 수두를 앓으면 **면역력이 생긴다**.

➕ immunity ⓝ 면역력 | immunize ⓥ 면역력을 갖게 하다

DAILY CHECK-UP

학습 Check	본문 학습	MP3 듣기	Daily Check-up	누적 테스트 Days 2-3	Voca Plus

A 빈칸에 알맞은 우리말 또는 영어 단어를 써넣으시오.

의학과 질병

병원

1 _____
비상사태, 위급 상황

2 _____
operation

3 _____
수술

4 _____
physician

5 _____
임상의

6 _____
pharmacy

15 _____
handicap

16 _____
(신체적·정신적) 장애

질병·장애

7 _____
질병, 병

8 _____
diagnose

9 _____
전염병; 흑사병

10 _____
epidemic

11 _____
치명적인; 극도의

12 _____
암

13 _____
stroke

14 _____
무질서; 장애, 질환

치료 및 예방

17 _____
remedy

18 _____
다루다; 치료하다

19 _____
알약, 정제

20 _____
dose

21 _____
주사하다, 주입하다

22 _____
백신

23 _____
isolation

24 _____
면역성의[이 있는]

B 문장의 빈칸에 알맞은 말을 보기에서 골라 쓰시오.

chronic	prescription	sterile	sanitation	infectious	veterinarian

1 The _____ came to see his sick horse.

2 Poor _____ is a major cause of diseases.

3 She has suffered from _____ headaches for two decades.

4 All steps of the operation were done under _____ conditions.

5 The doctor wrote him a(n) _____ for blood pressure medicine.

6 These viruses are highly _____ and easily spread by contact.

헷갈리는 혼동어 제대로 알기

1 **swallow**

ⓥ 삼키다

You should chew your food well before **swallowing** it.
음식을 **삼키기** 전에 잘 씹어야 한다.

shallow

ⓐ 얕은; 얄팍한

The river is so **shallow** that you can walk across it.
그 강은 아주 **얕아서** 걸어서 건널 수 있다.

2 **perspire**

ⓥ 땀을 흘리다, 땀이 나다

He felt dizzy and started to **perspire**.
그는 어지러움을 느꼈고 **땀을 흘리기** 시작했다.

respire

ⓥ 호흡하다

The patient was unable to **respire** properly without medical assistance.
그 환자는 의료 상의 도움 없이는 제대로 **호흡할** 수 없었다.

3 **physician**

ⓝ (내과) 의사

A good **physician** listens carefully to their patients' concerns.
좋은 **의사**는 환자들의 걱정을 주의 깊게 듣는다.

physicist

ⓝ 물리학자

The **physicist** explained the concept of quantum mechanics to the students.
그 **물리학자**는 학생들에게 양자역학 개념을 설명했다.

4 **inject**

ⓥ 주사하다, 주입하다

The drug is **injected** directly into the muscle.
그 약은 근육에 직접 **주입된다**.

reject

ⓥ 거부하다, 거절하다

He **rejected** my help, insisting he could do it alone.
그는 그것을 혼자 할 수 있다고 고집하며 내 도움을 **거절했다**.

object

ⓥ 반대하다 ⓝ 1 물건 2 목표

Many people strongly **object** to the new policy.
많은 사람들이 새 정책에 강력하게 **반대한다**.

PLAN 2
가정과 사회생활

가족과 양육
nurture 양육하다; 양육
sibling 형제자매

성장과 인간관계
mature 성숙한; 자라다
intimate 친밀한

가정과 사회생활

교육
semester 학기
reward 보상, 보답; 보상하다

사회생활과 직업
cooperate 협력[협동]하다
application 지원(서)

가족과 양육

☑**MUST-KNOW WORDS**

marriage 결혼	**wedding** 결혼식	**anniversary** 기념일	**divorce** 이혼(하다)
relative 친척	**cousin** 사촌	**nephew** (남자) 조카	**niece** (여자) 조카

결혼 관련

0091 bachelor
[bǽtʃələr]

ⓝ 미혼 남자, 독신 남자

He was a **bachelor** for a long time, but he finally got married. 그는 오랫동안 **미혼**이었으나, 마침내 결혼했다.

★ cf. spinster 독신녀

다의어

0092 engagement
[engéidʒmənt]

ⓝ 1 <mark>약혼</mark> 2 약속 3 참여; 개입

1 announce an **engagement** 약혼을 발표하다
   She broke off her **engagement**. 그녀는 **약혼**을 파기했다.
2 a previous **engagement** 선약
3 active **engagement** in volunteering activities
   자원봉사 활동에의 적극적 **참여**

➕ engage ⓥ 1 약속하다 2 관여하다 3 고용하다 ┃ engaged ⓐ 약혼한

0093 fiancé
[fiːɑːnséi / fiɑ́ːnsei]

ⓝ (남자) 약혼자

My **fiancé** and I are planning our wedding for next fall.
내 **약혼자**와 나는 내년 가을에 결혼식을 계획 중이다.

★ cf. fiancée 약혼녀

0094 bride
[braid]

ⓝ 신부

a toast to the **bride** and groom 신랑 **신부**를 위한 건배
Every **bride** dreams of wearing a beautiful wedding dress on her wedding day.
모든 **신부**는 자신의 결혼식 날에 아름다운 웨딩드레스를 입는 것을 꿈꾼다.

★ cf. (bride)groom 신랑

0095 invitation
[ìnvitéiʃən]

ⓝ 1 <mark>초대, 초청; 초대장</mark> 2 유혹, 유인

We were thrilled when we received the wedding **invitation**.
우리는 결혼식 **초대장**을 받았을 때 매우 기뻤다.

an **invitation** to danger 위험으로의 **유인**

PLAN 2

0096 vow
[vau]

ⓝ 맹세, 서약 ⓥ 맹세하다, 서약하다 ⧇promise

The bride and groom exchanged marriage **vows**.
신랑 신부는 혼인 **서약**을 교환했다.

The couple **vowed** to love each other until death.
그 부부는 죽을 때까지 서로를 사랑하겠다고 **맹세했다**.

0097 marital
[mǽrətl]

ⓐ 결혼의, 결혼 생활의

They've been having **marital** difficulties.
그들은 **결혼 생활의** 어려움을 겪어 왔다.

➕ marital status (공식적 서식에서의) 혼인 여부

0098 spouse
[spaus / spauz]

ⓝ 배우자

a beloved **spouse** 사랑하는 **배우자**

I don't like him as a potential **spouse**.
나는 그가 **배우자**감으로 마음에 들지 않는다.

0099 separation
[sèpəréiʃən]

ⓝ 1 분리 2 별거

the **separation** of politics and economics
정치와 경제의 **분리**

The couple decided to live in **separation** for one month.
그 부부는 한 달 동안 **별거**하기로 결정했다.

➕ separate ⓐ 분리된, 떨어진 ⓥ 1 분리하다 2 갈라지다 3 별거하다

0100 widow
[wídou]

ⓝ 미망인, 과부

The **widow** married again a year after her first husband's
death.
그 **미망인**은 첫 남편이 죽은 지 1년 후에 재혼했다.

★ cf. widower 홀아비

양육

0101 nurture
[nə́:rtʃər]

ⓥ (잘 자라도록) 양육하다; 육성하다 ⓝ 양육

My sister wants to stay home and **nurture** her children.
내 여동생은 집에 있으면서 아이들을 **양육하기**를 원한다.

Good **nurture** builds confidence in children.
좋은 **양육**은 아이들에게 자신감을 길러준다.

영영 ⓥ to help someone or something grow and develop

0102 upbringing
[ʌ́pbrìŋiŋ]

ⓝ (가정) 교육, 양육, 훈육

have a strict **upbringing** 엄격한 **가정 교육**을 받다

His good manners show he had an excellent **upbringing**.
그의 예의범절은 그가 훌륭한 **가정 교육**을 받았음을 보여준다.

★ cf. bring up: ~를 양육하다(= raise, rear)

0103 adopt
[ədɑ́pt]

ⓥ 1 <mark>입양하다</mark> 2 받아들이다, 채택하다

They have no children of their own, so they decided to **adopt** a baby.
그들은 자식이 없어서 아기를 **입양하기로** 결정했다.

adopt a new technology 새로운 기술을 **받아들이다**

＋ adoption ⓝ 1 입양 2 채택 ｜ adoptive ⓐ 입양으로 맺어진

★ 철자가 비슷한 adapt(적응하다)와 혼동하지 않도록 주의할 것.

다의어

0104 foster
[fɔ́(:)stər]

ⓥ 1 육성하다, 촉진하다 ＝ encourage, promote
2 <mark>맡아 기르다, 위탁 양육하다</mark>
ⓐ <mark>기르는, 수양의</mark>

v. 1 The couple decided to adopt the child they had been **fostering**.
그 부부는 그들이 **양육을 맡아** 왔던 아이를 입양하기로 결정했다.

2 a program to **foster** communication skills
의사소통 기술을 **육성하기** 위한 프로그램

a. **foster** parents 양부모

0105 orphan
[ɔ́:rfən]

ⓝ 고아

She was left an **orphan** when her parents died in a car accident.
부모님이 자동차 사고로 돌아가셨을 때 그녀는 **고아**가 되었다.

＋ orphanage ⓝ 고아원

0106 pregnant
[prégnənt]

ⓐ 임신한

There are some yoga poses **pregnant** women should avoid.
임신한 여성들이 피해야 할 요가 자세들이 있다.

＋ pregnancy ⓝ 임신

0107 nanny
[nǽni]

ⓝ 보모, 유모

The couple relied on a **nanny** to take care of their baby during the day.
그 부부는 낮 동안에 아기 돌보는 일을 **보모**에게 의지했다.

➕ a live-in nanny 입주 유모

0108 infant
[ínfənt]

ⓝ 유아, 갓난아기

He handed me a picture of his **infant** daughter.
그는 내게 자신의 **어린** 딸의 사진을 건넸다.

infant mortality rate **유아** 사망률

➕ infancy ⓝ 1 유아기 2 초기

0109 crawl
[krɔːl]

ⓥ (엎드려) 기다, 포복하다

Babies **crawl** on their hands and knees.
아기들은 손과 무릎으로 **기어 다닌다**.

0110 diaper
[dái(ə)pər]

ⓝ 기저귀

Parents can put cloth **diapers** instead of disposable **diapers** on their babies.
부모들은 아기들에게 일회용 **기저귀** 대신 천 **기저귀**를 채워줄 수 있다.

➕ a disposable diaper 일회용 기저귀

0111 cradle
[kréidl]

ⓝ 1 요람, 아기 침대 2 발상지, 요람

She rocked the **cradle** so that her baby could sleep well.
그녀는 아기가 잘 잘 수 있도록 **요람**을 흔들었다.

the **cradle** of democracy 민주주의의 **발상지**

➕ from cradle to grave 요람에서 무덤까지, 전 생애에 걸쳐서

0112 toddler
[tάdlər]

ⓝ 아장아장 걷는 아이, 유아

Parents hold the hands of **toddlers** when they learn to walk.
부모들은 **어린아이**가 걸음마를 배울 때 그들의 손을 잡아준다.

0113 daycare
[déikɛər]

ⓝ 탁아, 보육; 주간 보호

Our children go to a **daycare** center three days a week.
우리 아이들은 일주일에 3일 **보육** 시설[어린이집]에 간다.

➕ a daycare center 보육 시설(어린이집, 놀이방); 주간 보호 시설

0114 spoil
[spɔil]

ⓥ 1 망치다 2 (성격을) 버리다, (아이를) 버릇없게 만들다

spoil one's party 파티를 **망치다**
He was given everything he wanted, so it was no wonder he was **spoiled**.
그는 원하는 모든 것을 다 가졌기에 그가 그렇게 **버릇없는** 것은 당연했다.

➕ Spare the rod, and spoil the child.
(속담) 매를 아끼면 아이가 버릇없게 된다.

0115 neglect
[niglékt]

ⓥ 1 (돌보지 않고) 방치하다   2 무시하다; 소홀히 하다
ⓝ 방치; 소홀

v. 1 A woman was accused of **neglecting** her children.
한 여자가 자녀들을 **방치한** 혐의로 고발되었다.

2 Working every weekend, he **neglected** his family.
그는 주말마다 근무를 하면서 가족을 **소홀히 했다**.

n. Child **neglect** is against the law. 아동 **방치**는 법에 위반된다.

가족

0116 parental
[pəréntl]

ⓐ 부모의

exercise **parental** rights 친권을 행사하다
Parental consent is required before a child undergoes medical treatment.
자녀가 의학적 치료를 받기 전에 **부모의** 동의가 필요하다.

0117 sibling
[síbliŋ]

ⓝ 형제자매

His **siblings** are mostly in their early twenties.
그의 **형제자매들**은 주로 20대 초반이다.

sibling rivalry **형제자매** 간의 경쟁

0118 forefather
[fɔ́:rfɑ̀:ðər]

ⓝ 조상, 선조 ＝ancestor

Our **forefathers** passed down great traditions to us.
우리의 **선조들**은 우리에게 훌륭한 전통을 물려주셨다.

the wisdom of our **forefathers**
우리 **선조들**의 지혜

★ fore-(앞선, 앞의) + father(아버지) → forefather 조상, 선조

0119 descendant
[diséndənt]

ⓝ 후손, 자손 ＝offspring

Many people in this area are **descendants** of Turkish immigrants.
이 지역의 많은 사람들은 터키 이민자들의 **후손**이다.

★ descend(= come down 내려오다) + -ant(~하는 사람) → 후손, 자손

0120 inherit
[inhérit]

ⓥ 1 상속받다   2 (신체적·정신적 기질 등을) 물려받다

inherit a fortune 재산을 **상속받다**
He **inherited** his father's toughness.
그는 아버지의 강인함을 **물려받았다**.

＋ inheritance ⓝ 1 상속 재산, 유산   2 유전 성질   3 (문화적) 유산

A 빈칸에 알맞은 우리말 또는 영어 단어를 써넣으시오.

가족과 양육

결혼 관련

1 _____ 약혼; 약속; 참여

2 _____ fiancé

3 _____ 신부

4 _____ invitation

5 _____ 결혼 (생활)의

6 _____ 배우자

7 _____ separation

8 _____ 미망인, 과부

양육

9 _____ (가정) 교육, 양육

10 _____ nurture

11 _____ 맡아 기르다; 기르는

12 _____ 임신한

13 _____ nanny

14 _____ 유아, 갓난아기

15 _____ diaper

16 _____ 아장아장 걷는 아이

가족

20 _____ 형제자매

21 _____ parental

22 _____ 조상, 선조

23 _____ descendant

24 _____ 상속받다; 물려받다

17 _____ daycare

18 _____ 망치다; (성격을) 버리다

19 _____ 방치하다; 소홀

B 문장의 빈칸에 알맞은 말을 보기에서 골라 쓰시오.

adopt	bachelor	cradle	vowed	orphan	crawl

1 Babies _____ on their hands and knees.

2 The couple _____ to love each another until death.

3 She rocked the _____ so that her baby could sleep well.

4 She was left a(n) _____ when her parents died in a car accident.

5 He was a(n) _____ for a long time, but he finally got married.

6 They have no children of their own, so they decided to _____ a baby.

성장과 인간관계

☑ **MUST-KNOW WORDS**

childhood 어린 시절　　**adult** 성인, 어른; 성인의　　**growth** 성장　　**teenager** 청소년, 십 대

decide 결정하다　　**relationship** 관계　　**peer** 또래　　**friendship** 우정

성장

0121　development
[divéləpmənt]

ⓝ 1 발달, 성장　⫶growth　2 개발, 발전

A baby's **development** is most rapid in the first few weeks of life.　아기의 **성장**은 생후 첫 몇 주 동안 가장 빠르다.

economic **development**　경제 **개발[발전]**

✚ **develop** ⓥ 1 발전하다, 발달하다　2 개발하다

다의어

0122　mature
[mətʃúə:r]

ⓐ 1 성숙한, 다 자란　2 익은, 숙성한　⟷immature 미성숙한
ⓥ 자라다, 성숙해지다

a. 1 Helen is **mature** for her age.　Helen은 나이에 비해 **성숙하다.**
   2 **mature** cheese　**숙성된** 치즈

v. **mature** into a wise adult　현명한 어른으로 **자라나다**

✚ **maturity** ⓝ 성숙

0123　adolescent
[ædəlésənt]

ⓝ 청소년　ⓐ 청소년기의, 사춘기의

Adolescents are happiest when they are with close friends.
청소년들은 친한 친구들과 함께 있을 때 가장 행복하다.

adolescent rebellion　**청소년기의** 반항

✚ **adolescence** ⓝ 청소년기

0124　juvenile
[dʒú:vənəl / -nàil]

ⓐ 1 청소년의　2 어린애 같은　ⓝ 청소년

a. 1 **Juvenile** crime is a serious problem in big cities.
   청소년 범죄는 대도시에서 심각한 문제이다.
   2 **juvenile** behavior　**어린애 같은** 행동

0125　adulthood
[ədʌ́lthùd]

ⓝ 성인기, 성년

the transition from adolescence to **adulthood**
청소년기에서 **성인기**로의 이행

Of their seven children, only two survived to **adulthood**.
그들의 7명의 자녀 중에서 오직 둘만이 **성년**까지 살아남았다.

✚ **adult** ⓝ 성인, 어른　ⓐ 성인의; 다 자란

다의어

0126 discipline
[dísəplin]

ⓝ 1 <mark>규율, 훈육</mark> 2 학과, 과목 ⓥ 1 징계하다 2 <mark>훈육하다</mark>

n. 1 They raised their children under strict **discipline**.
그들은 엄격한 **규율** 하에 아이들을 키웠다.

2 academic **disciplines** 학과목

v. 1 The player was **disciplined** for using bad language.
그 선수는 비속어 사용으로 **징계를 받았다**.

2 The teacher had a hard time **disciplining** his students.
그 선생님은 학생들을 **훈육하는** 데 어려움을 겪었다.

0127 ambition
[æmbíʃən]

ⓝ 야망, 야심, 포부

Her **ambition** is to become the top lawyer in the country.
그녀의 **야망**은 나라에서 가장 뛰어난 변호사가 되는 것이다.

+ ambitious ⓐ 야망[야심] 있는

0128 decision
[disíʒən]

ⓝ 결정, 판단

make an important **decision** in life
인생에서 중요한 **결정**을 내리다

He was a poor leader because he lacked **decision**-making skills. 그는 의사 **결정** 능력이 부족했기에 형편없는 지도자였다.

+ decisive ⓐ 1 결정적인 2 결단력 있는(↔ indecisive 우유부단한)

0129 imitate
[ímitèit]

ⓥ 모방하다, 흉내 내다

Children **imitate** what their parents say and do.
아이들은 부모의 말과 행동을 **모방한다**.

+ imitation ⓝ 1 모방, 흉내 2 모조품
imitative ⓐ 모방의, 흉내를 잘 내는

0130 acquire
[əkwáiər]

ⓥ 얻다; 배우다, 습득하다

acquire a reputation 명성을 **얻다**
He **acquired** knowledge of Spanish while living in Spain.
그는 스페인에 사는 동안 스페인어에 대한 지식을 **습득했다**.

+ acquisition ⓝ 획득, 습득

0131 adjust
[ədʒΛst]

ⓥ 1 조절하다, 맞추다 ⊜ adapt, get used to 2 <mark>적응하다</mark>

adjust the volume 음량을 **조절하다**
The kids will eventually **adjust** to the new school.
그 아이들은 결국 새로운 학교에 **적응할** 것이다.

+ adjustment ⓝ 1 조정, 조절 2 적응

0132 companion
[kəmpǽnjən]

ⓝ 친구, 동반자

Joe has been my closest **companion** since childhood.
Joe는 어릴 때부터 나와 가장 가까운 **친구**이다.

a traveling **companion** 여행 **동반자**, 길동무

0133 fellow
[félou]

ⓝ 사람; 동료, 친구   ⓐ 동료의

I met a **fellow** who used to work here.
나는 여기서 일했던 **사람**을 만났다.

He has a very good reputation among his **fellow** students.
그는 **동료** 학생들 사이에서 평판이 매우 좋다.

다의어

0134 mate
[meit]

ⓝ 1 친구, 동료   2 짝   ⓥ 짝짓기하다

n. 1 We have been best **mates** for 15 years.
　　　　우리는 15년 동안 가장 친한 **친구**로 지내 왔다.

　　 2 A male peacock displays its colorful tail feathers to
　　　　attract a **mate**.
　　　　수컷 공작새는 **짝**을 유혹하기 위해 알록달록한 꼬리 깃털을 드러내 보인다.

v. **mating** season 짝짓기 철

★ cf. classmate 같은 반 친구 | roommate 방[집]을 함께 쓰는 사람

다의어

0135 connection
[kənékʃən]

ⓝ 1 관계, 관련 ⊜link   2 연결, 접속   3 연줄, 인맥

1 a **connection** between stress and illness 스트레스와 질병의 **관계**
2 free Internet **connection** 무료 인터넷 **연결**
3 He is proud of his **connection** to the president of the
　 country. 그는 그 나라의 대통령과의 **인맥**에 대해 자랑스러워한다.

＋ connect ⓥ 연결하다; 연결되다

0136 intimate
[íntəmit]

ⓐ 친밀한

Only **intimate** friends were invited to their party.
친한 친구들만이 그들의 파티에 초대되었다.

＋ intimacy ⓝ 친밀함

0137 sociable
[sóuʃəbl]

ⓐ 사교적인, 어울리기 좋아하는 ⊜outgoing

She is a **sociable** person who enjoys meeting new people.
그녀는 새로운 사람들을 만나는 것을 즐기는 **사교적인** 사람이다.

0138 bond
[bɑnd]

ⓝ 유대, 결속   ⓥ 유대를 맺다; 결합하다

There is a strong **bond** between the brothers.
그 형제간에는 강한 **유대**가 있다.

I **bond** with people easily. 나는 사람들과 쉽게 **유대를 맺는다**.

0139 **acquaintance**
[əkwéintəns]

ⓝ 1 아는 사람, 지인   2 알고 있음, 면식

The couple met through a mutual **acquaintance**.
그 연인[부부]은 서로 함께 알고 있는 **지인**을 통해 만났다.

a person of casual **acquaintance**   조금 **알고 있는** 사람

다의어

0140 **attachment**
[ətǽtʃmənt]

ⓝ 1 애착, 집착   2 부착   3 첨부 파일

1 Her **attachment** to her dog is very strong.
   자신의 개에 대한 그녀의 **애착**은 매우 강하다.

2 For **attachment** to the wall, use a special glue.
   벽에 **부착**하기 위해서는 특수 접착제를 사용하세요.

3 send a document as an **attachment**
   첨부 파일로 문서를 보내다

➕ have an attachment to[for] ~ : ~을 무척 좋아하다

➕ attach ⓥ 붙이다, 부착하다

0141 **admire**
[ədmáiər]

ⓥ 칭찬하다, 감탄하다, 높이 평가하다

You must **admire** the way she handled the situation.
넌 그녀가 그 상황에 대처한 방식을 **칭찬해야** 해.

➕ admirable ⓐ 감탄스러운, 칭찬할 만한 | admiration ⓝ 감탄, 존경

0142 **owe**
[ou]

ⓥ 빚지다, 신세 지다, 은혜를 입다

I **owe** my success to my teachers.
나의 성공은 선생님들 **덕분이다**.

How much do I **owe** you? 제가 얼마를 **드려야 하나요**?

➕ owe ~ an apology: ~에게 사과할 것이 있다

★ cf. owing to ~: ~ 때문에[덕분에]

0143 **belong**
[bilɔ́(ː)ŋ]

ⓥ 속하다, 소속하다(to)

a strong sense of **belonging** to a group
집단에 대한 강한 **소속감**

I don't feel as if I **belong** here.
나는 여기에 **속한다는** 느낌을 갖지 못한다.

0144 **congratulate**
[kəngrǽtʃəlèit]

ⓥ 축하하다, 축하의 말을 하다

We **congratulate** you on your engagement.
우리는 너의 약혼을 **축하한다**.

➕ congratulate A on B: A에게 B를 축하하다

➕ congratulation ⓝ 축하

★ cf. Congratulations (on ~)! (~을) 축하해!

0145 hostile
[hástəl / hóstail]

ⓐ 적대적인, 적대감을 갖는

a **hostile** attitude 적대적인 태도
The defending champion found himself in the middle of a **hostile** crowd.
그 전년도 우승자는 자신이 **적대감을 갖고 있는** 군중들 가운데 있음을 알았다.

🔤 behaving in an unfriendly manner toward someone

＋ hostility ⓝ 적대감, 반감

0146 quarrel
[kwɔ́ːrəl]

ⓝ 다툼, 언쟁 ⓥ 다투다, 싸우다

a **quarrel** between husband and wife 부부 **싸움**
The brothers eventually stopped **quarreling**.
그 형제는 마침내 **말다툼**을 중단했다.

다의어

0147 dispute
[dispjúːt]

ⓝ 논쟁, 논란 ⓥ 1 반박하다 2 논쟁을 벌이다

n. a matter in **dispute** 논쟁 중인 문제
  She got into a **dispute** over a taxi fare.
  그녀는 택시비 문제로 **말다툼**을 했다.

v. 1 **dispute** a fact 어떤 사실을 **반박하다**
  2 They **disputed** among themselves.
  그들은 자기들끼리 **논쟁을 벌였다**.

0148 resent
[rizént]

ⓥ 분개하다, 불쾌하게 여기다

The teacher began to **resent** his constant excuses.
그 선생님은 그의 끊임없는 변명에 **분개하기** 시작했다.

resent being treated unfairly 불공평하게 대우받는 것에 **화내다**

＋ resentful ⓐ 분개하는 | resentment ⓝ 분개; 원한

0149 breakup
[bréikʌp]

ⓝ 1 결별, 파경 2 분열, 해체

The celebrity couple announced the **breakup** of their marriage. 그 유명인 커플은 그들의 결혼이 **파경**에 이르렀음을 발표했다.
the **breakup** of a rock band 록 밴드의 **해체**

★ cf. break up 끝이 나다; 해체되다

0150 bully
[búli]

ⓝ (약자를) 괴롭히는 사람 ⓥ (약자를) 괴롭히다, 협박하다

a school **bully** 학교에서 **아이들을 괴롭히는 학생**
That big boy **bullies** younger kids in the neighborhood.
저 덩치 큰 소년은 동네의 어린아이들을 **괴롭힌다**.

DAILY CHECK-UP

A 빈칸에 알맞은 우리말 또는 영어 단어를 써넣으시오.

성장과 인간관계

성장

1 _____
성숙한; 자라다

2 _____
development

3 _____
청소년; 사춘기의

4 _____
juvenile

5 _____
성인기, 성년

6 _____
decision

7 _____
모방하다, 흉내 내다

8 _____
acquire

인간관계

9 _____
companion

10 m_____
친구, 동료; 짝

11 _____
intimate

12 _____
관계; 연결; 연줄

13 _____
bond

14 _____
애착, 집착; 부착

15 _____
admire

16 _____
아는 사람; 알고 있음

불화

20 _____
적대적인

21 _____
quarrel

22 _____
논쟁, 논란; 반박하다

23 _____
resent

24 _____
괴롭히는 사람; 괴롭히다

17 _____
빚지다, 신세 지다

18 _____
belong

19 _____
축하하다

B 문장의 빈칸에 알맞은 말을 보기에서 골라 쓰시오.

adjust	ambition	breakup	discipline	fellow	sociable

1 They raised their children under strict _____.

2 The kids will eventually _____ to the new school.

3 Her _____ is to become the top lawyer in the country.

4 She is a _____ person who enjoys meeting new people.

5 He has a very good reputation among his _____ students.

6 The celebrity couple announced the _____ of their marriage.

DAY 6 교육

교육 제도

0151 enroll
[inróul]

ⓥ 입학[등록]시키다; 입학[등록]하다

They **enrolled** their children in a private school.
그들은 자녀들을 사립 학교에 **입학시켰다.**

enroll in a course 강좌에 **등록하다**

➕ enrollment ⓝ 입학, 등록

★ en-(= put in, make) + roll(= list, document)
→ 명부에 넣다 → 입학시키다, 등록하다

0152 tuition
[tu:íʃən]

ⓝ 1 수업료, 등록금 2 수업, 교습

There will be a **tuition** increase next year.
내년에 **등록금** 인상이 있을 예정이다.

private **tuition** 개인 **교습**

🈁 1 money a person pays to take a class

0153 curriculum
[kəríkjələm]

ⓝ 교육[교과] 과정 (pl. curricula, curriculums)

the school **curriculum** 학교 **교육 과정**

The **curriculum** at that college is heavy on science and engineering.
그 대학의 **교과 과정**은 과학과 공학의 비중이 크다.

0154 guideline
[gáidlain]

ⓝ 지침, 지표

The government has issued new **guidelines** on education policy. 정부는 교육 정책에 대한 새로운 **지침**을 발표했다.

➕ strict guidelines on[for] ~: ~에 대한 엄격한 지침

0155 semester
[siméstər]

ⓝ 학기

new school **semester** 신학기

She attended Lakeside College for three **semesters**.
그녀는 Lakeside 대학에서 세 **학기**를 다녔다.

PLAN 2

0156 dormitory
[dɔ́ːrmətɔ̀ːri]

ⓝ 기숙사 = dorm

The new **dormitory** was completed in time for the beginning of the semester. 새 **기숙사**는 학기 시작에 맞춰 완공되었다.

0157 graduation
[græʤuéiʃən]

ⓝ 졸업; 졸업식

We had a party to celebrate his **graduation** from college.
우리는 그의 대학 **졸업**을 축하하기 위해 파티를 열었다.

requirements for **graduation** 졸업 요건

➕ graduate ⓥ 졸업하다 ⓝ 졸업생 ⓐ 대학원의

0158 diploma
[diplóumə]

ⓝ 졸업장, 수료증, 학위 증서

I earned my high school **diploma** by attending night classes.
나는 야간 수업에 출석하여 고등학교 **졸업장**을 받았다.

award a **diploma** 수료증을 수여하다

🔲 다의어

0159 credit
[krédit]

ⓝ 1 신용, 신뢰   2 칭찬; 인정   3 ==학점, 이수 단위==

1   buy a car on **credit** 신용 거래로 차를 구입하다

2   Give him **credit** for his honesty.
    그의 정직함을 **인정**해줘야 해.

3   I earned three **credits** in my English course this semester.
    나는 이번 학기에 영어 수업에서 3**학점**을 취득했다.

0160 merit
[mérit]

ⓝ 1 장점, 이점   2 (*pl.*) 공적, 공로

The teaching method has its own **merits**.
그 교수법은 나름의 **장점**이 있다.

Jennifer received a **merit** award for her outstanding work.
Jennifer는 뛰어난 업무로 **공로상**을 받았다.

0161 department
[dipɑ́ːrtmənt]

ⓝ 학과; 부서

All the **departments** in the college offer master's degrees.
그 대학의 모든 **학과**에서 석사 학위를 제공한다.

the accounting **department** 회계 **부서**

0162 extracurricular
[èkstrəkəríkjələr]

ⓐ 교과 외의, 정규 과정 이외의

I'm thinking of joining an **extracurricular** club this semester.
나는 이번 학기에 **교과 외** 동아리에 가입하는 것을 생각 중이다.

participate in **extracurricular** activities
정규 과정 이외의 활동에 참여하다

⭐ extra-(추가의, 여분의) + curricular(교육 과정의) → 교육 과정 이외의

0163 faculty
[fǽkəlti]

ⓝ 교수진, 교직원

That university has an excellent **faculty**.
그 대학은 우수한 **교수진**을 갖추고 있다.

다의어

0164 principal
[prínsəpəl]

ⓝ 교장, 학장 ⓐ 주요한 ⊜ main

n. Mr. Green is the **principal** of Pendleton High School.
　 Green 선생님은 Pendleton 고등학교의 **교장**이다.

a. the **principal** source of income 주요 수입원

➕ vice[assistant] principal 교감

★ principle(원칙)과 혼동하지 않도록 주의할 것.

0165 instructor
[instrʌ́ktər]

ⓝ 강사, 지도자

My cousin works as an **instructor** at a local community college.
내 사촌은 지역 전문 대학에서 **강사**로 근무한다.

➕ instruct ⓥ 가르치다 | instruction ⓝ 가르침, 훈련

0166 mentor
[méntər]

ⓝ 멘토(현명하고 성실한 조언자), 스승, 사부

build a **mentor**-student relationship 멘토와 학생의 관계를 형성하다
I was fortunate to find a **mentor** who guided me.
나는 나를 이끌어준 **멘토**를 찾았기에 운이 좋았다.

0167 tutor
[túːtəːr]

ⓝ 가정 교사, 개인 지도 교사 ⓥ 개인 지도를 하다

a resident **tutor** 입주 가정 교사
The volunteers **tutor** online to help students learn new languages.
자원봉사자들은 학생들이 새로운 언어를 배우는 것을 돕기 위해 온라인에서 **개인 지도를 한다.**

0168 freshman
[fréʃmən]

ⓝ (4년제 대학·고등학교의) 신입생, 1학년생

He resides in the **freshman** dormitory.
그는 **신입생** 기숙사에 거주한다.

a successful **freshman** year 성공적인 **입학 첫** 해

0169 sophomore
[sɑ́fəmɔ̀ːr]

ⓝ (4년제 대학·고등학교의) 2학년생

She is a **sophomore** studying biology at the local university.
그녀는 지역 대학에서 생물학을 공부하는 **2학년생**이다.

★ cf. junior 3학년생 | senior 4학년생

0170 **undergraduate**
[ʌ̀ndərgrǽdʒuit]

ⓝ 대학생, 학부생 ⓐ 학부의, 대학생의

Some courses are open to **undergraduates** as well as to graduate students.
일부 강좌는 대학원생뿐만 아니라 **학부생**에게도 개방되어 있다.

an **undergraduate** course 학부 과정

학교생활

0171 **accomplish**
[əkάmpliʃ]

ⓥ 해내다, 성취하다, 완수하다 ＝achieve

The student **accomplished** the task in an hour.
그 학생은 한 시간이 걸려 그 과제를 **해냈다**.

accomplish an intended goal 소기의 목적을 **성취하다**

➕ accomplishment ⓝ 성취(= achievement), 성과

0172 **improve**
[imprúːv]

ⓥ 향상[개선]되다, 좋아지다; 향상시키다, 개선하다

His grades gradually **improved** each year, and he averaged a B in his senior year.
그의 성적은 매년 점차적으로 **향상되어** 졸업 학년도에는 평균 B학점이 되었다.

Research shows that vocabulary **improves** with age.
연구에 의하면 어휘력은 나이가 들어감에 따라 **좋아진다**.

improve the situation 상황을 **개선하다**

➕ improvement ⓝ 향상, 개선

0173 **assignment**
[əsáinmənt]

ⓝ 1 숙제, (연구) 과제; 임무 2 할당

We need to complete three **assignments** per semester.
우리는 한 학기당 세 개의 **과제**를 완성해야 한다.

the **assignment** of a parking space 주차 공간의 **할당**

➕ hand in one's assignment 과제물을 제출하다
on (an) assignment 임무 수행 중인

➕ assign ⓥ 할당하다, 배정하다

다의어

0174 **absent**
ⓐ [ǽbsənt]
ⓥ [æbsént]

ⓐ 1 결석한, 부재의 ↔present 출석한, 있는 2 멍한, 방심한

ⓥ 결석하다, 불참하다

a. 1 She has been **absent** from school for three days.
그녀는 사흘 동안 학교에 **결석해** 왔다.

2 an **absent** smile **멍한** 미소

v. Daniel **absented** himself from the meeting.
Daniel은 그 모임에 **불참했다**.

➕ absent oneself from ~: ~에 결석[불참]하다

➕ absence ⓝ 결석, 부재

0175 drop out (of)

중퇴하다

Jason **dropped out of** high school but later earned a diploma. Jason은 고등학교를 **중퇴했지만** 나중에 학위를 받았다.

★ cf. a dropout rate (학교의) 중퇴율

다의어

0176 gym
[dʒim]

ⓝ 1 체육관 ⊜gymnasium 2 헬스클럽
3 체조, 체육 ⊜gymnastics

1 the school **gym** 학교 체육관
2 I try to work out at the **gym** at least once a week.
   나는 적어도 일주일에 한 번은 **헬스클럽**에서 운동을 하려고 한다.
3 Do we have **gym** class tomorrow?
   우리 내일 체육 수업 있니?

➕ a gym membership 헬스클럽 이용 회원권

0177 session
[séʃən]

ⓝ 1 시간, 기간, 회기 2 학기

After the lecture, there will be a question-and-answer **session**. 강의 후에 질의응답 시간이 있을 것이다.
the summer **session** 여름 학기

0178 assessment
[əsésmənt]

ⓝ 평가

Teachers use a variety of tests for student **assessments**.
선생님들은 학생 평가를 위해 다양한 시험을 이용한다.
a performance **assessment** 수행 평가

➕ assess ⓥ 평가하다

0179 reward
[riwɔ́ːrd]

ⓝ 보상, 보답 ⓥ 보상하다

The school has a system of **rewards** to encourage good behavior.
그 학교는 선행을 장려하기 위한 보상 체계를 갖추고 있다.
The student was **rewarded** for her hard work.
그 학생은 열심히 공부한 것에 대한 보상을 받았다.

➕ give a reward for ~: ~에 대하여 보상[보답]하다
➕ rewarding ⓐ 보람 있는

0180 punishment
[pʌ́niʃmənt]

ⓝ 벌, 처벌

Serving your community should not be seen as a **punishment**.
지역 사회에 봉사하는 것을 처벌로 여겨서는 안 된다.
corporal **punishment** 체벌

➕ punish ⓥ 처벌하다

DAILY CHECK-UP

학습 Check	본문 학습	MP3 듣기	Daily Check-up	누적 테스트 Days 5-6

PLAN 2

A 빈칸에 알맞은 우리말 또는 영어 단어를 써넣으시오.

교육

교육 제도

1 _____ 입학시키다; 등록하다

2 _____ tuition

3 _____ 교육[교과] 과정

4 _____ guideline

5 _____ 기숙사

6 _____ 졸업; 졸업식

7 _____ merit

8 _____ 신용; 칭찬; 학점

9 _____ department

10 _____ 정규 과정 이외의

교사와 학생

11 _____ faculty

12 _____ 교장, 학장; 주요한

13 _____ instructor

14 _____ 가정 교사

15 _____ freshman

16 _____ 2학년생

17 _____ 대학생; 학부의

학교생활

18 _____ accomplish

19 _____ 향상되다; 개선하다

20 _____ 숙제, 과제; 임무

21 _____ drop out (of)

22 _____ 시간, 기간; 학기

23 _____ 평가

24 _____ punishment

B 문장의 빈칸에 알맞은 말을 보기에서 골라 쓰시오.

absent	rewards	diploma	gym	mentor	semesters

1 I was fortunate to find a _____ who guided me.

2 She has been _____ from school for three days.

3 I try to work out at the _____ at least once a week.

4 She attended Lakeside College for three _____.

5 I earned my high school _____ by attending night classes.

6 The school has a system of _____ to encourage good behavior.

📖 MUST-KNOW WORDS

workplace 직장	**apply** 지원하다	**hire** 고용하다	**employee** 직원
staff (모든) 직원	**career** 직업; 경력	**promote** 승진시키다	**expert** 전문가

직업 선택

0181 **profession**
[prəféʃən]

ⓝ (전문적인) **직업**; 직종

Most **professions** in the medical field require a license or a certificate. 의료 분야의 대부분의 **직업**은 자격증이나 수료증을 필요로 한다.

legal **profession** 법조**계**, 변호사업

➕ **professional** ⓐ 전문적인 ⓝ 전문직 종사자

0182 **occupation**
[ὰkjəpéiʃən]

ⓝ 1 직업, 업무 2 점령

a well-paid **occupation** 급료가 많은 **직업**

Truck driving is a highly skilled **occupation**.
트럭 운전은 고도로 숙련된 **직업**이다.

a military **occupation** of territory 영토의 군사적 **점령**

➕ **occupy** ⓥ 1 차지하다 2 점령하다

0183 **wage**
[weidʒ]

ⓝ (시간·일·주 단위의) **임금**, 급료

That company pays a good **wage** to its workers.
그 회사는 직원들에게 후한 **임금**을 지급한다.

the minimum **wage** 최저 **임금**

🔷 the money a person earns for working by the hour, day, or week.

★ cf. **salary** (주·월·연 단위의) 급여, 봉급

0184 **vacant**
[véikənt]

ⓐ (자리·집·일자리 등이) **비어 있는**, 공석의

The position was left **vacant** when Dr. Mutumba resigned.
Mutumba 박사가 사임했을 때 그 자리는 **공석으로** 남겨졌다.

➕ **vacancy** ⓝ 공석; 빈 방

0185 **competent**
[kάmpətənt]

ⓐ 유능한, 능력이 있는 ↔ incompetent 무능한

We need to find a **competent** mechanic who can fix the problem.
우리는 그 문제를 해결할 수 있는 **유능한** 정비사를 찾아야 한다.

➕ **competence** ⓝ 능력, 역량(= competency)

PLAN 2

0186 **qualification**
[kwὰləfikéiʃən]

ⓝ 자격, 자격증

an academic **qualification** 학문적 **자격**
This job does not require any **qualifications**.
이 일은 어떤 **자격(증)**도 요구하지 않는다.

+ qualify ⓥ 자격을 얻다

직업 생활

0187 **permanent**
[pə́:rmənənt]

ⓐ 영구적인, 상임의

She gave up a **permanent** job in order to work as a
freelancer.
그녀는 프리랜서로 일하기 위해 **영구적인** 직장을 그만두었다.

0188 **temporary**
[témpərèri / -rəri]

ⓐ 임시의, 일시적인

You might consider **temporary** work until you find your
dream job.
너는 네가 정말 원하는 직업을 찾을 때까지 **임시**직을 고려해 볼 수 있어.

a **temporary** employee 임시[비정규] 직원

다의어

0189 **serve**
[sə:rv]

ⓥ 1 (음식을) 제공하다; 응대하다
2 (어떤 용도로) 쓰이다, 도움이 되다
3 (사람·조직 등을 위해) 일하다, 복무하다

1 A very polite waiter **served** us at our table.
아주 예의 바른 웨이터가 우리 테이블에서 우리를 **응대했다**.
2 **serve** a purpose 목적에 **부합하다**
3 Her father **served** on the city council for almost 30 years.
그녀의 아버지는 거의 30년간 시 의회에서 **일했다**.

serve in the army 군 **복무하다**, 병역에 **복무하다**

+ service ⓝ 1 서비스 2 근무, 복무 (기간) 3 예배

0190 **labor**
[léibər]

ⓝ 1 노동, 일 2 (집합적) 노동자, 노동력

Mr. Goldsmith is well paid for his **labor**.
Goldsmith 씨는 **노동**에 대한 보수를 충분히 받는다.

the **labor** market **노동** 시장

0191 **union**
[jú:njən]

ⓝ 노동조합[노조]; 연합, 동맹

She joined the teachers' **union**. 그녀는 교원 **노조**에 가입했다.

➕ a labor union 노동조합 | a union member 노동조합원, 노조원

0192 committee
[kəmíti]

ⓝ 위원회

The company has a **committee** to handle complaints from employees. 그 회사에는 직원들의 불만을 처리하는 **위원회**가 있다.

chair a **committee** 위원회의 의장직을 맡다

직장 관련

0193 cooperate
[kouápərèit]

ⓥ 협력하다, 협동하다

The two employees **cooperated** with each other to fix the problem. 그 두 직원은 문제를 해결하기 위해 서로 **협력했다**.

➕ cooperation ⓝ 협력, 협동 | cooperative ⓐ 협력하는, 협조적인

0194 colleague
[káli:g]

ⓝ (같은 직장·직종의) 동료 ⟳ co-worker

My **colleagues** agreed to go along with the proposal.
내 **동료들**은 그 제안에 따르기로 동의했다.

0195 promotion
[prəmóuʃən]

ⓝ 1 승진, 진급 2 홍보, 판촉

He got a **promotion** to head of the Marketing Department.
그는 마케팅 부장으로 **승진**했다.

launch a new **promotion** to increase sales
판매를 늘리기 위해 새 **홍보**를 실시하다

➕ promote ⓥ 1 촉진하다; 장려하다 2 승진시키다

0196 executive
[igzékjətiv]

ⓝ (기업·조직의) 경영 간부, 임원, 중역 ⓐ 임원의, 중역의

I wonder how he became an **executive** at such a young age.
나는 그가 그렇게 젊은 나이에 어떻게 **임원**이 되었는지 궁금하다.

➕ a chief executive officer (CEO) 최고 경영자

0197 chairman
[tʃέərmən]

ⓝ 회장, 의장

The **chairman** of the company delivered a speech.
그 회사의 **회장**이 연설을 했다.

➕ vice chairman 부회장 | deputy chairman 의장 대리

★ cf. 여자일 경우 chairwoman을 쓰기도 하며, chairperson은 성별에 관계없이 쓸 수 있다.

0198 supervisor
[sú:pərvàizər]

ⓝ 상사, 관리자, 감독자

report to your immediate **supervisor** 직속 **상사**에게 보고하다
My **supervisor** approved the project.
내 **상사**가 그 프로젝트를 승인했다.

➕ supervise ⓥ 관리하다, 감독하다 | supervision ⓝ 관리, 감독

0199 reliable
[riláiəbl]

ⓐ 믿을 수 있는, 신뢰할 수 있는

She is a **reliable** worker who is always on time.
그녀는 항상 정시에 출근하는 **믿을 만한** 근로자이다.

➕ rely ⓥ 의지하다, 신뢰하다 | reliability ⓝ 신뢰성, 신빙성

0200 committed
[kəmítid]

ⓐ 헌신적인, 열성적인

a **committed** member of the team 팀의 **헌신적인** 구성원

We're **committed** to creating a positive work environment.
우리는 긍정적인 근로 환경을 조성하는 데 **열성적이다.**

➕ commit ⓥ 1 저지르다 2 약속하다 3 헌신하다

0201 deadline
[dédlàin]

ⓝ 마감 시한, 기한

extend a **deadline** **마감 시한**을 연장하다

The team had to work overtime to meet the **deadline**.
그 팀은 **마감 시한**을 맞추기 위해 야근해야 했다.

고용과 퇴사

0202 recruit
[rikrúːt]

ⓥ (신입 사원·신병 등을) 모집하다, 뽑다

recruit new employees 신입 사원을 **모집하다**

We need to **recruit** several new members to our team.
우리는 우리 팀에 새 팀원 몇 명을 **뽑아야** 한다.

➕ recruitment ⓝ 채용; 징병

0203 employ
[implɔ́i]

ⓥ 1 고용하다 2 쓰다, 이용하다

The company decided to **employ** more workers.
그 회사는 더 많은 직원을 **고용하기로** 결정했다.

He **employed** advanced techniques to analyze the data more accurately.
그는 데이터를 더 정확하게 분석하기 위해 고급 기술을 **사용했다.**

다의어

0204 application
[æ̀plikéiʃən]

ⓝ 1 지원(서), 신청(서) 2 적용, 응용 3 응용 프로그램 (≡)app

1 The company receives hundreds of job **applications** each year.
  그 회사는 매년 수백 통의 입사 **지원서**를 받는다.

2 the **application** of AI in education 교육에 AI **적용**

3 install an **application** **응용 프로그램**을 설치하다

➕ apply ⓥ 1 지원하다 2 적용하다 | applicant ⓝ 지원자

0205 **résumé**
[rézumèi]

ⓝ 1 이력서 **2** 요약, 개요 ═ summary

I enclosed my **résumé** for you to review.
검토하시도록 저의 **이력서**를 동봉했습니다.

She submitted a two-page **résumé** for a job interview.
그녀는 취업 면접을 위해 2페이지 분량의 **이력서**를 제출했다.

a brief **résumé** of the history of mining
광업의 역사에 대한 간략한 **개요**

다의어

0206 **reference**
[réfərəns]

ⓝ 1 언급 **2** 참조, 참고 **3** 신원 조회서, 추천서; 추천인

1 a **reference** to past events 과거의 사건들에 대한 **언급**

2 a work of **reference** **참고** 문헌

3 We need **references** from your former employers.
우리는 귀하의 이전 고용주들로부터의 **추천서**가 필요합니다.

➕ a letter of reference 추천서

다의어

0207 **contract**
ⓝ [kántrӕkt]
ⓥ [kəntrӕkt]

ⓝ 계약(서), 약정(서) **ⓥ 1** 줄어들다 **2** (병에) 걸리다

n. The **contract** requires you to work by the end of the year.
그 **계약서**는 네게 연말까지 근무할 것을 요구한다.

v. 1 A muscle **contracts** when stimulated.
근육은 자극을 받으면 **수축한다**.

2 **contract** an infectious disease
전염병에 **걸리다**

0208 **quit**
[kwit]
quit-quit(ted)-quit(ted)

ⓥ 1 (직장·학교 등을) 그만두다 **2** 끊다 ═ stop, give up

She **quit** her job after an argument with a colleague.
그녀는 한 동료와의 말다툼 후에 직장을 **그만두었다**.

give notice to **quit** 사직을 권고하다, **퇴사** 통보를 하다

quit drinking 금주하다, 술을 **끊다**

0209 **retire**
[ritáiə:r]

ⓥ 은퇴하다, 퇴직하다, 물러나다

He plans to **retire** from his job in two years.
그는 2년 후에 **은퇴할** 계획이다.

retire from public office 공직에서 **물러나다**

➕ retirement ⓝ 은퇴, 퇴직

0210 **pension**
[pénʃən]

ⓝ 연금

live on one's **pension** 연금으로 살아가다

He pays a quarter of his salary into a **pension** plan.
그는 급여의 4분의 1을 **연금** 제도에 지불한다.

DAILY CHECK-UP

A 빈칸에 알맞은 우리말 또는 영어 단어를 써넣으시오.

사회생활과 직업

직업 선택

1 _____
직업, 업무; 점령

2 _____
wage

3 _____
유능한, 능력이 있는

4 _____
qualification

직업 생활

5 _____
permanent

6 _____
제공하다; 쓰이다; 일하다

7 _____
labor

8 _____
노동조합; 연합

직장 관련

9 _____
협력하다, 협동하다

10 _____
colleague

11 _____
경영 간부; 임원의

12 _____
chairman

13 _____
상사, 감독자

14 _____
reliable

15 _____
헌신적인, 열정적인

16 _____
deadline

고용과 퇴사

17 _____
employ

18 _____
지원(서); 적용

19 _____
résumé

20 _____
언급; 참조; 추천서

21 _____
계약(서), 약정(서)

22 _____
quit

23 _____
retire

24 _____
연금

B 문장의 빈칸에 알맞은 말을 보기에서 골라 쓰시오.

committee	professions	temporary	promotion	recruit	vacant

1 We need to _____ several new members to our team.

2 He got a _____ to head of the Marketing Department.

3 The position was left _____ when Dr. Mutumba resigned.

4 You might consider _____ work until you find your dream job.

5 The company has a _____ to handle complaints from employees.

6 Most _____ in the medical field require a license or a certificate.

✔ 헷갈리는 혼동어 제대로 알기

1 vow

ⓝ 맹세, 서약 ⓥ 맹세하다, 서약하다

The bride and groom exchanged marriage **vows**.
신랑 신부는 혼인 **서약**을 교환했다.

bow

ⓥ 절하다, (고개를) 숙이다

In some cultures, people **bow** to show respect.
몇몇 문화에서 사람들은 존중을 보이기 위해 **머리를 숙인다**.

2 imitate

ⓥ 모방하다, 흉내 내다

Children **imitate** what their parents say and do.
아이들은 부모의 말과 행동을 **모방한다**.

irritate

ⓥ 짜증 나게 하다

The constant noise from outside **irritated** me.
밖에서의 지속적인 소음이 나를 **짜증 나게** 했다.

3 session

ⓝ 1 시간, 기간, 회기 2 학기

After the lecture, there will be a question-and-answer **session**.
강의 후에 질의응답 **시간**이 있을 것이다.

the summer **session** 여름 **학기**

section

ⓝ 부분, 부문, 구역

This book is divided into three main **sections**.
이 책은 세 개의 주요 **부분**으로 나뉜다.

segment

ⓝ 단편, 조각, 부분

Each **segment** of the lecture lasted about half an hour.
강의의 각 **부분**은 약 30분 정도 지속했다.

4 reference

ⓝ 1 언급 2 참조, 참고 3 신원 조회서; 추천서; 추천인

a **reference** to past events 과거의 사건들에 대한 **언급**
We need **references** from your former employers.
우리는 귀하의 이전 고용주들로부터의 **추천서**가 필요합니다.

preference

ⓝ 선호, 애호

She has a strong **preference** for tea over coffee.
그녀는 커피보다 차를 더 많이 **선호**한다.

PLAN 3
의식주와 문화

식생활

cuisine 요리; 요리법
nutrition 영양

가옥과 건축

architecture 건축(술), 건축학
construct 건설하다

의식주와 문화

문화와 풍습

diversity 다양성
immigrant 이민자

식생활

✔ MUST-KNOW WORDS

meal 식사	roast 굽다; 구운	delicious 아주 맛있는	ingredient 재료
mix 섞다	boil 끓이다	contain 함유하다	dish 접시; 요리

음식의 맛과 상태

0211 crispy
[kríspi]

ⓐ 바삭바삭한

crispy fried chicken **바삭바삭한** 프라이드치킨
I like the taste and texture of a **crispy** cookie.
나는 **바삭바삭한** 과자의 맛과 질감을 좋아한다.

`다의어`

0212 tender
[téndər]

ⓐ 1 (음식이) 연한 ↔ tough 질긴 2 다정한, 부드러운 3 연약한

1 Cook the meat until it is **tender**. 고기가 **연해질** 때까지 조리하세요.
2 a **tender** voice **다정한[부드러운]** 목소리
3 **tender** plants **연약한** 식물

+ tenderly ⓐⓓ 다정하게, 부드럽게
tenderness ⓝ 1 연함 2 다정함, 부드러움

0213 flavor
[fléivər]

ⓝ 1 맛, 풍미 2 향미, 조미료

The soup has a sweet **flavor**. 그 스프는 달콤한 **맛**이 난다.
You can enhance the **flavor** by adding some cream.
약간의 크림을 넣어서 **풍미**를 높일 수 있다.
artificial **flavors** 인공 **향미**

0214 greasy
[gríːsi / -zi]

ⓐ 기름기 많은; 지성의 = oily

Avoid **greasy** food and add more vegetables to your diet.
기름진 음식을 피하고 식단에 더 많은 채소를 추가하세요.
a shampoo for **greasy** hair **지성** 모발용 샴푸

0215 fiber
[fáibər]

ⓝ 섬유; 섬유질

high-**fiber** snacks like almonds and walnuts
아몬드와 호두와 같은 고**섬유질** 간식
A diet rich in **fiber** can lower cholesterol and improve heart health. **섬유질**이 풍부한 식단은 콜레스테롤을 낮출 수 있고 심장 건강을 향상시킬 수 있다.

+ fibrous ⓐ 섬유의, 섬유질의

PLAN 3

0216 **disgusting**

[disgʌ́stiŋ]

ⓐ 역겨운, 구역질 나는

In nearly every culture, there is at least one food with a **disgusting** odor.
거의 모든 문화에서 **역겨운** 냄새를 가진 음식이 적어도 한 가지는 있다.

➕ disgust ⓝ 역겨움, 혐오감   ⓥ ~에게 혐오를 주다

0217 **rotten**

[rátn]

ⓐ 썩은, 부패한

smell like **rotten** eggs **썩은** 달걀 같은 냄새가 나다
The delay in the shipment made the bananas go **rotten**.
선적의 지연이 바나나를 **부패하게** 만들었다.

➕ go rotten 썩다, 부패하다

➕ rot ⓥ 썩다; 썩히다   ⓝ 썩음, 부패

요리

0218 **cuisine**

[kwizíːn]

ⓝ 요리; 요리법

She likes French **cuisine**, and her husband enjoys Mexican **cuisine**.
그녀는 프랑스 **요리**를 좋아하고 그녀의 남편은 멕시코 **요리**를 즐긴다.

🔤 a style of cooking food related to a particular region or country

---

0219 **recipe**

[résəpìː]

ⓝ 1 요리법, 조리법   2 비결, 방안

a **recipe** book **요리** 책
She used her favorite **recipe** to make tomato soup.
그녀는 자신이 좋아하는 **요리법**을 사용하여 토마토 수프를 만들었다.

a **recipe** for success 성공의 **비결**

0220 **appetizer**

[ǽpitàizər]

ⓝ 애피타이저, 전채(식욕을 돋우는 간단한 요리)

start with an **appetizer** **애피타이저**로 시작하다
We served some fresh bread as an **appetizer**.
우리는 **애피타이저**로 신선한 빵을 좀 내놓았다.

0221 **slice**

[slais]

ⓝ (음식을 얇게 썬) 조각   ⓥ 얇게 썰다, 저미다

a **slice** of bread 식빵 한 **조각**
Cut the onion into thin **slices**. 양파를 얇은 **조각**으로 썰어라.
Slice the mushrooms and fry them separately.
버섯을 **얇게 썰어** 따로 볶으세요.

0222 **soak**
[souk]

ⓥ (액체 속에 푹) 담그다, 흠뻑 적시다; 푹 잠기다, 흠뻑 젖다

Soak the beans in water for a few hours.
콩을 물에 몇 시간 **담가두세요**.

To remove fruit stains, mix water with vinegar, and let your clothes **soak** for 30 minutes.
과일 얼룩을 제거하려면 물에 식초를 섞고 옷이 30분 동안 **푹 잠기도록** 하세요.

0223 **peel**
[pi:l]

ⓥ (과일·채소 등의) 껍질을 벗기다; (껍질이) 벗겨지다 ⓝ 껍질

The cook **peeled** the potatoes before cooking them.
요리사는 감자를 요리하기 전에 **껍질을 벗겼다**.

lemon **peel** 레몬 **껍질**

다의어

0224 **stir**
[stə:r]

ⓥ 1 **젓다, (저어 가며) 섞다** 2 (마음을) 흔들다

ⓝ 1 **휘젓기** 2 동요; 혼란

v. 1 She **stirred** her coffee with a teaspoon.
그녀는 티스푼으로 커피를 **저었다**.

2 Something unpleasant began to **stir** deep within him.
뭔가 불쾌한 것이 그의 마음속 깊은 곳을 **흔들기** 시작했다.

n. 2 It caused a **stir**. 그것은 **동요**를 일으켰다.

0225 **grind**
[graind]
grind-ground-ground

ⓥ 갈다, 가루로 만들다

He **ground** the coffee beans. 그는 커피콩을 **갈았다**.

grind teeth 이를 **갈다**

0226 **stuff**
[stʌf]

ⓝ 재료, 물질

cooking **stuff** 요리 **재료**

There's some smelly **stuff** in the back of the refrigerator.
냉장고 뒤쪽에 냄새 나는 **물질**이 좀 있다.

0227 **bowl**
[boul]

ⓝ 그릇, 사발

a salad **bowl** 샐러드 **그릇**

Mix all the ingredients thoroughly in a big **bowl**.
모든 재료를 큰 **그릇**에 넣고 골고루 섞으세요.

0228 **utensil**
[ju:ténsəl]

ⓝ (가정에서 사용하는) 기구, 도구

kitchen **utensils** 주방 **용구**

Wash all the cooking **utensils** after preparing raw meat.
생고기를 준비한 후 모든 조리 **기구**를 씻으세요.

0229 **seasoning**
[síːzəniŋ]

ⓝ 양념, 조미료

This spaghetti has no taste, so add a little **seasoning**.
이 스파게티는 아무 맛도 없으니 **양념**을 조금 넣어라.

artificial **seasoning** 인공 **조미료**

0230 **organic**
[ɔːrgǽnik]

ⓐ 1 유기농의, 화학 비료를 쓰지 않는 2 유기체의, 유기의

Organic farming is better for the environment.
유기농법은 환경에 더 좋다.

study the structure of **organic** matter **유기체** 물질의 구조를 연구하다

외식

0231 **reservation**
[rèzəːrvéiʃən]

ⓝ 예약

We made a dinner **reservation** at the restaurant for 6:30.
우리는 6시 반에 그 식당에 저녁 식사 **예약**을 했다.

➕ make a reservation 예약하다
confirm a reservation 예약을 확인하다

➕ reserve ⓥ 예약하다

다의어

0232 **order**
[ɔ́ːrdər]

ⓝ 1 순서 2 명령 3 질서, 정돈 4 (식당에서의) 주문; 주문한 음식

ⓥ 1 주문하다 2 명령하다

n. 1 in alphabetical **order** 알파벳순으로
   2 follow an **order** 명령을 따르다
   3 keep [maintain] **order** 질서를 유지하다
   4 The waiter took our **orders** for drinks.
      그 웨이터는 우리의 음료 **주문**을 받았다.

v. 1 Are you ready to **order**? **주문하실** 준비 되셨나요?
   2 The police officer **ordered** me to pull over.
      경찰관이 나에게 차를 대라고 **명령했다**.

0233 **dine**
[dain]

ⓥ 식사를 하다, 만찬을 들다

They **dined** together at a fancy restaurant.
그들은 근사한 식당에서 함께 **식사를 했다**.

➕ dine out 외식하다

0234 **vegetarian**
[vèdʒətéəriən]

ⓝ 채식주의자 ⓐ 채식의, 채식주의의

My brother became a **vegetarian** in college.
나의 오빠는 대학교 때 **채식주의자**가 되었다.

I know a nice restaurant that offers a **vegetarian** menu.
나는 **채식주의** 메뉴를 제공하는 좋은 식당을 알고 있다.

0235 **portion**
[pɔ́:rʃən]

🔵 1 일부, 부분   2 (음식의) 1인분

This is just a **portion** of the total project.
이것은 전체 프로젝트의 **일부**일 뿐이다.

This recipe makes enough for four **portions** of soup.
이 조리법은 **4인분**의 수프를 충분히 만든다.

0236 **split**
[split]

🅥 쪼개다; 분할하다, 나누다

The camper **split** the wood into smaller pieces for the fire.
그 캠핑객은 불을 피우기 위해 나무를 작은 조각으로 **쪼갰다**.

Let's **split** the bill for this meal.
이번 식사 비용은 **나눠서 내자**.

영양과 식욕

0237 **nutrition**
[nu:tríʃən]

🅝 영양

The human body requires proper **nutrition** in order to maintain itself.
인체는 스스로를 유지하기 위해 적절한 **영양**을 필요로 한다.

➕ nutrient 🅝 영양소 | nutritious @ 영양가 높은

0238 **protein**
[próuti:n]

🅝 단백질

You must eat foods that contain **protein** to stay healthy.
너는 건강을 유지하기 위해 **단백질**을 함유한 음식을 먹어야 한다.

essential **proteins** 필수 **단백질**

0239 **appetite**
[ǽpitàit]

🅝 식욕; 욕구

My son has a big **appetite** for steak.
내 아들은 스테이크에 대한 **식욕**이 왕성하다.

loss of **appetite** 식욕 부진

0240 **starve**
[staːrv]

🅥 굶주리다, 굶어 죽다; 굶기다

Millions of children are **starving** around the world.
전 세계에서 수백만 명의 아이들이 **굶주리고** 있다.

➕ starve to death 굶어 죽다

➕ starvation 🅝 기아, 굶주림

★ cf. '배고파 죽겠다'라는 뜻으로 be starving 또는 be starved를 쓴다.
   예) I'm starving[starved].

DAILY CHECK-UP

A 빈칸에 알맞은 우리말 또는 영어 단어를 써넣으시오.

식생활

음식의 맛과 상태

1 _____ crispy

2 _____ (음식이) 연한; 다정한

3 _____ flavor

4 _____ 기름기 많은

5 _____ fiber

6 _____ 역겨운, 구역질 나는

15 _____ 기구, 도구

16 _____ organic

요리

7 _____ cuisine

8 _____ 요리[조리]법; 비결

9 _____ 애피타이저, 전채

10 _____ slice

11 _____ 담그다; 푹 잠기다

12 _____ grind

13 _____ 재료, 물질

14 _____ bowl

외식

17 _____ 순서; 주문; 주문하다

18 _____ dine

19 _____ 채식주의자; 채식의

20 _____ split

영양과 식욕

21 _____ 영양

22 _____ protein

23 _____ 식욕; 욕구

24 _____ starve

B 문장의 빈칸에 알맞은 말을 보기에서 골라 쓰시오.

stirred	reservation	seasoning	rotten	peeled	portions

1 She _____ her coffee with a teaspoon.

2 The cook _____ the potatoes before cooking them.

3 This recipe makes enough for four _____ of soup.

4 This spaghetti has no taste, so add a little _____.

5 We made a dinner _____ at the restaurant for 6:30.

6 The delay in the shipment made the bananas go _____.

DAY 9 가옥과 건축

건축 · 주거

0241 architecture
[ɑ́ːrkətèktʃər]

ⓝ 건축(술), 건축학; 건축 양식

Jason studied **architecture** and art history at university.
Jason은 대학에서 **건축학**과 미술사를 공부했다.

contemporary **architecture** 현대 **건축 양식**

➕ architect ⓝ 건축가 | architectural ⓐ 건축(학)의

0242 real estate
[ríəl istèit]

ⓝ 부동산

He built his wealth by investing in **real estate**.
그는 **부동산**에 투자해서 부를 쌓았다.

➕ a real estate agent 부동산 매매 중개인
a real estate agency 부동산 중개소

0243 dwell
[dwel]
dwell-dwelled / dwelt-
dwelled / dwelt

ⓥ 살다, 거주하다

My grandparents **dwelled** in a quiet village near a river.
조부모님은 강가의 조용한 마을에서 **사셨다**.

➕ dweller ⓝ 거주자

0244 resident
[rézidənt]

ⓝ 거주자, 주민

Residents of the town complained about its bus system.
그 도시의 **주민들**은 버스 시스템에 대해 불평했다.

➕ reside ⓥ 살다, 거주하다 | residence ⓝ 주택, 거주지

건물의 구조

0245 chamber
[tʃéimbər]

ⓝ 방, 침실, -실

The treasure was hidden in a secret underground **chamber**.
그 보물은 지하의 은밀한 **방**에 숨겨져 있었다.

a judge's **chamber** 판사실

➕ chamber music 실내악

PLAN 3

0246 ceiling
[síːliŋ]

ⓝ 1 **천장** 2 상한, 최고 한도

The walls and **ceiling** were painted white.
벽과 **천장**은 흰색으로 칠해져 있었다.

a **ceiling** on interest rates 이자율에 대한 **상한선**

➕ a glass ceiling 유리 천장(승진하지 못하게 막는 눈에 보이지 않는 장벽)

다의어

0247 column
[kάləm]

ⓝ 1 **기둥** 2 특별 기고, 칼럼 3 세로 칸

1 The main structure of the building was supported by huge **columns**.
그 건물의 주요 구조는 거대한 **기둥**에 의해 지탱되었다.

a huge **column** of smoke 거대한 **기둥** 모양의 연기

2 He writes a regular **column** in a weekly newspaper.
그는 주간지에 정기적인 **칼럼**을 쓴다.

3 the first **column** of numbers 첫 번째 **세로 칸**의 숫자들

➕ columnist ⓝ 칼럼니스트, 특별 기고가

0248 pillar
[pílər]

ⓝ 기둥, 주석, 지주

A pair of **pillars** stood on either side of the main entrance.
기둥 한 쌍이 정문의 양쪽에 서 있었다.

다의어

0249 beam
[biːm]

ⓝ 1 **(구조물의) 기둥; 들보** 2 빛줄기, 빛 ⓥ 비추다

n. 1 The wooden **beams** supported the roof.
나무 **기둥들**이 지붕을 받치고 있었다.

2 a bright **beam** of sunlight 밝은 **햇살**

v. The sun **beams** through the window every morning.
해가 매일 아침 창문을 통해 **비춘다**.

★ column, pillar: 수직으로 서 있는 기둥
beam: 수평으로 놓이는 들보로, 지붕 등에 가로질러 무게를 지탱함

0250 corridor
[kɔ́ːridɔːr]

ⓝ 복도, 통로

He slowly walked down the long, dark **corridor**.
그는 길고 어두운 **복도**를 따라 천천히 걸었다.

0251 furnish
[fə́ːrniʃ]

ⓥ 1 가구를 비치하다 2 제공[공급]하다 ＝ provide

The apartment was clean and fully **furnished**.
그 아파트는 깨끗하고 **가구가 완비되어** 있었다.

They will **furnish** the necessary equipment for the event.
그들은 행사에 필요한 장치를 **제공할** 것이다.

0252 drain
[drein]

ⓥ 배수되다, 배출되다　ⓝ 배수구, 배수관

The water quickly **drained** away, leaving an empty lake.
물은 빠르게 **배수되어** 빈 호수를 남겼다.

The plumber fixed the blocked **drain**.
배관공이 막힌 **배수구**를 고쳤다.

✚ drainage ⓝ 배수 (시설)

0253 sewer
[súːər]

ⓝ 하수관, 하수구

clear the **sewer**　하수관을 뚫다

All the drain lines in the house connect to the main **sewer**
line.　그 집의 모든 배수관은 중앙 **하수관**에 연결되어 있다.

✚ sewage ⓝ 하수, 오수

0254 fountain
[fáuntən]

ⓝ 1 분수　2 원천

The crowd gathered around the **fountain** in the plaza.
군중이 광장의 **분수** 주위에 모였다.

the **fountain** of information　정보의 **원천**

0255 frame
[freim]

ⓝ 1 틀　2 (건조물의) 뼈대, 골조

The window **frames** need painting.
창틀에 페인트칠을 할 필요가 있다.

a roof with a wooden **frame**　목조 **골조**로 된 지붕

➕ a window frame　창틀　|　a picture frame　액자

0256 surround
[səráund]

ⓥ 둘러싸다, 에워싸다; 포위하다

The stone wall **surrounds** our house.
돌담이 우리 집을 **둘러싸고** 있다.

be **surrounded** by the enemy　적에게 **포위되다**

✚ surrounding ⓐ 주변의　ⓝ (pl.) 환경

0257 basement
[béismənt]

ⓝ 지하층, 지하실

They keep old furniture in their **basement**.
그들은 낡은 가구를 **지하실**에 둔다.

a **basement** flat　아파트 **지하층**

0258 attic
[ǽtik]

ⓝ 다락방

stairs leading to the **attic**　**다락방**으로 이어지는 계단

We put trunks and old books in our **attic**.
우리는 여행용 가방과 오래된 책들을 **다락방**에 넣었다.

시공과 보수

0259 construct
[kənstrʎkt]

ⓥ 건설하다

The mayor decided to **construct** a new bridge over the river in the city.
시장은 도시의 강 위에 새로운 다리를 **건설하기로** 결정했다.

➕ construction ⓝ 건설, 공사 | constructive ⓐ 건설적인

다의어

0260 erect
[irékt]

ⓥ 건립하다, 세우다 ⊜ build　**ⓐ 똑바로 선**

v. erect a statue 동상을 **건립하다**
　A plan to **erect** a new library was approved by the local school board.
　새 도서관을 **세우려는** 계획이 지역 학교 위원회에 의해 승인되었다.

a. sit **erect** **똑바로** 앉다

0261 timber
[tímbəːr]

ⓝ 목재, (목재용) 나무

the **timber** industry **목재** 산업
Loggers cut **timber** and took it away on logging trucks.
벌목꾼들은 **나무를** 잘라 벌목 트럭에 싣고 갔다.

0262 marble
[máːrbəl]

ⓝ 1 대리석　2 (아이들 장난감) 구슬

a **marble** sculpture **대리석** 조각
The columns were made of white **marble**.
그 기둥들은 흰 **대리석으로** 만들어졌다.
I approached a group of boys who were playing with **marbles**. 나는 **구슬** 놀이를 하고 있는 남자아이들 무리에게 다가갔다.

★ marvel(감탄하다)과 혼동하지 않도록 주의할 것.

0263 maintain
[meintéin]

ⓥ 1 유지하다, 지속하다 ⊜ keep
**　2 (보수하여) 관리하다, 보존하다**

maintain a good relationship 좋은 관계를 **유지하다**
The house is so large that it is difficult to **maintain**.
그 집은 너무 커서 **관리하기가** 힘들다.

➕ maintenance ⓝ 1 유지　2 보수, 관리

0264 crack
[kræk]

ⓝ 갈라진 금, 틈　ⓥ 갈라지다, 금이 가다

a wall with **cracks** 금이 간 벽
The ice **cracked** when the man tried to get closer to me.
그 남자가 내게 가까이 접근하려고 하자 얼음이 **갈라졌다**.

0265 cottage
[kάtidʒ]

ⓝ (시골의) 작은 집, 오두막집

For many of us, living in a country **cottage** is just a dream.
많은 사람들에게 시골 **오두막집**에서 사는 것은 단지 꿈에 불과하다.

0266 hut
[hʌt]

ⓝ 움막, 오두막, 막사

a wooden **hut** 통나무 **오두막**

People in that poor area live in mud **huts**.
그 가난한 지역의 사람들은 진흙으로 만든 **움막**에 살고 있다.

0267 warehouse
[wέə:rhàus]

ⓝ 창고

Our **warehouse** has a variety of auto parts in it.
우리 **창고**에는 다양한 자동차 부품들이 있다.

➕ a warehouse store[club] 창고형 매장

0268 shelter
[ʃéltə:r]

ⓝ 1 주거지, 살 곳 2 피신(처) 3 숙소, 보호소
ⓥ 보호하다; 피신하다

n. 1 food, clothing, and **shelter** 의식주

2 find[seek] **shelter** 피신처를 찾다

3 A winter **shelter** for homeless people opened last
week. 노숙자들을 위한 겨울 **숙소**가 지난주에 문을 열었다.

v. She **sheltered** the injured bird until it could fly again.
그녀는 그 다친 새가 다시 날 수 있을 때까지 **보호했다**.

➕ a homeless shelter 노숙자 숙소 | an animal shelter 동물 보호소

0269 barn
[bɑːrn]

ⓝ 헛간, 곳간; 외양간

The farmer stored hay in the **barn** during the winter.
농부는 겨울 동안 **헛간**에 건초를 저장했다.

The **barn** housed several cows. 그 **외양간**은 소 몇 마리를 수용했다.

0270 skyscraper
[skάiskrèipə:r]

ⓝ 초고층 건물, 마천루

The Empire State Building is one of the most famous
skyscrapers in the U.S.
엠파이어 스테이트 빌딩은 미국에서 가장 유명한 **초고층 건물** 중 하나이다.

★ sky(하늘) + scrape(긁다, 파다) + -er(~하는 것)
  → 하늘을 긁는 건물 → 초고층 건물

PLAN 3

A 빈칸에 알맞은 우리말 또는 영어 단어를 써넣으시오.

가옥과 건축

건축·주거

1 _____
건축(술), 건축학

2 _____
real estate

3 _____
거주자, 주민

4 _____
dwell

13 _____
fountain

14 _____
틀; 뼈대

15 _____
basement

16 _____
다락방

건물의 구조

5 _____
방, 침실, -실

6 _____
ceiling

7 p_____
기둥, 주석, 지주

8 _____
복도, 통로

9 _____
furnish

10 _____
기둥, 들보; 빛줄기

11 _____
drain

12 _____
하수관, 하수구

시공과 보수

17 _____
erect

18 _____
목재, 나무

19 _____
marble

20 _____
갈라진 금; 갈라지다

건물의 종류

21 _____
cottage

22 _____
움막, 오두막

23 _____
warehouse

24 _____
헛간; 외양간

B 문장의 빈칸에 알맞은 말을 보기에서 골라 쓰시오.

maintain	construct	skyscrapers	columns	surrounds	shelter

1 The stone wall _____ our house.

2 The house is so large that it is difficult to _____ .

3 A winter _____ for homeless people opened last week.

4 The main structure of the building was supported by huge _____ .

5 The mayor decided to _____ a new bridge over the river in the city.

6 The Empire State Building is one of the most famous _____ in the U.S.

문화와 풍습

cultural 문화의	difference 차이	accept 수용하다	respect 존중하다
country 국가; 시골	tradition 전통	social 사회의, 사회적인	practice 관습

문화적 특징

0271 authentic
[ɔ:θéntik]

ⓐ 진정한, 진짜의 ⩵ genuine

These dishes are **authentic** examples of Chinese cuisine.
이 요리들은 중국 요리의 **진정한[정통]** 예시이다.

➕ authenticity ⓝ 진짜임, 진실성

0272 distinct
[distíŋkt]

ⓐ 1 별개의, 뚜렷이 다른 2 뚜렷한, 분명한 ⩵ clear

three **distinct** species of tigers 세 가지 **뚜렷이 다른** 호랑이 종
Every culture has its **distinct** characteristics.
모든 문화는 자체의 **뚜렷한** 특징을 가지고 있다.

➕ distinguish ⓥ 구별하다 | distinction ⓝ 구별, 차이, 특별함

다의어

0273 race
[reis]

ⓝ 1 경주 2 경쟁 3 인종, 종족 ⓥ 경주하다

n. 1 take part in a charity **race** 자선 **경주**에 참가하다
   3 New York City has many **races** among its population.
      뉴욕 시는 인구 안에 다양한 **인종**이 있다.

v. We **raced** each other to see who was faster.
   우리는 누가 더 빠른지 보기 위해 서로 **경주했다**.

➕ racial ⓐ 인종의 | racism ⓝ 인종주의, 인종 차별주의
   racist ⓝ 인종 차별주의자 ⓐ 인종 차별적인

0274 ethnic
[éθnik]

ⓐ 민족의, 종족의

ethnic minority 소수 **민족** 집단
The country's population consists of three main **ethnic** groups. 그 나라의 인구는 세 개의 주요 **민족** 집단으로 구성된다.

➕ ethnicity ⓝ 민족성

0275 diversity
[divə́:rsəti / dai-]

ⓝ 다양성

Ethnic **diversity** is found in most modern societies.
민족적 **다양성**은 대부분의 현대 사회에서 발견된다.

➕ diverse ⓐ 다양한 | diversify ⓥ 다양화하다

PLAN 3

0276 **globalization**
[glòubəlizéiʃən]

ⓝ 세계화

Globalization has brought major transformations in goods, capital, and labor.
세계화는 상품, 자본, 노동력에 중대한 변화를 가져왔다.

the era of **globalization** 세계화 시대

➕ global ⓐ 세계적인 | globalize ⓥ 세계화하다

0277 **tribe**
[traib]

ⓝ 부족, 종족

Native American **tribes** once lived all over North America.
아메리카 원주민 **부족들**은 한때 북아메리카 전역에 살았다.

a nomadic **tribe** 유목민, 유목 **부족**

0278 **stereotype**
[stériətàip]

ⓝ 고정 관념, 정형화된 생각

The film has been criticized for reinforcing racial **stereotypes**.
그 영화는 인종적 **고정 관념**을 강화한다는 비난을 받아 왔다.

➕ stereotypical ⓐ 고정 관념의, 정형화된

0279 **rite**
[rait]

ⓝ (종교적) 의식, 의례

Ancient cultures performed sacred **rites** to honor their gods.
고대 문화에서는 신을 경배하기 위해 신성한 **의식**을 거행했다.

a **rite** of passage 통과 **의례**

타 문화에 대한 태도

0280 **acceptance**
[əkséptəns]

ⓝ 받아들임, 수용

Acceptance of other cultures is important in cross-cultural interactions. 다른 문화를 **받아들이는 것**은 문화 간 상호 작용에서 중요하다.

blind **acceptance** 맹목적 **수용**

➕ accept ⓥ 받아들이다, 수용하다

0281 **discriminate**
[diskrímənèit]

ⓥ 1 차별하다 2 구별하다

It is illegal to **discriminate** on the basis of race.
인종을 근거로 **차별하는** 것은 불법이다.

discriminate between fiction and history
허구와 역사를 **구별하다**

➕ discrimination ⓝ 차별 (대우)

0282 differ
[dífər]

ⓥ 다르다

Notions of beauty **differ** from culture to culture.
아름다움의 개념은 문화마다 **다르다**.

+ difference ⓝ 차이

0283 prejudice
[prédʒudis]

ⓝ 선입관, 편견　ⓥ 편견을 갖게 하다

Racial **prejudice** is one of society's great problems.
인종적 **편견**은 사회의 중대한 문제들 중 하나이다.

The article might **prejudice** readers against the new policy.
그 기사는 독자들이 새 정책에 대해서 **편견을 갖게 할지** 모른다.

+ prejudice against ~: ~에 대한 (부정적) 편견
　prejudice in favor of ~: ~에 대한 (호의적인) 편견

다의어

0284 conflict
ⓝ [kánflikt]
ⓥ [kənflíkt]

ⓝ 갈등, 충돌, 분쟁　ⓥ 상충되다, 모순되다(with)

n. a **conflict** between two cultures　두 문화 간의 **충돌**
The **conflict** in the region is basically a struggle for resources.
그 지역의 **분쟁**은 근본적으로 자원을 위한 싸움이다.

v. When a theory **conflicts** with facts, it is always the theory which is to blame.
이론이 사실과 **상충될** 때, 항상 비난받아야 하는 것은 이론이다.

0285 conservative
[kənsə́:rvətiv]

ⓐ 보수적인　↔ progressive 진보적인

a **conservative** view　보수적 관점
These countries remain **conservative** in cultural matters.
이 나라들은 문화에 관한 문제에 있어서 여전히 **보수적이다**.

0286 immigrant
[ímigrənt]

ⓝ 이민자, 이주해 온 사람

Most **immigrants** from Southeast Asia are employed in low-skilled jobs.
동남아시아에서 온 대부분의 **이민자들**은 숙련도가 낮은 일자리에 고용되어 있다.

+ immigrate ⓥ 이주해 오다 | immigration ⓝ (입국) 이주, 이민

전통과 풍습

0287 traditional
[trədíʃənəl]

ⓐ 전통적인

a **traditional** way of life　**전통적인** 생활 방식
We often cook **traditional** Korean dishes for our guests.
우리는 손님들을 위해 종종 **전통적인** 한국 음식을 요리한다.

+ tradition ⓝ 전통

다의어

0288 **custom**
[kʌ́stəm]

ⓝ 관습, 풍습 ⊜ tradition ⓐ 맞춤의, 주문 제작의

n. It is a British **custom** to drink tea at four o'clock in the afternoon.
오후 4시에 차를 마시는 것이 영국의 **관습**이다.

a. **custom** furniture 주문 제작 가구

다의어

0289 **convention**
[kənvénʃən]

ⓝ 1 관습, 관례 2 총회, 대회 3 협정, 협약

1 Playing together with friends teaches children social **conventions**.
친구들과 함께 노는 것은 아이들에게 사회적 **관습**을 가르쳐준다.

2 the annual teachers' **convention** 연례 교사 **총회**

3 an international **convention** banning chemical weapons
화학 무기를 금지하는 국제 **협약**

➕ observe[follow] conventions 관습[관례]을 따르다

➕ conventional ⓐ 전통적인, 인습적인

0290 **institution**
[ìnstətúːʃən]

ⓝ 1 제도, 관습 2 기관, 협회

the **institution** of marriage 결혼 **제도**

Tourists need to respect the social **institutions** of other countries. 관광객들은 다른 나라의 사회 **제도**를 존중할 필요가 있다.

a(n) financial / educational **institution** 금융 / 교육 **기관**

0291 **occasion**
[əkéiʒən]

ⓝ 1 경우, 때 2 행사

I've met her on several **occasions**.
나는 그녀를 몇 **번** 만난 적이 있다.

Their wedding was a happy **occasion**.
그들의 결혼식은 즐거운 **행사**였다.

➕ occasional ⓐ 가끔씩의, 때때로의

0292 **funeral**
[fjúːnərəl]

ⓝ 장례식

His **funeral** was held in a small church in the village.
그의 **장례식**은 마을의 작은 교회에서 치러졌다.

a **funeral** procession **장례** 행렬

0293 **bury**
[béri]

ⓥ 매장하다, 묻다

Their ancestors are **buried** near their village.
그들의 조상들은 그들이 사는 마을 근처에 **묻혀 있다**.

bury a body[corpse] 시신을 **묻다**

➕ burial ⓝ 매장

0294 grave
[greiv]

ⓝ 무덤, 묘 **ⓐ 심각한, 중대한** **ⓔserious**

n. He is buried in a **grave** next to his wife.
그는 아내 옆의 **무덤**에 묻혀 있다.

a. She tends to smile or nervously laugh in **grave** situations.
그녀는 **심각한** 상황에서 미소 짓거나 긴장해서 웃는 경향이 있다.

0295 heritage
[héritidʒ]

ⓝ (문화)유산, 전통

rich cultural **heritage** 풍부한 문화유산
The family has a long **heritage** of wine making.
그 집안은 와인을 제조하는 오랜 **전통**을 갖고 있다.

0296 observance
[əbzə́:rvəns]

ⓝ 1 따르기, 준수 2 의식; 관습

The **observance** of traditions keeps culture alive.
전통을 **따르는 것**은 문화를 살아 있게 한다.

Respect the cultural **observances** of other countries.
다른 나라의 문화적 **관습**을 존중하라.

➕ **observe** ⓥ 1 보다, 관찰하다 2 지키다, 준수하다

인류학

0297 anthropology
[æ̀nθrəpɑ́lədʒi]

ⓝ 인류학

In an **anthropology** course, students learned about the Incan civilization.
인류학 강좌에서 학생들은 잉카 문명에 대해 배웠다.

➕ **anthropologist** ⓝ 인류학자

0298 artifact
[ɑ́:rtəfæ̀kt]

ⓝ 유물 **ⓔartefact**

The museum displays many prehistoric **artifacts**.
그 박물관에는 많은 선사 시대의 **유물**이 전시되어 있다.

0299 folklore
[fóuklɔ̀:r]

ⓝ 민속, 전통 문화

In **folklore**, the snake is often the symbol of evil.
민속에서 뱀은 종종 악의 상징이다.

0300 oral
[ɔ́:rəl]

ⓐ 구전의, 구두의, 입의 **⟷written 문서로 된, 성문의**

Religious music is often passed on by **oral** tradition.
종교 음악은 종종 **구전** 전통에 의해 전승된다.

DAILY CHECK-UP

A 빈칸에 알맞은 우리말 또는 영어 단어를 써넣으시오.

문화와 풍습

문화적 특징

1 _____
　진정한, 진짜의

2 _____
　race

3 _____
　민족의, 종족의

4 _____
　다양성

5 _____
　tribe

6 _____
　세계화

7 _____
　rite

8 _____
　고정 관념

타 문화에 대한 태도

9 _____
　받아들임, 수용

10 _____
　differ

11 _____
　갈등; 상충되다

12 _____
　보수적인

13 _____
　immigrant

인류학

22 _____
　인류학

23 _____
　artifact

24 _____
　구전의, 구두의

전통과 풍습

14 _____
　전통적인

15 _____
　institution

16 _____
　관습, 관례; 총회

17 _____
　occasion

18 _____
　장례식

19 _____
　bury

20 _____
　(문화)유산, 전통

21 _____
　observance

B 문장의 빈칸에 알맞은 말을 보기에서 골라 쓰시오.

grave	prejudice	discriminate	custom	folklore	distinct

1 He is buried in a _____ next to his wife.

2 Every culture has its _____ characteristics.

3 It is illegal to _____ on the basis of race.

4 In _____, the snake is often the symbol of evil.

5 Racial _____ is one of society's great problems.

6 It is a British _____ to drink tea at four o'clock in the afternoon.

헷갈리는 혼동어 제대로 알기

1 **flavor**

🄝 1 맛, 풍미 2 향미, 조미료

You can enhance the **flavor** by adding some cream.
약간의 크림을 넣어서 **풍미**를 높일 수 있다

artificial **flavors** 인공 **향미**

favor

🄝 호의, 친절; 부탁

He did me a **favor** by lending me his car for the weekend.
그는 주말에 자신의 차를 빌려줌으로써 내게 **호의**를 베풀었다.

2 **ethnic**

🄐 민족의, 종족의

The country's population consists of three main **ethnic** groups.
그 나라의 인구는 세 개의 주요 **민족** 집단으로 구성된다.

ethics

🄝 윤리, 도덕

Their business **ethics** focus on sustainability.
그들의 사업 **윤리**는 지속 가능성에 중점을 둔다.

ethical

🄐 윤리적인, 도덕상의

The company aims to maintain **ethical** standards in their use of resources.
그 회사는 자원 사용에 있어서 **윤리적인** 기준을 유지하는 것을 목표로 한다.

3 **convention**

🄝 1 관습, 관례 2 총회, 대회 3 협정, 협약

Playing together with friends teaches children social **conventions**.
친구들과 함께 노는 것은 아이들에게 사회적 **관습**을 가르쳐준다.

conviction

🄝 신념, 확신

He has a strong **conviction** in his beliefs.
그는 자신의 믿음에 강한 **신념**을 가지고 있다.

4 **institution**

🄝 1 제도, 관습 2 기관, 협회

the **institution** of marriage 결혼 **제도**

constitution

🄝 구성, 구조

The **constitution** of the committee includes experts.
위원회 **구성**은 전문가들을 포함시킨다.

PLAN 4
감정과 태도

긍정적 감정
passionate 열정적인
delighted 아주 기뻐하는

부정적 감정
annoyed 짜증 난
ashamed 부끄러워하는

감정과 태도

감각과 분위기
instinct 본능
urgent 긴급한

성격과 태도
personality 성격
energetic 활력 넘치는

긍정적 감정

✔ MUST-KNOW WORDS

emotion 감정; 정서	mood 기분; 분위기	excited 흥분한, 신난	glad 기쁜
joy 기쁨, 즐거움	proud 자랑스러워하는	thankful 감사하는	sure 확신하는

열정과 기대

0301 enthusiasm
[enθúːziæzm]

🄝 열의, 의욕, 열정

She seems to lack **enthusiasm** for the work she's doing.
그녀는 자신이 하고 있는 일에 대한 **열의**가 부족한 것 같다.

➕ enthusiastic ⓐ 열렬한, 열성적인
enthusiast ⓝ 열렬한 지지자, ~광

0302 eager
[íːgər]

🄐 열망하는, 간절히 바라는

eager for success 성공을 **열망하는**
He was **eager** to return home as soon as possible.
그는 가능한 한 빨리 집에 돌아오기를 **간절히 바랐다**.

➕ eagerly ⓐⓓ 열렬히, 간절히 | eagerness ⓝ 열망

0303 passionate
[pǽʃənit]

🄐 열정적인, 열렬한

He developed a **passionate** interest in gardening.
그는 원예에 **열렬한** 관심을 갖게 되었다.

➕ passion ⓝ 열정

0304 willing
[wíliŋ]

🄐 기꺼이 하는, 자발적인   ↔ unwilling, reluctant 꺼리는

a **willing** volunteer 자발적인 지원자
He is **willing** to help us paint the kitchen.
그는 우리가 부엌에 페인트칠하는 것을 **기꺼이** 도와주려고 한다.

➕ willing to do: 기꺼이 ~하려는

➕ willingly ⓐⓓ 기꺼이 | willingness ⓝ 기꺼이 하는 마음

0305 anticipate
[æntísəpèit]

🅥 예상하다, 기대하다

We **anticipate** that the economy will improve next year.
내년에는 경제가 나아질 것으로 **기대한다**.

➕ anticipation ⓝ 예상, 기대

0306 expectant
[ikspéktənt]

ⓐ 1 **기대하는, 기대에 부푼** 2 출산을 앞둔

The crowd was **expectant**, waiting for the concert to start.
관객들은 콘서트가 시작되기를 기다리며 **기대에 부풀어** 있었다.

special classes for **expectant** mothers
출산을 앞둔 산모들을 위한 특별 수업

＋ expect ⓥ 기대하다, 예상하다

0307 determined
[ditə́:rmind]

ⓐ (굳게) 결심한, 단호한

a **determined** effort **단호한** 노력

He was **determined** to make it as a professional musician.
그는 전문 음악가로 성공할 **작정이었다**.

❸ determined to do: ～하기로 결심한, ～할 작정인

＋ determine ⓥ 1 알아내다 2 결정짓다 3 결심하다

기쁨과 즐거움

0308 delighted
[diláitid]

ⓐ 아주 기뻐하는 🟰pleased

I am **delighted** to accept your invitation to dinner.
당신의 저녁 초대를 **아주 기쁜** 마음으로 받아들이겠습니다.

＋ delight ⓝ (큰) 기쁨 ⓥ (매우) 기쁘게 하다

0309 joyful
[dʒɔ́ifəl]

ⓐ (사람·상황이) 즐거운, 기쁜

a **joyful** experience **즐거운** 경험

The preschool class provides a **joyful** environment for children. 유치원 수업은 아이들에게 **즐거운** 분위기를 제공한다.

＋ joy ⓝ 기쁨, 즐거움

0310 thrilled
[θrild]

ⓐ 아주 흥분한, 들뜬, 설레는

be **thrilled** with joy 기뻐서 **아주 신나다**

He was **thrilled** at the idea of moving to a big city.
그는 대도시로 이사 갈 생각에 **마음이 설렜다**.

＋ thrill ⓝ 짜릿함, 전율 ⓥ 설레게 하다 ｜ thrilling ⓐ 긴장감 넘치는, 짜릿한

0311 cheerful
[tʃíərfəl]

ⓐ 1 쾌활한, 명랑한, 기분 좋은 2 (장소·색 등이) 기분 좋게 하는

Nick seems **cheerful** today, and so do his colleagues.
Nick은 오늘 **쾌활해** 보이고, 그의 동료들도 그렇다.

a bright, **cheerful** café 밝고 **기분 좋은 분위기의** 카페

＋ cheer ⓥ 1 환호[응원]하다 2 기운을 북돋우다 ⓝ 1 환호 2 즐거움

0312 amused
[əmjúːzd]

ⓐ 즐거워하는, 재미있어하는

an **amused** reaction 즐거워하는 반응
My brother seemed to be very **amused** by what I said.
형은 내가 한 말에 매우 **재미있어하는** 것 같았다.

➕ amuse ⓥ 재미있게 하다 | amusing ⓐ 재미있는
amusement ⓝ 즐거움, 기분 전환

0313 satisfied
[sǽtisfàid]

ⓐ 만족한, 흡족한

give a **satisfied** smile 만족스러운 미소를 짓다
I'm not **satisfied** with the way the hairdresser cut my hair.
나는 미용사가 내 머리를 자른 방식에 **만족하지** 않는다.

➕ satisfy ⓥ 만족시키다 | satisfactory ⓐ 만족스러운

0314 fulfilled
[fulfíld]

ⓐ 만족하는, 성취감을 느끼는

I feel **fulfilled** in my current job. 나는 현재 직장에서 **만족감을** 느낀다.
She felt **fulfilled** after achieving her goal.
그녀는 자신의 목표를 달성한 후 **성취감을** 느꼈다.

➕ fulfill ⓥ 완료하다; 성취하다

다의어

0315 content
ⓐ ⓥ [kəntént]
ⓝ [kántent]

ⓐ 만족하는, 자족하는　ⓥ 만족시키다　ⓝ 1 내용(물)　2 목차

a. I'm **content** with a simple life. 나는 소박한 삶에 **만족한다.**
v. **content** oneself with one's lot 자기의 운명에 **만족하다**
n. 1 a summary of the book's **contents** 그 책 **내용**의 요약
　　2 table of **contents** 목차

0316 fascinated
[fǽsənèitid]

ⓐ 매료된, 매혹된, 마음을 빼앗긴

I was **fascinated** by what he said in his lecture.
나는 그가 강의하는 동안 했던 말에 **매료되었다.**

➕ fascinate ⓥ 매료[매혹]하다 | fascinating ⓐ 매혹적인
fascination ⓝ 매료됨; 매력

애정과 감동

0317 adore
[ədɔ́ːr]

ⓥ 아주 좋아하다; 흠모하다; 숭배하다

He's a good doctor, and all his patients **adore** him.
그는 훌륭한 의사이고, 모든 환자들은 그를 **아주 좋아한다.**

➕ adorable ⓐ 사랑스러운 | adoration ⓝ 흠모, 경배

0318 **affectionate**
[əfékʃənit]

ⓐ 애정이 담긴, 다정한

an **affectionate** hug 애정이 담긴 포옹
She is very **affectionate** toward her parents.
그녀는 부모님에게 매우 **다정하다**.

🔤 showing that one loves or cares about a person or thing
➕ affection ⓝ 애정

0319 **fond**
[fɑnd]

ⓐ 좋아하는, 애정이 담긴

Over the years, I have grown quite **fond** of him.
세월이 흐르면서 나는 그를 아주 **좋아하게** 되었다.

say a **fond** farewell 애정이 담긴 작별 인사를 하다

➕ be fond of ~: ~을 좋아하다

0320 **grateful**
[gréitfəl]

ⓐ 감사하는, 고마워하는

send a **grateful** message **감사의** 메세지를 보내다
I am **grateful** for the help that you have given to me.
제게 베풀어 주신 도움에 **감사드립니다**.

➕ gratitude ⓝ 감사

0321 **touched**
[tʌtʃt]

ⓐ 감동한, 마음이 움직인 ⳗ moved

I was deeply **touched** by your kind words.
저는 당신의 친절한 말에 깊은 **감동을 받았습니다**.

➕ touch ⓥ 1 만지다 2 감동시키다

0322 **flatter**
[flǽtər]

ⓥ 아첨하다

The salesman **flattered** the customer to sell his products.
그 영업사원은 물건을 팔려고 고객에게 **아첨했다**.

➕ flattery ⓝ 아첨 | flattering ⓐ 아첨하는

안정과 자신감

0323 **relaxed**
[rilǽkst]

ⓐ 느긋한, 여유 있는

a **relaxed** atmosphere **느긋한** 분위기
In fact, he seems very **relaxed** about everything.
사실, 그는 모든 것에 대해 매우 **느긋해** 보인다.

➕ relax ⓥ 긴장을 풀다; 느슨하게 하다
relaxing ⓐ 긴장을 풀어주는, 편안한

0324 stable
[stéibl]

ⓐ 안정된; 착실한

remain emotionally **stable** 정서적으로 **안정된** 상태를 유지하다
After moving to a new city, she finally felt **stable**.
새로운 도시로 이사한 후 그녀는 마침내 **안정감**을 느꼈다.

0325 relieved
[rilíːvd]

ⓐ 안도하는, 다행으로 여기는

Her parents were **relieved** to hear that she was alive.
그녀의 부모님은 그녀가 살아 있다는 말을 듣고 **안도했다**.
They exchanged **relieved** glances.
그들은 **안도의** 눈길을 주고받았다.

＋ relieve ⓥ 1 안도하게 하다 2 완화하다 | relief ⓝ 1 안도 2 완화 3 구호

다의어

0326 secure
[sikjúər]

ⓐ <mark>안정된, 안전한, 걱정이 없는</mark> ⓥ 확보하다

a. It's essential to let employees feel **secure** about their jobs.
직원들이 자신의 직장에 대해 **안정**감을 느끼게 하는 것이 필수적이다.
v. **secure** a victory 승리를 **확보하다**

0327 reassure
[rìːəʃúər]

ⓥ 안심시키다

The doctor **reassured** her about the effectiveness of the
drug. 의사는 그녀에게 약의 효과에 대해 **안심시켰다**.

★ re-(다시) + assure(확실히 하다) → 다시 확실하게 하다 → 안심시키다

0328 carefree
[kέərfrìː]

ⓐ 걱정 없는, 속 편한

I miss the **carefree** days of my youth.
나는 젊은 시절의 **걱정 없던** 나날들이 그립다.

★ -free는 '~이 없는'이라는 뜻이다.

0329 confident
[kάnfidənt]

ⓐ 1 자신 있는 2 확신하는

speak in a **confident** tone 자신 있는 어조로 말하다
He is **confident** that next year's sales will be excellent.
그는 내년 영업 실적이 대단할 것이라고 **확신한다**.

＋ confidence ⓝ 확신, 자신감

다의어

0330 certain
[sə́ːrtən]

ⓐ 1 <mark>확신하는</mark> ⊜sure ↔uncertain 잘 모르는 2 확실한
3 어떤, 특정한 ⊜particular

1 Are you **certain** that you saw her? 너는 그녀를 봤다고 **확신해**?
2 The future of the project is not **certain** at this stage.
   그 프로젝트의 미래가 이 단계에서는 **확실하지** 않다.
3 a **certain** kind[type] of plant **특정한** 종류의 식물

DAILY CHECK-UP

A 빈칸에 알맞은 우리말 또는 영어 단어를 써넣으시오.

긍정적 감정

열정과 기대

1 _____
열의, 의욕, 열정

2 _____
passionate

3 _____
기꺼이 하는, 자발적인

4 _____
expectant

5 _____
(굳게) 결심한, 단호한

애정과 감동

15 _____
아주 좋아하다; 흠모하다

16 _____
affectionate

17 _____
감동한, 마음이 움직인

18 _____
flatter

기쁨과 즐거움

6 _____
아주 기뻐하는

7 _____
joyful

8 _____
아주 흥분한, 들뜬

9 _____
amused

10 _____
쾌활한, 명랑한

11 _____
satisfied

12 _____
fulfilled

13 _____
만족하는; 만족시키다

14 _____
fascinated

안정과 자신감

19 _____
느긋한, 여유 있는

20 _____
stable

21 _____
안정된, 안전한; 확보하다

22 _____
carefree

23 _____
자신 있는; 확신하는

24 _____
certain

B 문장의 빈칸에 알맞은 말을 보기에서 골라 쓰시오.

anticipate	relieved	eager	fond	grateful	reassured

1 Over the years, I have grown quite _____ of him.

2 He was _____ to return home as soon as possible.

3 Her parents were _____ to hear that she was alive.

4 We _____ that the economy will improve next year.

5 I am _____ for the help that you have given to me.

6 The doctor _____ her about the effectiveness of the drug.

부정적 감정

✔ **MUST-KNOW WORDS**

sorrow 슬픔	anger 화, 분노	envy 부러워하다; 부러움	regret 후회(하다)
upset 화가 난	afraid 두려워하는	scared 겁먹은	hate 증오(하다)

짜증과 분노

0331 annoyed
[ənɔ́id]

ⓐ 짜증 난, 불쾌한

I was **annoyed** by the traffic jam during my commute.
나는 통근하는 동안 교통 체증에 **짜증이 났다**.

➕ annoy ⓥ 짜증 나게 하다 | annoying ⓐ 짜증 나게 하는

0332 irritate
[írətèit]

ⓥ 1 짜증 나게 하다 2 (피부를) 자극하다

His rude behavior was beginning to **irritate** me.
그의 무례한 행동이 나를 **짜증 나게 하기** 시작하고 있었다.

This soap may **irritate** sensitive skin.
이 비누는 민감한 피부를 **자극할** 수 있다.

➕ irritated ⓐ 짜증 난 | irritating ⓐ 짜증 나게 하는
irritation ⓝ 1 짜증 2 통증, 가려움

0333 provoke
[prəvóuk]

ⓥ 1 불러일으키다, 자극하다 2 화나게 하다

The introduction of the law **provoked** widespread protests.
그 법의 도입은 광범위한 항의를 **불러일으켰다**.

My brother **provoked** me on purpose.
내 남동생이 나를 일부러 **화나게 했다**.

➕ provocation ⓝ 자극, 도발 | provocative ⓐ 도발적인, 자극적인

0334 disturb
[distə́:rb]

ⓥ 1 방해하다 2 불안하게 하다

The loud TV **disturbed** my concentration.
시끄러운 TV는 내 집중을 **방해했다**.

The strange noises at night **disturbed** me.
밤에 그 이상한 소리는 나를 **불안하게 했다**.

0335 furious
[fjúəriəs]

ⓐ 1 성난, 격분한 2 격렬한, 열띤

He was **furious** at his teammates' lack of commitment.
그는 팀 동료들이 보인 헌신의 부족에 **격분했다**.

a **furious** argument **열띤** 논쟁

0336 rage
[reidʒ]

ⓝ 분노, 격정, 흥분 상태 ⓥ 격노하다

As he lost control, his face became red with **rage**.
그는 자제력을 잃으면서 그의 얼굴이 **분노**로 빨개졌다.

rage against injustice 부당함에 **격노하다**

우울 · 불안 · 근심

0337 gloomy
[glú:mi]

ⓐ 암울한, 침울한, 우울한

Graduates are feeling **gloomy** about the job market.
졸업생들은 취업 시장에 대해 **암울함**을 느끼고 있다.

0338 depressed
[diprést]

ⓐ 1 낙담한, 의기소침한 2 (경제가) 침체된

He was **depressed** about his failing career.
그는 자신의 실패하고 있는 경력에 대해 **낙담해** 있었다.

depressed economy **침체된** 경제

➕ depression ⓝ 1 우울(증) 2 불황 | depressing ⓐ 우울하게 하는

0339 nervous
[nə́:rvəs]

ⓐ 1 초조한, 불안한 2 신경의

He is very **nervous** about taking the final exam.
그는 기말시험을 보는 것에 대해 매우 **초조해한다**.

suffer from a **nervous** disorder **신경** 장애를 앓다

0340 miserable
[mízərəbl]

ⓐ 비참한, 불쌍한

He felt lonely and **miserable** after she was gone.
그녀가 가버린 후에 그는 외롭고 **비참함**을 느꼈다.

0341 dismal
[dízməl]

ⓐ 우울한, 음울한, 울적하게 하는

have a **dismal** expression on one's face **우울한** 얼굴 표정을 짓다
The weather was **dismal**, with rain and gray clouds all day.
하루 종일 비와 회색 구름이 낀 **음울한** 날씨였다.

0342 concerned
[kənsə́:rnd]

ⓐ 1 걱정하는, 염려하는 2 관련된, 관계가 있는

His family was very **concerned** about his health.
그의 가족은 그의 건강에 대해 매우 **걱정했다**.

It has been a tough time for all **concerned**.
관련된 사람들 모두에게 힘든 시간이었다.

➕ concern ⓝ 관심(사) ⓥ 1 ~에 관계되다 2 걱정시키다

0343 anxious

[ǽŋkʃəs]

ⓐ 1 걱정하는, 불안한 2 열망하는, 간절히 바라는

They are **anxious** about their new project.
그들은 새로운 프로젝트에 대해 **걱정하고** 있다.

We were **anxious** to hear the results.
우리는 결과를 듣기를 **간절히 바라고** 있었다.

+ anxiously ⓐⓓ 걱정스럽게; 열망하여 | anxiety ⓝ 불안, 걱정

0344 isolated

[áisəlèitid]

ⓐ 고립된, 외딴, 단절된 ⧉ remote

A year of war has left the country **isolated** from the rest of the world.
1년 동안의 전쟁으로 그 나라는 나머지 세계로부터 **고립되었다.**

isolated rural areas **외딴** 시골 지역

+ isolate ⓥ 고립시키다 | isolation ⓝ 고립, 격리

0345 frightened

[fráitnd]

ⓐ 무서워하는, 겁먹은 ⧉ scared

The little boy was **frightened** of his own shadow.
그 어린 소년은 자신의 그림자에 **겁을 먹었다.**

I was too **frightened** to talk to other people about the incident.
나는 너무 **무서워서** 그 일에 대해 다른 사람들에게 이야기할 수 없었다.

+ frighten ⓥ 겁먹게 하다(= scare) | frightening ⓐ 무서운(= scary)

0346 regretful

[rigrétfəl]

ⓐ 1 후회하는 2 (상황 등이) 유감스러운

He is deeply **regretful** about what he did.
그는 자신이 한 일에 대해 깊이 **후회하고** 있다.

It is very **regretful** that this happened.
이 일이 일어난 것은 정말 **유감스럽다.**

+ regret ⓥ 후회하다 ⓝ 후회

자책과 절망

0347 ashamed

[əʃéimd]

ⓐ 부끄러워하는, 창피한, 수치심을 느끼는

Mark felt **ashamed** that he had forgotten his wife's birthday.
Mark는 아내의 생일을 잊은 것에 **부끄러움**을 느꼈다.

+ shame ⓝ 창피함, 부끄러움 | shameful ⓐ 수치스러운

0348 disgrace

[disgréis]

ⓝ 불명예, 치욕; 수치(스러운 존재)

His behavior brought **disgrace** on himself and his profession.
그의 행동은 그 자신과 그의 직업에 **불명예**를 가져왔다.

★ dis-(반대) + grace(품위)

0349 guilty
[gílti]

ⓐ 1 **죄책감이 드는, 가책을 느끼는** 2 유죄의 ⟷ innocent 무죄의

She felt **guilty** about hurting her friend.
그녀는 친구를 마음 아프게 한 것에 대해 **죄책감을 느꼈다.**

The jury found him **guilty** of theft.
배심원단은 그가 절도에 있어서 **유죄**라고 판결했다.

➕ guilty conscience 양심의 가책, 죄책감
➕ guilt ⓝ 1 죄책감, 죄의식 2 유죄

0350 despair
[dispέər]

ⓝ 절망, 자포자기 ⓥ 절망하다

She was overwhelmed by a deep sense of **despair**.
그녀는 깊은 **절망**감에 압도되었다.

They **despaired** at the sight of the fire damage.
그들은 화재 피해를 보고 **절망했다.**

0351 disappoint
[dìsəpɔ́int]

ⓥ 실망시키다; 좌절시키다

be **disappointed** by a result 결과에 **실망하다**
The band's concert **disappointed** the fans.
그 밴드의 공연은 팬들을 **실망시켰다.**

➕ disappointed ⓐ 실망한, 낙담한 | disappointing ⓐ 실망스러운

0352 frustrated
[frʌ́streitid]

ⓐ 좌절감을 느끼는, 불만스러워하는

He felt **frustrated** when he didn't get a promotion after all his hard work.
그는 열심히 일한 후에 승진하지 못했을 때 **좌절감을 느꼈다.**

➕ frustrate ⓥ 좌절감을 주다, 실망시키다 | frustration ⓝ 좌절감, 실망감
frustrating ⓐ 좌절감을 주는, 실망스러운

0353 embarrass
[imbǽrəs]

ⓥ 당황하게 하다, 난처하게 하다

I didn't want to **embarrass** him by saying no.
나는 안 된다는 말로 그를 **난처하게 만들고** 싶지 않았다.

🔤 to make someone feel shy, uncomfortable, or foolish in front of others
➕ embarrassing ⓐ 당황스러운, 난처한
embarrassed ⓐ 당황한, 난처해하는

0354 reckless
[réklis]

ⓐ 무모한, 분별없는

His **reckless** driving made his friends worry about their safety.
그의 **무모한** 운전은 친구들로 하여금 자신들의 안전에 대해 걱정하게 했다.

a **reckless** investment **분별없는** 투자

0355 ridicule
[rídikjùːl]

ⓥ 비웃다, 조롱하다 ≡ make fun of ⓝ 비웃음, 조롱

It is wrong to **ridicule** someone for their mistakes.
누군가를 그 사람의 실수로 **조롱하는** 것은 나쁘다.

be subject to **ridicule** **조롱**의 대상이 되다

＋ ridiculous ⓐ 웃기는, 말도 안 되는

0356 hatred
[héitrid]

ⓝ 증오, 혐오

stir up **hatred** **증오심**을 불러일으키다

He could not conceal his **hatred** for the invaders.
그는 침략자들에 대한 **증오**를 감출 수 없었다.

＋ hate ⓥ 증오하다, 싫어하다 ⓝ 증오

0357 jealous
[dʒéləs]

ⓐ 질투하는, 시샘하는

Jason gets **jealous** when other men talk to his girlfriend.
Jason은 다른 남자들이 자신의 여자친구에게 말을 걸면 **질투심**이 생긴다.

Don't be **jealous** of your friend's success.
친구의 성공을 **시샘하지** 마라.

＋ jealousy ⓝ 질투

0358 offend
[əfénd]

ⓥ 불쾌하게 하다, 기분 상하게 하다

His constant lateness to work **offended** his boss.
그의 계속된 출근 지각은 상사를 **불쾌하게 했다**.

📖 to make a person upset and angry by doing or saying something

＋ offense ⓝ 1 불쾌한 것 2 위반, 반칙 ｜ offensive ⓐ 모욕적인, 불쾌한

0359 insult
ⓝ [ínsʌlt]
ⓥ [insʌlt]

ⓝ 모욕, 무례 ⓥ 모욕하다, 무례한 짓을 하다

That kind of crime is an **insult** to our human dignity.
그러한 종류의 범죄는 우리 인간의 존엄성에 대한 **모욕**이다.

She **insulted** us by not showing up at the meeting.
그녀는 회의에 참석하지 않음으로써 우리를 **모욕했다**.

＋ insulting ⓐ 모욕적인, 무례한

0360 disgust
[disgʌ́st]

ⓝ 혐오감, 역겨움 ⓥ 역겹게 하다

He expressed his absolute **disgust** at such an idea.
그는 그런 생각에 완전한 **혐오감**을 표현했다.

The terrible smell on the street **disgusted** people.
거리의 끔찍한 냄새가 사람들을 **역겹게 했다**.

DAILY CHECK-UP

A 빈칸에 알맞은 우리말 또는 영어 단어를 써넣으시오.

부정적 감정

짜증과 분노

1 _____ 짜증 난, 불쾌한

2 _____ provoke

3 _____ 방해하다; 불안하게 하다

4 _____ furious

우울·불안·근심

5 _____ gloomy

6 _____ 낙담한; (경기가) 침체된

7 _____ nervous

8 _____ 비참한, 불쌍한

9 _____ dismal

10 _____ 걱정하는; 관련된

자책과 절망

15 _____ disgrace

16 _____ 절망; 절망하다

17 _____ guilty

18 _____ 실망[좌절]시키다

19 _____ embarrass

20 _____ 좌절감을 느끼는

11 _____ anxious

12 _____ 고립된, 외딴

13 _____ regretful

14 _____ 무서워하는, 겁먹은

적대감

21 _____ hatred

22 _____ 모욕; 모욕하다

23 _____ offend

24 _____ 혐오감; 역겹게 하다

B 문장의 빈칸에 알맞은 말을 보기에서 골라 쓰시오.

reckless	jealous	irritate	ridicule	rage	ashamed

1 His rude behavior was beginning to _____ me.

2 It is wrong to _____ someone for their mistakes.

3 As he lost control, his face became red with _____.

4 Jason gets _____ when other men talk to his girlfriend.

5 Mark felt _____ that he had forgotten his wife's birthday.

6 His _____ driving made his friends worry about their safety.

감각과 분위기

✔ **MUST-KNOW WORDS**

vision 시력, 시각	**(eye)sight** 시력	**sharp** 날카로운; 예민한	**dull** 따분한; 둔한
boring 지루한	**lonely** 외로운	**lively** 생기 넘치는	**scary** 무서운

다의어

0361 sense
[sens]

ⓝ 1 <mark>감각</mark> 2 <mark>느낌, ~감</mark> 3 의미

1 Cats have a very sharp **sense** of hearing.
고양이는 청**각**이 매우 예민하다.

2 a **sense** of loss / security / relief / responsibility
상실**감** / 안정**감** / 안도**감** / 책임**감**

3 In what **sense** do you use the word "cause"?
어떤 **의미**로 단어 cause를 쓴 거니?

0362 sensation
[senséiʃən]

ⓝ 1 <mark>(자극을 받아서 생기는) 느낌</mark> 2 반향, 선풍

He had the **sensation** that someone was watching him.
그는 누군가 자신을 지켜보고 있다는 **느낌**이 들었다.

The book on the actor's private life caused quite a **sensation**.
그 배우의 사생활에 관한 책은 상당한 **반향**을 일으켰다.

감각의 인지

0363 instinct
[ínstiŋkt]

ⓝ 본능

maternal / survival **instinct** 모성 / 생존 **본능**
Many species of birds migrate south each winter by
instinct. 많은 종의 새들이 **본능**에 따라 매년 겨울 남쪽으로 이동한다.

✛ instinctive ⓐ 본능적인

0364 circumstance
[sə́:rkəmstæns]

ⓝ 상황, 환경, 처지

It is hard to imagine a **circumstance** in which this outcome
will be changed. 이 결과가 바뀔 **상황**을 상상하기란 어렵다.

0365 atmosphere
[ǽtməsfiər]

ⓝ 1 대기 2 <mark>분위기</mark>

The **atmosphere** is becoming more polluted each day.
대기가 나날이 더 오염되고 있다.

A reading room in a library has a quiet **atmosphere**.
도서관 열람실은 조용한 **분위기**이다.

0366 perceive
[pərsíːv]

ⓥ 지각하다, 감지하다, 인지하다

He **perceived** my intention right away.
그는 내 의도를 곧바로 **인지했다**.

to notice or realize something

+ perception ⓝ 지각, 인지 | perceptive ⓐ 감지하는, 지각하는

0367 scan
[skæn]

ⓥ 1 자세히 조사하다, 세밀하게 살피다   2 대충 훑어보다

She **scanned** his face, but there were no signs of worry.
그녀는 그의 얼굴을 **자세히 살펴보았으나** 어떠한 걱정의 기색도 없었다.

scan through the newspaper 신문을 대충 **훑어보다**

다의어

0368 keen
[kiːn]

ⓐ 1 예민한   2 강렬한   3 간절히 바라는

1 Owls are known for their **keen** eyesight, even at night.
올빼미는 심지어 밤에도 시력이 **예민한** 것으로 알려져 있다.

2 I felt a **keen** sense of loss over the missed opportunity.
나는 놓친 기회에 대해 **강렬한** 상실감을 느꼈다.

3 The government is **keen** for peace talks to start again.
정부는 평화 회담이 다시 시작되기를 **간절히 바라고** 있다.

0369 apparent
[əpǽrənt]

ⓐ 명백한, 뚜렷한

It became **apparent** to everyone that she was seriously ill.
그녀가 심각하게 아프다는 것은 모든 사람에게 **명백해**졌다.

for no **apparent** reason **뚜렷한** 이유 없이

+ apparently ⓐⓓ 보아 하니; 명백히

0370 obvious
[ɑ́bviəs]

ⓐ 분명한, 명백한

It seems **obvious** to me that this solution is unrealistic.
내게는 이 해결책이 비현실적이라는 것이 **명백해** 보인다.

+ obviously ⓐⓓ 분명히, 확실히

감각의 종류

0371 visual
[víʒuəl]

ⓐ 시각의

This device turns the electrical signals into **visual** images.
이 장치는 전기 신호를 **시각적** 이미지로 변환한다.

a **visual** aid **시각** 보조 교재(그림·비디오 등)

★ cf. auditory 청각의

0372 gaze
[geiz]

ⓥ 응시하다 ⓝ 응시, 시선

She **gazed** at her beautiful new diamond ring.
그녀는 자신의 아름다운 새 다이아몬드 반지를 **응시했다**.

I hastily avoided his **gaze**, feeling myself blush.
나는 얼른 그의 **시선**을 피하면서 얼굴이 붉어지는 것을 느꼈다.

0373 stare
[stɛəːr]

ⓥ 응시하다, 빤히 보다 ⓝ 응시

He **stared** in disbelief at the message on his cellphone.
그는 믿을 수 없다는 듯이 자신의 휴대폰 메시지를 **응시했다**.

She gave me a blank **stare** without answering my question.
그녀는 내 질문에 대답하지 않고 멍하니 나를 **응시했다**.

★ gaze: 사랑, 감탄이 담기거가 사색에 잠겨 가만히 바라보는 것
  stare: 놀람, 분노, 또는 생각에 잠겨 빤히 쳐다보는 것

0374 glance
[glæns]

ⓝ 흘끗 봄, 한 번 봄 ⓥ 흘끗[잠깐] 보다

Kate recognized her daughter at a **glance**.
Kate는 **한눈**에 자신의 딸을 알아보았다.

Mark **glanced** nervously at his teacher.
Mark는 초조하게 선생님을 **흘끗 쳐다보았다**.

0375 glimpse
[glimps]

ⓝ 잠깐 봄, 일견 ⓥ 흘끗 보다, 언뜻 보다

The book offers a **glimpse** into the future of our society.
그 책은 우리 사회의 미래를 **엿볼** 수 있게 한다.

She **glimpsed** her friend across the crowded party hall.
그녀는 붐비는 파티장 건너편에서 친구를 **언뜻 봤다**.

★ glance: 의도적으로 힐끗 짧게 보는 것
  glimpse: 순간적으로 잠깐 보이거나 우연히 언뜻 본 것

0376 scent
[sent]

ⓝ 냄새, 향기

The **scents** of flowers relax me.
꽃**향기**는 나를 편안하게 한다.

0377 fragrance
[fréigrəns]

ⓝ 1 향기 2 향수 ⊜ perfume

Our fabric softener comes in various **fragrances**.
저희 섬유 유연제는 다양한 **향기**로 출시됩니다.

a newly launched **fragrance** for men 새로 출시된 남성용 **향수**

0378 odor
[óudər]

ⓝ (좋지 못한) 냄새, 악취

The **odor** of garlic filled the kitchen.
마늘 **냄새**가 주방을 가득 채웠다.

0379 **cozy**
[kóuzi]

ⓐ 아늑한, 포근한; 편안한

The living room was warm and **cozy**.
거실은 따뜻하고 **아늑했다**.

We spent a **cozy** evening around the old fireplace.
우리는 낡은 벽난로 주변에서 **편안한** 저녁을 보냈다.

0380 **informal**
[infɔ́ːrməl]

ⓐ 격의 없는, 편안한; 비공식의

We had an **informal** meeting over a cup of coffee.
우리는 커피 한잔을 마시며 **격의 없는** 회의를 가졌다.

an **informal** meeting with leaders
지도자들 간의 **비공식적인** 회의

다의어

0381 **fancy**
[fǽnsi]

ⓐ 화려한, 고급의　ⓝ 공상, 상상

a. My husband and I went to a **fancy** restaurant for our anniversary.
남편과 나는 결혼기념일에 **고급** 레스토랑에 갔다.

n. Dreams are the product of **fancy**.
꿈은 **공상**의 산물이다.

0382 **dynamic**
[dainǽmik]

ⓐ 1 역동적인　2 (성격이) 활발한

The article stated that Vietnam is a **dynamic** country with a lot of potential.
그 기사는 베트남이 많은 잠재력을 가진 **역동적인** 나라라고 기술했다.

My grandfather was a man with a **dynamic** personality.
나의 할아버지는 **활발한** 성격을 가진 분이셨다.

0383 **exotic**
[igzάtik]

ⓐ 이국적인; 외래의, 외국산의

I was overwhelmed by the **exotic** scenery.
나는 **이국적인** 광경에 압도되었다.

Exotic plants and animals filled the greenhouse.
이국적인 동식물이 그 온실을 가득 채웠다.

0384 **enchant**
[entʃǽnt]

ⓥ 매혹하다, 넋을 잃게 만들다

The beautiful music seemed to **enchant** everyone in the concert hall.
그 아름다운 음악이 콘서트홀의 모든 사람들을 **매혹시킨** 것처럼 보였다.

0385 breathtaking
[bréθteikiŋ]

ⓐ (너무 아름답거나 놀라워서) 숨막히는

a **breathtaking** moment 숨막히는 순간
The view from the top was **breathtaking**.
정상에서 바라본 풍경은 **숨이 막힐 정도**였다.

0386 mysterious
[mistíəriəs]

ⓐ 1 이해하기 힘든, 불가사의한   2 신비한

for some **mysterious** reason 알 수 없는 이유로
The police are investigating the **mysterious** death of a man.
경찰은 한 남성의 **의문**사를 조사하고 있다.
She saw a **mysterious** lake surrounded by trees.
그녀는 나무들에 둘러싸인 **신비한** 호수를 보았다.

➕ mystery ⓝ 미스터리, 수수께끼, 불가사의

0387 awkward
[ɔ́:kwərd]

ⓐ 1 어색한, 거북한, 불편한   2 서투른   ⊜ clumsy

Laughter is a good way to break an **awkward** silence in a conversation.
웃음은 대화에서의 **어색한** 침묵을 해소하는 좋은 방법이다.
I'm still **awkward** at communicating my feelings in Korean.
나는 한국어로 내 감정을 전달하는 데 여전히 **서투르다**.

0388 tragic
[trǽdʒik]

ⓐ 비극적인; 비극의

The brothers both died in a **tragic** car accident.
그 형제는 둘 다 **비극적인** 자동차 사고로 사망했다.

➕ tragedy ⓝ 비극; 비극적인 사건

0389 urgent
[ɔ́:rdʒənt]

ⓐ 긴급한, 절박한

At least three million Afghans are in **urgent** need of food.
적어도 3백만 명의 아프가니스탄 사람들이 **긴급히** 식량을 필요로 하고 있다.

➕ be in (urgent) need of: ~이 (긴급히) 필요하다
➕ urge ⓥ 재촉하다, 급히 서두르게 하다 | urgency ⓝ 긴급, 위급

0390 threatening
[θrétniŋ]

ⓐ 1 협박하는, 위협적인   2 (날씨가) 험악한

She's been receiving **threatening** phone calls for a few days.
그녀는 며칠 동안 **협박** 전화를 받고 있다.
The sky was **threatening** this morning, but rain didn't come till the afternoon.
오늘 아침에는 하늘이 **험악해** 보였지만 오후까지 비가 오지 않았다.

➕ threat ⓝ 위협, 협박 | threaten ⓥ 위협하다, 협박하다

DAILY CHECK-UP

학습 Check	본문 학습	MP3 듣기	Daily Check-up	누적 테스트 Days 12-13

A 빈칸에 알맞은 우리말 또는 영어 단어를 써넣으시오.

1 _____ sense

2 _____ 느낌; 반향

감각의 인지

3 _____ 상황, 환경, 처지

4 _____ atmosphere

5 _____ 지각하다, 인지하다

6 _____ scan

7 _____ 분명한, 명백한

8 _____ apparent

감각의 종류

9 _____ visual

10 g_____ 응시(하다); 시선

11 _____ 응시(하다), 빤히 보다

12 _____ glimpse

13 _____ glance

14 _____ 냄새, 향기

15 _____ fragrance

16 _____ 냄새, 악취

분위기

17 _____ cozy

18 _____ 격의 없는; 비공식의

19 _____ dynamic

20 _____ 이국적인; 외래의

21 _____ breathtaking

22 _____ 불가사의한; 신비한

23 _____ urgent

24 _____ 협박하는, 위협적인

B 문장의 빈칸에 알맞은 말을 보기에서 골라 쓰시오.

fancy	enchant	instinct	keen	tragic	awkward

1 The brothers both died in a(n) _____ car accident.

2 Owls are known for their _____ eyesight, even at night.

3 Many species of birds migrate south each winter by _____.

4 The beautiful music seemed to _____ everyone in the concert hall.

5 Laughter is a good way to break a(n) _____ silence in a conversation.

6 My husband and I went to a(n) _____ restaurant for our anniversary.

PLAN 4

DAY 13 감각과 분위기 ★ 95

✔ MUST-KNOW WORDS

positive 긍정적인	negative 부정적인	careful 조심성 있는	bold 용감한, 대담한
rude 무례한, 버릇없는	strict 엄격한, 엄한	active 활동적인	shy 수줍음이 많은

다의어

0391 **character**
[kǽriktər]

ⓝ 1 **성격** 2 특징, 특성 3 등장인물 4 글자

1 She is a positive person with a cheerful **character**.
그녀는 명랑한 **성격**을 지닌 긍정적인 사람이다.

2 the **character** of the region 그 지역의 **특징**

3 I didn't like the main **character** in that book.
나는 그 책의 주요 **등장인물**[주인공]이 마음에 들지 않았다.

4 The password may be up to 12 **characters** long.
암호는 길이가 최대 12**자**까지 될 수 있다.

0392 **personality**
[pə̀:rsənǽləti]

ⓝ 성격, 인격, 개성

have a difficult **personality** **성격**이 까다롭다
They were attracted toward each other despite their different **personalities**. **성격**이 서로 달랐음에도 그들은 서로에게 끌렸다.

0393 **attitude**
[ǽtitjù:d]

ⓝ 태도, 자세, 사고방식

show a favorable **attitude** 호의적인 **태도**를 보이다
It is important to help children develop a positive **attitude** toward learning.
아이들이 배움에 대해 긍정적인 **자세**를 기르도록 돕는 것은 중요하다.

긍정적

0394 **optimistic**
[ùptəmístik]

ⓐ 낙관적인, 낙천적인   ⟷ pessimistic 비관적인

The analyst has an **optimistic** view of the company's future.
분석가는 회사의 장래에 대해 **낙관적인** 견해를 갖고 있다.

➕ optimism ⓝ 낙관론, 낙천주의 | optimist ⓝ 낙관론자, 낙천주의자

0395 **energetic**
[ènərdʒétik]

ⓐ 활력 넘치는, 활기찬; 열렬한

She is a very **energetic** woman with many interests.
그녀는 관심 분야가 많은 아주 **활력 넘치는** 여성이다.

➕ energy ⓝ 에너지, 활력 | energize ⓥ 활력을 주다

0396 **vigorous**
[vígərəs]

ⓐ 1 활발한; 격렬한   2 **활기찬, 원기 왕성한**

make a **vigorous** protest **격렬한** 항의를 하다
He inherited a **vigorous** mind from his mother.
그는 어머니에게서 **활기찬** 정신을 물려받았다.

➕ vigor ⓝ 활력, 힘

0397 **independent**
[ìndipéndənt]

ⓐ 1 독립된   2 **독립적인, 자립심이 강한** ↔ dependent 의존적인

Korea became **independent** in 1945.
한국은 1945년에 **독립**되었다.
an **independent** young woman **자립심이 강한** 젊은 여성

➕ independence ⓝ 독립, 자립

다의어

0398 **objective**
[əbdʒéktiv]

ⓐ **객관적인** ⓝ 목표, 목적 = goal

a. Nathan always maintains an **objective** view without judgment.
Nathan은 항상 판단하지 않고 **객관적인** 시각을 견지한다.

n. Our **objective** is to develop useful new products.
우리의 **목표**는 유용한 신제품을 개발하는 것이다.

🔤 ⓐ based on facts and not affected or influenced by personal feelings or beliefs

0399 **cautious**
[kɔ́ːʃəs]

ⓐ 조심스러운, 신중한

She has a **cautious** attitude about social media.
그녀는 소셜 미디어에 대해 **조심스러운** 태도를 가지고 있다.
a **cautious** approach **신중한** 접근 방식

➕ caution ⓝ 주의, 신중

0400 **decent**
[díːsənt]

ⓐ 1 **품위 있는, 친절한** 2 (수준·질이) 괜찮은, 제대로 된

My neighbor is a **decent** guy who is easy to get along with.
내 이웃은 쉽게 사귈 수 있는 **친절한** 사람이다.
It's a pretty boring job, but the pay is **decent**.
그것은 매우 지루한 일이지만 급료는 **괜찮다**.

➕ decency ⓝ 체면, 품위

0401 **helpful**
[hélpfəl]

ⓐ 도움이 되는, 기꺼이 돕는

The lawyer was very **helpful** and gave me some valuable advice.
그 변호사는 매우 **도움이 되었고**, 내게 몇 가지 귀중한 조언을 해주었다.

0402 modest
[mάdist]

ⓐ 1 **겸손한** 2 대단치 않은, 보통의

She is always **modest** about her role on the team.
그녀는 팀에서의 자신의 역할에 대해 항상 **겸손하다**.

He lives on a **modest** income.
그는 **많지 않은** 수입으로 살고 있다.

0403 humble
[hʌ́mbl]

ⓐ 1 **겸손한** 2 미천한, 보잘것없는

He is a great athlete but is **humble** about his accomplishments.
그는 훌륭한 운동선수이지만 자신의 업적에 대해 **겸손하다**.

From **humble** beginnings, she achieved great success.
미천한 시작에서 그녀는 큰 성공을 이루었다.

0404 sincere
[sinsíə:r]

ⓐ 진실한, 진심 어린

Please accept my **sincere** apologies.
저의 **진심 어린** 사과를 받아주세요.

+ sincerity ⓝ 성실, 정직 | sincerely ⓐ𝖽 진심으로
★ 편지를 끝맺을 때 흔히 sincerely라고 쓴다.

0405 sympathetic
[sìmpəθétik]

ⓐ 동정적인; 동조하는, 공감하는

His colleagues were **sympathetic** when they heard about his misfortune.
그의 동료들은 그의 불행에 대해 들었을 때 **동정적**이었다.

+ sympathy ⓝ 동정, 연민
★ sym-(same 같은) + path-(feeling 감정) + -tic(~한)
  → 같은 감정을 가진

0406 compassionate
[kəmpǽʃənit]

ⓐ 연민 어린, 인정 많은, 동정심 있는

The nurse was **compassionate**, caring for patients with kindness. 그 간호사는 친절하게 환자를 돌보며 **동정심이 있었다**.

provide **compassionate** support **따뜻한 마음의** 지원을 제공하다

+ compassion ⓝ 동정심, 측은히 여김

0407 sensitive
[sénsətiv]

ⓐ 1 **세심한** 2 민감한; 예민한

Dorothy is a **sensitive** person who thinks deeply about the people around her.
Dorothy는 자신의 주변 사람들에 대해 깊이 생각하는 **세심한** 사람이다.

Older people are more **sensitive** to heat and cold.
노인들은 더위와 추위에 더 **민감하다**.

0408 selfish
[sélfiʃ]

ⓐ 이기적인

selfish motive behind the action 행동 뒤에 숨겨진 **이기적** 동기
My **selfish** sister ate up the ice cream and left me none.
내 **이기적인** 언니는 아이스크림을 다 먹고 내 몫으로 하나도 남겨주지 않았다.

＋ selfishness ⓝ 이기심, 이기주의

0409 greedy
[grí:di]

ⓐ 탐욕스러운, 욕심 많은

a **greedy** and selfish society **탐욕스럽고** 이기적인 사회
They cast **greedy** eyes on my wealth.
그들은 내 재산에 **탐욕스러운** 시선을 던졌다.

＋ greed ⓝ 탐욕

다의어

0410 mean
[mi:n]

ⓐ 1 비열한, 못된 2 인색한 3 평균의

1 He is a **mean** old man who treats everyone badly.
  그는 모든 사람을 나쁘게 대하는 **비열한** 노인이다.

2 She was too **mean** to buy Christmas presents for her children.
  그녀는 너무나 **인색하여** 자녀들에게 크리스마스 선물을 사주지 않을 정도였다.

3 Calculate the **mean** distance traveled.
  주행한 **평균** 거리를 계산해라.

0411 boast
[boust]

ⓥ 뽐내다, 자랑하다

boast of one's success 자신의 성공을 **뽐내다**
He always **boasts** about how much money he has made.
그는 자기가 얼마나 많은 돈을 벌었는지에 대해 늘 **자랑한다**.

＋ boastful ⓐ 뽐내는, 자랑하는

0412 arrogant
[ǽrəgənt]

ⓐ 오만한, 거만한

My new neighbor is a rude, **arrogant** man who lives alone.
나의 새로운 이웃은 혼자 사는 무례하고 **오만한** 남자이다.

She is so **arrogant** that she will not admit her mistakes.
그녀는 너무 **오만해서** 자신의 잘못을 인정하지 않을 것이다.

＋ arrogance ⓝ 오만함, 거만함

0413 impolite
[ìmpəláit]

ⓐ 무례한, 실례되는 ＝ rude ↔ polite 예의 바른

make **impolite** remarks **무례한** 말을 하다
I think it is **impolite** not to be on time.
나는 시간을 지키지 않는 것은 **실례가 된다고** 생각한다.

0414 childish
[tʃáildiʃ]

ⓐ 유치한, 어린애 같은

I'd like you to explain your **childish** behavior.
당신의 **유치한** 행동에 대해 해명해 주셨으면 합니다.

childish mischief 어린애 같은 장난

★ cf. childlike 천진난만한, 순진한

0415 moody
[múːdi]

ⓐ 1 기분이 안 좋은, 침울한 2 기분 변화가 심한, 변덕스러운

Someone definitely seems **moody** today.
오늘 누군가가 분명 **기분이 좋지 않군**.

Moody people are often thought of as difficult people to deal with.
기분 변화가 심한 사람들은 흔히 다루기 힘든 사람들로 여겨진다.

0416 weird
[wiərd]

ⓐ 기이한, 해괴한

My brother is **weird**; his favorite food is broccoli.
내 남동생은 **이상해**. 제일 좋아하는 음식이 브로콜리야.

a **weird** idea 해괴한 발상

0417 temper
[témpər]

ⓝ 1 (화를 내는) 성질, 성미 2 참을성, 침착

a quick / bad / violent **temper** 성급한 / 고약한 / 난폭한 **성질**
Don't lose your **temper** over small things.
사소한 일에 **화내지** 마.

➕ lose one's temper 화를 내다, 흥분하다

0418 aggressive
[əgrésiv]

ⓐ 공격적인, 저돌적인

He suddenly turned **aggressive** and began to shout.
그는 갑자기 **공격적이** 되어 소리를 지르기 시작했다.

0419 indifferent
[indífərənt]

ⓐ 무관심한, 냉담한

be **indifferent** to politics 정치에 **무관심하다**
The husband was disturbed by his wife's **indifferent** attitude toward him. 남편은 자신에 대한 아내의 **냉담한** 태도에 마음이 불편했다.

➕ indifference ⓝ 무관심, 무심함

0420 pessimistic
[pèsəmístik]

ⓐ 비관적인 ↔ optimistic 낙관적인

The philosopher is well known for his **pessimistic** view of human nature.
그 철학자는 인간 본성에 대한 **비관적인** 견해로 잘 알려져 있다.

➕ pessimism ⓝ 비관주의 | pessimist ⓝ 비관주의자

DAILY CHECK-UP

A 빈칸에 알맞은 우리말 또는 영어 단어를 써넣으시오.

```
1 _____        2 _____        3 _____
   character             성격, 개성              attitude
```

긍정적

4 _____
낙관적인, 낙천적인

5 _____
energetic

6 _____
활발한; 활기찬

7 _____
독립된; 독립적인

8 _____
cautious

9 _____
품위 있는, 친절한

겸손·배려

10 _____
sincere

11 m_____
겸손한; 보통의

12 _____
sympathetic

13 _____
연민 어린, 동정심 있는

14 _____
sensitive

23 _____
무관심한, 냉담한

24 _____
pessimistic

부정적

15 _____
이기적인

16 _____
greedy

17 _____
비열한; 인색한

18 _____
boast

19 _____
오만한, 거만한

20 _____
childish

21 _____
기분이 안 좋은;
변덕스러운

22 _____
weird

B 문장의 빈칸에 알맞은 말을 보기에서 골라 쓰시오.

aggressive	helpful	humble	impolite	objective	temper

1 I think it is _____ not to be on time.

2 Don't lose your _____ over small things.

3 He suddenly turned _____ and began to shout.

4 Nathan always maintains a(n) _____ view without judgment.

5 He is a great athlete but is _____ about his accomplishments.

6 The lawyer was very _____ and gave me some valuable advice.

🖊 헷갈리는 혼동어 제대로 알기

1 **content** ⓐ 만족하는, 자족하는 ⓥ 만족시키다 ⓝ 내용(물); 목차

I'm **content** with a simple life.
나는 소박한 삶에 **만족한다**.

a summary of the book's **contents**
그 책 **내용**의 요약

contend ⓥ 다투다, 경쟁하다; 논쟁하다

Several teams are **contending** for the championship trophy.
여러 팀이 우승 트로피를 두고 **경쟁하고** 있다.

consent ⓝ 동의, 승낙 ⓥ 동의하다

They used the photo without my **consent**.
그들은 내 **동의** 없이 사진을 사용했다.

2 **instinct** ⓝ 본능

Many species of birds migrate south each winter by **instinct**.
많은 종의 새들이 **본능**에 따라 매년 겨울 남쪽으로 이동한다.

distinct ⓐ 별개의, 뚜렷이 다른; 뚜렷한, 분명한

Every culture has its **distinct** characteristics.
모든 문화는 자체의 **뚜렷한** 특징을 가지고 있다.

3 **cautious** ⓐ 조심스러운, 신중한

She has a **cautious** attitude about social media.
그녀는 소셜 미디어에 대해 **조심스러운** 태도를 가지고 있다.

courteous ⓐ 예의 바른, 정중한

The waiter was very **courteous** and attentive.
그 웨이터는 매우 **정중하고** 세심했다.

4 **modest** ⓐ 1 겸손한 2 대단치 않은, 보통의

She is always **modest** about her role on the team.
그녀는 팀에서의 자신의 역할에 대해 항상 **겸손하다**.

moderate ⓐ 보통의; 적당한; 온건한

His tone was calm and **moderate** during the discussion.
토론 동안 그의 어조는 차분하고 **온건했다**.

PLAN 5
언어와 정신 활동

언어와 의사소통
verbal 언어의; 구두의
emphasize 강조하다

대중 매체와 통신
press 언론, 신문과 잡지
broadcast 방송(하다)

언어와 정신 활동

심리학
psychology 심리학
consciousness 의식; 자각

철학과 사고
philosophy 철학
logic 논리(학), 타당성

DAY 15 언어와 의사소통

✔ MUST-KNOW WORDS

language 언어　　spell 철자를 말하다　　meaning 의미　　conversation 대화
speech 연설　　body language 신체 언어　　persuade 설득하다　　foreign 외국의

0421 linguistic
[liŋgwístik]

ⓐ 언어의, 언어학의

Using two languages may slow down a child's **linguistic** development.　2개 언어를 사용하는 것은 아동의 **언어** 발달을 늦출 수 있다.

➕ linguistics ⓝ 언어학 ｜ linguist ⓝ 언어학자

0422 communication
[kəmjùːnəkéiʃən]

ⓝ 1 (의사)소통　2 (주로 pl.) 통신

Parents need to have open **communication** with their children.　부모들은 자녀들과 터놓고 **소통**을 할 필요가 있다.

a means of **communication**　**의사소통** 수단

a **communications** system　**통신** 체계

➕ communicate ⓥ (의사)소통하다, 연락하다; 전하다

의사소통 방법

0423 verbal
[vɔ́ːrbəl]

ⓐ 언어의; 말에 의한, 구두의

verbal skills　**구술[언어]** 능력

We had just a **verbal** agreement without a written contract.
우리는 서면 계약 없이 단지 **구두** 합의만 했다.

★ cf. nonverbal 비언어적인 ｜ written 문서로 된, 성문의

0424 expression
[ikspréʃən]

ⓝ 1 표현, 표시　2 표정

Sending flowers is an **expression** of love.
꽃을 보내는 것은 사랑의 **표현**이다.

He stared at me with a blank **expression** on his face.
그는 멍한 얼굴 **표정**으로 나를 응시했다.

➕ express ⓥ 표현하다

0425 signal
[sígnəl]

ⓝ 신호　ⓥ 신호를 보내다

The change in her behavior is a **signal** that something is wrong.　그녀의 행동의 변화는 뭔가 잘못되었다는 **신호**이다.

He **signaled** me to wait.　그는 나에게 기다리라는 **신호를 보냈다**.

0426　symbol
[símbəl]

ⓝ 상징; 기호, 부호

The road signs use **symbols** to give information and warnings.　도로 표지판은 **기호를** 이용하여 정보와 경고를 제공한다.

a mathematical **symbol** such as + or −.
+, −와 같은 수학 **기호**

＋ symbolize ⓥ 상징하다 ｜ symbolic ⓐ 상징적인, 상징하는

다의어

0427　term
[təːrm]

ⓝ 1 **용어**　2 조건　3 임기　4 (pl.) 관계, 친한 사이

1　"Neurosis" is an outdated **term** which has been replaced by "anxiety."
　'신경증'은 '불안'으로 대체된 시대에 뒤떨어진 **용어**이다.
2　the **terms** of an agreement　합의 **조건**
3　He finished his **term** in office.　그는 공직에서의 **임기**를 마쳤다.
4　We are on good **terms** with each other.
　우리는 서로 좋은 **관계**이다.

0428　tongue
[tʌŋ]

ⓝ 1 혀　2 **말; 언어**

She burned her **tongue** while drinking hot tea.
그녀는 뜨거운 차를 마시다 **혀**를 데었다.

I feel more comfortable when talking in my native **tongue**.
나는 모국**어**로 말할 때 더 편안함을 느낀다.

＋ native[mother] tongue 모국어

0429　dialect
[dáiəlèkt]

ⓝ 방언, 사투리

a regional[local] **dialect**　지역 **사투리**

The characters in the movie spoke in a southern **dialect**.
그 영화의 등장인물들은 남부 **방언**으로 말했다.

0430　fluent
[flúːənt]

ⓐ 유창한, 능숙한

He speaks **fluent** Italian and a little Chinese.
그는 **유창한** 이탈리아어와 약간의 중국어를 구사한다.

＋ fluency ⓝ 유창함, 능숙함 ｜ fluently ⓐⓓ 유창하게, 능숙하게

0431　correspond
[kɔ̀ːrəspánd]

ⓥ 1 일치하다(with/to)　2 **교신하다, 편지를 주고받다**

Her statements do not **correspond** to the facts.
그녀의 진술은 사실과 **일치하지** 않는다.

I **correspond** regularly with a friend in London.
나는 런던에 있는 친구와 정기적으로 **편지를 주고받는다**.

＋ correspondence ⓝ 서신 (왕래)

0432 remark
[rimάːrk]

ⓝ 발언, 논평, 언급 ⓥ 언급하다, 말하다

make a brief **remark** 짧게 **언급**을 하다
They **remarked** on the efficiency of the new transportation system. 그들은 새로운 교통 체계의 효율성에 대해 **언급했다**.

0433 pronounce
[prənáuns]

ⓥ 1 발음하다 2 선언하다, 선고하다

Some Korean words are very difficult for foreigners to **pronounce**. 일부 한국어 단어들은 외국인들이 **발음하기에** 매우 어렵다.
I now **pronounce** you husband and wife.
이제 두 분을 부부로 **선언합니다**.

＋ pronunciation ⓝ 발음

다의어

0434 state
[steit]

ⓥ 1 말하다, 진술하다 2 (문서에) 명시하다
ⓝ 1 상태 2 주(州); 국가

v. 1 The witness **stated** that they continued to argue.
증인은 그들이 논쟁을 계속했다고 **진술했다**.
2 The conditions of employment are **stated** in the contract. 고용 조건은 계약서에 **명시되어** 있습니다.
n. 1 a very confused **state** of mind 매우 혼란스러운 정신 **상태**
2 the **state** of California 캘리포니아**주**

다의어

0435 deliver
[dilívər]

ⓥ 1 배달하다 2 (연설을) 하다 3 출산하다

1 The package was **delivered** five days later.
그 소포는 5일 후에 **배달되었다**.
2 The president will **deliver** a speech at noon.
대통령은 정오에 연설을 **할** 예정이다.
3 She will **deliver** her baby tomorrow.
그녀는 내일 아기를 **출산할** 것이다.

＋ delivery ⓝ 1 배달 2 분만, 출산 3 전달, 발표

0436 discourse
[dískɔːrs]

ⓝ 담화, 담론, 토론

I'm not interested in political **discourse**.
나는 정치 **토론**에 관심이 없다.

0437 interpret
[intə́ːrprit]

ⓥ 1 해석하다, 이해하다 2 통역하다

I **interpreted** his nod to mean that he agreed with me.
나는 그가 고개를 끄덕이는 것을 내 의견에 동의한다는 뜻으로 **해석했다**.
She couldn't speak English, so I **interpreted** for her.
그녀가 영어를 할 줄 몰라서 내가 그녀를 위해 **통역해** 주었다.

＋ interpretation ⓝ 1 해석, 이해 2 통역 ｜ interpreter ⓝ 통역사

0438 comprehend

[kɑ̀mprihénd]

ⓥ 이해하다, 파악하다

You will never fully **comprehend** the beauty of nature.
너는 자연의 아름다움을 결코 완전히 **이해하지** 못할 것이다.

+ comprehension ⓝ 이해(력)

0439 significance

[signífikəns]

ⓝ 1 **의미** 2 중요성

I failed to understand the **significance** of his remarks.
나는 그의 발언의 **의미**를 이해하지 못했다.

an event of great **significance** 대단히 **중요한** 사건

+ significant ⓐ 1 중요한 2 상당한

0440 emphasize

[émfəsàiz]

ⓥ 강조하다, 역설하다 ⊜ stress

The minister **emphasized** that there were no plans to change the current policy.
장관은 현행 정책을 바꿀 계획이 없음을 **강조했다**.

+ emphasis ⓝ 강조 ┃ emphatic ⓐ 강조하는, 단호한

0441 convince

[kənvíns]

ⓥ 납득시키다, 확신시키다

He tried to **convince** us of his innocence.
그는 우리에게 자신의 결백을 **납득시키려고** 노력했다.

+ conviction ⓝ 확신, 신념 ┃ convinced ⓐ 확신하는

0442 assure

[əʃúər]

ⓥ 장담하다, 보증하다

I **assure** you that I'm telling you the truth.
나는 너에게 진실을 말하고 있다고 **장담해**.

+ assurance ⓝ 확언, 장담

0443 urge

[əːrdʒ]

ⓥ **재촉하다, 촉구하다** ⓝ 욕구, 충동

The campaign **urged** us to reconsider what and how we eat.
그 캠페인은 우리에게 우리가 무엇을 어떻게 먹는지 다시 생각해 보라고 **촉구했다**.

We know that it is wise to resist various **urges** that we have.
우리는 우리가 가지고 있는 다양한 **충동**을 참는 것이 현명하다는 것을 안다.

다의어

0444 bet

[bet]

bet-bet-bet

ⓥ 1 (돈을) 걸다 2 **단언하다, 장담하다** ⓝ 내기

v. 1 He **bet** all his money on the horse that came in last.
그는 꼴찌로 들어온 말에 자신의 모든 돈을 **걸었다**.

   2 I **bet** you no one knows the answer.
   아무도 그 답을 모른다고 **장담한다**.

n. make a **bet** 내기를 하다

0445 claim
[kleim]

ⓥ 1 <mark>주장하다</mark> 2 청구하다 ⓝ 1 <mark>주장</mark> 2 청구

v. 1 They **claim** that they are faced with a difficult situation.
그들은 자신들이 어려운 상황에 직면해 있다고 **주장한다**.

2 **claim** welfare benefits 복리 후생비를 **청구하다**

n. 1 No one believed her **claim** that she didn't know him.
그를 모른다는 그녀의 **주장**을 아무도 믿지 않았다.

2 an insurance **claim** 보험 **청구**

부정적 의사소통

0446 misunderstanding
[mìsʌndəːrstǽndiŋ]

ⓝ 1 오해, 잘못 생각함 2 언쟁, 의견 차이

Speak clearly and in detail to avoid a **misunderstanding**.
오해를 피하기 위해 분명하고 자세히 말하라.

a **misunderstanding** over a salary 임금에 대한 **의견 차이**

+ misunderstand ⓥ 오해하다
★ mis-(잘못) + understanding(이해)

0447 nonsense
[nɑ́nsens]

ⓝ 1 <mark>의미 없는 말; 말도 안 되는 소리</mark> 2 허튼수작

The baby spoke **nonsense**. 아기는 **의미 없는 말**[옹알이]을 했다.
The teacher saw through his **nonsense**.
선생님은 그의 **허튼수작**을 간파했다.

0448 complain
[kəmpléin]

ⓥ 불평하다; (통증 등을) 호소하다

complain about too much work 일이 너무 많은 것에 **불평하다**
The patient **complained** that his back hurt.
환자는 등허리가 아프다고 **호소했다**.

+ complaint ⓝ 불평, 항의

0449 mock
[mɑk]

ⓥ 조롱하다, 놀리다 ⓐ 가짜의; 모의의

v. His friends would **mock** him for his unusual accent.
그의 친구들은 그의 독특한 억양 때문에 그를 **놀리곤** 했다.

in a **mocking** tone **조롱하는** 말투로

a. The teacher gave the students a **mock** exam.
그 선생님은 학생들에게 **모의** 시험을 냈다.

0450 dismiss
[dismís]

ⓥ 1 <mark>일축하다, 묵살하다</mark> 2 해임하다, 해고하다

She **dismissed** his proposal as unrealistic and costly.
그녀는 그의 제안을 비현실적이고 비용이 많이 든다고 **일축했다**.

George claimed that he had been unfairly **dismissed** from
his post. George는 자신의 직책에서 부당하게 **해임되었다**고 주장했다.

DAILY CHECK-UP

A 빈칸에 알맞은 우리말 또는 영어 단어를 써넣으시오.

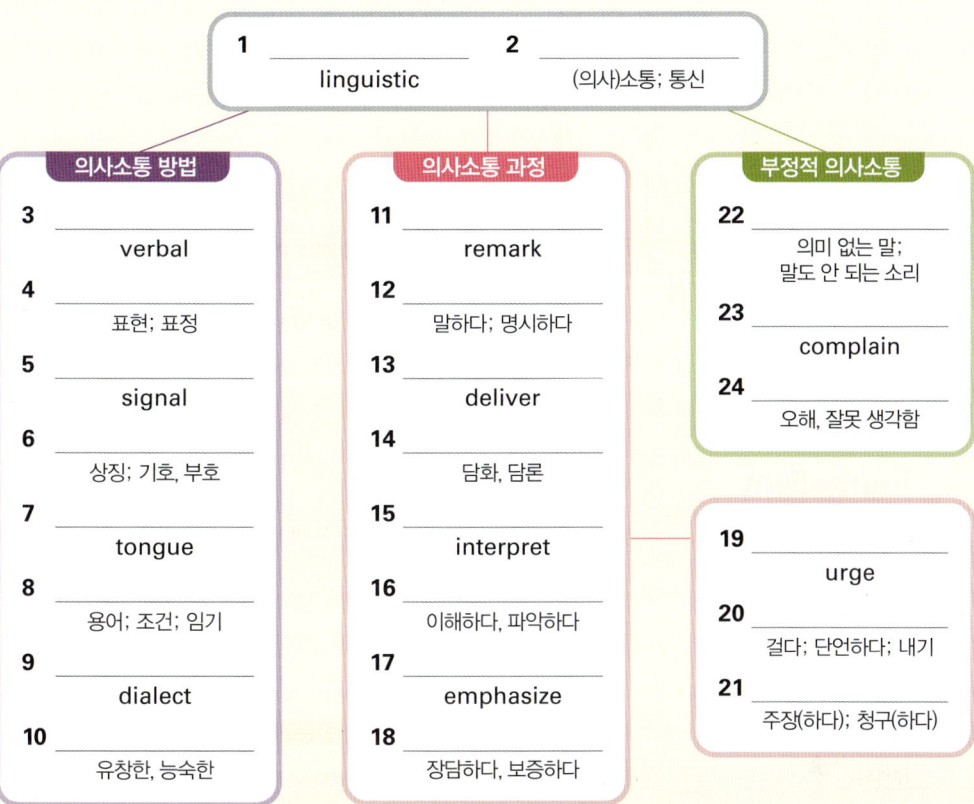

1 _____ linguistic **2** _____ (의사)소통; 통신

의사소통 방법
3 _____ verbal
4 _____ 표현; 표정
5 _____ signal
6 _____ 상징; 기호, 부호
7 _____ tongue
8 _____ 용어; 조건; 임기
9 _____ dialect
10 _____ 유창한, 능숙한

의사소통 과정
11 _____ remark
12 _____ 말하다; 명시하다
13 _____ deliver
14 _____ 담화, 담론
15 _____ interpret
16 _____ 이해하다, 파악하다
17 _____ emphasize
18 _____ 장담하다, 보증하다

부정적 의사소통
22 _____ 의미 없는 말; 말도 안 되는 소리
23 _____ complain
24 _____ 오해, 잘못 생각함

19 _____ urge
20 _____ 걸다; 단언하다; 내기
21 _____ 주장(하다); 청구(하다)

B 문장의 빈칸에 알맞은 말을 보기에서 골라 쓰시오.

significance	convince	correspond	dismissed	mock	pronounce

1 He tried to _____ us of his innocence.

2 I _____ regularly with a friend in London.

3 I failed to understand the _____ of his remarks.

4 His friends would _____ him for his unusual accent.

5 She _____ his proposal as unrealistic and costly.

6 Some Korean words are very difficult for foreigners to _____.

DAY 16 대중 매체와 통신

✔ **MUST-KNOW WORDS**

mass media 대중 매체   article 기사   affect 영향을 미치다   powerful 영향력 있는
daily 매일의, 일간의   issue 주제, 쟁점, 문제   cover 보도[취재]하다   report 보도; 보도[보고]하다

다의어

0451 **medium**
[míːdiəm]

ⓝ 1 **매체, 매개물** 2 수단 (*pl.* media, mediums) ⓐ 중간의

n. 1 Twitter is a new advertising **medium**.
트위터는 새로운 광고 **매체**이다.

   2 Money is a **medium** of exchange. 화폐는 교환의 **수단**이다.

a. Cook over **medium** heat for 5 minutes.
중간 불로 5분간 조리하세요.

0452 **journalism**
[dʒə́ːrnəlìzm]

ⓝ 저널리즘, 언론(계); 언론학

He majored in **journalism** in college.
그는 대학에서 **언론학**을 전공했다.

➕ yellow journalism 황색 언론(흥미 위주의 보도를 하는 선정주의적 언론)

➕ journalist ⓝ 언론인, 기자

다의어

0453 **press**
[pres]

ⓥ 누르다, 압박하다   ⓝ **언론, 신문과 잡지**

v. **press** a switch 스위치를 **누르다**

n. This campaign succeeded in drawing **press** interest.
이러한 캠페인은 **언론의** 관심을 이끌어내는 데 성공했다.

➕ a press conference 기자 회견

보도

0454 **factual**
[fǽktʃuəl]

ⓐ 사실의, 사실에 입각한, 실제의

give a **factual** account **사실적으로** 설명하다
The article was full of **factual** errors.
그 기사는 **사실적인** 오류(사실과 다른 내용)로 가득 차 있었다.

➕ fact ⓝ 사실

0455 **bulletin**
[búlətin]

ⓝ 1 뉴스 단신[속보] 2 고시, 공고

The **bulletin** provided a quick update on the election results.
뉴스 단신은 선거 결과에 대한 빠른 업데이트를 제공했다.

issue a new **bulletin** 새로운 **공지**를 발표하다

0456 reveal
[rivíːl]

ⓥ 드러내다, 밝히다, 폭로하다 ⊜ disclose

A news report **revealed** that the company was involved in the scandal.
한 뉴스 보도는 그 회사가 그 스캔들에 연루되어 있었다는 것을 **밝혔다**.

0457 effective
[iféktiv]

ⓐ 1 **효과적인** 2 시행되는, 유효한

A blog is an **effective** way to communicate your news.
블로그는 당신의 소식을 전달하는 **효과적인** 방법이다.

The new law is **effective** starting next week.
새 법률은 다음 주부터 **시행된다**.

다의어

0458 feature
[fíːtʃər]

ⓥ **특징으로 하다; 특종으로 다루다**
ⓝ 1 특징 2 **특집 기사** 3 이목구비

v. The magazine **featured** tips on healthy living.
그 잡지는 건강한 생활에 대한 조언을 **중점적으로 다루었다**.

n. 1 the key **features** of the product
그 제품의 주요 **특징들**

2 a **feature** on the rise of electric vehicles
전기차의 성장에 관한 **특집 기사**

3 His sharp **features** resemble those of his father.
그의 날카로운 **이목구비**는 아버지를 닮았다.

0459 publicize
[pʌ́bləsàiz]

ⓥ 알리다, 홍보하다

The writer is busy **publicizing** her new novel.
그 작가는 자신의 새로운 소설을 **홍보하느라** 바쁘다.

➕ public ⓐ 공공의 ⓝ 대중

0460 attention
[əténʃən]

ⓝ 주의, 주목; 관심

An article in the newspaper caught my **attention**.
신문에 실린 기사 한 편이 내 **주의**를 끌었다.

➕ attend ⓥ 1 참석하다 2 주의를 기울이다 | attentive ⓐ 주의 깊은

다의어

0461 coverage
[kʌ́vəridʒ]

ⓝ 1 **(신문·텔레비전·라디오의) 보도, 방송** 2 보상 (범위)
3 서비스 구역, 도달 범위

1 The event got a lot of **coverage** in the press.
그 사건은 언론에 많이 **보도**되었다.

2 The insurance company denied her **coverage** for emergency treatment.
그 보험 회사는 그녀에게 응급 치료에 대한 **보상**을 거부했다.

3 There is no cellphone **coverage** in this area.
이 지역에는 휴대폰 **사용 가능 구역**이 없다.

PLAN 5

0462 comment
[kάment]

ⓝ 논평, 언급, 의견　ⓥ 논평하다, 의견을 말하다

The teacher made helpful **comments** on my work.
그 선생님은 내 연구에 대해 도움이 되는 **의견**을 주셨다.

The spokesman declined to **comment** on the matter.
대변인은 그 문제에 대해 **논평하기를** 거절했다.

0463 influence
[ínfluːəns]

ⓝ 영향, 영향력　ⓥ 영향을 주다

Pop culture has a huge **influence** on teenagers today.
대중 문화는 오늘날 청소년들에게 엄청난 **영향**을 끼친다.

Mass media can **influence** public opinion on current issues.
대중 매체는 최신 이슈들에 대한 여론에 **영향을 미칠 수 있다**.

0464 feedback
[fíːdbæk]

ⓝ 반응, 의견, 평가

The radio show was canceled after receiving negative **feedback** from its listeners.
그 라디오 프로그램은 청취자들로부터 부정적인 **반응**을 받은 후 취소되었다.

constructive **feedback**　발전적인[건설적인] **의견**

0465 censorship
[sénsərʃip]

ⓝ 검열

The government has imposed **censorship** on the press.
정부는 언론에 **검열**을 가해 왔다.

+ censor ⓥ 검열하다

방송

0466 broadcast
[brɔ́ːdkæst]

broadcast-broadcast(ed)-
broadcast(ed)

ⓥ 방송하다　ⓝ 방송

The award ceremony will be **broadcast** live tonight.
그 시상식이 오늘 저녁에 생**방송될** 것이다.

I watched the game on a TV **broadcast**.
나는 그 경기를 TV **방송**으로 봤다.

다의어

0467 transmit
[trænsmít / trænz-]

ⓥ 1 전송하다, 방송하다　2 전달하다　3 전염시키다

1　That radio station **transmits** programs 24 hours a day.
그 라디오 방송국은 하루 24시간 프로그램을 **방송한다**.

2　Our goal is to **transmit** our knowledge to our clients.
우리의 목표는 우리의 지식을 고객들에게 **전달하는** 것이다.

3　Mosquitoes **transmit** malaria to humans.
모기는 말라리아를 인간에게 **전염시킨다**.

+ transmission ⓝ 1 전송, 송신　2 전달, 전승

0468 channel
[tʃǽnəl]

ⓝ 1 <mark>채널, 주파수대</mark> 2 경로 3 해협

1 He changed **channels** to watch the baseball game.
그는 야구 경기를 보기 위해 **채널**을 돌렸다.

2 The government tried to find a solution through diplomatic **channels**. 정부는 외교 **경로**를 통해 해결책을 찾으려고 노력했다.

3 We took a ferryboat across the **channel**.
우리는 연락선을 타고 **해협**을 건넜다.

0469 commercial
[kəmə́ːrʃəl]

ⓐ 상업적인, 영리 목적의 ⓝ <mark>(상업적) 광고 방송</mark>

a. The movie did not prove to be a **commercial** success.
그 영화는 **상업적인** 성공을 거두지 못했음이 드러났다.

n. I enjoy watching TV **commercials**.
나는 TV **광고 방송** 보는 것을 즐긴다.

✚ commerce ⓝ 상업, 무역

0470 advertise
[ǽdvərtàiz]

ⓥ 광고하다

Advertising in the local paper is not as effective as before.
지역 신문에 **광고하는** 것은 예전만큼 효과적이지 않다.

✚ advertisement ⓝ 광고(= ad) | advertiser ⓝ 광고주

0471 announce
[ənáuns]

ⓥ 발표하다; (방송으로) 알리다

announce a statement 성명을 **발표하다**
The TV station **announced** the breaking news about the earthquake.
TV 방송국이 지진 속보를 **알렸다**.

✚ announcement ⓝ 발표, 공고 | announcer ⓝ 아나운서

0472 comprehensive
[kàmprihénsiv]

ⓐ 포괄적인, 종합적인

They provided **comprehensive** coverage of the election.
그들은 선거에 대한 **포괄적인** 보도를 제공했다.

🔲 covering all or almost all things
✚ comprehend ⓥ 포함하다; 이해하다

0473 documentary
[dɑ̀kjəméntəri]

ⓝ <mark>다큐멘터리, 기록 영화</mark> ⓐ 문서로 된, 기록물의

n. a television **documentary** on the future of nuclear power
원자력의 미래에 관한 TV **다큐멘터리**

a. The police have **documentary** evidence.
경찰은 **문서로 된** 증거를 가지고 있다.

✚ document ⓝ 문서 ⓥ 기록하다

다양한 매체

0474 subscribe
[səbskráib]

ⓥ 구독하다, 가입하다(to)

I **subscribe** to a monthly magazine about gardening.
나는 원예에 관한 월간지를 **구독**하고 있다.

+ subscription ⓝ 구독; 구독료
★ sub-(아래에) + scribe(쓰다) → 문서 아래에 이름을 쓰다 → 구독[가입]하다

0475 columnist
[kάləmnist]

ⓝ 정기 기고가, 칼럼니스트

He is thought of as the most influential political **columnist**.
그는 가장 영향력 있는 정치 **칼럼니스트**로 여겨진다.

+ column ⓝ 1 기둥 2 정기 기고, 칼럼

0476 correspondent
[kɔ̀:rəspάndənt]

ⓝ 특파원, 통신원

The report was made by the TV's local **correspondent**.
그 보도는 그 방송사의 지역 **특파원**에 의해 이루어졌다.

다의어

0477 editorial
[èdətɔ́:riəl]

ⓝ 사설 ⓐ 편집의

n. The newspaper published an **editorial** criticizing the government.
그 신문은 정부를 비판하는 **사설**을 실었다.

a. go through an **editorial** process **편집** 과정을 거치다

+ edit ⓥ 편집하다 | editor ⓝ 편집장; 편집자

0478 social media
[sòuʃəl mí:diə]

ⓝ 소셜 미디어(사회 관계망을 형성하는 매체)

Social media is an easy way to connect with people.
소셜 미디어는 사람들과 관계를 형성하는 손쉬운 수단이다.

0479 banner
[bǽnər]

ⓝ 현수막, 깃발; 배너 광고(웹사이트에 게시되는 띠 모양 광고)

banners waving in the wind 바람에 나부끼는 깃발

Most pages on the websites carry **banner** advertising.
웹사이트의 대부분의 페이지에는 **배너** 광고가 실려 있다.

0480 browse
[brauz]

ⓥ 1 둘러보다 2 (인터넷을) 검색하다

He **browsed** through the books in the library.
그는 도서관에서 책을 **둘러보았다**.

browse the Web[Internet]
인터넷을 **검색하다**, 웹 서핑을 하다

DAILY CHECK-UP

A 빈칸에 알맞은 우리말 또는 영어 단어를 써넣으시오.

1 _____ medium
2 _____ 저널리즘, 언론(계)
3 _____ press

보도
4 _____ reveal
5 _____ 뉴스 단신[속보]; 고시
6 _____ effective
7 _____ 알리다, 홍보하다
8 _____ attention
9 _____ 논평(하다); 언급
10 _____ influence
11 _____ 반응, 의견, 평가

방송
12 _____ 전송하다, 방송하다
13 _____ channel
14 _____ 상업적인; 광고 방송
15 _____ advertise
16 _____ 포괄적인, 종합적인
17 _____ announce
18 _____ 기록 영화; 문서로 된

다양한 매체
19 _____ 정기 기고가
20 _____ 특파원, 통신원
21 _____ editorial
22 _____ 소셜 미디어
23 _____ banner
24 _____ 둘러보다; 검색하다

B 문장의 빈칸에 알맞은 말을 보기에서 골라 쓰시오.

broadcast　censorship　coverage　subscribe　factual　featured

1 The article was full of _____ errors.
2 The magazine _____ tips on healthy living.
3 The event got a lot of _____ in the press.
4 I _____ to a monthly magazine about gardening.
5 The award ceremony will be _____ live tonight.
6 The government has imposed _____ on the press.

DAY 17 심리학

0481 **psychology**
[saikάlədʒi]

ⓝ 심리학, 심리 작용

She is an expert in the field of developmental **psychology**.
그녀는 발달 **심리학** 분야의 전문가이다.

➕ psychological ⓐ 1 심리적인 2 심리학의 | psychologist ⓝ 심리학자
★ psycho-(정신, 마음) + -logy(과목, 연구 분야)

0482 **mental**
[méntəl]

ⓐ 정신의, 마음의

He was suffering from physical and **mental** exhaustion.
그는 육체적, **정신적** 피로로 고통받고 있었다.

심리와 행동

0483 **abnormal**
[æbnɔ́ːrməl]

ⓐ 비정상적인, 이상한 ⟷ normal 정상적인

an **abnormal** state of mind **비정상적인** 정신 상태

At that time, people thought it was **abnormal** for a woman to become a pilot.
그 당시 사람들은 여성이 조종사가 되는 것이 **비정상적**이라고 생각했다.

다의어

0484 **conduct**
ⓝ [kάndʌkt]
ⓥ [kəndʌ́kt]

ⓝ (특정한 장소·상황에서의) 행동
ⓥ 1 수행하다 2 지휘하다 3 전도하다

n. Good **conduct** is expected of students in school.
학교에서는 학생들이 올바르게 **행동**하도록 기대된다.

v. 1 **conduct** an experiment 실험을 **수행하다**
2 **conduct** an orchestra 오케스트라를 **지휘하다**
3 Aluminum rapidly **conducts** heat.
알루미늄은 열을 빠르게 **전도한다**.

0485 **hesitant**
[hézitənt]

ⓐ 망설이는, 주저하는

He is **hesitant** about getting married.
그는 결혼을 **망설이고** 있다.

➕ hesitate ⓥ 망설이다, 주저하다 | hesitancy ⓝ 망설임, 주저함

다의어

0486 dependent
[dipéndənt]

ⓐ 1 의존하는, 의지하는   2 (~에) 달려 있는   3 중독된

1 She is emotionally **dependent** on her teenage daughter.
그녀는 십 대인 딸에게 정서적으로 **의지하고** 있다.

2 Children's mental development is **dependent** on their social environment. 아이들의 정신 발달은 사회적 환경에 **달려 있다**.

3 People are becoming more and more **dependent** on their smartphones. 사람들은 점점 더 스마트폰에 **중독되고** 있다.

+ dependence ⓝ 1 의존 2 중독

0487 confuse
[kənfjúːz]

ⓥ 1 혼동하다   2 당황하게[혼란스럽게] 하다

The twins look so similar that people often **confuse** them.
그 쌍둥이는 너무 비슷해 보여서 사람들은 종종 그들을 **혼동한다**.

The teacher's question **confused** her.
선생님의 질문은 그녀를 **당황하게 했다**.

0488 obsess
[əbsés]

ⓥ 사로잡다, 집착하게 하다

She tends to **obsess** over small details in her work.
그녀는 일에서 작은 세부적인 것에 **집착하는** 경향이 있다.

+ obsessive ⓐ 강박적인, 사로잡힌

0489 breakdown
[bréikdaun]

ⓝ 1 (정신·육체 등의) 쇠약, 붕괴   2 (차량·기계의) 고장

a nervous **breakdown** 신경 **쇠약**

He worked so hard that he had a complete physical **breakdown**. 그는 너무 열심히 일해서 몸이 완전히 **망가졌다**.

a car **breakdown** 자동차 **고장**

심리적 요인

0490 motivation
[mòutəvéiʃən]

ⓝ 동기 부여, 자극

My main **motivation** for studying is to achieve my dream.
내가 공부하는 주된 **동기**는 내 꿈을 이루는 것이다.

+ motivate ⓥ 동기를 주다 | motive ⓝ 동기, 이유

0491 desire
[dizáiər]

ⓝ 소망, 욕망, 욕구   ⓥ 바라다, 원하다

He has a strong **desire** to make a difference in the world.
그는 세상을 변화시키고 싶다는 강렬한 **소망**을 가지고 있다.

The hotel has everything you could **desire**.
그 호텔은 여러분이 **바랄** 수 있는 모든 것을 갖추고 있다.

0492 empathize

[émpəθàiz]

ⓥ 공감하다, 감정 이입하다

empathize with others' feelings 타인의 감정에 **공감하다**

I can **empathize** with your situation.
나는 네가 처한 상황에 **공감할** 수 있어.

+ empathy ⓝ 감정 이입, 공감

0493 undergo

[ʌ̀ndərgóu]

undergo-underwent-undergone

ⓥ 겪다, 경험하다

The patient talked about the experiences she **underwent**.
그 환자는 자신이 **겪은** 경험에 대해 이야기했다.

0494 trauma

[tráumə / trɔ́ːmə]

ⓝ 1 정신적 충격 2 외상, 부상

He never fully recovered from the **trauma** he suffered during the plane crash.
그는 비행기 추락 사고 중에 겪었던 **정신적 충격**에서 완전히 회복되지 못했다.

She suffered **trauma** to her head in the accident.
그녀는 그 사고에서 머리에 **외상**을 입었다.

다의어

0495 abuse

ⓝ [əbjúːs]
ⓥ [əbjúːz]

ⓝ 1 학대 2 남용 ⓥ 1 학대하다 2 남용하다

n. 1 Child **abuse** is more common than many people think.
아동 **학대**는 많은 사람들이 생각하는 것보다 더 흔히 있다.

2 drug / alcohol **abuse** 약물[마약] / 알코올 **남용**

v. 1 The man said he was **abused** throughout his childhood.
그 남자는 어린 시절 내내 **학대를 받았다고** 말했다.

2 He was accused of **abusing** his power to gain benefits.
그는 자신의 권력을 **남용하여** 이익을 챙긴 것으로 기소되었다.

0496 aware

[əwéər]

ⓐ 인식하고 있는; 알고 있는

Everybody should be made **aware** of the risks involved.
모든 사람들이 관련된 위험을 **인식하게** 되어야 한다.

A newspaper reporter must be **aware** of current events.
신문 기자는 시사에 대해 **알고 있어야** 한다.

+ awareness ⓝ 의식, 인식, 자각

0497 consciousness

[kɑ́nʃəsnis]

ⓝ 의식; 자각 ⩦ awareness

He didn't remember he had lost **consciousness**.
그는 **의식**을 잃었던 것을 기억하지 못했다.

the collective **consciousness** of ordinary people
평범한 사람들의 집단 **의식**

+ conscious ⓐ 1 의식이 있는 2 의식하는

0498 potential
[pouténʃəl]

ⓐ 잠재적인, 가능성이 있는 ⓝ 잠재력, 가능성

I was conscious of the **potential** danger the entire time.
나는 줄곧 **잠재적인** 위험을 의식하고 있었다.

She has the **potential** to be a top tennis player.
그녀는 최고의 테니스 선수가 될 **잠재력**을 가지고 있다.

다의어

0499 condition
[kəndíʃən]

ⓝ 1 상태 2 여건, 상황 3 조건 ⓥ 길들이다, 훈련시키다

n. 1 The car is old but in excellent **condition**.
   그 차는 오래되었지만 **상태**가 아주 좋다.

2 Teachers should create the **conditions** for learning.
   교사들은 학습을 위한 **여건**을 만들어야 한다.

3 meet a **condition** **조건**을 충족하다

v. People have been **conditioned** to expect immediate results. 사람들은 즉각적인 결과를 기대하도록 **길들여져** 왔다.

상담과 치료

0500 observation
[ɑ̀bzərvéiʃən]

ⓝ 관찰, 주시; 감시

scientific **observations** 과학적 **관찰**

He was under close **observation** in hospital last night.
그는 어젯밤 병원에서 면밀히 **관찰**을 받고 있었다.

+ observe ⓥ 관찰하다; 감시하다

0501 detect
[ditékt]

ⓥ 감지하다, 발견하다

The doctor **detected** a change in his patient's mood.
그 의사는 환자의 기분에 변화가 있음을 **감지했다**.

+ detection ⓝ 탐지, 발견 | detective ⓝ 탐정, 형사
detector ⓝ 탐지기

0502 clue
[klu:]

ⓝ 단서, 실마리

a vital **clue** 중요한[결정적] **단서**

Childhood experiences provide a **clue** as to why some people become obese.
어린 시절의 경험은 왜 일부 사람들이 비만이 되는지에 대한 **단서**를 제공한다.

0503 insight
[ínsait]

ⓝ 통찰; 통찰력

The research provides new **insights** into related mental disorders. 그 연구는 관련된 정신 질환에 대한 새로운 **통찰**을 제공한다.

a scientist of **insight** **통찰력** 있는 과학자

0504 analysis
[ənǽləsis]

ⓝ 분석

Freud believed that the **analysis** of dreams could give insight to our deep desires.
프로이트는 꿈의 **분석**이 우리의 깊은 욕망에 대한 통찰을 줄 수 있다고 믿었다.

＋ analyze ⓥ 분석하다 | analytic(al) ⓐ 분석적인

0505 prediction
[pridíkʃən]

ⓝ 예언, 예측, 예상

The researchers conducted further tests to confirm their **predictions**.
그 연구자들은 자신들의 **예측**을 확인하기 위해 추가 테스트를 실행했다.

＋ predict ⓥ 예측[예언]하다 | predictable ⓐ 예상[예측] 가능한
★ pre-(= before) + -dict(= say) + -ion(= action)
→ 미리 말하는 행위 → 예언, 예측

0506 stimulus
[stímjələs]

ⓝ 자극제, 자극(이 되는 것) (pl. stimuli)

In general, men react more to visual **stimuli** than women.
일반적으로 남자들은 여자들보다 시각적 **자극**에 더 반응한다.

＋ stimulate ⓥ 자극하다 | stimulation ⓝ 자극

0507 therapy
[θérəpi]

ⓝ 치료, 요법

The actor began **therapy** to overcome his fear of crowds.
그 배우는 군중에 대한 두려움을 극복하기 위해 **치료**를 시작했다.

0508 counseling
[káunsəliŋ]

ⓝ 상담, 조언

She is receiving **counseling** to cope with her depression.
그녀는 우울증에 대처하기 위해 **상담**을 받고 있다.

＋ counselor ⓝ 상담사

0509 random
[rǽndəm]

ⓐ 무작위의, 닥치는 대로 하는

The study was carried out on a **random** sample of 100 children aged eight.
그 연구는 8세 어린이 100명을 **무작위** 표본으로 하여 실시되었다.

✚ at random 무작위로, 임의로(= randomly)

0510 confidential
[kɑ̀nfidénʃəl]

ⓐ 비밀의, 기밀의, 은밀한

All client details are strictly **confidential** at all times.
모든 고객 세부 정보는 항상 엄격하게 **비밀 유지**가 된다.

hold a **confidential** meeting 기밀 회의를 열다

A 빈칸에 알맞은 우리말 또는 영어 단어를 써넣으시오.

1 _____ psychology 2 _____ 정신의, 마음의

심리와 행동

3 _____ abnormal
4 _____ 행동; 수행하다
5 _____ dependent
6 _____ 망설이는, 주저하는
7 _____ confuse
8 _____ 사로잡다, 집착하게 하다
9 _____ breakdown

심리적 요인

10 _____ 소망, 욕구; 바라다
11 _____ empathize
12 _____ 겪다, 경험하다
13 _____ abuse
14 _____ 의식; 자각
15 _____ aware
16 _____ 상태; 여건; 길들이다

상담과 치료

17 _____ 관찰; 감시
18 _____ detect
19 _____ 통찰; 통찰력
20 _____ prediction
21 _____ 자극제, 자극(이 되는 것)
22 _____ therapy
23 _____ 상담, 조언
24 _____ confidential

B 문장의 빈칸에 알맞은 말을 보기에서 골라 쓰시오.

> analysis   clue   potential   motivation   random   trauma

1 I was conscious of the _____ danger the entire time.

2 My main _____ for studying is to achieve my dream.

3 The study was carried out on a(n) _____ sample of 100 children aged eight.

4 He never fully recovered from the _____ he suffered during the plane crash.

5 Freud believed that the _____ of dreams could give insight to our deep desires.

6 Childhood experiences provide a(n) _____ as to why some people become obese.

DAY 18 철학과 사고

✔ MUST-KNOW WORDS

imagine 상상하다	**consider** 고려[숙고]하다	**expect** 기대[예상]하다	**thought** 생각, 사고
compare 비교하다	**view** 견해; 보다	**realize** 깨닫다	**explain** 설명하다

0511 **philosophy**
[filάsəfi]

ⓝ 철학

moral **philosophy** 도덕 **철학**[윤리학]
His **philosophy** of life brings him peace of mind.
그의 삶의 **철학**이 그에게 마음의 평화를 가져다준다.

➕ philosophical ⓐ 철학의, 철학적인 | philosopher ⓝ 철학자
★ philo-(= love) + sophy(= wisdom) → 지혜에 대한 사랑 → 철학

합리적 사고

0512 **concept**
[kάnsept]

ⓝ 개념

a fundamental **concept** 기본 **개념**
Teachers use various ways to introduce new **concepts** to students.
교사들은 학생들에게 새로운 **개념**을 소개하기 위해 다양한 방법을 사용한다.

➕ conceptual ⓐ 개념(상)의, 개념적인

0513 **conceive**
[kənsí:v]

ⓥ 1 상상하다, (생각을) 품다 2 임신하다

I can't **conceive** of why he did such a stupid thing.
나는 그가 왜 그런 어리석은 짓을 했는지 **상상할** 수 없다.

This treatment will help women who have difficulty **conceiving**.
이 치료는 **임신**에 어려움이 있는 여성들에게 도움이 될 것이다.

🟩 1 to form or create an idea, plan, or thought in your mind
➕ conception ⓝ 1 이해, 개념, 발상 2 임신

다의어

0514 **reason**
[rí:zən]

ⓝ 1 이유 2 이성, 사고력 ⓥ 추론하다, 판단하다

n. 1 for personal **reasons** 개인적인 **이유**로
  2 Most animals do not have the power of **reason**.
   대부분의 동물들은 **사고력**을 갖고 있지 않다.

v. We **reasoned** that they would eventually find the answer.
  우리는 그들이 결국 답을 찾을 것이라고 **추론했다**.

➕ reasonable ⓐ 타당한, 합리적인

0515 logic
[ládʒik]

ⓝ 논리, 타당성; 논리학

a leap of **logic** 논리의 비약
The **logic** behind this statement is simple.
이 진술에 담긴 **논리**는 단순하다.

✚ logical ⓐ 논리적인, 타당한

0516 rational
[rǽʃənəl]

ⓐ 합리적인, 이치에 맞는   ⟷ irrational 불합리한, 비이성적인

We must adopt a **rational** approach to solve the problem.
우리는 그 문제를 해결하기 위해 **합리적인** 접근법을 취해야 한다.

a **rational** explanation **이치에 맞는** 설명

0517 credible
[krédəbl]

ⓐ 믿을 만한, 신뢰할 수 있는

She failed to give a **credible** explanation for her actions.
그녀는 자신의 행동에 대해 **믿을 만한** 해명을 하지 못했다.

★ cf. incredible (믿기 어려울 만큼) 대단한; 놀라운

다의어

0518 concrete
[kánkriːt / kɑnkríːt]

ⓐ 구체적인, 사실에 근거한   ⟷ abstract 추상적인   ⓝ 콘크리트

a. The police have **concrete** evidence about what they did.
경찰은 그들이 했던 일에 관한 **구체적인** 증거를 가지고 있다.

n. The wall is made of **concrete**.
그 벽은 **콘크리트**로 만들어져 있다.

0519 intellectual
[ìntəléktʃuəl]

ⓐ 지능의, 지적인

They claimed he had the **intellectual** capacity of an 8-year-old.
그들은 그가 8세 아동의 **지적** 능력을 가졌다고 주장했다.

0520 intelligent
[intélədʒənt]

ⓐ 똑똑한, 지능이 높은

Dan is not very **intelligent**, but he is very reliable.
Dan은 매우 **똑똑하지는** 않지만, 매우 신뢰할 수 있다.

✚ intelligence ⓝ 지능

0521 criticize
[krítisàiz]

ⓥ 비판하다, 비난하다   ⟷ praise 칭찬하다

They **criticized** the government's decision to develop the land.
그들은 그 땅을 개발하기로 한 정부의 결정을 **비판했다**.

✚ critical ⓐ 1 비판적인 2 결정적인 | criticism ⓝ 비판, 비난

0522 deliberate
[dilíbərit]

ⓐ 1 의도적인, 고의의   2 신중한

There was a **deliberate** attempt to delay the trial.
재판을 지연시키려는 **의도적인** 시도가 있었다.

The interviewee answered in a clear and **deliberate** manner.
면접자는 분명하고 **신중한** 태도로 대답했다.

+ deliberately ⓐⓓ 1 의도적으로(= on purpose)   2 신중하게

비합리적 사고

0523 exaggerate
[igzǽdʒərèit]

ⓥ 과장하다

People tend to **exaggerate** their own abilities.
사람들은 자신들의 능력을 **과장하는** 경향이 있다.

+ exaggeration ⓝ 과장 | exaggerative ⓐ 과장하는, 허풍의

0524 distort
[distɔ́:rt]

ⓥ 1 왜곡하다   2 일그러뜨리다, 비틀다

The film **distorted** the culture of Native Americans.
그 영화는 아메리카 원주민의 문화를 **왜곡했다**.

His face was **distorted** in extreme pain.
그의 얼굴은 극심한 고통으로 **일그러졌다**.

+ distortion ⓝ 1 왜곡   2 변형, 뒤틀림

0525 overlook
[òuvərlúk]

ⓥ 1 간과하다, 못 보다   2 내려다보다

He **overlooked** one important aspect of this question.
그는 이 문제의 중요한 한 측면을 **간과했다**.

The cabin on the hill **overlooks** the valley below.
언덕 위의 오두막은 아래로 계곡을 **내려다보고 있다**.

0526 ignorance
[ígnərəns]

ⓝ 무지, 무식

Arrogance is usually born out of **ignorance**.
오만은 보통 **무지**에서 비롯된다.

➕ Ignorance is bliss. 모르는 것이 약이다.

+ ignorant ⓐ 무지한 | ignore ⓥ 무시하다, 모른 체하다

0527 impression
[impréʃən]

ⓝ 인상; 감명

People often make judgments about others based on their first **impression**.
사람들은 흔히 첫**인상**을 바탕으로 다른 사람들에 대한 판단을 한다.

+ impress ⓥ 인상[감명]을 주다 | impressive ⓐ 인상적인, 감명 깊은

추론과 일반화

0528 abstract
[金brstr金kt]

ⓐ 추상적인, 관념적인 ↔ concrete 구체적인

Animals are not capable of **abstract** thought.
동물들은 **추상적** 사고를 할 수 없다.

0529 universal
[jù:nəvə́:rsəl]

ⓐ 보편적인, 일반적인; 전 세계적인

The Sophists believed there was no such thing as a
universal truth. 소피스트들은 **보편적인** 진실 같은 것은 없다고 믿었다.

0530 suppose
[səpóuz]

ⓥ 1 생각하다, 추측하다 2 가정하다

There were more deaths than first **supposed**.
처음에 **생각했던** 것보다 사망자가 더 많았다.

Let's **suppose** that you are married with two children.
당신이 두 아이를 가진 기혼자라고 **가정해** 보자.

다의어

0531 assume
[əsú:m]

ⓥ 1 <mark>생각하다, 추정하다</mark> 2 (책임을) 맡다 3 띠다, 취하다

1 I **assumed** she would come to help us.
나는 그녀가 우리를 도우러 올 것이라고 **생각했다**.

2 **assumes** the role of chairman 의장 역할을 **맡다**

3 Emily's face **assumed** a look of surprise.
Emily의 얼굴이 놀란 표정을 **띠었다**.

0532 reckon
[rékən]

ⓥ 1 <mark>생각하다; 간주하다</mark> 2 계산하다

They **reckon** the movie will be a big hit.
그들은 그 영화가 큰 성공을 거둘 것이라고 **예상한다**.

reckon the total cost 전체 비용을 **계산하다**

★ '생각하다'의 의미의 reckon은 주로 영국식 영어에서 쓴다.

0533 infer
[infə́:r]

ⓥ 추론하다, 추측하다

I **inferred** from his silence that he didn't like my suggestion.
나는 그의 침묵으로부터 그가 내 제안을 마음에 들어 하지 않음을 **추론했다**.

+ inference ⓝ 추론

판단과 평가

0534 judge
[dʒʌdʒ]

ⓥ 판단하다 ⓝ 판사; 심사 위원, 심판

v. You should not **judge** people by their appearance.
사람을 외모로 **판단해서는** 안 된다.

n. The **judge** ordered the company to pay a $10,000 fine.
판사는 그 회사에 1만 달러의 벌금을 내라고 명령했다.

0535 conclude
[kənklú:d]

ⓥ 결론짓다, 끝맺다

The report **concluded** that the national debt is likely to increase.
그 보고서는 국가 부채가 증가할 가능성이 있다고 **결론지었다**.

+ conclusion ⓝ 결론 | conclusive ⓐ 결정적인, 단호한

0536 evaluate
[ivǽljuèit]

ⓥ 평가하다

Students will be **evaluated** by written assignments and tests.
학생들은 필기 과제와 시험으로 **평가될** 것이다.

+ evaluation ⓝ 평가, 감정

다의어

0537 regard
[rigá:rd]

ⓥ 1 여기다, 간주하다 2 바라보다, 주시하다   ⓝ 관심, 고려

v. 1 Marsha **regards** her family as the most important thing in her life.
Marsha는 자신의 가족을 인생에서 가장 중요한 것으로 **여긴다**.

2 He put down his glasses and **regarded** me coldly.
그는 안경을 내려놓고 나를 차갑게 **바라보았다**.

n. She showed no **regard** for his feelings.
그녀는 그의 감정에 전혀 **관심**을 보이지 않았다.

⊕ regard A as B: A를 B로 여기대[간주하다]

0538 classify
[klǽsəfài]

ⓥ 분류하다

This product does not contain any substances that are **classified** as harmful.
이 제품은 유해하다고 **분류된** 어떤 물질도 포함하고 있지 않다.

Digital TVs are **classified** according to their screen size.
디지털 TV는 화면 크기에 따라 **분류된다**.

+ classification ⓝ 분류

0539 differentiate
[dìfərénʃièit]

ⓥ 구별하다   ⊜ distinguish

differentiate between the two ideas 두 가지 개념을 **구별하다**
It's important to **differentiate** between fact and opinion.
사실과 의견을 **구별하는** 것은 중요하다.

0540 manifest
[mǽnəfèst]

ⓐ 분명한, 뚜렷이 나타난   ⓥ 나타내다, 드러내다

The author's interests in women's rights are **manifest** in her works.
여성의 권리에 대한 작가의 관심은 그녀의 저서들에서 **뚜렷이 나타난다**.

His artistic talents are **manifested** in every aspect of his life.
그의 예술적 재능은 그의 삶의 모든 면에서 **나타난다**.

DAILY CHECK-UP

A 빈칸에 알맞은 우리말 또는 영어 단어를 써넣으시오.

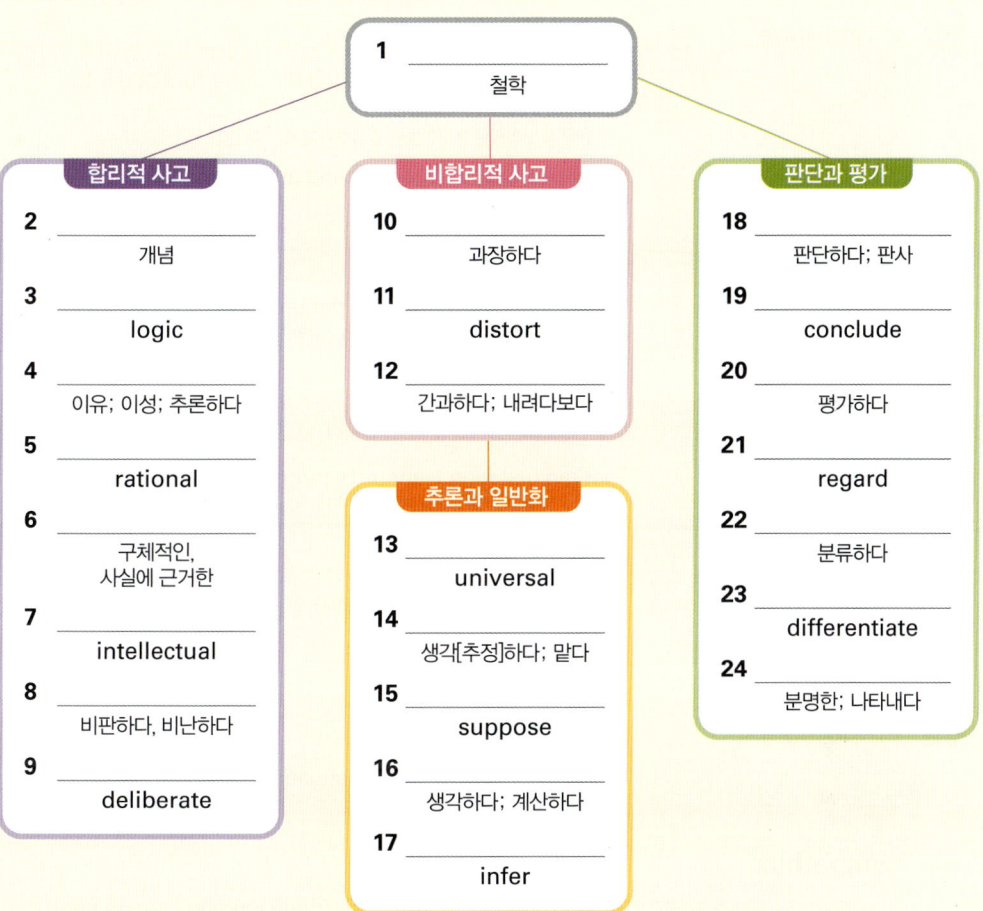

1 _____ 철학

합리적 사고

2 _____ 개념
3 _____ logic
4 _____ 이유; 이성; 추론하다
5 _____ rational
6 _____ 구체적인, 사실에 근거한
7 _____ intellectual
8 _____ 비판하다, 비난하다
9 _____ deliberate

비합리적 사고

10 _____ 과장하다
11 _____ distort
12 _____ 간과하다; 내려다보다

추론과 일반화

13 _____ universal
14 _____ 생각[추정]하다; 맡다
15 _____ suppose
16 _____ 생각하다; 계산하다
17 _____ infer

판단과 평가

18 _____ 판단하다; 판사
19 _____ conclude
20 _____ 평가하다
21 _____ regard
22 _____ 분류하다
23 _____ differentiate
24 _____ 분명한; 나타내다

B 문장의 빈칸에 알맞은 말을 보기에서 골라 쓰시오.

abstract	intelligent	conceive	ignorance	credible	impression

1 Animals are not capable of _____ thought.

2 Arrogance is usually born out of _____.

3 I can't _____ of why he did such a stupid thing.

4 Dan is not very _____, but he is very reliable.

5 She failed to give a _____ explanation for her actions.

6 People often make judgments about others based on their first _____.

☑ 헷갈리는 혼동어 제대로 알기

1 **pronounce**

ⓥ 1 발음하다   2 선언하다, 선고하다

Some Korean words are very difficult for foreigners to **pronounce**.
일부 한국어 단어들은 외국인들이 **발음하기에** 매우 어렵다.

I now **pronounce** you husband and wife.
이제 두 분을 부부로 **선언합니다**.

announce

ⓥ 발표하다; (방송으로) 알리다

The TV station **announced** the breaking news about the earthquake.   TV 방송국이 지진 속보를 **알렸다**.

2 **transmit**

ⓥ 1 전송하다, 방송하다   2 전달하다   3 전염시키다

That radio station **transmits** programs 24 hours a day.
그 라디오 방송국은 하루 24시간 프로그램을 **방송한다**.

transfer

ⓥ 옮기다, 이송하다; 환승하다

The patient was **transferred** to a general hospital.
그 환자는 종합 병원으로 **이송되었다**.

3 **empathize**

ⓥ 공감하다, 감정 이입하다

I can **empathize** with your situation.
나는 네가 처한 상황에 **공감할** 수 있어.

sympathize

ⓥ 동정하다, 측은히 여기다

She **sympathized** with the elderly woman, seeing how lonely she was.
그녀는 그 노부인이 얼마나 외로운지를 보고 **측은하게 여겼다**.

4 **conceive**

ⓥ 1 상상하다, (생각을) 품다   2 임신하다

I can't **conceive** of why he did such a stupid thing.
나는 그가 왜 그런 어리석은 짓을 했는지 **상상할** 수 없다.

deceive

ⓥ 속이다, 기만하다

It's wrong to **deceive** people for personal gain.
개인적인 이익을 위해 사람을 **속이는** 것은 잘못된 것이다.

perceive

ⓥ 지각하다, 감지하다, 인지하다

He **perceived** my intention right away.
그는 내 의도를 곧바로 **인지했다**.

PLAN 6
자연과 환경

동물
prey 먹이, 사냥감
poisonous 유독한

식물
bud 싹, 눈, 꽃봉오리
reproduce 번식하다

자연과 환경

자원과 환경 보존
resource 자원, 물자
emission 배출; 배기가스

기후와 재해
disaster 재난, 재해
thunderstorm 뇌우

DAY 19 동물

☑ MUST-KNOW WORDS

wildlife 야생 생물   insect 곤충   cattle 소 떼   school (물고기) 떼

poison 독   feed 먹이다; 먹다   male 수컷; 수컷의   female 암컷; 암컷의

0541 beast
[biːst]

ⓝ 짐승, 야수

They were attacked by wild **beasts**.
그들은 야생 **짐승들**의 공격을 받았다.

➕ *Beauty and the Beast* 「미녀와 야수」(프랑스의 전래 동화)

0542 species
[spíːʃiːz]

ⓝ 종(種)

native **species** of fish   토착 어종
Over 100 **species** of birds have been recorded in this area.
100여 종이 넘는 새들이 이 지역에 있다고 기록되어 왔다.

➕ *The Origin of Species* 「종의 기원」(찰스 다윈의 저서)
★ species는 단수와 복수의 형태가 같다.

동물의 종류

0543 predator
[prédətər]

ⓝ 1 포식자, 포식 동물   2 약탈자

Sharks are top **predators** in the ocean.
상어는 바다에서 최상위 **포식자**이다.

He is a **predator** who tricks people to get their money.
그는 사람들을 속여 돈을 빼앗는 **약탈자**이다.

0544 prey
[prei]

ⓝ 1 먹이, 사냥감   2 희생자, 피해자

Rabbits and squirrels are **prey** for coyotes.
토끼와 다람쥐는 코요테의 **먹이**이다.

The old man fell **prey** to the thief who stole his wallet.
그 노인은 지갑을 훔친 도둑의 **피해자**가 되었다.

➕ fall prey to ~: ~의 피해자[먹이]가 되다
★ prey는 복수형으로 쓰지 않는다.

0545 mammal
[mǽməl]

ⓝ 포유동물, 포유류

Whales are **mammals**, sharing many traits with humans.
고래는 **포유동물**이며 인간과 많은 특성을 공유한다.

0546 **reptile**

[réptail / -təl]

ⓝ 파충류

Snakes, alligators, and turtles are **reptiles**.
뱀, 악어, 거북이는 **파충류**이다.

Reptiles are cold-blooded animals which lay eggs.
파충류는 알을 낳는 냉혈 동물이다.

0547 **amphibian**

[æmfíbiən]

ⓝ 양서류

Frogs and toads are classified as **amphibians**.
개구리와 두꺼비는 **양서류**로 분류된다.

★ amphi-(양쪽 모두의) + bio(생명) + -an(~한 것)
→ (물과 육지) 양쪽 모두에 사는 동물 → 양서류

0548 **warm-blooded**

[wɔ́ːrmblʌ́did]

ⓐ 온혈의   ⟷ cold-blooded 냉혈의

a **warm-blooded** animal 온혈 동물

Mammals are **warm-blooded** creatures, unlike reptiles and insects.
포유류는 파충류나 곤충류와는 달리 **온혈** 동물이다.

0549 **caterpillar**

[kǽtərpìlər]

ⓝ 애벌레

A **caterpillar** turns into a butterfly at a later stage in its life.
애벌레는 생의 나중 단계에 나비가 된다.

다의어

0550 **domestic**

[douméstik]

ⓐ 1 국내의   2 가정의   3 <mark>길들여진, 사육되는</mark>

1 **domestic** market 국내 시장
2 Her **domestic** life was not comfortable.
   그녀의 **가정**생활은 편안하지 않았다.
3 The researchers found several differences between wild and **domestic** cats.
   그 연구자들은 야생 고양이와 **집**고양이의 여러 가지 차이점을 발견했다.

+ domesticate ⓥ 길들이다, 사육하다

0551 **tame**

[teim]

ⓐ 길들여진   ⟷ wild 야생의   ⓥ 기르다, 길들이다

Tame animals are our pets and farm animals.
길들여진 동물들은 우리의 애완동물과 농장 동물이다.

He **tamed** a stray cat he had found on the street.
그는 길거리에서 발견한 길 잃은 고양이를 **길렀다**.

0552 parasite

[pǽrəsàit]

ⓝ 기생충, 기생 동물[식물]

She bought a drug to kill the **parasites** that were making her dog sick.
그녀는 자신의 개를 병들게 하는 **기생충**을 죽이기 위해 약을 샀다.

+ parasitic ⓐ 기생하는; 기생충의

동물의 몸

0553 limb

[lim]

ⓝ 1 (하나의) 팔[다리]; (새의) 날개 2 큰 나뭇가지

strong hind **limbs** 튼튼한 뒷**다리**

The elephant moved its massive **limbs** slowly.
코끼리는 거대한 **다리**를 천천히 움직였다.

jump from one **limb** to another in the tree
나무에서 한 **나뭇가지**에서 다른 나뭇가지로 점프하다

0554 fur

[fə::r]

ⓝ 모피; 털

She wears her **fur** coat on cold winter days.
그녀는 추운 겨울날에는 **모피** 코트를 입는다.

The kid touched the rabbit's soft **fur**.
그 아이는 토끼의 부드러운 **털**을 만졌다.

0555 horn

[hɔ:rn]

ⓝ 1 (소·양·사슴 등의) 뿔 2 (차량의) 경적

River buffaloes have spirally curled **horns**.
물소들은 나선형으로 구부러진 **뿔**을 가지고 있다.

The taxi driver blew his **horn** to announce his arrival.
택시 운전사가 도착을 알리려고 **경적**을 울렸다.

0556 leather

[léðə:r]

ⓝ 가죽

a black **leather** jacket 검정색 **가죽** 재킷

The inside of the bag has a soft **leather** lining.
가방의 내부에는 부드러운 **가죽** 안감이 있다.

0557 shell

[ʃel]

ⓝ 1 껍데기, 껍질 2 포탄

a turtle's **shell** 거북의 **껍데기**

This sack is great for collecting **shells** at the beach.
이 자루는 해변에서 **조개껍질**을 모으기에 아주 좋다.

Many people, including children, were injured as **shells** dropped in the village.
포탄이 마을에 떨어져 아이들을 포함한 많은 사람들이 다쳤다.

0558 **claw**
[klɔ:]

ⓝ 발톱; 집게발

Eagles grab prey with their sharp **claws**.
독수리는 날카로운 **발톱**으로 먹이를 낚아챈다.

A crab has two big **claws**. 게는 두 개의 큰 **집게발**을 가지고 있다.

0559 **paw**
[pɔ:]

ⓝ (발톱이 있는 동물의) 발

the nails in a cat's **paw** 고양이 **발**의 발톱

If your dog licks its **paws**, you should figure out why it is doing so.
개가 **발**을 핥으면, 당신은 왜 그렇게 하는지 알아내야 한다.

🟧 동물의 행동

0560 **migration**
[maigréiʃən]

ⓝ 이주, 이동

seasonal **migration** 계절에 따른 **이주**

Scientists use satellite tracking to follow birds on their **migration** routes.
과학자들은 위성 추적을 사용하여 **이동** 경로에 있는 새들을 추적한다.

➕ migrate ⓥ 이주하다, 이동하다

0561 **flock**
[flɑk]

ⓝ (새·양 등의) 무리, 떼 ⓥ 모이다, 떼를 짓다

A **flock** of sheep came down from the mountain.
양 **떼**가 산에서 내려왔다.

Birds of a feather **flock** together.
깃털이 같은 새들이 함께 **모인다**. (유유상종)

🔵 다의어

0562 **herd**
[hə:rd]

ⓝ 1 (가축의) 무리, 떼 2 군중, 다수 ⓥ 무리를 지어 가다

n. 1 A **herd** of cattle grazed peacefully in the pasture.
소 **떼**가 목장에서 평화롭게 풀을 뜯었다.

2 He follows the **herd** and never thinks for himself.
그는 **군중**을 쫓아가며 결코 스스로 생각하지 않는다.

v. The cows **herd** towards the barn every evening.
소들은 매일 저녁 헛간으로 **무리를 지어간다**.

0563 **territory**
[térətɔ̀:ri]

ⓝ 1 영토 2 영역, 세력권

Much of the **territory** to the north is mountainous.
북쪽 **영토**의 많은 부분은 산악 지대이다.

Some animals defend their **territory** by fighting with those that invade it.
어떤 동물들은 **영역**을 침입하는 동물과 싸움으로써 자신들의 **영역**을 지킨다.

⭐ terra-(땅) + -tory(장소)

0564 nocturnal
[nɑktə́:rnəl]

ⓐ 야행성의

Hamsters and rats are **nocturnal** animals.
햄스터와 쥐는 **야행성** 동물이다.

0565 habitat
[hǽbətæt]

ⓝ 서식지

protect wildlife **habitats** 야생 생물 **서식지**를 보호하다
A grassland is a perfect **habitat** for zebras.
초원은 얼룩말에게 최적의 **서식지**이다.

🔳 the place where a certain kind of animal or plant is usually found

---

0566 spawn
[spɔ:n]

ⓥ 1 알을 낳다, 산란하다   2 (결과 등을) 낳다, 일으키다

Salmon **spawn** in the freshwater streams of their birth.
연어는 자신들이 태어난 민물이 흐르는 시내에서 **알을 낳는다**.

This technology could **spawn** a revolution in how we work and play.
이 기술은 우리가 일하고 놀이하는 방식에 혁명을 **일으킬** 수 있다.

0567 burrow
[bə́:rou]

ⓥ 굴을 파다   ⓝ (토끼·두더지 등이 판) 굴

Ants **burrow** into the ground to build their nest.
개미는 둥지를 짓기 위해 땅속으로 **굴을 판다**.

dig an underground **burrow** 지하 **굴**을 파다

0568 peck
[pek]

ⓥ (새가 부리로) 쪼다, 쪼아 먹다

peck on the tree trunk 나무 기둥을 **쪼다**
Birds **peck** the ground searching for food.
새들은 먹이를 찾기 위해 땅을 **쪼아댄다**.

0569 sting
[stiŋ]
sting-stung-stung

ⓥ 쏘다, 찌르다   ⓝ 쏘인 상처

The farmer was **stung** by a bee while clearing land.
그 농부는 땅을 개간하던 중에 벌에 **쏘였다**.

His face was covered with bee **stings**.
그의 얼굴은 벌에 **쏘인 상처**로 덮여 있었다.

0570 poisonous
[pɔ́izənəs]

ⓐ 유독한; 독이 있는, 독성의   ⊜ venomous

Be careful of **poisonous** chemicals. **유독한** 화학물질을 조심하시오.
A person bitten by a **poisonous** snake should get medical attention right away.
독이 있는 뱀에게 물린 사람은 즉시 치료를 받아야 한다.

✚ poison ⓝ 독 ⓥ 독살하다

DAILY CHECK-UP

A 빈칸에 알맞은 우리말 또는 영어 단어를 써넣으시오.

1 _____ beast   **2** _____ 종

동물의 종류

3 _____
포식자, 포식 동물

4 _____
mammal

5 _____
파충류

6 _____
amphibian

7 _____
온혈의

8 _____
tame

9 _____
기생충; 기생 동물[식물]

동물의 몸

10 _____
팔[다리]; 날개

11 _____
fur

12 _____
뿔; 경적

13 _____
leather

14 _____
껍데기, 껍질

15 _____
claw

16 _____
(발톱이 있는 동물의) 발

동물의 행동

17 h_____
무리; 무리를 지어 가다

18 _____
migration

19 _____
야행성의

20 _____
habitat

21 _____
알을 낳다, 산란하다

22 _____
burrow

23 _____
쏘다; 쏘인 상처

24 _____
poisonous

B 문장의 빈칸에 알맞은 말을 보기에서 골라 쓰시오.

peck	caterpillar	domestic	flock	prey	territory

1 Birds of a feather _____ together.

2 Birds _____ the ground searching for food.

3 Rabbits and squirrels are _____ for coyotes.

4 A _____ turns into a butterfly at a later stage in its life.

5 Some animals defend their _____ by fighting with those that invade it.

6 The researchers found several differences between wild and _____ cats.

DAY **20** 식물

✔️ **MUST-KNOW WORDS**

grass 풀	vegetable 채소, 야채	soil 흙, 토양	mushroom 버섯
forest 숲	grow 자라다	bean 콩	corn 옥수수

다의어

0571 plant
[plænt]

ⓝ 1 식물 **2 공장** **ⓥ 심다**

n. 1 Humans and animals could not live without **plants**.
인간과 동물은 **식물** 없이는 살 수 없다.

2 The automobile **plant** produces 100,000 cars a year.
그 자동차 **공장**은 1년에 10만 대의 자동차를 생산한다.

v. We **planted** carrots and tomatoes in the garden.
우리는 정원에 당근과 토마토를 **심었다**.

0572 vegetation
[vèdʒətéiʃən]

ⓝ 식물, 초목

a garden of tropical **vegetation** 열대 **식물**이 있는 정원
I barely found my way through the thick **vegetation**.
나는 울창한 **초목**을 간신히 뚫고 나아갔다.

구성 요소

0573 seed
[si:d]

ⓝ 씨, 씨앗, 종자 **ⓥ 씨를 뿌리다**

If you plant these **seeds**, they will grow into beans and corn.
이 **씨앗들**을 심는다면, 그것들은 콩과 옥수수로 자랄 것이다.

They **seeded** the empty land to grow fresh vegetables.
그들은 신선한 채소를 기르기 위해 빈 땅에 **씨를 뿌렸다**.

0574 bud
[bʌd]

ⓝ 싹, 눈, 꽃봉오리

come into **bud** **싹**이 트다
The **buds** are just ready to burst open.
꽃봉오리가 곧 터질 준비가 되어 있다.

0575 grain
[grein]

ⓝ 곡물, 낟알; 알갱이

Last year, our **grain** harvest was a total disaster.
작년에 우리의 **곡물** 수확은 완전히 실패였다.

Individual **grains** of sand gather to form a beach.
각각의 모래 **알갱이**가 모여 해변을 이룬다.

PLAN 6

0576 **root**

[ruːt]

ⓝ 1 **뿌리** 2 근원, 기원

This plant has a lot of thin **roots**. 이 식물은 잔**뿌리**가 많다.

Money is the **root** of all evil. 돈이 모든 악의 **근원**이다.

0577 **bulb**

[bʌlb]

ⓝ 1 **구근, 알뿌리** 2 전구 ⊜ light bulb

Onions are **bulbs** that grow beneath the surface of the soil.
양파는 토양의 표면 아래에서 자라는 **구근**이다.

Before changing the **bulb**, you have to turn off the power.
전구를 교체하기 전에 전원을 꺼야 한다.

다의어

0578 **stem**

[stem]

ⓝ **줄기** ⓥ 생겨나다, 유래하다(from)

n. Its leaves grow at the base of the **stem**.
　그것의 잎사귀는 **줄기** 밑부분에서 자란다.

v. Many English words **stem** from Latin.
　많은 영어 단어들이 라틴어에서 **유래한다**.

다의어

0579 **trunk**

[trʌŋk]

ⓝ 1 **(나무의) 줄기, 몸통** 2 (여행용 큰) 가방 3 (자동차) 짐칸
4 (코끼리의) 코 5 (남성용) 짧은 팬츠

1 She leaned against a tree **trunk** with her eyes closed.
그녀는 눈을 감은 채 나무의 **몸통**에 몸을 기댔다.

2 His **trunk** was full of clothes and personal belongings.
그의 **여행 가방**은 옷과 개인 소지품으로 가득 차 있었다.

3 She put her suitcase in the **trunk** and got in the car.
그녀는 가방을 **짐칸** 안에 넣고 차에 탔다.

4 The elephant extended its **trunk** and picked up a peanut.
그 코끼리는 **코**를 뻗어 땅콩을 집어 들었다.

5 I put on my swimming **trunks** and headed for the beach.
나는 수영 **팬츠**를 입고 해변으로 향했다.

0580 **branch**

[bræntʃ]

ⓝ 1 **나뭇가지** 2 지점

The monkey climbed the tree and hid in the **branches**.
그 원숭이는 나무에 올라가 **나뭇가지들** 속에 숨었다.

The bank has **branches** in over 50 cities.
그 은행은 50개 이상의 도시에 **지점**을 두고 있다.

0581 **twig**

[twig]

ⓝ (나무의) 잔가지

They picked up **twigs** to build a campfire.
그들은 모닥불을 지피기 위해 **잔가지**를 주웠다.

0582 bark
[bɑːrk]

ⓝ 나무껍질 **ⓥ (개가) 짖다**

n. The **bark** of the tree is used for making ropes.
그 나무의 **껍질**은 밧줄을 만드는 데 쓰인다.

v. A **barking** dog never bites.
짖는 개는 절대 물지 않는다. (떠들어 대는 사람은 도리어 실속이 없다.)

0583 sprout
[spraut]

ⓥ 1 (싹·잎 등을) 티우다, 돋아나게 하다; 싹트다, 돋아나다
2 생겨나다
ⓝ 싹; 새싹

v. 1 Trees **sprout** new leaves in the spring.
나무는 봄에 새잎을 **티운다**.

2 Suburban villages **sprouted** up along the subway route.
교외의 마을들이 지하철 노선을 따라 **생겨났다**.

n. bean **sprout** 콩나물

➕ ⓥ 2 to appear suddenly

0584 blossom
[blɑ́səm]

ⓝ (유실수의) 꽃 **ⓥ 꽃을 피우다, 꽃이 피다**

The **blossoms** on the peach tree appeared last week.
복숭아나무의 **꽃**이 지난주에 모습을 드러냈다.

The cherry trees are just beginning to **blossom**.
벚나무가 막 **꽃을 피우기** 시작하고 있다.

0585 petal
[pétəl]

ⓝ 꽃잎

The **petals** of a rose are very soft.
장미의 **꽃잎**은 매우 부드럽다.

0586 thorn
[θɔːrn]

ⓝ 가시

draw[pull] out a **thorn** 가시를 빼다
Roses are beautiful, but they have **thorns**.
장미는 아름답지만 **가시**가 있다.

기능과 변식

0587 photosynthesis
[fòutousínθəsis]

ⓝ 광합성

Plants produce oxygen through **photosynthesis**.
식물은 **광합성**을 통해 산소를 만들어 낸다.

★ photo-(= light) + synthesis(= put together 합하다)
→ 빛을 통해 합성하는 과정 → 광합성

0588 **pollination**
[pὰlənéiʃən]

ⓝ 수분, 가루받이

cross-**pollination** 교배 **수분**

Bees play a crucial role in **pollination**.
벌은 **수분**에서 중요한 역할을 한다.

➕ pollinate ⓥ 수분하다, 가루받이하다

★ cf. self-pollination 자가 수분

0589 **bloom**
[blu:m]

ⓥ 꽃이 피다, 꽃을 피우다 ⓝ (화초의) 꽃

flowers **blooming** in the wild
야생에서 **피어나는** 꽃들

The plant's **blooms** attract bees and butterflies.
그 식물의 **꽃**은 벌과 나비를 끌어온다.

0590 **reproduce**
[rì:prədjú:s]

ⓥ 1 복사하다, 복제하다 2 **번식하다**

She **reproduced** copies of an article for the class to read.
그녀는 학급 학생들이 읽을 수 있도록 기사 사본을 **복사했다**.

Many amphibians return to water in order to **reproduce**.
많은 양서류 동물들은 **번식하기** 위해 물로 돌아온다.

🔤 2 to produce young

➕ reproduction ⓝ 1 복사, 복제 2 생식, 번식

0591 **nectar**
[néktər]

ⓝ (꽃의) 꿀; 과즙, 달콤한 음료

A bee can only harvest a bit of **nectar** at a time.
벌은 한 번에 소량의 **꿀**만 수확할 수 있다.

He had some peach **nectar** for breakfast.
그는 아침 식사로 약간의 복숭아 **과즙**을 먹었다.

0592 **pollen**
[pάlən]

ⓝ 꽃가루, 화분(花粉)

Sneezing is an allergic reaction to **pollen**.
재채기를 하는 것은 **꽃가루**에 대한 알레르기 반응이다.

식물의 종류

0593 **bush**
[buʃ]

ⓝ 덤불, 관목

a rose **bush** 장미 **덤불**

The **bushes** in the front yard need watering.
앞마당에 있는 **관목**에 물을 줄 필요가 있다.

➕ beat around[about] the bush 요점을 말하지 않고 말을 빙빙 돌리다

0594 shrub
[ʃrʌb]

ⓝ 관목

a path planted with flowering **shrubs**
꽃이 피는 **관목**이 심어진 길

We cut the **shrubs** in front of our house every month.
우리는 매달 집 앞에 있는 **관목**을 베어낸다.

0595 hybrid
[háibrid]

ⓝ (동식물의) 잡종 **ⓐ 하이브리드의, 혼성의**

Gregor Mendel experimented with **hybrid** peas.
그레고르 멘델은 **잡종** 완두콩을 가지고 실험을 했다.

A **hybrid** vehicle is powered by both fuel and electricity.
하이브리드 차량은 연료와 전기 둘 다에 의해 동력을 얻는다.

0596 fungus
[fʌ́ŋgəs]

ⓝ 진균류, 곰팡이류; 버섯 (*pl.* fungi)

Mushrooms are a type of **fungus**. 버섯은 **진균류**의 일종이다.
an edible **fungus** 식용 **버섯**

0597 moss
[mɔːs]

ⓝ 이끼

the **moss**-covered wall **이끼**로 덮여 있는 담장
A rolling stone gathers no **moss**.
구르는 돌에는 **이끼**가 끼지 않는다. (직업을 자주 바꾸는 사람은 돈을 모을 수 없다.)

0598 cactus
[kǽktəs]

ⓝ 선인장 (*pl.* cactuses, cacti)

the natural habitat of the **cactus** plant **선인장** 식물의 자연 서식지
There are many **cactuses** in the deserts of Mexico.
멕시코의 사막에는 **선인장**이 많다.

0599 weed
[wiːd]

ⓝ 잡초 **ⓥ 잡초를 뽑다**

Our garden has more **weeds** than flowers.
우리 정원에는 꽃보다 **잡초**가 더 많다.

I **weeded** our lawn yesterday, so it looks much nicer now.
어제 나는 잔디밭의 **잡초를 뽑았더니** 지금 훨씬 더 좋아 보인다.

0600 herb
[əːrb / həːrb]

ⓝ 허브, 약초, 향초

a dish cooked with fresh **herbs** 신선한 **허브**로 조리된 요리
In China, **herbs** are used to treat a wide variety of diseases.
중국에서는 **약초**가 매우 다양한 질병을 치료하는 데 사용된다.

DAILY CHECK-UP

A 빈칸에 알맞은 우리말 또는 영어 단어를 써넣으시오.

1 _____ plant   **2** _____ 식물, 초목

구성 요소

3 _____ 싹, 눈, 꽃봉오리

4 _____ grain

5 _____ 뿌리; 근원

6 _____ bulb

7 _____ 줄기, 몸통; 가방; 짐칸

8 _____ stem

9 _____ 나뭇가지; 지점

10 _____ twig

기능과 번식

15 _____ bloom

16 _____ (꽃의) 꿀; 과즙

17 _____ pollen

11 _____ bark

12 _____ 꽃; 꽃을 피우다

13 _____ petal

14 _____ 가시

식물의 종류

18 _____ 덤불, 관목

19 _____ shrub

20 _____ 진균류, 곰팡이류

21 _____ moss

22 _____ 선인장

23 _____ weed

24 _____ 약초, 향초

B 문장의 빈칸에 알맞은 말을 보기에서 골라 쓰시오.

hybrid	photosynthesis	pollination	reproduce	sprout	seeds

1 Bees play a crucial role in _____.

2 Trees _____ new leaves in the spring.

3 Plants produce oxygen through _____.

4 Gregor Mendel experimented with _____ peas.

5 Many amphibians return to water in order to _____.

6 If you plant these _____, they will grow into beans and corn.

DAY 21 자원과 환경 보존

✔ MUST-KNOW WORDS

natural 자연의, 천연의   environment 환경   recycle 재활용하다   conserve 보호[보존]하다

waste 낭비하다; 쓰레기   shortage 부족   dispose 처리하다   rainforest 열대 우림

다의어

0601 resource
[ríːsɔːrs / risɔ́ːrs]

ⓝ 1 **자원, 물자** 2 자산, 재력 3 지략

1 The country is rich in natural **resources**.
그 나라는 천연**자원**이 풍부하다.
2 She has the **resources** to buy a vacation home.
그녀는 별장을 살 만한 **재력**이 있다.
3 He had to use all his **resources** to escape.
그는 탈출하기 위해 자신의 모든 **지략**을 동원해야 했다.

다양한 자원

0602 abundant
[əbʌ́ndənt]

ⓐ 풍부한 ⊜ plentiful

Forests are vital for clean and **abundant** supplies of water.
숲은 깨끗하고 **풍부한** 물 공급에 꼭 필요하다.

다의어

0603 reserve
[rizə́ːrv]

ⓝ (주로 pl.) 매장량, 비축(물)
ⓥ 1 남겨두다, 보존하다 2 예약하다

n. The country has vast **reserves** of natural gas.
그 나라는 엄청난 천연가스 **매장량**을 보유하고 있다.
v. 1 **reserve** natural resources 천연자원을 보존해 두다
2 Did you **reserve** a table for dinner tonight?
오늘 저녁 식사 자리 **예약했나요**?

0604 petroleum
[pətróuliəm]

ⓝ 석유

The government maintains strategic **petroleum** reserves.
정부는 전략적 **석유** 비축량을 유지하고 있다.

★ cf. crude oil 원유 | gasoline 휘발유(= gas)

0605 raw
[rɔː]

ⓐ 1 **가공하지 않은** 2 날것의, 익히지 않은

Crude oil is the basic **raw** material for gasoline.
원유는 휘발유의 기본이 되는 **원자재**이다.
raw fish/meat 날 생선/날고기

0606 mineral
[mínərəl]

🄝 1 **광물** 2 미네랄, 무기물

Different methods are used to extract **minerals** from the ground. 땅에서 **광물**을 채굴하기 위해 다양한 방법이 사용된다.

Fruit is a good source of vitamins and **minerals**.
과일은 비타민과 **미네랄**의 좋은 공급원이다.

환경 오염

0607 pollution
[pəlúːʃən]

🄝 오염; 공해

air / water **pollution** 대기 / 수질 **오염**

Many countries strive to reduce **pollution** and protect the environment.
많은 나라들이 **오염**을 줄이고 환경을 보호하기 위해 노력한다.

✚ pollute ⓥ 오염시키다 | pollutant ⓝ 오염 물질

0608 contaminate
[kəntǽmənèit]

🅥 오염시키다, 더럽히다

a river **contaminated** by mine waste
광산 폐기물로 **오염된** 강

Their drinking water has been **contaminated** with chemicals.
그들의 식수가 화학 물질로 **오염되었다**.

✚ contamination ⓝ 오염

0609 emission
[imíʃən]

🄝 1 배출, 방출 2 배출 물질, 배기가스

the **emission** of carbon dioxide into the air
공기 중으로의 이산화탄소 **배출**

Automobiles produce **emissions** that pollute the air.
자동차는 공기를 오염시키는 **배기가스**를 만든다.

✚ emit ⓥ 방출하다, 배출하다

★ e-(밖으로) + -mit(보내다) + -ion(행위) → 밖으로 내보내는 행위 → 배출

0610 deforestation
[diːfɔ̀ːristéiʃən]

🄝 삼림 벌채, 산림 개간

Widespread **deforestation** is the main cause of soil erosion.
광범위한 **삼림 벌채**는 토양 침식의 주요 원인이다.

★ de-(분리) + forest(삼림) + -ation(행위) → 삼림을 분리하는 행위

0611 sewage
[súːidʒ]

🄝 하수, 오물

Effective **sewage** treatment is essential for protecting the environment. 효과적인 **하수** 처리는 환경을 보호하는 데 필수적이다.

0612 landfill

[lǽndfil]

ⓝ 쓰레기 매립지

be dumped into **landfills** 쓰레기 매립지에 버려지다

The park was built on a **landfill** near the Hudson River.
그 공원은 허드슨 강 근처의 **쓰레기 매립지**에 지어졌다.

0613 disrupt

[disrʌ́pt]

ⓥ 1 지장을 주다, 방해하다   2 붕괴시키다, 분열시키다

Climate change could **disrupt** the global food supply.
기후 변화는 세계 식량 공급에 **지장을 줄** 수 있다.

disrupt the economic system 경제 체제를 **붕괴시키다**

영영 1 to stop something from continuing in its normal way

➕ disruption ⓝ 붕괴, 분열 | disruptive ⓐ 분열시키는, 지장을 주는

0614 vulnerable

[vʌ́lnərəbl]

ⓐ 취약한, 공격받기 쉬운

vulnerable to the flu 독감에 **걸리기 쉬운**

While eating their prey, birds are **vulnerable** to predators.
새들은 먹이를 먹는 동안 포식자에게 **공격받기 쉽다.**

0615 nuclear

[núːkliəːr]

ⓐ 핵의, 원자력의

a **nuclear** power plant **원자력** 발전소

Nuclear energy is potentially more dangerous than other forms of energy.
원자력 에너지는 다른 형태의 에너지보다 잠재적으로 더 위험하다.

0616 extinct

[ikstíŋkt]

ⓐ 멸종된; 더 이상 존재[활동]하지 않는

Extinct species are now only found in museum collections.
멸종된 종들은 현재 박물관 소장품에서만 발견된다.

Many languages become **extinct** every year.
해마다 많은 언어들이 **사라진다.**

an **extinct** volcano **사화산**

➕ extinction ⓝ 멸종

0617 endangered

[indéindʒərd]

ⓐ 멸종 위기에 처한

These birds are critically **endangered** due to habitat loss.
이 새들은 서식지 상실로 인해 심각한 **멸종 위기에 처해** 있다.

➕ endanger ⓥ 위험에 빠뜨리다, 위태롭게 만들다

★ en-(넣다, 처하게 하다) + danger(위험) + -ed(~된) → 위험에 처한

0618 destruction

[distrʌ́kʃən]

ⓝ 파괴, 파멸

environmental **destruction** 환경 **파괴**

The **destruction** of the ozone layer affects all of us.
오존층의 **파괴**는 우리 모두에게 영향을 미친다.

➕ destroy ⓥ 파괴하다 | destructive ⓐ 파괴적인

0619 threat

[θret]

ⓝ 위협, 협박

a direct **threat** to the environment
환경에 대한 직접적인 **위협**

These woodlands are under **threat** from illegal logging.
이 삼림 지대는 불법 벌목으로 인해 **위협**을 받고 있다.

➕ threaten ⓥ 위협하다, 협박하다 | threatening ⓐ 위협적인, 협박하는

환경 보존

0620 renewable

[rinúːəbl]

ⓐ 재생 가능한, 회복할 수 있는

Wind, water, and sunlight are **renewable** energy sources.
바람, 물, 그리고 햇빛은 **재생 가능한** 에너지원이다.

➕ renew ⓥ 1 갱신하다 2 되살리다 | renewal ⓝ 1 재생 2 갱신

★ re-(다시) + new(새로운) + -able(~할 수 있는)
→ 다시 새롭게 할 수 있는 → 재생 가능한

0621 sustainable

[səstéinəbl]

ⓐ 지속 가능한, 유지할 수 있는

Organic farming is an effective strategy to promote
sustainable agriculture.
유기 농법은 **지속 가능한** 농업을 촉진하기 위한 효과적인 전략이다.

➕ sustain ⓥ 유지하다, 살아가게 하다 | sustainability ⓝ 지속 가능성

0622 alternative

[ɔːltə́ːrnətiv]

ⓐ 대체 가능한, 대안이 되는　ⓝ 대안, 선택 가능한 것

sources of **alternative** energy 　**대체** 에너지원

People are seeking **alternatives** to fossil fuels.
사람들은 화석 연료에 대한 **대안**을 찾고 있다.

0623 conservation

[kɑ̀nsəːrvéiʃən]

ⓝ 보존, 보호

They carried out **conservation** work in the Himalayas.
그들은 히말라야에서 (환경) **보존** 활동을 수행했다.

➕ conserve ⓥ 보존하다, 보호하다

0624 preserve
[prizə́ːrv]

ⓥ 1 보호하다 2 유지하다, 보존하다

The group aims to **preserve** endangered species.
그 단체는 멸종 위기에 처한 종들을 **보호하는** 것을 목표로 한다.

preserve the balance between the environment and development
환경과 개발 사이에서 균형을 **유지하다**

➕ preservation ⓝ 보존, 보호; 유지

0625 biodiversity
[bàioudivə́ːrsəti / -dai-]

ⓝ 생물 다양성

Tropical rainforests are natural treasures of **biodiversity**.
열대 우림은 **생물 다양성**의 천혜의 보고이다.

★ bio-(생물, 생명) + diverse(다양한) + -ity(특징)

0626 biofuel
[báioufjùːəl]

ⓝ 생물 연료, 바이오 연료

biofuels made from sugarcane 사탕수수로 만든 **생물 연료**
Biofuels can be combined with conventional fuels.
생물 연료는 전통적인 연료와 결합될 수 있다.

0627 eco-friendly
[íkoufrèndli]

ⓐ 친환경적인, 환경친화적인 ⑤ environmentally friendly

eco-friendly transportation 친환경 교통수단
Riding bikes is an **eco-friendly** option.
자전거 타기는 **환경친화적인** 선택이다.

0628 ecological
[ikəláːdʒikəl]

ⓐ 생태학의, 생태계의

The loss of one species can disturb the **ecological** balance.
하나의 종의 상실이 **생태계의** 균형을 깨뜨릴 수 있다.

➕ ecological footprint 생태 발자국(인간이 자원을 생산·폐기하는 데 필요한 비용을 토지 면적으로 환산한 것)

➕ ecology ⓝ 생태학

0629 ecosystem
[íːkousìstəm]

ⓝ 생태계

damage the **ecosystem** **생태계**에 손상을 입히다
Water, soil, air, and living things form an **ecosystem**.
물, 토양, 공기, 생명체는 **생태계**를 형성한다.

0630 restore
[ristɔ́ːr]

ⓥ 회복시키다, 복원하다, 되찾게 하다

This program is intended to **restore** the environment to its original state.
이 프로그램은 환경을 원래 상태로 **복원하도록** 의도된 것이다.

➕ restoration ⓝ 회복, 복원

DAILY CHECK-UP

A 빈칸에 알맞은 우리말 또는 영어 단어를 써넣으시오.

1 _____ resource

다양한 자원

2 _____ 매장량; 남겨두다

3 _____ abundant

4 _____ 석유

5 _____ mineral

6 _____ 가공하지 않은

15 _____ 파괴, 파멸

16 _____ threat

환경 오염

7 _____ 오염; 공해

8 _____ contaminate

9 _____ 배출; 배기가스

10 _____ sewage

11 _____ 쓰레기 매립지

12 _____ disrupt

13 _____ 핵의, 원자력의

14 _____ endangered

환경 보존

17 _____ sustainable

18 _____ 대체 가능한; 대안

19 _____ conservation

20 _____ 보호하다; 보존하다

21 _____ 생물 연료

22 _____ eco-friendly

23 _____ 생태계

24 _____ restore

B 문장의 빈칸에 알맞은 말을 보기에서 골라 쓰시오.

biodiversity	deforestation	ecological	extinct	renewable	vulnerable

1 Tropical rainforests are natural treasures of _____.

2 Widespread _____ is the main cause of soil erosion.

3 Wind, water, and sunlight are _____ energy sources.

4 While eating their prey, birds are _____ to predators.

5 The loss of one species can disturb the _____ balance.

6 _____ species are now only found in museum collections.

PLAN 6

DAY 22 · 기후와 재해

☑ MUST-KNOW WORDS

weather 날씨 degree 도; 정도 foggy 안개가 낀 thunder 천둥
erupt 분출하다 flood 홍수 typhoon 태풍 hit/strike 강타하다

0631 **climate**
[kláimit]

ⓝ 1 **기후** 2 환경, 분위기

Humans prefer to live where the **climate** is warm.
인간은 **기후**가 따뜻한 곳에서 사는 것을 선호한다.

Small businesses have difficulty surviving in the present economic **climate**.
소기업들은 현재의 경제 **환경**에서 살아남는 데 어려움이 있다.

🔒 1 the general weather in a particular region

➕ climatic ⓐ 기후의

0632 **disaster**
[dizǽstər]

ⓝ 1 **재난, 재해, 재앙** 2 실패(작)

a natural **disaster** 자연**재해**

The oil spill was a **disaster** for sea animals.
기름 유출은 바다 동물들에게 **재앙**이었다.

The dinner party ended up a complete **disaster**.
저녁 파티는 완전한 **실패**로 끝났다.

➕ disastrous ⓐ 재앙의, 끔찍한

다양한 기후 특징

0633 **humid**
[hjú:mid]

ⓐ 습한, 눅눅한 ⹀wet

The air was so **humid** that it was hard to breathe.
공기가 너무 **습해서** 숨 쉬기가 힘들었다.

➕ humidity ⓝ 습기; 습도 | humidify ⓥ 축이다, 축축하게 하다

다의어

0634 **mild**
[maild]

ⓐ 1 **(날씨가) 온화한, 포근한** 2 가벼운 3 (태도가) 온화한

1 The region has a **mild** climate with warm days and cool nights.
그 지역은 낮에는 따뜻하고 밤에는 시원한 **온화한** 기후를 갖고 있다.

2 She had a **mild** headache and was not feeling well.
그녀는 **가벼운** 두통을 앓았고 몸이 좋지 않았다.

3 His manner is **mild** and pleasant.
그의 태도는 **온화하고** 유쾌하다.

0635 moderate
[mάːdərət]

ⓐ 1 적당한 　2 **온화한**

If your doctor allows it, do **moderate** exercise every day.
의사가 허락한다면 매일 **적당한** 운동을 하세요.

Coastal cities generally have **moderate** weather.
해안 도시들은 일반적으로 **온화한** 날씨를 보인다.

0636 harsh
[hɑːrʃ]

ⓐ 1 **혹독한** 　2 가혹한

the **harsh** environment of the desert　사막의 **혹독한** 환경

The punishment was too **harsh** for a young child.
그 처벌은 어린아이한테는 너무나 **가혹한** 것이었다.

0637 prevail
[privéil]

ⓥ 1 **만연하다, 지배하다** 　2 승리하다, 이기다

Extreme cold **prevails** over the plains during winter.
극심한 추위가 겨울 동안 평원을 **지배한다**.

Our soccer team **prevailed** over our rival in a tough game.
우리 축구팀은 힘든 경기에서 라이벌 팀을 **이겼다**.

➕ prevailing ⓐ 1 현행하는 　2 우세한, 지배적인
　prevalent ⓐ 보편화된, 유행하는 　|　prevalence ⓝ 보편화, 유행

날씨와 기상 현상

0638 forecast
[fɔ́ːrkæst]

forecast-forecast(ed)-
forecast(ed)

ⓝ 예보, 예측　ⓥ 예상하다, 예측하다

According to the weather **forecast**, strong winds are
expected tomorrow.
일기 **예보**에 따르면 내일 강한 바람이 예상된다.

Economists **forecast** that interest rates will fall next month.
경제학자들은 다음 달에 금리가 떨어질 것이라고 **예측한다**.

0639 temperature
[témpərətʃuər]

ⓝ 1 **온도, 기온** 　2 체온; 고열

The **temperature** of this area varies throughout the year.
이 지역의 **온도[기온]**는 일 년 내내 변동한다.

My son has a cold and is running a **temperature**.
내 아들은 감기에 걸려 **열**이 있다.

0640 lightning
[láitniŋ]

ⓝ 번개, 번갯불

moving at **lightning** speed　번개 같은 속도로 움직이는

Suddenly, there was a flash of **lightning** and a roar of
thunder.
갑자기 **번개**가 번쩍였고 요란한 천둥소리가 났다.

PLAN 6

0641 hail
[heil]

ⓝ **우박** ⓥ 부르다, 소리치다

n. **Hail** can ruin an entire crop in minutes.
우박이 농작물 전체를 몇 분 안에 망칠 수 있다.

v. He stood on the curb and **hailed** a taxi.
그는 도로 경계석에 서서 택시를 **불렀다**.

0642 breeze
[briːz]

ⓝ 1 **산들바람, 미풍** 2 쉬운 일

The **breeze** felt pleasant on a hot day.
더운 날에 **산들바람**이 기분 좋게 느껴졌다.

Passing the driving test was a **breeze** to me.
운전면허 시험을 통과하는 것은 나에게 **식은 죽 먹기(쉬운 일)**였다.

0643 frost
[frɔːst]

ⓝ 서리, 성에 ⓥ 성에로 덮다

An early **frost** destroyed much of the orange crop.
이른 **서리**가 많은 오렌지 수확물을 파괴했다.

The car's windscreen was **frosted** over.
차의 앞 유리가 온통 **성에로 덮여** 있었다.

0644 mist
[mist]

ⓝ 안개

thick/dense **mist** 짙은 안개
The **mist** hung low over the valley in the morning.
아침에 **안개**가 계곡 위에 낮게 드리워져 있었다.

0645 vapor
[véipər]

ⓝ 증기

water **vapor** 수증기
Boiling water turns into **vapor** in the air.
끓는 물은 공기 중에서 **증기**로 변한다.

0646 visible
[vízəbl]

ⓐ 눈에 보이는, 볼 수 있는 ⟷ invisible 보이지 않는

visible to the naked eye 육안으로 **보이는**
The coastline became **visible** through the fog.
안개 사이로 해안선이 **보였다**.

0647 rainfall
[réinfɔːl]

ⓝ 강우, 강우량

average annual **rainfall** 연평균 **강우량**
There was not enough **rainfall** for the crops to grow well.
농작물이 잘 자랄 만큼 **강우량**이 충분하지 않았다.

★ cf. snowfall 강설, 강설량

0648 **thermometer**
[θəːrmɑ́mitəːr]

ⓝ 온도계, 체온계

We put a **thermometer** outside to measure the temperature.
우리는 온도를 측정하기 위해 바깥에 **온도계**를 놓았다.

★ thermo-(heat 열) + -meter(measure 측정 기구)
→ 열을 측정하는 기구 → 온도계

자연재해

0649 **thunderstorm**
[θʌ́ndəːrstɔ̀ːrm]

ⓝ 뇌우(천둥 번개를 동반한 폭풍우)

a violent **thunderstorm** 심한 **뇌우**

Heavy rain and **thunderstorms** are forecast for the weekend. 주말 동안 폭우와 **뇌우**가 예보되고 있다.

0650 **monsoon**
[mɑnsúːn]

ⓝ 1 계절풍 2 우기, 장마철

a temperate **monsoon** climate 온대 **계절풍** 기후

The **monsoon** season will be over next week.
다음 주에 **장마철**이 끝날 것이다.

0651 **drought**
[draut]

ⓝ 가뭄

a prolonged **drought** 장기간의 **가뭄**

The region has been experiencing a five-month **drought**.
그 지역은 5개월간 이어지는 **가뭄**을 겪고 있다.

0652 **earthquake**
[ə́ːrθkweik]

ⓝ 지진

the magnitude of an **earthquake** **지진**의 진도

The city was struck by a major **earthquake** a few years ago.
그 도시는 몇 년 전에 대**지진**이 강타했다.

0653 **volcano**
[vɑlkéinou]

ⓝ 화산

The **volcano** erupted last year, killing about 500 people.
그 **화산**이 작년에 분출하면서 500명 정도가 사망했다.

➕ active volcano 활화산 | dormant volcano 휴화산

➕ volcanic ⓐ 화산의

0654 **landslide**
[lǽndslaid]

ⓝ 1 산사태 2 (선거에서의) 압도적 승리

A massive **landslide** blocked the coastal road.
대규모의 **산사태**로 해안 도로가 막혔다.

The new president won in a **landslide**.
새로운 대통령이 **압도적 승리**를 거두었다.

0655

avalanche

[ǽvəlæntʃ]

🄝 1 **눈사태** 2 (질문 등의) 쇄도, 공세

Most **avalanches** occur on slopes between 35 and 45 degrees. 대부분의 **눈사태**는 35에서 45도 사이의 경사면에서 발생한다.

an **avalanche** of questions 질문의 **쇄도**

다의어

0656

collapse

[kəlǽps]

🅥 1 **붕괴되다, 무너지다** 2 (사람이) 쓰러지다 🄝 **붕괴**

v. 1 Several buildings **collapsed** during the earthquake.
지진 중에 여러 건물이 **무너졌다**.

2 He **collapsed** with a heart attack while he was jogging.
그는 조깅하다가 심장마비로 **쓰러졌다**.

n. Heavy snow caused the **collapse** of the roof.
폭설이 지붕의 **붕괴**를 일으켰다.

0657

widespread

[wáidspred]

🄐 광범위한, 널리 퍼진

widespread damage caused by heavy rain
폭우로 인한 **광범위한** 피해

The forest fires were **widespread** across the dry region.
산불은 그 건조한 지역 전역에 걸쳐 **널리 번졌다**.

🄔 existing or happening over a large area

★ wide(넓은) + spread(퍼진)

0658

warning

[wɔ́ːrniŋ]

🄝 경보, 경고

a flood **warning** 홍수 **경보**

Early earthquake **warning** systems rapidly detect ongoing earthquakes in real time.
지진 조기 **경보** 시스템은 진행 중인 지진을 실시간으로 빠르게 감지한다.

✛ warn ⓥ 경고하다

0659

evacuate

[ivǽkjuèit]

🅥 (집 등을) 비우다; 피난시키다; 피난하다

We need to **evacuate** the area before the storm hits.
폭풍이 강타하기 전에 우리는 그 지역에서 **대피해야** 한다.

0660

activate

[ǽktəvèit]

🅥 활성화하다, 작동시키다

activate the alarm 경보 장치를 **작동시키다**

The area was struck by a tsunami **activated** by an earthquake.
그 지역은 지진에 의해 **활성화된** 지진 해일의 타격을 받았다.

✛ active ⓐ 1 활동적인 2 적극적인 3 활성화된

DAILY CHECK-UP

학습 Check	본문 학습	MP3 듣기	Daily Check-up	누적 테스트 Days 21-22	Voca Plus

A 빈칸에 알맞은 우리말 또는 영어 단어를 써넣으시오.

1 _____ climate

2 _____ 재난, 재해, 재앙

날씨와 기상 현상

3 _____ temperature

4 _____ 우박; 부르다

5 _____ breeze

6 _____ 안개

7 _____ frost

8 _____ 눈에 보이는

9 _____ rainfall

10 _____ 온도계, 체온계

다양한 기후 특징

11 _____ humid

12 _____ 온화한, 포근한; 가벼운

13 _____ moderate

14 _____ 혹독한; 가혹한

23 _____ 경보, 경고

24 _____ activate

자연재해

15 _____ 뇌우

16 _____ monsoon

17 _____ 가뭄

18 _____ 지진

19 _____ landslide

20 _____ 눈사태

21 _____ widespread

22 _____ 붕괴(되다); 쓰러지다

B 문장의 빈칸에 알맞은 말을 보기에서 골라 쓰시오.

evacuate　forecast　lightning　vapor　prevails　volcano

1 Boiling water turns into _____ in the air.

2 We need to _____ the area before the storm hits.

3 The _____ erupted last year, killing about 500 people.

4 Extreme cold _____ over the plains during winter.

5 Suddenly, there was a flash of _____ and a roar of thunder.

6 According to the weather _____, strong winds are expected tomorrow.

헷갈리는 혼동어 제대로 알기

1

resource
- ⓝ 1 자원, 물자 2 자산, 재력 3 지략

The country is rich in natural **resources**.
그 나라는 천연**자원**이 풍부하다.

source
- ⓝ 원천, 근원; 출처

The sun is the main **source** of light and heat.
태양은 빛과 열의 주요 **원천**이다.

2

emission
- ⓝ 1 배출, 방출 2 배출 물질, 배기가스

Automobiles produce **emissions** that pollute the air.
자동차는 공기를 오염시키는 **배기가스**를 만든다.

omission
- ⓝ 생략; 빠짐

The **omission** of details made the story unclear and difficult to follow.
세부 사항의 **생략**이 이야기를 불분명하고 따라가기 어렵게 했다.

permission
- ⓝ 허가; 승인

You need **permission** from your manager to take a day off.
하루를 쉬려면 관리자의 **허가**가 필요하다.

3

alternative
- ⓐ 대체 가능한, 대안이 되는 ⓝ 대안, 선택 가능한 것

sources of **alternative** energy 대체 에너지원
People are seeking **alternatives** to fossil fuels.
사람들은 화석 연료에 대한 **대안**을 찾고 있다.

alternate
- ⓐ 번갈아 나오는 ⓥ 번갈아 일어나다

Sunny and rainy days **alternate** during the monsoon season.
장마철에는 맑은 날과 비 오는 날이 **번갈아 나타난다**.

4

prevail
- ⓥ 1 만연하다, 지배하다 2 승리하다, 이기다

Extreme cold **prevails** over the plains during winter.
극심한 추위가 겨울 동안 평원을 **지배한다**.

avail
- ⓥ 소용되다, 쓸모가 있다

Your excuse will **avail** you little or nothing in this situation.
네 변명은 이런 상황에서 거의 또는 전혀 **소용이 없을** 것이다.

PLAN 7
과학

과학 일반
molecule 분자
hypothesis 가설, 전제

수학·물리학·화학
magnetic 자석의, 자기의
substance 물질

과학

생명과학·지구과학
evolution 진화; 발전
asteroid 소행성

컴퓨터와 인터넷
access 접속; 접속하다
security 보안, 경비; 안전

DAY 23 과학 일반

물질의 구성 요소와 상태

0661 **component**
[kəmpóunənt]

ⓝ 구성 요소, 성분; 부품　ⓐ 구성하는

Researchers are trying to identify the chemical **components** of the gas.　연구원들이 그 가스의 화학 **성분**을 확인하려고 노력 중이다.

the **component** parts of a car 자동차의 **구성 부품**

영영 ⓝ an ingredient; one of several parts from which something is made

0662 **element**
[éləmənt]

ⓝ 1 요소, 성분　2 **원소**

Creative thinking is a vital **element** of success today.
창의적 사고는 오늘날 성공의 필수적인 **요소**이다.

Gold is a chemical **element** with the symbol Au.
금은 기호가 Au인 화학 **원소**이다.

0663 **atom**
[ǽtəm]

ⓝ 원자

An **atom** is the smallest unit of matter that cannot be divided any more.
원자는 더 이상 분할될 수 없는 물질의 가장 작은 단위이다.

➕ atomic ⓐ 1 핵의　2 원자의

0664 **molecule**
[mɑ́ləkjùːl]

ⓝ 분자

A **molecule** of oxygen gas contains two atoms.
산소 기체의 **분자**는 두 개의 원자를 가지고 있다.

➕ molecular ⓐ 분자의

0665 **particle**
[pɑ́ːrtikl]

ⓝ 1 **입자, 미립자**　2 극소량

Dust is made up of **particles** of different sizes.
먼지는 다양한 크기의 **입자들**로 구성되어 있다.

There is not a **particle** of evidence for his view.
그의 견해에 부합하는 증거는 **조금도** 없다.

★ part(부분, 일부) + -cle(작은) → 작은 일부 → 입자

0666 fluid
[flúːid]

ⓝ 유동체, 유체　ⓐ 유동성의; 유동적인

The mechanic checked the **fluids** in the car's engine.
정비사는 자동차 엔진의 **유동체**를 점검했다.

The negotiations seem to be in a **fluid** state.
협상은 **유동적인** 상태에 있는 것으로 보인다.

0667 liquid
[líkwid]

ⓐ 액체의　ⓝ 액체, 유동체

When it is frozen, water is no longer **liquid**.
물은 얼게 되면 더 이상 **액체**가 아니다.

Her diet was restricted to **liquids** during the treatment.
치료를 받는 동안 그녀의 식단은 **유동식**으로 제한되었다.

다의어

0668 solid
[sɑ́lid]

ⓐ 1 **고체의**　2 확실한, 견고한　ⓝ **고체**

a. 1 The fat in butter remains **solid** at room temperature.
버터의 지방은 실온에서 **고체** 상태를 유지한다.

2 **solid** evidence　**확실한** 증거

n. Water can exist as a gas, **solid**, and liquid.
물은 기체, **고체**, 액체로 존재할 수 있다.

0669 expand
[ikspǽnd]

ⓥ 1 **팽창하다, 확대되다**　2 성장하다, 확장하다

Water **expands** as it turns to ice.
물은 얼음으로 변할 때 **팽창한다**.

The leisure industry has **expanded** over the past decade.
여가 산업은 지난 10년 동안 **성장해** 왔다.

➕ expansion ⓝ 팽창, 확대; 성장

과학적 연구

0670 experiment
ⓝ [ikspérəmənt]
ⓥ [ikspérəmènt]

ⓝ 실험　ⓥ 실험하다

They carry out **experiments** in chemistry class each week.
그들은 매주 화학 시간에 **실험**을 수행한다.

He **experimented** on rats to see how they cope with stress.
그는 쥐들이 스트레스에 어떻게 대처하는지를 알기 위해 쥐를 대상으로 **실험했다**.

0671 theory
[θíːəri]

ⓝ 이론, 학설

Scientific **theories** must be based on solid evidence.
과학적 **이론**은 확실한 증거에 기반을 두어야 한다.

➕ theorize ⓥ 이론화하다, 이론을 세우다 | theoretical ⓐ 이론의, 이론적인

0672 **observe**
[əbzə́ːrv]

ⓥ 1 **관찰하다**　2 준수하다　3 (견해를) 말하다

1 During the experiment, they **observed** the volunteers' brain activity.
실험 중에 그들은 지원자들의 두뇌 활동을 **관찰했다**.

2 Both teams agreed to **observe** the rules.
양 팀 모두 규칙을 **준수하기로** 합의했다.

3 The teacher **observed** that we all did well on the test.
선생님은 우리 모두가 시험을 잘 봤다고 **말씀하셨다**.

➕ observation ⓝ 1 관찰　2 견해, 소견 | observance ⓝ 준수

0673 **hypothesis**
[haipɑ́θəsis]

ⓝ 가설, 전제 (*pl.* hypotheses)

Many subsequent observations confirmed the **hypothesis**.
이후의 많은 관찰이 그 **가설을** 입증했다.

📖 an idea or theory that has not yet been proved to be true

★ hypo-(아래에) + thesis(논지) → 아래에 있는 논지 → 가설, 전제

0674 **research**
ⓝ [ríːsəːrtʃ / risə́ːrtʃ]
ⓥ [risə́ːrtʃ]

ⓝ 연구, 조사　ⓥ 연구하다, 조사하다

do **research** in a chemical laboratory　화학 실험실에서 **연구**를 하다
She is **researching** the relationship between diet and health.
그녀는 식단과 건강 사이의 관계를 **연구하고** 있다.

0675 **correlation**
[kɔ̀ːrəléiʃən]

ⓝ 상관관계, 연관성

No **correlation** was found between temperature and reaction speed.
온도와 반응 속도 사이에는 **상관관계**가 발견되지 않았다.

★ co-(함께) + relation (관계)

0676 **formula**
[fɔ́ːrmjələ]

ⓝ 1 **공식, 화학식**　2 (특정한 일을 이루기 위한) 방식

The **formula** for finding the area of a circle is πr^2.
원의 면적을 구하는 **공식**은 πr^2이다.

He wrote a book about his **formula** for success.
그는 성공을 위한 자신의 **방식**에 대한 책을 썼다.

0677 **index**
[índeks]

ⓝ 1 색인　2 **지표, 지수**

The **index** of this book includes a lot of scientific terms.
이 책의 **색인**에는 많은 과학 용어가 포함되어 있다.

The test provides parents with a reliable **index** of their child's progress.
그 시험은 부모들에게 자녀의 발전에 대한 믿을 만한 **지표**를 제공한다.

➕ index finger 검지, 집게손가락

0678 **principle**
[prínsəpl]

ⓝ 원리, 원칙

The professor explained the general **principles** of physics.
그 교수는 물리학의 일반적 **원리**를 설명했다.

establish a **principle** **원칙**을 세우다

0679 **definite**
[défənit]

ⓐ 확실한, 명확한　≒ clear, obvious

Many questions about the universe have no **definite** answers.
우주에 대한 많은 질문들은 **확실한** 대답을 갖고 있지 않다.

reach a **definite** conclusion **명확한** 결론에 도달하다

＋ define ⓥ 정의하다 ｜ definition ⓝ 정의

다의어

0680 **survey**
ⓝ [sə́:rvei]
ⓥ [sə:rvéi]

ⓝ 1 (설문) 조사　2 측량　ⓥ 1 조사하다　2 측량하다

n. 1 The results of the **survey** have not yet been analyzed.
조사 결과는 아직 분석되지 않았다.

v. 2 Engineers **surveyed** the land for the construction of the highway. 공학자들이 고속 도로 건설을 위해 토지를 **측량했다**.

수량 계측

0681 **calculation**
[kæ̀lkjəléiʃən]

ⓝ 계산

A simple **calculation** shows that 720 hours equals 30 days.
간단한 **계산**을 통해 720시간이 30일과 같음을 알 수 있다.

＋ calculate ⓥ 계산하다 ｜ calculator ⓝ 계산기

다의어

0682 **measure**
[méʒər]

ⓥ 1 <mark>측정하다, 재다</mark> 2 평가하다　ⓝ 1 조치; 대책　2 <mark>척도</mark>

v. 1 We use calories to **measure** the energy in food.
우리는 칼로리를 사용해서 음식에 담긴 에너지를 **측정한다**.

　 2 **measure** the performance of students
학생들의 수행[성적]을 **평가하다**

n. 1 We should take **measures** to improve the situation.
우리는 상황을 개선하기 위한 **조치**를 취해야 한다.

　 2 a **measure** of consumer satisfaction 소비자 만족의 **척도**

＋ measurement ⓝ 1 치수 2 측정

0683 **interval**
[íntərvəl]

ⓝ (장소·시간적인) 간격, 거리, 사이

at regular **intervals** 일정한 **간격**으로

The experiment was repeated at 30-minute **intervals**.
실험은 30분 **간격**으로 반복되었다.

0684 duration
[djuréiʃən]

ⓝ 지속, 지속 기간

The medication is effective for a **duration** of eight hours.
그 약은 약효가 8시간 동안 **지속**된다.

over the **duration** of the experiment
실험 **기간** 동안(실험이 진행되는 동안)

0685 accurate
[ǽkjərit]

ⓐ 정확한　⊜ exact

an **accurate** measuring device　**정확한** 측정 장치
She is very **accurate** in her calculations.
그녀는 계산이 아주 **정확하다**.

＋ accuracy ⓝ 정확성, 정확도 │ accurately ⓐⓓ 정확히

다의어

0686 absolute
[ǽbsəlùːt]

ⓐ 1 완전한　2 **명확한, 확실한**　3 절대의, 절대적인

1　**absolute** darkness　완전한 어둠
2　People believed that the laws of physics were **absolute**.
　사람들은 물리학의 법칙은 **명확한** 것이라고 믿었다.
3　**absolute** majority　**절대** 다수, 과반수

＋ absolutely ⓐⓓ 정말로, 완전히

0687 proportion
[prəpɔ́ːrʃən]

ⓝ 비율, 부분

The liquid contains equal **proportions** of water and ethanol.
그 액체에는 동등한 **비율**의 물과 에탄올이 들어 있다.

0688 density
[dénsəti]

ⓝ 밀도, 농도

two metals with different **densities**　밀도가 다른 두 가지 금속
Density is an inherent property of materials.
밀도는 물질의 고유한 특성이다.

➕ population density　인구 밀도
＋ dense ⓐ 빽빽한; 고밀도의

0689 vacuum
[vǽkju(ə)m]

ⓝ 1 **진공**　2 공백

In a **vacuum**, all objects fall at the same rate.
진공 상태에서 모든 물체는 같은 속도로 떨어진다.

Her absence created a **vacuum** that could not be filled.
그녀의 부재는 채워질 수 없는 **공백**을 만들었다.

0690 weigh
[wei]

ⓥ 1 **무게를 재다**　2 평가하다, 비교 검토하다

They used a scale to **weigh** gold.
그들은 금의 **무게를 재기** 위해 저울을 사용했다.

Weigh the benefits of the program against the costs.
그 프로그램의 이득을 비용에 대비하여 **비교 검토해봐**.

A 빈칸에 알맞은 우리말 또는 영어 단어를 써넣으시오.

과학 일반

물질의 구성 요소와 상태

1 _____ component
2 _____ 원자
3 _____ 분자
4 _____ particle
5 _____ 유동체; 유동적인
6 _____ liquid
7 _____ 고체의; 고체
8 _____ expand

과학적 연구

9 _____ experiment
10 _____ 관찰하다; 준수하다
11 _____ 가설, 전제
12 _____ research
13 _____ 공식, 화학식
14 _____ index
15 _____ 원리, 원칙
16 _____ survey

수량 계측

17 _____ 계산
18 _____ interval
19 _____ 지속, 지속 시간
20 _____ accurate
21 _____ 완전한; 명확한; 절대의
22 _____ proportion
23 _____ 밀도, 농도
24 _____ weigh

B 문장의 빈칸에 알맞은 말을 보기에서 골라 쓰시오.

definite	correlation	element	measure	vacuum	theories

1 Gold is a chemical _____ with the symbol Au.

2 In a _____, all objects fall at the same rate.

3 We use calories to _____ the energy in food.

4 Scientific _____ must be based on solid evidence.

5 No _____ was found between temperature and reaction speed.

6 Many questions about the universe have no _____ answers.

DAY 24 수학 · 물리학 · 화학

✔ MUST-KNOW WORDS

mathematics 수학   calculate 계산하다   equal 같다; 동일한   sum 총합, 합계

law 법칙   electric 전기의   force 힘   chemical 화학의; 화학 물질

수학

0691 vertical
[və́:rtikəl]

ⓐ 수직의, 세로의 ↔ horizontal 수평의, 가로의

A **vertical** line goes up and down and a horizontal line across.
수직선은 위아래로 그어지고 수평선은 가로질러 그어진다.

다의어

0692 parallel
[pǽrəlèl]

ⓐ 1 평행하는, 나란한 2 유사한 ⓥ 유사하다

a. 1 A square is made of two pairs of **parallel** lines of equal length. 정사각형은 길이가 같은 두 쌍의 **평행**선으로 만들어진다.

2 The two religions are **parallel** in their teachings.
그 두 종교는 가르침에 있어서 **유사하다**.

v. Their childhood experiences **parallel** each other.
그들의 어린 시절 경험은 서로 **유사하다**.

0693 equation
[ikwéiʒən]

ⓝ 방정식

He spent an hour trying to work out the **equation**.
그는 **방정식**을 풀려고 노력하면서 한 시간을 보냈다.

0694 diameter
[daiǽmitər]

ⓝ 지름, 직경

The **diameter** of the Earth is about 13,000km.
지구의 **지름**은 약 13,000km이다.

0695 angle
[ǽŋgl]

ⓝ 1 각도, 각 2 관점

The sum of the **angles** of a triangle is 180 degrees.
삼각형의 **각**의 합은 180도이다.

see things from a different **angle** 사물을 다른 **관점**에서 보다

물리학

0696 physics
[fíziks]

ⓝ 물리학

The laws of **physics** are the same everywhere.
물리학의 법칙은 어디에서나 같다.

➕ physical ⓐ 1 신체의 2 물리적인 | physicist ⓝ 물리학자

0697 **magnetic**
[mægnétik]

ⓐ 자석의, 자기의

the Earth's **magnetic** field 지구의 **자기장**

A **magnetic** force is formed when two magnets are mutually attracted.
두 개의 자석이 서로 이끌릴 때 **자력**이 형성된다.

➕ magnet ⓝ 자석

다의어

0698 **charge**
[tʃɑːrdʒ]

ⓥ 1 부담시키다, 청구하다   2 기소하다   3 ==충전하다==

ⓝ 1 요금   2 책임, 담당   3 ==전하(물체가 띠고 있는 정전기의 양)==

v. 1 They **charged** a very reasonable rate for the repairs.
그들은 수리비를 상당히 저렴하게 **청구했다**.

   2 He was **charged** with receiving stolen property.
그는 훔친 물건을 취득한 혐의로 **기소되었다**.

   3 **charge** a battery 배터리를 **충전하다**

n. 1 free of **charge** **무료**의

   2 the person in **charge** **담당자**

   3 a positive / negative **charge** **양전하 / 음전하**

다의어

0699 **current**
[kə́ːrənt]

ⓝ 1 흐름   2 ==전류==   3 경향, 추세   ⓐ 현재의

n. 2 An electric battery supplies **current** to the motor.
전기 배터리가 모터에 **전류**를 공급한다.

   3 There is a **current** of distrust toward political parties.
정당에 대한 불신 **경향**이 존재한다.

a. the **current** situation **현재** 상황

0700 **constant**
[kɑ́ːnstənt]

ⓐ 1 ==일정한==   2 끊임없는

Suppose that the elevator is ascending at a **constant** speed.
엘리베이터가 **일정한** 속도로 올라가고 있다고 가정해 보라.

When awake, most babies are in **constant** motion.
깨어 있을 때, 대부분의 아기들은 **끊임없이** 움직인다.

➕ constantly ⓐⓓ 항상, 끊임없이

다의어

0701 **mass**
[mæs]

ⓝ 1 덩어리   2 다수, 많음   3 ==질량==

1 **Masses** of dark clouds still hung about the heavens.
먹구름 **덩어리들**이 여전히 하늘에 드리워져 있었다.

2 a **mass** of data **다량**의 데이터

3 the law of conservation of **mass** **질량** 보존의 법칙

🔖 3 the quantity of material that something contains; weight

0702 matter
[mǽtər]

ⓝ 1 **물질** 2 문제, 일 ⓥ 중요하다, 문제가 되다

n. 1 **Matter** is composed of tiny particles called atoms.
물질은 원자로 불리는 아주 작은 입자로 구성되어 있다.

2 a **matter** of importance 중요한 **문제[사안]**

v. It doesn't **matter** to me what you think.
네가 뭐라고 생각하는지는 내게 **중요하지** 않다.

0703 relativity
[rèlətívəti]

ⓝ 상대성

the principle of **relativity** 상대성 원리

In science class, we discussed the **relativity** of speed.
과학 수업에서 우리는 속도의 **상대성**에 대해 토론했다.

+ relative ⓐ 비교상의; 상대적인 ⓝ 친척

0704 spectrum
[spéktrəm]

ⓝ 1 **스펙트럼, 가시 파장역** 2 범위, 영역

Red and violet are at opposite ends of the **spectrum**.
빨간색과 보라색은 **스펙트럼**의 정반대 끝에 있다.

We have a wide **spectrum** of problems to solve.
우리에게는 해결해야 할 폭넓은 **범위**의 문제들이 있다.

0705 volume
[vάljuːm]

ⓝ 1 **부피, 체적** 2 양, 분량 3 음량 4 (책의) 권

1 The **volume** of a cylinder is 18 cubic meters.
실린더의 **체적**은 18세제곱미터이다.

2 the increasing **volume** of traffic 증가하는 교통량

3 Turn up[down] the **volume**, please.
음량[소리]를 키워[줄여] 주세요.

4 The library holds over 100,000 **volumes** of printed books.
그 도서관에는 10만 **권** 이상의 인쇄된 서적이 있다.

0706 gravity
[grǽvəti]

ⓝ 1 **중력** 2 심각성, 중대함

All objects fall in the same way under the force of **gravity**.
모든 물체는 **중력**하에서 같은 방식으로 떨어진다.

The **gravity** of the situation became clear.
상황의 **심각성**이 분명해졌다.

+ grave ⓐ 심각한, 중대한 ⓝ 무덤, 묘

0707 vibration
[vaibréiʃən]

ⓝ 진동, 떨림

Frequency refers to how many cycles per second a **vibration** takes place.
주파수는 **진동**이 발생하는 초당 사이클 수를 나타낸다.

Please put your cellphones in **vibration** mode.
휴대 전화를 **진동** 모드로 해주세요.

0708 circuit
[sə́ːrkit]

ⓝ 1 순회 2 **회로, 배선**

The sightseeing bus makes a **circuit** of the city.
그 관광버스는 도시를 **순회**한다.

In a direct-current **circuit**, current flows in one direction.
직류 **회로**에서는 전류가 한 방향으로 흐른다.

0709 tension
[ténʃən]

ⓝ 1 긴장(감), 불안 2 **장력**

tension between the two countries
두 국가 사이의 **긴장**

A suspension bridge uses the **tension** of cables for support.
현수교는 지지를 위해 케이블의 **장력**을 이용한다.

+ tense ⓐ 긴장된; 긴장한

0710 ultraviolet
[ʌ̀ltrəváiəlit]

ⓝ 자외선 ⓐ 자외선의 ⓔ UV

The sun's **ultraviolet** rays are responsible for sunburns.
태양의 **자외선**은 햇볕에 타는 원인이 된다.

★ ultra-(넘어서) + violet(보라색) → 보라색 파장 너머에 있는 → 자외선(의)
cf. infrared 적외선(의)

화학

0711 chemistry
[kémistri]

ⓝ 1 **화학** 2 화합, 공감대

Chemistry is the study of molecules and how they interact.
화학은 분자들과 그것들이 상호 작용하는 방식에 관한 연구이다.

Teams with good **chemistry** win the game.
화합이 잘 되는 팀이 경기에서 이긴다.

+ chemical ⓐ 화학의 ⓝ 화학 물질 | chemist ⓝ 화학자

0712 compound
ⓥ [kəmpáund]
ⓝ [kɑ́ːmpaund]

ⓥ 혼합하다 ⓝ 화합물; 혼합물

Scientists **compound** various drugs to form a new medicine.
과학자들은 새로운 약을 만들기 위해 다양한 약을 **혼합한다**.

Carbon dioxide is a **compound** of carbon and oxygen.
이산화탄소는 탄소와 산소의 **화합물**이다.

0713 substance
[sʌ́bstəns]

ⓝ 1 **물질** 2 내용, 실체

All chemical **substances** should be safely stored.
모든 화학 **물질**은 안전하게 보관되어야 한다.

gossip without **substance** 실체 없는 소문

0714 core
[kɔːr]

ⓝ 1 <mark>핵; 중심부</mark> 2 핵심 ⓐ 핵심적인, 가장 중요한

n. 1 the **core** of an atom 원자의 **핵**

2 You are missing the **core** of the argument.
너는 논쟁의 **핵심**을 놓치고 있어.

a. **core** subjects 가장 중요한[핵심] 과목들

0715 crystal
[krístəl]

ⓝ 1 결정, 결정체 2 수정(水晶)

Atoms combine to form the **crystal** structure of minerals.
원자들이 결합되어 광물의 **결정** 구조를 형성한다.

wine glasses made of **crystal** **수정**으로 만들어진 와인 잔

0716 periodic
[pìəriádik]

ⓐ 주기적인

periodic table of elements 원소 **주기율표**
Periodic patterns help us understand how elements behave.
주기적 패턴은 원소들이 행동하는 방식을 우리가 이해하는 데 도움을 준다.

＋ period ⓝ 기간; 주기

0717 filter
[fíltər]

ⓝ 필터, 여과 장치 ⓥ 여과하다, 거르다

The **filter** was designed to remove harmful bacteria in water.
그 **필터**는 물속의 해로운 세균을 제거하도록 설계되었다.

The purifier **filters** water using a special system.
그 정수기는 특수 시스템을 사용하여 물을 **거른다**.

0718 scatter
[skǽtəːr]

ⓥ 흩어지다; (빛·입자 등을) 산란시키다

The sheep **scattered** in all directions as I approached.
양들은 내가 다가가자 사방으로 **흩어졌다**.

Particles in the air **scatter** the light.
공기 중의 입자들은 빛을 **산란시킨다**.

0719 mixture
[míkstʃəːr]

ⓝ <mark>혼합; 혼합물</mark>

The **mixture** contains alcohol and water in the ratio of 1:3.
그 **혼합물**은 1:3의 비율로 알코올과 물을 함유하고 있다.

He felt a **mixture** of excitement and nerves before the game.
그는 시합 전에 흥분과 초조함이 **뒤섞인** 느낌이 들었다.

＋ mix ⓥ 섞다, 혼합하다

0720 transform
[trænsfɔ́ːrm]

ⓥ 변형시키다, 변환하다

Plants **transform** sunlight into useful energy.
식물은 햇빛을 유용한 에너지로 **변환한다**.

＋ transformation ⓝ (완전한) 변화, 변신

★ trans-(가로질러) + form(형태) → 형태를 가로지르다 → 변형시키다

DAILY CHECK-UP

A 빈칸에 알맞은 우리말 또는 영어 단어를 써넣으시오.

수학 · 물리학 · 화학

수학

1 _____ parallel

2 _____ 방정식

3 _____ diameter

4 _____ 각도, 각; 관점

13 _____ 부피; 분량

14 _____ vibration

15 _____ 순회; 회로, 배선

16 _____ ultraviolet

물리학

5 _____ 물리학

6 _____ magnetic

7 _____ 충전하다; 전하

8 _____ constant

9 _____ 덩어리; 질량

10 _____ matter

11 _____ 상대성

12 _____ spectrum

화학

17 _____ 화학

18 _____ substance

19 _____ 핵; 중심부; 핵심적인

20 _____ crystal

21 _____ 여과 장치; 여과하다

22 _____ periodic

23 _____ 혼합; 혼합물

24 _____ transform

B 문장의 빈칸에 알맞은 말을 보기에서 골라 쓰시오.

compound	current	gravity	scatter	tension	vertical

1 Particles in the air _____ the light.

2 Carbon dioxide is a _____ of carbon and oxygen.

3 An electric battery supplies _____ to the motor.

4 A suspension bridge uses the _____ of cables for support.

5 All objects fall in the same way under the force of _____.

6 A _____ line goes up and down and a horizontal line across.

생명과학 · 지구과학

evolve 진화하다   gene 유전자   universe 우주   galaxy 은하계

planet 행성   explore 탐사하다   shuttle 왕복선   telescope 망원경

0721 **biology**

[baiá:lədʒi]

ⓝ 생물학

In **biology** class, students learn to conduct experiments.
생물학 시간에 학생들은 실험하는 법을 배운다.

➕ biological ⓐ 생물(학)의 | biologist ⓝ 생물학자

★ bio-(생명) + -logy(연구) → 생명에 대한 연구 → 생물학

0722 **astronomy**

[əstrá:nəmi]

ⓝ 천문학

He took a course in **astronomy** because he was interested in the planets.
그는 행성에 관심이 있었기 때문에 **천문학** 강좌를 수강했다.

➕ astronomical ⓐ 천문학의 | astronomer ⓝ 천문학자

★ astro-(= star) + -nomy(= rule, law 규칙, 법)
→ 별에 대한 규칙[법] → 천문학

0723 **geology**

[dʒi:á:lədʒi]

ⓝ 지질학

Geology is a science that impacts all living things on Earth.
지질학은 지구상의 모든 생명체에 영향을 미치는 과학이다.

➕ geological ⓐ 지질학의 | geologist ⓝ 지질학자

★ geo-(땅) + -logy(연구) → 땅에 대한 연구 → 지질학

생명과학

0724 **microscope**

[máikrəskòup]

ⓝ 현미경

The students could see tiny bacteria under the **microscope**.
학생들은 **현미경**으로 작은 박테리아를 볼 수 있었다.

★ micro-(작은) + -scope(관찰하다) → 작은 것을 관찰하는 기구 → 현미경

다의어

0725 **cell**
[sel]

🄝 1 **세포** 2 작은 방 3 휴대 전화　=cellphone

1　A **cell** is the smallest unit of life.
　세포는 생명의 가장 작은 단위이다.

2　He stayed in a holding **cell** at the police station overnight.
　그는 하룻밤 동안 경찰서 유치**장**에 있었다.

3　I gave him my **cell** number.　나는 그에게 내 **휴대폰** 번호를 주었다.

★　'휴대 전화'의 의미로 cell (phone)은 미국 영어에서 사용하며, 영국 영어에서는 mobile (phone)을 주로 쓴다.

0726 **tissue**
[tíʃuː]

🄝 1 **(세포) 조직** 2 휴지, 얇은 천

High blood sugar levels can damage the body's **tissues**.
높은 혈당 수치는 신체 **조직**에 손상을 줄 수 있다.

I wiped my nose with a **tissue** after I sneezed.
재채기를 한 후 나는 **휴지**로 코를 닦았다.

0727 **germ**
[dʒəːrm]

🄝 1 **세균** 2 (발생·발달의) 초기, 기원

Proper handwashing removes both **germs** and bacteria.
올바른 손 씻기는 **세균**과 박테리아 모두를 제거한다.

Her idea was the **germ** of a new theory.
그녀의 생각은 새로운 이론의 **시초**였다.

✚　germinate ⓥ 발아하다[시키다], 생겨나다

0728 **creature**
[kríːtʃər]

🄝 1 **생물체** 2 창조물, 산물

The Inuit believe that every **creature** possesses a spirit.
이누이트 족은 모든 **생물체**가 영혼을 가지고 있다고 믿는다.

the **creature** of the times　시대의 **산물**

✚　create ⓥ 창조하다 | creation ⓝ 창조

0729 **organism**
[ɔ́ːrgənìzm]

🄝 유기체, (극도로 작은) 생물(체)

Every **organism** needs water to survive.
모든 **유기체**는 생존하기 위해 물이 필요하다.

The human body is a complex **organism** with many cells.
인체는 많은 세포로 이루어진 복잡한 **유기체**이다.

0730 **evolution**
[èvəlúːʃən]

🄝 진화; 발전

The theory of **evolution** explains how life on the Earth has changed.　**진화**론은 지구상의 생물이 어떻게 변해 왔는지 설명한다.

the **evolution** of rock music　록 음악의 **진화[발전]**

✚　evolve ⓥ 진화하다, 서서히 발전하다 | evolutionary ⓐ 진화의, 발달의

0731 adaptation
[æ̀dæptéiʃən]

ⓝ 1 <mark>적응, 순응</mark> 2 각색, 개작

the **adaptation** of desert species to hot conditions
사막의 생물 종의 더운 환경에 대한 **적응**

The film is an **adaptation** of a novel by Klaus Mann.
그 영화는 클라우스 만의 소설을 **각색한 것**이다.

➕ adapt ⓥ 1 적응하다 2 개조[개작]하다

천문학

0732 astronaut
[ǽstrənɔ̀:t]

ⓝ 우주 비행사

Astronauts are trained to cope with weightlessness.
우주 비행사들은 무중력 상태에 대처하기 위해 훈련을 받는다.

다의어

0733 launch
[lɔ:ntʃ]

ⓥ 1 시작하다, 출시하다 2 <mark>발사하다</mark> ⓝ 1 개시, 출시 2 <mark>발사</mark>

v. 1 We will **launch** our new product in the near future.
우리는 가까운 미래에 신제품을 **출시할** 것이다.

2 The spacecraft will be **launched** this Friday.
그 우주선은 이번 금요일에 **발사될** 것이다.

n. 2 the successful **launch** of a rocket 로켓의 성공적인 **발사**

0734 satellite
[sǽtəlàit]

ⓝ 1 인공위성 2 위성

The event will be broadcast via **satellite** from London.
그 행사는 런던에서 **인공위성**을 통해 중계될 것이다.

The moon is the Earth's only natural **satellite**.
달은 지구의 유일한 천연 **위성**이다.

다의어

0735 probe
[proub]

ⓝ 1 (철저한) 조사 2 <mark>우주 탐사선</mark> ⓥ (면밀히) 조사하다

n. 1 a **probe** into the matter 그 문제에 대한 **철저한 조사**

2 *Cassini* was the first space **probe** to enter the orbit of
Saturn.
카시니호는 토성의 궤도에 진입한 최초의 **우주 탐사선**이었다.

v. The judge **probed** the witness's truthfulness by asking
questions.
판사는 질문을 함으로써 증인의 진실성을 **면밀히 조사했다**.

0736 orbit
[ɔ́:rbit]

ⓝ 궤도 ⓥ ~을 중심으로 궤도를 그리며 돌다

The spacecraft successfully entered the **orbit** of the moon.
그 우주선은 달의 **궤도**에 성공적으로 진입했다.

All the planets in the solar system **orbit** the sun.
태양계의 모든 행성들은 태양을 **중심으로 궤도를 그리며 돈다**.

0737	**explosion** [iksplóuʒən]	ⓝ 1 **폭발** 2 급격한 증가

explosion
[iksplóuʒən]

ⓝ 1 **폭발** 2 급격한 증가

My father remembers the **explosion** of the space shuttle *Challenger*. 아버지는 우주 왕복선 챌린저호의 **폭발**을 기억하신다.

a population **explosion** 급격한 인구 증가

+ explode ⓥ 폭발하다 | explosive ⓐ 폭발하기 쉬운, 폭발성의

0738 **rotation**
[routéiʃən]

ⓝ (지구의) 자전; 회전

the **rotation** of the Earth on its axis
지축을 중심으로 한 지구의 **자전**

The device controls the number of **rotations** of the engine.
그 장치는 엔진의 **회전**수를 제어한다.

+ rotate ⓥ 1 회전하다 2 교대로 하다

0739 **sphere**
[sfiə:r]

ⓝ 1 **구, 구체** 2 영역, 권, 계

Earth is not a perfect **sphere** but is slightly flattened due to its rotation.
지구는 완전한 **구체**가 아니라 자전 때문에 약간 납작하다.

He has a good reputation in scientific **spheres**.
그는 과학**계**에서 평판이 좋다.

PLAN 7

0740 **solar**
[sóulə:r]

ⓐ 태양의

Solar energy is obtained from the sun's light and heat.
태양 에너지는 태양의 빛과 열로부터 얻어진다.

+ solar calendar 양력(↔ lunar calendar 음력)

0741 **lunar**
[lú:nər]

ⓐ 달의

a **lunar** module 달 착륙선
Lunar New Year's Day is one of the folk holidays in Korea.
음력 새해 첫날[구정]은 한국의 민속 명절 중 하나이다.

0742 **eclipse**
[iklíps]

ⓝ (해·달의) 식

A total solar **eclipse** will take place on August 9.
개기 일**식**이 8월 9일에 일어날 예정이다.

+ a total / partial solar eclipse 개기 / 부분 일식

0743 **meteor**
[mí:tiər]

ⓝ 유성, 별똥별

The huge crater was possibly created by a **meteor** impact.
그 거대한 분화구는 아마도 **운석** 충돌에 의해 만들어졌을 것이다.

+ a meteor shower 유성우(많은 유성이 비처럼 쏟아지는 현상)

+ meteorite ⓝ 운석

0744 **asteroid**
[ǽstərɔ̀id]

ⓝ 소행성

Ceres is the largest **asteroid** in the solar system.
세레스는 태양계에서 가장 큰 **소행성**이다.

0745 **comet**
[kɑ́:mət]

ⓝ 혜성

We saw a bright **comet** with a long, glowing tail.
우리는 길게 불타오르는 꼬리를 가진 밝은 **혜성**을 보았다.

➕ Halley's Comet 핼리 혜성(약 76년을 주기로 태양 주위를 도는 혜성)

0746 **cosmic**
[kɑ́zmik]

ⓐ 1 우주의 2 어마어마한, 장대한

Cosmic light from distant stars takes millions of years to reach us.
머나먼 별에서 나온 **우주의** 광선은 우리에게 도달하는 데 수백만 년이 걸린다.

the **cosmic** scale of the universe 우주의 **어마어마한** 규모

➕ cosmos ⓝ 우주

지질학

0747 **continent**
[kɑ́:ntənənt]

ⓝ 대륙; 육지

According to the continental drift theory, the **continents** were once connected.
대륙 이동설에 따르면 **대륙들**은 한때 연결되어 있었다.

➕ continental ⓐ 대륙의

0748 **layer**
[léiə:r]

ⓝ 층, 막, 겹

the Earth's ozone **layer** 지구의 오존**층**
A **layer** of mud lies on the lake bottom.
호수 바닥에 진흙**층**이 있다.

0749 **fossil**
[fɑ́:sl]

ⓝ 화석

a **fossil** specimen 화석 표본
We know about dinosaurs from the **fossils** they left behind.
우리는 공룡이 남긴 **화석**을 통해 공룡에 대해 안다.

➕ fossil fuel 화석 연료

0750 **erosion**
[iróuʒən]

ⓝ 침식 (작용)

The beach suffered severe **erosion** from the storm.
그 해변은 폭풍으로 인해 심한 **침식**을 겪었다.

➕ erode ⓥ 침식하다; 침식되다 | erosive ⓐ 침식성의

DAILY CHECK-UP

A 빈칸에 알맞은 우리말 또는 영어 단어를 써넣으시오.

1 _____ 생물학
2 _____ geology

생명과학

3 _____ 현미경

4 _____ cell

5 _____ (세포) 조직

6 _____ germ

7 _____ 생물체; 창조물

8 _____ organism

9 _____ 적응, 순응; 각색

10 _____ evolution

천문학

11 _____ astronaut

12 _____ 출시(하다); 발사(하다)

13 _____ probe

14 _____ 폭발; 급격한 증가

15 _____ rotation

16 _____ 태양의

17 _____ lunar

18 _____ eclipse

지질학

22 _____ 대륙; 육지

23 _____ layer

24 _____ 화석

19 _____ 유성, 별똥별

20 _____ asteroid

21 _____ 우주의; 어마어마한

B 문장의 빈칸에 알맞은 말을 보기에서 골라 쓰시오.

astronomy	comet	erosion	orbit	sphere	satellite

1 The moon is the Earth's only natural _____.

2 We saw a bright _____ with a long, glowing tail.

3 The beach suffered severe _____ from the storm.

4 The spacecraft successfully entered the _____ of the moon.

5 He took a course in _____ because he was interested in the planets.

6 Earth is not a perfect _____ but is slightly flattened due to its rotation.

DAY 26 컴퓨터와 인터넷

컴퓨터의 기능

0751 capable
[kéipəbəl]

ⓐ 할 수 있는; 유능한

The best computer chess programs are now **capable** of beating humans.
가장 우수한 컴퓨터 체스 프로그램은 이제 인간을 이길 **수 있다**.

a **capable** lawyer 유능한 변호사

➕ capable of (-ing) ~: ~을 할 능력이 있는

➕ capability ⓝ 1 능력 2 용량, 수용력

0752 storage
[stɔ́ːridʒ]

ⓝ 저장; 저장고

The company provides data **storage** services for companies.
그 회사는 기업에 데이터 **저장** 서비스를 제공한다.

storage capacity 저장 용량

➕ store ⓥ 저장하다

0753 install
[instɔ́ːl]

ⓥ 설치하다　↔ uninstall 삭제[제거]하다

install software onto a computer 컴퓨터에 소프트웨어를 **설치하다**
The software **installs** automatically on your hard drive.
그 소프트웨어는 하드 드라이브에 자동으로 **설치된다**.

0754 access
[ǽkses]

ⓝ 접속, 접근　ⓥ 접속하다, 접근하다

block **access** to the website 웹사이트에 대한 **접근**을 차단하다
She **accessed** the program by typing in the password.
그녀는 암호를 입력하여 프로그램에 **접속했다**.

다의어

0755 command
[kəmǽnd]

ⓝ 1 명령(어) 2 구사력; 제어[통제] 능력　ⓥ 명령하다

n. 1 Just type the desired **command** and press "Enter" key.
　원하는 **명령어**를 입력하고 'Enter' 키를 누르기만 하세요.

　2 Applicants must have a good **command** of English.
　지원자들은 뛰어난 영어 **구사력**을 갖추고 있어야 한다.

v. The police officer **commanded** him to drop the gun.
　경찰관은 그에게 총을 버리라고 **명령했다**.

0756 remote
[rimóut]

ⓐ 1 **먼; 원격의** 　2 외딴

The computer can be turned on by **remote** control.
그 컴퓨터는 **원격** 제어로 전원이 켜질 수 있다.

Internet access is available even in **remote** locations.
인터넷 접속은 **외딴** 지역에서도 가능하다.

0757 sort
[sɔːrt]

ⓥ 분류하다; 정렬하다　ⓝ 종류, 부류

The computer is **sorting** the names into alphabetical order.
컴퓨터가 이름을 알파벳순으로 **정렬하고** 있다.

Students can use the computer to do all **sorts** of tasks.
학생들은 컴퓨터를 사용하여 온갖 **종류의** 일을 할 수 있다.

다의어

0758 paste
[peist]

ⓥ 1 풀로 붙이다　2 **(데이터를 복사하여) 붙이다**
ⓝ 풀; (밀가루) 반죽

v. 1 **Paste** the picture onto the paper. 그림을 종이에 **붙이시오.**

　2 Copy and **paste** the image into the file.
　그 이미지를 복사해서 파일에 **붙이시오.**

n. Mix water with flour to make a smooth **paste.**
물과 밀가루를 섞어서 부드러운 **반죽을** 만드시오.

0759 operate
[ɑ́:pərèit]

ⓥ 1 **작동하다, 작용하다**　2 수술하다

My new computer **operates** at a high speed.
내 새 컴퓨터는 고속으로 **작동한다.**

Doctors had to **operate** on him to remove the bullet.
의사들은 총알을 제거하기 위해 그를 **수술해야** 했다.

다의어

0760 display
[displéi]

ⓝ 1 진열, 전시, 표시　2 화면 표시 (장치)
ⓥ 1 전시하다　2 나타내다; 표시하다

n. 1 a **display** of small icons and filenames
　작은 아이콘과 파일명의 **표시**

v. 2 An error message was **displayed** on the computer
　screen. 오류 메시지가 컴퓨터 화면에 **나타났다.**

0761 input
[ínput]

input-input(ted)-
input(ted)

ⓝ 입력　ⓥ 입력하다

This program accepts **input** from the keyboard.
이 프로그램은 키보드로부터의 **입력을** 수용한다.

When you **input** data into the computer system, it is stored
in the database.
컴퓨터 시스템에 데이터를 **입력하면** 그것은 데이터베이스에 저장된다.

0762 output
[áutput]

ⓝ 1 산출, 생산량 2 **출력**

The annual agricultural **output** increased over last year's.
지난해에 비해 연간 농업 **생산량**이 증가했다.

an **output** device **출력** 장치

0763 procedure
[prəsí:dʒər]

ⓝ 절차

The **procedure** for logging on to the hotel's Wi-Fi is simple.
호텔 와이파이에 로그온하는 **절차**는 간단하다.

다의어

0764 process
ⓝ [prɑ́:ses]
ⓥ [prəsés]

ⓝ 과정 ⓥ 처리하다

n. the **process** of converting videotapes to digital files
비디오테이프를 디지털 파일로 변환하는 **과정**

v. Early computers **processed** data very slowly.
초창기 컴퓨터는 데이터를 매우 느리게 **처리했다**.

0765 archive
[ɑ́:rkaɪv]

ⓝ 1 (pl.) 기록 보관소 2 (pl.) **파일 저장소**

Visitors are allowed to enter the **archives** by appointment.
방문자는 예약에 의해서 **기록 보관소**에 들어가는 것이 허락된다.

You'll find those files if you access the **archives**.
파일 저장소에 접속하면 그 파일들을 찾을 것이다.

다의어

0766 load
[loud]

ⓝ 1 (대량의) 짐; (실을 수 있는) 양 2 **작업량, 업무량**

ⓥ 1 싣다 2 **로딩하다**

n. 1 a truck carrying a heavy **load** 무거운 **짐**을 실은 트럭
　 2 My old computer couldn't handle the **load**.
　　 내 오래된 컴퓨터가 **작업량**을 감당할 수 없었다.

v. 1 **load** some boxes into the van 상자 몇 개를 밴에 **싣다**
　 2 This is an easy way to **load** music files onto your smartphone.
　　 이것은 음악 파일을 여러분의 스마트폰에 **로딩하는** 쉬운 방법이다.

LOADING...

장애

0767 disconnect
[dìskənékt]

ⓥ 접속[전원, 연결]을 끊다

The Internet was **disconnected** for a minute.
인터넷이 잠시 **끊겼다**.

The speaker **disconnected** from my phone.
스피커가 내 휴대폰에서 연결이 **끊겼다**.

★ dis-(중단, 제거) + connect(연결하다) → 연결을 중단하다

0768 crash
[kræʃ]

ⓥ 1 충돌[추락]하다   2 고장 나다, 다운되다
ⓝ 1 충돌[추락] 사고   2 (시스템의) 고장

v. 2 The computer **crashed**, and all the data in it was lost.
컴퓨터가 **다운되어** 그 안의 모든 데이터가 손실되었다.

n. 1 a plane **crash** 비행기 **추락** 사고

0769 delete
[dilíːt]

ⓥ 삭제하다, 지우다

Delete the files that are no longer necessary.
더 이상 필요 없는 파일은 **삭제하라.**

0770 erase
[iréis]

ⓥ 지우다

The virus **erased** all the files stored on his hard drive.
바이러스가 그의 하드 드라이브에 저장된 모든 파일을 **지웠다.**

＋ eraser ⓝ 지우개

0771 interrupt
[ìntərʌ́pt]

ⓥ 중단시키다, 방해하다

The download was **interrupted** due to a network error.
네트워크 오류로 인해 다운로드가 **중단되었다.**

＋ interruption ⓝ 방해, 중단

0772 flaw
[flɔː]

ⓝ 결점, 결함, 흠

I found a fatal **flaw** in the software.
나는 그 소프트웨어의 치명적 **결함을** 발견했다.

유지와 관리

0773 security
[sikjúəriti]

ⓝ 보안, 경비; 안전

There are several free **security** applications on the Internet.
인터넷에 몇 가지 무료 **보안** 응용 프로그램이 있다.

＋ secure ⓐ 안전한   ⓥ 안전하게 하다

0774 distribute
[distríbjuːt]

ⓥ 1 배포하다, 유통시키다   2 분배하다

freeware **distributed** on the Internet
인터넷에서 **배포되는** 무료 소프트웨어

He was accused of **distributing** false information.
그는 허위 정보 **유포로** 기소되었다.

The money was **distributed** evenly throughout the team.
상금은 팀 전체에 골고루 **분배되었다.**

＋ distribution ⓝ 1 배포, 유통   2 분배

0775 utility
[juːtíləti]

ⓝ 1 공공 설비, 공익사업   2 ==유틸리티(컴퓨터 기능 지원 소프트웨어)==

Utilities provide water, electricity, and gas.
공공 설비는 물, 전기와 가스를 공급한다.

This **utility** allows you to completely delete files.
이 **유틸리티**는 파일을 완전히 삭제하게 해준다.

0776 format
[fɔ́ːrmæt]

ⓝ 포맷, 형식   ⓥ 포맷하다

in a digital **format**   디지털 **형식**으로

You need to **format** the disk before you use it.
디스크를 사용하기 전에 그것을 **포맷해야** 한다.

인터넷과 가상 현실

0777 simulation
[sìmjəléiʃən]

ⓝ 시뮬레이션, 모의실험

Student pilots learn to fly by using flight **simulations**.
학생 조종사들은 비행 **시뮬레이션**을 이용하여 비행기 조종을 배운다.

➕ simulate ⓥ 모의실험 하다

0778 virtual
[və́ːrtʃuəl]

ⓐ 1 사실상의   2 ==가상의==

Getting a cab at this hour is a **virtual** impossibility.
이 시간에 택시를 잡는 것은 **사실상** 불가능한 일이다.

Virtual reality is commonly called VR.
가상 현실은 흔히 'VR'이라고 불린다.

➕ virtual reality (컴퓨터를 이용해서 만들어진) 가상 현실

➕ virtually ⓐⓓ 사실상; 가상으로

0779 immerse
[imə́ːrs]

ⓥ 1 담그다   2 ==몰두하다, 몰두하게 만들다==

Immerse the tea bag in hot water.
뜨거운 물에 티백을 **담그시오**.

Immersing in virtual reality can enhance the gaming experience.
가상현실로의 **몰입**은 게임 경험을 향상시킬 수 있다.

➕ immersion ⓝ 1 담금 2 몰두, 몰입

0780 domain
[douméin]

ⓝ 1 영역, 세력 범위   2 ==(컴퓨터) 도메인==

The U.S. presidency remains an exclusively male **domain**.
미국 대통령직은 남성 전용 **영역**으로 남아 있다.

Companies can register **domain** names for their trademarks.
기업은 자사의 상표에 대한 **도메인** 이름을 등록할 수 있다.

DAILY CHECK-UP

A 빈칸에 알맞은 우리말 또는 영어 단어를 써넣으시오.

컴퓨터와 인터넷

컴퓨터의 기능

1 _____ 할 수 있는; 유능한
2 _____ storage
3 _____ 설치하다
4 _____ access
5 _____ 명령(어); 구사력
6 _____ sort
7 _____ (데이터를 복사하여) 붙이다
8 _____ operate

9 _____ input
10 _____ 산출, 생산량; 출력
11 _____ archive
12 _____ 작업량; 로딩하다

장애

13 _____ disconnect
14 _____ 고장 (나다); 충돌하다
15 _____ erase
16 _____ 중단시키다, 방해하다

유지와 관리

17 _____ security
18 _____ 배포하다; 분배하다
19 _____ format
20 _____ utility

인터넷과 가상 현실

21 _____ 모의실험
22 _____ 사실상의; 가상의
23 _____ immerse
24 _____ domain

B 문장의 빈칸에 알맞은 말을 보기에서 골라 쓰시오.

displayed	flaw	delete	procedure	remote	processed

1 I found a fatal _____ in the software.

2 Early computers _____ data very slowly.

3 _____ the files that are no longer necessary.

4 The computer can be turned on by _____ control.

5 The _____ for logging on to the hotel's Wi-Fi is simple.

6 An error message was _____ on the computer screen.

PLAN 7

☑ 헷갈리는 혼동어 제대로 알기

1

definite
ⓐ 확실한, 명확한

Many questions about the universe have no **definite** answers.
우주에 대한 많은 질문들은 **확실한** 대답을 갖고 있지 않다.

infinite
ⓐ 무한한, 끝없는

The universe is vast and **infinite**, with no known boundaries.
우주는 방대하고 **무한하며**, 알려진 경계가 없다.

2

constant
ⓐ 1 일정한 2 끊임없는

Suppose that the elevator is ascending at a **constant** speed.
엘리베이터가 **일정한** 속도로 올라가고 있다고 가정해 보라.

distant
ⓐ 먼, 멀리 떨어진

The **distant** stars twinkled brightly in the night sky.
멀리 떨어진 별들이 밤하늘에 밝게 반짝였다.

3

explosion
ⓝ 1 폭발 2 급격한 증가

My father remembers the **explosion** of the space shuttle *Challenger*.
아버지는 우주 왕복선 챌린저호의 **폭발**을 기억하신다.

a population **explosion** 급격한 인구 증가

exploration
ⓝ 탐험, 탐사; 탐구

The **exploration** of space has led to many scientific discoveries.
우주 **탐사**는 많은 과학적 발견을 이끌어냈다.

4

distribute
ⓥ 1 배포하다, 유통시키다 2 분배하다

freeware **distributed** on the Internet
인터넷에서 **배포되는** 무료 소프트웨어

contribute
ⓥ 1 기여하다, 이바지하다 2 기부하다

His research will **contribute** to the advancement of medical science.
그의 연구는 의학 과학의 발전에 **기여할** 것이다.

PLAN 8
산업

기술과 산업

industrial 산업의, 공업의
innovation 혁신

농업·축산업

agriculture 농업
livestock 가축

산업

수산업·임업·광업

fishery 어업, 수산업; 어장
mine 광산; 채굴하다

제조업·서비스업

production 생산; 제작
customize 맞춤화하다

DAY 27 기술과 산업

산업의 종류

0781 industrial
[indʌ́striəl]

ⓐ **산업의, 공업의**

industrial technology 산업 기술

Many **industrial** factories produce cars, electronics, and machines. 많은 **산업** 공장들은 자동차, 전자제품과 기계를 생산한다.

➕ industry ⓝ 산업

0782 sector
[séktər]

ⓝ **(경제 활동의) 부문, 분야**

the industrial **sector** 산업 부문

A number of key **sectors** in the industry are in trouble.
산업의 많은 핵심 **부문**이 어려움에 처해 있다.

0783 essential
[isénʃəl]

ⓐ 1 **필수적인**   2 **본질적인**

The spread of electricity was **essential** to industrial growth.
전기의 보급은 산업 성장에 **필수적**이었다.

the **essential** difference between goods and services
재화와 용역의 **본질적인** 차이

0784 textile
[tékstail]

ⓝ **직물, 옷감**

the **textile** industry 직물[섬유] 산업

Their main imports are **textiles**, especially silk and cotton.
그들의 주요 수입품은 **직물**, 특히 비단과 면직물이다.

기술의 발전

0785 innovation
[ìnouvéiʃən]

ⓝ **혁신; 획기적인 것[방법]**

technological **innovation** 기술 혁신

Smartphones were an **innovation** in the early years of the 21st century.
스마트폰은 21세기 초반에 **획기적인 것**이었다.

➕ innovate ⓥ 혁신하다, 쇄신하다 | innovative ⓐ 혁신적인

0786 revolution
[rèvəlúːʃən]

ⓝ 혁명

The Industrial **Revolution** changed people's lives.
산업 **혁명**은 사람들의 삶을 바꾸었다.

0787 advancement
[ədvǽnsmənt]

ⓝ 1 **발전** 2 승진

The invention of the printing press brought the **advancement** of human thoughts.
인쇄기의 발명은 인류 사상의 **발전**을 가져왔다.

His **advancement** in his profession was very fast.
자신의 직업에서의 그의 **승진**은 매우 빨랐다.

＋ advance ⓥ 전진하다; 진보[발전]하다 ⓝ 진보, 발전

다의어

0788 boost
[buːst]

ⓥ 신장시키다, 북돋우다 ⓝ 격려; 증가

v. The new resort area has **boosted** tourism in the region.
새로운 휴양지는 그 지역의 관광업을 **활성화시켰다**.

n. a **boost** in sales 매출 **증가**

0789 excellence
[éksələns]

ⓝ 뛰어남, 탁월함

The company is well known for its **excellence** in technology.
그 회사는 기술의 **뛰어남**으로 잘 알려져 있다.

＋ excel ⓥ 탁월하다; ~을 능가하다 | excellent ⓐ 뛰어난, 탁월한

0790 expertise
[èkspəːrtíːz]

ⓝ 전문 지식, 전문 기술

the level of **expertise** required for the task
그 업무에 필요한 **전문 지식**의 수준

She has **expertise** in graphic design and illustration.
그녀는 그래픽 디자인과 삽화에 **전문 기술**을 갖추고 있다.

영영 extreme knowledge or skill in a certain subject, activity, or job

0791 ensure
[inʃúər]

ⓥ 확실히 하다, 보장하다 ⊜ make sure

We must take steps to **ensure** the improvement of products.
우리는 제품 개선을 **확실히 하기** 위한 조치를 취해야 한다.

0792 incredible
[inkrédəbəl]

ⓐ 믿을 수 없는, 믿기 힘든 ⊜ unbelievable

The demand for the new product is **incredible**.
그 신제품에 대한 수요가 **믿기 힘들** 정도로 대단하다.

0793 advantage
[ədvǽntidʒ]

ⓝ 1 유리함 2 장점

Our vast experience gives us an **advantage** over other companies. 폭넓은 경험이 우리에게 타사에 비해 **유리함**을 제공한다.

Each technique has its **advantages** and disadvantages. 각각의 기술은 나름대로의 **장점**과 단점이 있다.

0794 collaboration
[kəlæ̀bəréiʃən]

ⓝ 협력, 공동 연구

The project fostered **collaboration** between the university and the industry. 그 프로젝트는 대학과 산업계 간의 **협력**을 촉진했다.

+ collaborate ⓥ 협력하다

★ col-(= together) + labor(= work) + -ation(= action) → 함께 일하는 행위 → 협력

0795 integrate
[íntəgrèit]

ⓥ 통합되다; 통합시키다

She has the talent to **integrate** various skills to solve problems. 그녀는 문제를 해결하기 위해 다양한 기술을 **통합하는** 재능이 있다.

+ integration ⓝ 통합

0796 prosperity
[prɑspérəti]

ⓝ 번영, 번창

Our future **prosperity** depends on our ability to innovate. 우리의 미래의 **번영**은 혁신할 수 있는 능력에 달려 있다.

+ prosper ⓥ 번영하다 | prosperous ⓐ 번영한, 번창한

0797 aim
[eim]

ⓝ 목표, 목적 ⓥ 목표로 하다

The **aim** of technology is to make our lives better. 기술의 **목적**은 우리의 삶을 더 좋게 만드는 것이다.

Students should **aim** to be job providers rather than job seekers. 학생들은 구직자보다는 일자리 제공자가 되는 것을 **목표로 해야** 한다.

0798 practical
[prǽktikəl]

ⓐ 1 실제적인, 현실적인 2 실용적인

practical experience of working in the field 현장에서 일한 **실제적인** 경험

It is hard to find a **practical** solution to satisfy all situations. 모든 상황을 충족시키는 **실용적인** 해결책을 찾기는 어렵다.

0799 instant
[ínstənt]

ⓐ 즉각적인, 즉시의 ⓝ 순간, 찰나

instant messaging program **즉각적인** 메시지 교환 프로그램

Technology enables us to share information in an **instant**. 기술은 우리가 정보를 한 **순간**에 공유할 수 있게 해준다.

0800 **proficient**
[prəfíʃənt]

ⓐ 능숙한, 숙달한

proficient in AI technology 인공지능 기술에 **능숙한**

Developers **proficient** in blockchain technology have improved data security.
블록체인 기술에 **능숙한** 개발자들이 데이터 보안을 개선했다.

➕ proficiency ⓝ 능숙, 숙달

제품의 생산과 관리

0801 **devise**
[diváiz]

ⓥ 고안하다, 생각해 내다

We aim to **devise** a way to improve quality and to reduce costs.
우리는 품질을 개선하고 비용을 줄이는 방법을 **고안하는** 것을 목표로 한다.

★ cf. device 장치

다의어

0802 **manufacture**
[mæ̀njufǽktʃər]

ⓥ 제조하다, 생산하다 ⓝ 1 제조 2 (pl.) 제품

v. They **manufacture** plastic products for various industries.
그들은 다양한 산업에 쓰이는 플라스틱 제품을 **생산한다.**

n. 2 England is a major exporter of cotton **manufactures**.
영국은 면 **제품**의 주요 수출국이다.

➕ manufacturer ⓝ 제조업자, 제조사

0803 **productivity**
[pròudʌktívəti]

ⓝ 생산성

labor **productivity** 노동 **생산성**

Computers have greatly improved the **productivity** of office workers. 컴퓨터는 사무직의 **생산성**을 크게 향상시켜 왔다.

➕ produce ⓥ 생산하다 | product ⓝ 제품, 상품
production ⓝ 생산 | productive ⓐ 생산적인

0804 **quality**
[kwάləti]

ⓝ 1 질, 품질 2 자질

The **quality** of their products has gone down recently.
최근에 그들의 제품의 **질**이 떨어졌다.

He has all the **qualities** of a good leader.
그는 훌륭한 지도자의 모든 **자질**을 갖추고 있다.

0805 **quantity**
[kwάntəti]

ⓝ 양, 수량

Add 100 grams of sugar and the same **quantity** of butter.
100그램의 설탕과 같은 **양**의 버터를 첨가하라.

The total **quantity** of energy consumed in the country has greatly increased.
그 나라의 총 에너지 소비**량**이 크게 증가했다.

0806 **warranty**
[wɔ́(ː)rənti]

ⓝ 보증, 품질 보증서

under **warranty** 보증 기간 중의

You can get a one-year **warranty** on the laptop you purchase.
구입하시는 노트북에 대해 1년 **보증**을 받으실 수 있습니다.

0807 **function**
[fʌ́ŋkʃən]

ⓝ 기능 ⓥ 기능하다, 작동하다

Mobile phones provide a variety of important **functions** we rely on.
휴대 전화는 우리가 의존하는 다양한 중요한 **기능**을 제공한다.

The sound system on my computer suddenly stopped **functioning**.
내 컴퓨터의 음향 시스템이 갑자기 **작동**을 멈췄다.

  ✚ functional ⓐ 1 기능적인 2 작동되는, 기능하는

0808 **mechanical**
[məkǽnikəl]

ⓐ 1 **기계의** 2 기계적인, 자발성이 없는

The broadcast stopped due to a **mechanical** breakdown.
기계 고장으로 방송이 중단되었다.

Photocopying documents is a boring and **mechanical** job.
서류를 복사하는 것은 지루하고 **기계적인** 일이다.

  ✚ mechanic ⓝ 정비사, 수리공

다의어

0809 **performance**
[pərfɔ́ːrməns]

ⓝ 1 공연 2 **성능, 성과** 3 수행

1 The musical **performance** lasted almost two hours.
   그 음악 **공연**은 거의 두 시간 동안 계속되었다.

2 The computer's **performance** was even better than we had expected.
   컴퓨터의 **성능**이 우리가 예상했던 것보다 훨씬 더 좋았다.

3 the **performance** of one's duties 직무 **수행**

  ✚ perform ⓥ 1 공연하다 2 수행하다

다의어

0810 **gear**
[giər]

ⓝ 1 기어 2 **장비** ⓥ 맞추다, 조정하다

n. 1 shift[change] **gears** 기어를 변경하다
    2 The company has purchased new **gear** to increase its production. 그 회사는 생산을 늘리기 위해 새로운 **장비**를 구입했다.
      climbing / camping / fishing **gear** 등산 / 캠핑 / 낚시 **장비**

v. The advertisement is **geared** toward a middle-class family.
    그 광고는 중산층 가정에 **맞춰져** 있다.

A 빈칸에 알맞은 우리말 또는 영어 단어를 써넣으시오.

기술과 산업

산업의 종류

1 _____ 산업의, 공업의

2 _____ sector

3 _____ 필수적인; 본질적인

4 _____ 직물, 옷감

13 _____ prosperity

14 _____ 목표; 목표로 하다

15 _____ 실제적인; 실용적인

16 _____ instant

기술의 발전

5 _____ revolution

6 _____ 발전; 승진

7 _____ boost

8 _____ 뛰어남, 탁월함

9 _____ ensure

10 _____ 유리함; 장점

11 _____ incredible

12 _____ 통합되다; 통합시키다

제품의 생산과 관리

17 _____ 제조(하다); 제품

18 _____ quality

19 _____ 양, 수량

20 _____ warranty

21 _____ 기능(하다); 작동하다

22 _____ mechanical

23 _____ 공연; 성능; 수행

24 _____ gear

B 문장의 빈칸에 알맞은 말을 보기에서 골라 쓰시오.

collaboration	devise	expertise	innovation	productivity	proficient

1 She has _____ in graphic design and illustration.

2 Computers have greatly improved the _____ of office workers.

3 We aim to _____ a way to improve quality and to reduce costs.

4 The project fostered _____ between the university and the industry.

5 Smartphones were a(n) _____ in the early years of the 21st century.

6 Developers _____ in blockchain technology have improved data security.

농업 · 축산업

✔ MUST-KNOW WORDS

farming 농사, 영농	farmland 농지	field (논)밭, 들판	sow (씨를) 뿌리다
rice 쌀; 벼; 밥	wheat 밀	grow 기르다; 자라다	goat 염소

0811 agriculture
[ǽgrikʌ̀ltʃər]

ⓝ 농업

The economy of the country is dependent on **agriculture**.
그 나라의 경제는 **농업**에 의존하고 있다.

organic **agriculture** 유기 **농업**

➕ agricultural ⓐ 농업의

★ agri-(= field 들판) + culture(= grow 재배하다, 기르다)

경작

0812 irrigate
[írəgèit]

ⓥ 물을 대다, 관개하다

irrigate the fields 논밭에 **물을 대다**

The water stored behind the dam is used to **irrigate** the nearby farmland.
댐 뒤에 저장된 물은 인근 농지에 **물을 대는** 데 사용된다.

➕ irrigation ⓝ 물을 댐, 관개

다의어

0813 cultivate
[kʌ́ltəvèit]

ⓥ 1 경작하다 2 재배하다 3 (품성을) 기르다, 함양하다

1 **cultivate** farmland 논밭을 **경작하다**

2 From ancient times, humans have **cultivated** crops.
고대로부터 인간은 농작물을 **재배해** 왔다.

3 He has **cultivated** his passion for teaching and research.
그는 강의와 연구에 대한 열정을 **키워** 왔다.

0814 fertile
[fə́:rtl / -tail]

ⓐ 1 비옥한 2 번식력이 있는

The land is **fertile**, so its agricultural production is high.
그 땅은 **비옥해서** 농업 생산량이 높다.

The average age a pig becomes **fertile** is about 6 months.
돼지가 **번식력이 생기는** 평균 나이는 6개월 정도이다.

➕ fertilize ⓥ 1 비옥하게 하다 2 수정시키다 | fertilizer ⓝ 비료
fertility ⓝ 1 비옥함 2 생식력

0815 **pesticide**
[péstəsàid]

ⓝ 살충제, 농약

The **pesticide** helped control the spread of pests in the field.
살충제는 밭의 해충의 번식을 억제하는 데 도움을 주었다.

★ pest(해충) + -cide(= killer) → 해충을 죽이는 것 → 살충제

0816 **harvest**
[há:rvist]

ⓝ 수확, 수확량   ⓥ 수확하다, 거둬들이다

We expect a good **harvest** this year.
우리는 올해 풍작을 예상한다.

They **harvest** apples in early autumn.
그들은 초가을에 사과를 **수확한다**.

영영 ⓝ the act of gathering a crop from a field; the amount of a
crop that is gathered from a field

0817 **plantation**
[plæntéiʃən]

ⓝ (대규모) 농장; 조림지

There were many cotton **plantations** in the northern part of
the state.
그 주의 북부 지방에는 많은 면화 **농장**이 있었다.

The fire was spreading into the **plantation** of pines.
불은 소나무 **조림지**로 번지고 있었다.

0818 **peasant**
[pézənt]

ⓝ 영세농, 소작농

The **peasant** worked in the fields from sunrise to sunset.
그 **영세농**은 해가 뜰 때부터 질 때까지 밭에서 일했다.

a **peasant** revolt 소작농 반란

다의어

0819 **plow**
[plau]

ⓝ 쟁기   ⓥ 갈다, 경작하다   ≡ plough

n. We saw a farmer walk behind a **plow** pulled by a horse.
우리는 한 농부가 말이 끄는 **쟁기** 뒤에서 걷는 것을 보았다.

v. In those days, the land was **plowed** by cows.
그 당시에는 땅이 소에 의해 **경작되었다**.

0820 **ripe**
[raip]

ⓐ 1 (과일·곡물이) 익은   2 (시기가) 무르익은, 적합한

Most fruits taste best when they are **ripe**.
대부분의 과일은 **익었**을 때 가장 맛이 좋다.

I thought it would be better to wait until the time was **ripe**.
나는 시기가 **무르익**을 때까지 기다리는 것이 더 나을 것이라고 생각했다.

＋ ripen ⓥ 익다

PLAN 8

0821 **orchard**
[ɔ́:rtʃərd]

🄝 과수원

an **orchard** with different fruits 다양한 과일이 있는 **과수원**
They picked apples from their **orchards** to make jam.
그들은 잼을 만들기 위해 **과수원**에서 사과를 땄다.

0822 **intensive**
[inténsiv]

🄰 1 집중적인   2 (농업 방식이) 집약적인

a one-week **intensive** course 일주일 동안의 **집중**[속성] 과정
In **intensive** farming, farmers grow high-yield crops by
using fertilizers and pesticides.
집약적 농업에서 농부들은 비료와 살충제를 사용하여 수확량이 높은 농작물을
재배한다.

0823 **famine**
[fǽmin]

🄝 기근, 기아

Famine is often caused by a long period of drought.
기근은 종종 오랜 기간의 가뭄에 의해 발생한다.
raise money for **famine** relief **기아** 구호를 위해 모금하다

농작물

0824 **barley**
[bá:rli]

🄝 보리

an ear of **barley** 보리 이삭
I had **barley** soup for breakfast. 나는 아침 식사로 **보리**죽을 먹었다.

다의어

0825 **crop**
[krɑp]

🄝 1 농작물   2 수확량

Rice is the most important **crop** for most Asian countries.
쌀은 대부분의 아시아 국가에서 가장 중요한 **농작물**이다.
There was a good **crop** of rice last year.
작년에 쌀 **수확량**이 괜찮았다.

다의어

0826 **produce**
ⓥ [prədú:s]
🄝 [prádu:s]

ⓥ 생산하다 🄝 농산물

v. The small village **produces** considerable amounts of
quality wine grapes.
그 작은 마을은 상당한 양의 질 좋은 양조용 포도를 **생산한다.**

n. This market sells fresh local **produce**.
이 시장은 신선한 지역 **농산물**을 판매한다.

0827 **soybean**
[sɔ́ibi:n]

🄝 콩, 대두

In the whole world, over 85% of **soybeans** are used for oil.
전 세계에서 **대두**의 85% 이상이 기름을 만드는 데 사용된다.

0828 **cotton**
[kátn]

ⓝ 목화, 면화; 면직물

a pure **cotton** T-shirt 순면 티셔츠

Approximately half of all textiles are made of **cotton**.
모든 직물의 약 절반 정도가 **면**으로 만들어진다.

다의어

0829 **yield**
[ji:ld]

ⓥ 1 **(농작물을) 산출하다, 생산하다** 2 굴복하다(to) 3 양보하다(to)

ⓝ **산출량, 수확량**

v. 1 Our farm **yields** 3 tons of wheat per acre.
우리 농장은 1에이커당 3톤의 밀을 **산출한다**.

2 The president finally **yielded** to the people's demand for democracy.
대통령은 민주주의에 대한 국민의 요구에 결국 **굴복했다**.

3 Drivers should **yield** to school buses.
운전자들은 통학 버스에 **양보해야** 한다.

n. They achieved an increase in the crop **yield** of 20%.
그들은 농작물 **수확량**을 20% 증가시키는 것을 이루어냈다.

PLAN 8

0830 **expose**
[ikspóuz]

ⓥ 1 노출시키다; 드러내다 2 폭로하다

These crops are **exposed** to attacks by diseases.
이 농작물들은 질병의 공격에 **노출되어** 있다.

expose the truth 진실을 **폭로하다**

0831 **straw**
[strɔ:]

ⓝ 1 **짚, 지푸라기** 2 빨대

They were lying on a mattress filled with **straw**.
그들은 **짚**을 채워 넣은 매트리스 위에 누워 있었다.

He drank his milkshake through a **straw**.
그는 **빨대**를 이용하여 밀크셰이크를 마셨다.

축산업

0832 **dairy**
[déəri]

ⓝ 낙농장 ⓐ 유제품의; 낙농업의

a **dairy** farmer 낙농업자

You can find fresh cheese and yogurt in the **dairy** section.
유제품 코너에서 신선한 치즈와 요구르트를 찾을 수 있다.

➕ the dairy industry 낙농업 | dairy products[produce] 유제품

0833 **livestock**
[láivstak]

ⓝ 가축

In summer, the farmer keeps his **livestock** in the fields.
여름에 그 농부는 자신의 **가축**을 들판에 둔다.

➕ livestock industry 축산업

0834 raise
[reiz]

ⓥ 1 (들어) 올리다 2 인상하다 3 <mark>사육하다, 기르다</mark>

1 He **raised** his hand to stop a taxi.
   그는 택시를 세우기 위해 손을 **들었다**.

2 The prices of crops were **raised**, but the prices of livestock declined.
   농작물 가격은 **인상되었지만**, 가축의 가격은 하락했다.

3 The Bolt family **raises** cattle and sheep in South Carolina.
   Bolt 씨 가족은 사우스캐롤라이나주에서 소와 양을 **기른다**.

0835 breed
[briːd]

ⓥ 1 새끼를 낳다 2 <mark>사육하다</mark>

Some birds **breed** in the spring when the weather is warm.
일부 새는 날씨가 따뜻한 봄에 **새끼를 낳는다**.

breed horse for racing 경주용으로 말을 **사육하다**

0836 graze
[greiz]

ⓥ 1 풀을 뜯다 2 방목하다

There were cows **grazing** all over the mountainsides.
산기슭 전역에 **풀을 뜯고 있는** 소들이 있었다.

The farmer **grazed** his cattle on the hillside.
농부는 자신의 소를 언덕에 **방목했다**.

0837 meadow
[médou]

ⓝ 목초지, 초원

Each day the grass in the **meadow** grew higher.
목초지의 풀은 매일 더 높이 자랐다.

0838 pasture
[pǽstʃər]

ⓝ 목초지, 방목장

fence the **pasture** to keep the sheep safe
양을 안전하게 지키기 위해 **목초지**를 울타리로 치다

Cows graze in the **pasture** during the warm months.
소들은 따뜻한 달 동안 **목초지**에서 풀을 뜯는다.

0839 ranch
[ræntʃ]

ⓝ 목장, 대농장

The man lives on a **ranch** called Heartland and rides his horse every day.
그는 Heartland라고 불리는 **목장**에 살면서 매일 말을 탄다.

0840 slaughter
[slɔ́ːtər]

ⓝ 도살; 학살 ⓥ 도살하다; 학살하다

animals raised for **slaughter** 도살용으로 사육된 동물

The army **slaughtered** hundreds of civilians in the streets.
군대가 수백 명의 민간인들을 거리에서 **학살했다**.

A 빈칸에 알맞은 우리말 또는 영어 단어를 써넣으시오.

1 _____ 농업

경작

2 _____ 경작하다; 재배하다

3 _____ pesticide

4 _____ 수확(량); 수확하다

5 _____ plantation

6 _____ 영세농, 소작농

7 _____ ripe

8 _____ 과수원

9 _____ intensive

농작물

10 _____ 보리

11 _____ crop

12 _____ 생산하다; 농산물

13 _____ soybean

14 _____ 목화; 면직물

15 _____ expose

16 _____ 짚, 지푸라기

축산업

17 _____ dairy

18 _____ 가축

19 _____ raise

20 _____ 풀을 뜯다; 방목하다

21 _____ meadow

22 _____ pasture

23 _____ 목장, 대농장

24 _____ slaughter

B 문장의 빈칸에 알맞은 말을 보기에서 골라 쓰시오.

fertile	irrigate	plowed	yield	breed	famine

1 In those days, the land was _____ by cows.

2 _____ is often caused by a long period of drought.

3 They achieved an increase in the crop _____ of 20%.

4 The land is _____, so its agricultural production is high.

5 Some birds _____ in the spring when the weather is warm.

6 The water stored behind the dam is used to _____ the nearby farmland.

DAY 29 수산업 · 임업 · 광업

✔ MUST-KNOW WORDS

fishing 낚시; 어업	farm 농장; 양식장	rod 낚싯대	net 그물
seafood 해산물	saw 톱; 톱으로 켜다	metal 금속	iron 철

수산업

0841 fishery
[fíʃəri]

ⓝ 어업, 수산업; 어장

deep-sea **fishery** 원양 **어업**

The **fishery** provides fresh seafood to local markets.
수산업은 신선한 해산물을 지역 시장에 공급한다.

0842 ocean
[óuʃən]

ⓝ 대양, 바다

The **ocean** is an important source of food and resources.
바다는 식량과 자원의 중요한 원천이다.

➕ the Pacific Ocean 태평양 | the Atlantic Ocean 대서양

➕ oceanic ⓐ 대양의, 바다의

0843 marine
[mərí:n]

ⓐ 1 바다의, 해양의 2 해군의, 해병의

marine life **해양** 생물

Marine pollution causes the water to lose oxygen and to kill fish. **해양** 오염으로 인해 물은 산소를 잃고 물고기가 죽게 된다.

He was in the **Marine** Corps during World War II.
그는 2차 세계대전 동안 **해병**대에 복무했다.

0844 offshore
[ɔ́:ffɔ:r]

ⓐ 연안의, 근해의

an **offshore** fishing boat **연안** 어선

They took a boat to an **offshore** island surrounded by good fishing grounds.
그들은 배를 타고 고기가 잘 잡히는 어장으로 둘러싸인 **근해의** 섬으로 갔다.

★ cf. fishing ground 어장

0845 coast
[koust]

ⓝ 해안, 해변

Shrimp fishing along the **coast** is currently active.
해안을 따라 새우잡이가 현재 활발하다.

➕ along the coast 해안을 따라 | off the coast 앞바다에, 연안에

0846 **zone**
[zoun]

ⓝ 구역

By international law, a country's offshore fishing **zone** can extend 370km from its shores.
국제법에 의하면, 한 나라의 근해 어업 **구역**은 해안에서 370km까지를 포괄할 수 있다.

0847 **overfishing**
[òuvərfíʃiŋ]

ⓝ (어류) 남획

a shortage of fish caused by **overfishing**
남획으로 인한 어류 부족

They are concerned about the effects of **overfishing** on ocean birds.
그들은 **어류 남획**이 바다 새들에게 미치는 영향에 대해 걱정하고 있다.

🈺 the act of catching too many fish

0848 **underwater**
[ʌ̀ndərwɔ́ːtər]

ⓐ 물속의, 수중의 ⓐⓓ 물속에서, 수중에서

Some people believe that **underwater** farming may feed the world in the future.
어떤 사람들은 **수중** 농업이 미래에 세계를 먹여 살릴 수도 있다고 믿는다.

Female divers in Jeju-do hold their breath **underwater** while harvesting seafood.
제주도의 해녀들은 해산물을 채취하는 동안 **물속에서** 숨을 참는다.

0849 **paddle**
[pǽdl]

ⓝ 노 ⓥ 노를 젓다

row with a **paddle** 노로 젓다
They **paddled** out to the lake with nets to catch fish.
그들은 물고기를 잡기 위해 그물을 가지고 호수로 **노를 저어** 갔다.

다의어

0850 **anchor**
[ǽŋkər]

ⓝ 1 닻 2 앵커 ⓥ 닻을 내리다; 고정시키다

n. 1 The ship's **anchor** was made of iron.
그 배의 **닻**은 철로 만들어졌다.
2 work as a news **anchor** 뉴스 **앵커**로 일하다

v. The fishermen **anchored** the boat near the shore for safety.
어부들은 안전을 위해 해안가에 배의 **닻을 내렸다**.

0851 **bait**
[beit]

ⓝ 미끼 ⓥ 미끼를 달다[끼우다]

When a fish bites the **bait**, the line will tighten.
물고기가 **미끼를** 물면 줄이 팽팽해질 것이다.

He **baited** his hook with an earthworm and threw his line in the water.
그는 낚시 바늘에 지렁이를 **미끼로 끼우고** 낚싯줄을 물속에 던졌다.

0852 freshwater
[fréʃwɔ̀:tər]

ⓐ 민물의, 담수의; 민물에 사는

a **freshwater** lake 담수호

Most **freshwater** fish will die shortly after being released in salt water.
대부분의 **민물에 사는** 물고기는 바닷물에 풀어 놓는 즉시 죽을 것이다.

0853 salmon
[sǽmən]

ⓝ 연어 (*pl.* salmon)

smoked **salmon** 훈제 **연어**

Salmon live in the sea but swim up rivers to lay their eggs.
연어들은 바다에서 살지만 알을 낳기 위해 강을 헤엄쳐 올라간다.

임업

0854 forestry
[fɔ́(:)ristri]

ⓝ 삼림학; 임업

The objective of **forestry** is to ensure a stable development of forest ecosystems.
삼림학의 목적은 숲 생태계의 안정적인 발전을 확실히 하는 것이다.

Forestry is an important economic sector in Germany.
임업은 독일에서 중요한 경제 부문이다.

0855 lumber
[lʌ́mbər]

ⓝ 목재

Dad bought some **lumber** to make a sled.
아빠는 썰매를 만들기 위해 **목재**를 좀 사셨다.

★ 영국 영어에서 '목재'는 timber를 쓴다.

0856 pine
[pain]

ⓝ 소나무

Pines are vulnerable to a range of diseases.
소나무는 여러 가지 질병에 취약하다.

We built a summer house in a **pine** forest.
우리는 **소나무** 숲에 여름 별장을 지었다.

0857 log
[lɔ(:)g]

ⓝ 통나무

logs for the fire 장작용 **통나무**

They cut trees into **logs** with an electric saw.
그들은 전기톱으로 나무를 베어 **통나무**로 만들었다.

➕ log cabin 통나무집

★ cf. firewood 땔나무, 장작

0858 **extensive**
[iksténsiv]

ⓐ 아주 넓은, 광범위한

an **extensive** forest area 아주 넓은 삼림 지대

He has **extensive** knowledge of tree and plant species.
그는 나무와 식물종에 대해 **광범위한** 지식을 가지고 있다.

광업

0859 **mine**
[main]

ⓝ 광산 ⓥ 채굴하다, 캐다

a diamond **mine** 다이아몬드 **광산**

The area has been **mined** for coal for centuries.
그 지역은 수 세기 동안 석탄을 얻기 위해 **채굴되어** 왔다.

➕ mining ⓝ 광업; 채굴 | miner ⓝ 광부

다의어

0860 **cave**
[keiv]

ⓝ 동굴 ⓥ 함몰하다, 꺼지다(in)

n. a limestone **cave** 석회암 **동굴**

v. The roof of the tunnel **caved** in on the miners.
갱도의 지붕이 광부들 위로 **무너져 내렸다.**

➕ cave in 무너지다, 함몰되다

0861 **drilling**
[dríliŋ]

ⓝ 시추, 지하 탐사

The **drilling** company collaborates with many oil companies.
그 **시추** 회사는 여러 석유 회사와 공동 작업을 한다.

0862 **extract**
ⓥ [ikstrǽkt]
ⓝ [ékstrækt]

ⓥ 추출하다 ⓝ 추출물

The Hittites learned to **extract** iron from rocks.
히타이트 족은 바위로부터 철을 **추출하는** 법을 배웠다.

natural plant **extracts** 천연 식물 **추출물**

0863 **steel**
[sti:l]

ⓝ 강철

All the frames and columns of the building are made of **steel**.
그 건물의 모든 뼈대와 기둥은 **강철**로 되어 있다.

➕ the iron and steel industry 철강 산업

0864 **shovel**
[ʃʌ́vəl]

ⓝ 삽 ⓥ 삽질하다, 삽으로 파다

a **shovel** for gardening 정원용 **삽**

They **shoveled** the coal into the huge boilers.
그들은 거대한 보일러에 석탄을 **삽질하여** 넣었다.

0865 exploit
[iksplɔ́it]

ⓥ 1 착취하다; 이용하다 2 <mark>개발하다</mark>

The CEO **exploited** workers by paying them small wages.
그 최고 경영자는 적은 임금을 지불하며 노동자들을 **착취했다**.

The region remains rich in minerals, but few have been **exploited** so far.
그 지역은 여전히 광물이 풍부하지만, 지금까지 거의 **개발되지** 않았다.

➕ exploitation ⓝ 1 착취; 이용 2 개발

0866 leak
[liːk]

ⓥ 새다 ⓝ 새는 곳, 구멍

The smoke was **leaking** out through cracks in the roof.
연기가 지붕의 틈으로 **새어** 나오고 있었다.

a **leak** in the gas pipe 가스 파이프에 난 **구멍**

0867 precious
[préʃəs]

ⓐ 1 귀중한, 소중한 2 <mark>값비싼</mark>

a **precious** memory 소중한 추억

Precious metals are a form of global currency.
귀금속은 국제 통화의 한 형태이다.

precious jewels 값비싼 보석

0868 ore
[ɔːr]

ⓝ 광석

iron **ore** 철광석

Extracting rare earth metals from **ores** involves a complex process.
광석에서 희토류 금속을 추출하는 것은 복잡한 과정을 수반한다.

0869 refine
[rifáin]

ⓥ 1 <mark>정제하다</mark> 2 세련되게 하다, 다듬다

Oil **refining** is a capital-intensive industry.
정유업은 자본 집약적 산업이다.

He **refined** his musical skills through years of practice.
그는 수년간의 연습을 통해 음악적 기술을 **다듬었다**.

➕ refined ⓐ 1 정제된 2 세련된, 품위 있는

0870 copper
[káːpər]

ⓝ 구리, 동

a **copper** mine 구리 광산

The pipes in my home are made of **copper**.
우리 집의 파이프는 **구리**로 되어 있다.

A 빈칸에 알맞은 우리말 또는 영어 단어를 써넣으시오.

수산업 · 임업 · 광업

수산업

1 _____
어업, 수산업; 어장

2 _____
ocean

3 _____
해안, 해변

4 _____
offshore

5 _____
구역

6 _____
overfishing

7 _____
물속의; 물속에서

8 _____
노; 노를 젓다

임업

13 _____
삼림학; 임업

14 _____
lumber

15 _____
소나무

16 _____
통나무

9 _____
anchor

10 _____
미끼; 미끼를 달다

11 _____
freshwater

12 _____
연어

광업

17 _____
cave

18 _____
시추, 지하 탐사

19 _____
steel

20 _____
삽; 삽질하다

21 _____
exploit

22 _____
광석

23 _____
refine

24 _____
구리, 동

B 문장의 빈칸에 알맞은 말을 보기에서 골라 쓰시오.

leaking	extensive	extract	mined	marine	precious

1 The area has been _____ for coal for centuries.

2 _____ metals are a form of global currency.

3 The Hittites learned to _____ iron from rocks.

4 He has _____ knowledge of tree and plant species.

5 The smoke was _____ out through cracks in the roof.

6 _____ pollution causes the water to lose oxygen and to kill fish.

제조업 · 서비스업

☑ MUST-KNOW WORDS

factory 공장	goods 상품	product 제품, 상품	machine 기계
automatic 자동의	business 사업	firm 회사	customer 서비스, 용역

제조업의 종류

0871 automobile
[ɔ́:təməbì:l]

ⓝ 자동차

the **automobile** industry 자동차 산업

The process of manufacturing **automobiles** includes a number of stages.
자동차 제조 과정은 여러 단계를 포함한다.

★ auto-(= self 스스로, 저절로) + mobile(= move 움직이다)

0872 fabric
[fǽbrik]

ⓝ 1 직물, 천 2 (기본) 구조

The curtains are made of luxurious **fabric**.
그 커튼은 고급 천으로 만들어졌다.

The **fabric** of our society has been torn by violent crime.
우리 사회의 기본 구조는 폭력 범죄로 인해 파괴되어 왔다.

0873 pottery
[pátəri]

ⓝ 도자기; 도예

Pottery making is one of the most ancient industries.
도자기 제조는 가장 오래된 산업 중 하나이다.

0874 shipbuilding
[ʃípbildiŋ]

ⓝ 조선(업)

a **shipbuilding** yard 조선소

Shipbuilding was a major driver of South Korea's economic growth.
조선업은 한국의 경제 성장의 주요 동력이었다.

제조 · 생산

0875 production
[prədʌ́kʃən]

ⓝ 생산; 제작

The **production** of biofuel is a complex process.
바이오 연료 생산은 복잡한 과정이다.

go out of[into] **production** 생산을 중단하다[개시하다]

✚ produce ⓥ 생산하다 | product ⓝ 제품, 상품

0876 **conveyor**
[kənvéiər]

ⓝ 운반 장치, 컨베이어

After being cooled, the chocolate is sent along the **conveyor** belt for wrapping.
초콜릿은 식혀진 후에 포장을 위해 **컨베이어** 벨트를 따라 보내진다.

다의어

0877 **assembly**
[əsémbli]

ⓝ 1 집회　2 **조립**　3 의회, 입법 기관

1　freedom of **assembly** and association　집회 및 결사의 자유
2　On an **assembly** line, each worker deals with only one part of a product.
　　조립 라인에서 각 작업자는 제품의 한 부분만을 다룬다.
3　the National **Assembly**　국회, 의회

　✛　assemble ⓥ 1 모이다; 모으다　2 조립하다

0878 **equipment**
[ikwípmənt]

ⓝ 장비, 설비

the latest high-tech **equipment**　최신 첨단 기술 **장비**
Our factory keeps growing with new **equipment**.
우리 공장은 새로운 **설비**를 갖추며 계속 성장하고 있다.

　✛　equip ⓥ ~에 장비[시설]를 갖추다

0879 **facility**
[fəsíləti]

ⓝ 1 (pl.) **시설, 설비**　2 쉬움

They announced a plan to build new manufacturing **facilities**.
그들은 새 제조 **시설**을 건설하겠다는 계획을 발표했다.

with **facility**　쉽게

0880 **mill**
[mil]

ⓝ 1 **공장**　2 방앗간

The train carried thousands of tons of iron ore to the steel **mills** in Pittsburgh.
그 열차는 수천 톤의 철광석을 피츠버그의 제철 **공장**까지 운반했다.

I went to a **mill** to have some acorns ground into flour.
나는 도토리를 가루로 갈기 위해 **방앗간**에 갔다.

다의어

0881 **shift**
[ʃift]

ⓝ 1 변화　2 교대 근무 (시간)　ⓥ 옮기다, 이동하다, 바꾸다

n.　1 **shift** in strategy　전략의 **변화**
　　2 He starts his **shift** as a factory security guard at 7 p.m.
　　　그는 공장 경비원으로 오후 7시에 **교대 근무**를 시작한다.

v.　In recent years, manufacturing has **shifted** to new locations abroad.
　　최근 몇 년간 제조업은 해외의 새로운 지역으로 **옮겨갔다**.

0882 mechanism
[mékənìzm]

ⓝ 1 (기계) **장치, 기구** 2 방법, 기제

The door lock **mechanism** of my car is broken.
내 차의 문 잠금 **장치**가 망가졌다.

an effective defense **mechanism** 효과적인 방어 **기제**

0883 automation
[ɔ̀:təméiʃən]

ⓝ 자동화

the **automation** of the factory 공장 **자동화**

Automation in the workplace has caused people to lose their jobs.
직장에서의 **자동화**는 사람들로 하여금 직장을 잃게 만들었다.

➕ automate ⓥ 자동화하다 | automatic ⓐ 자동의
automatically ⓐⓓ 자동으로

다의어

0884 fuel
[fjú:əl]

ⓝ **연료** ⓥ 1 **연료를 공급하다** 2 부채질하다

n. A tax on carbon-producing **fuels** affects the costs of production.
탄소를 생성하는 **연료**에 대한 세금은 생산 비용에 영향을 미친다.

v. 1 **fuel** the car 자동차에 **연료를 공급하다**

2 Alicia **fueled** her mother's anger by laughing.
Alicia는 웃음으로써 어머니의 화를 **부채질했다**.

➕ add fuel to the fire 불난 집에 부채질하다(문제를 더욱 악화시키다)

0885 license
[láisəns]

ⓝ 면허(증), 허가(증) ⓥ (사용을) 허가하다

a driver's **license** 운전 **면허증**

The company decided to **license** the technology to others.
그 회사는 다른 회사들에게 그 기술의 **사용을 허가하기로** 결정했다.

제품의 출시와 판매

0886 brand-new
[bræn(d)nú:]

ⓐ 신형의, 아주 새것의

My brother purchased a **brand-new** motorcycle last year.
우리 형은 작년에 **신형** 오토바이를 구입했다.

다의어

0887 standard
[stǽndə:rd]

ⓝ 수준, 기준; 규범 ⓐ 표준의; 일반적인

n. reach the required **standard** 요구 **수준**에 도달하다

All new vehicles must meet the **standard** for air pollution control. 모든 신차는 대기 오염 통제 **기준**을 충족해야 한다.

a. **standard** procedure 표준 절차

0888 **shipment**
[ʃípmənt]

ⓝ 배송, 수송, 선적

be ready for **shipment** 수송 준비가 되다
The parcel was lost during **shipment**.
그 소포는 **배송** 중에 분실되었다.

0889 **maximum**
[mǽksəməm]

ⓐ 최대의 ⓝ 최대, 최대한도 ⟷ minimum 최소(의)

We always try to make **maximum** use of resources.
우리는 항상 자원을 **최대한** 활용하려고 노력한다.

I will show you how to use your space to the **maximum**.
공간을 **최대한**으로 활용하는 방법을 여러분에게 보여드릴게요.

There can be a **maximum** of 10 students in a group.
한 모둠에 **최대** 10명씩 있을 수 있다.

0890 **durable**
[dúərəbl]

ⓐ 내구성 있는, 오래가는

durable goods 내구재(오래 쓸 수 있는 물건)
Plastic window frames are more **durable** than wooden ones.
플라스틱 창틀은 나무 창틀보다 **내구성이 좋다**.

0891 **agency**
[éidʒənsi]

ⓝ 대리점, 대행사

They advertise their products through an advertising **agency**.
그들은 광고 **대행사**를 통해 제품을 광고한다.

➕ a travel agency 여행사 | an employment agency 직업소개소

다의어

0892 **stock**
[stɑk]

ⓝ 재고(품) ⓥ (판매할 상품을) 갖추다, 비축하다

n. out of **stock** 재고가 없는, 품절된
v. The auto parts store **stocks** front bumpers and tires.
그 자동차 부품 가게는 전면 범퍼와 타이어를 **갖추고 있다**.

0893 **estimate**
ⓥ [éstimèit]
ⓝ [éstimət]

ⓥ 추정하다, 추산하다 ⓝ 추정치, 견적

It is **estimated** that online sales will increase by 10%.
온라인 매출이 10% 증가할 것으로 **추정된다**.

The mechanic gave me a rough **estimate** for the repairs.
그 정비공은 수리비의 대략적인 **추정치[견적]**를 알려주었다.

0894 **flourish**
[flə́:riʃ]

ⓥ 1 (사업 등이) 번창하다 2 (동식물이) 잘 자라다 ⩵ thrive

The company has continued to **flourish** over the years.
그 회사는 수년간 계속 **번창해** 왔다.

These plants **flourish** in a dry climate.
이 식물들은 건조한 기후에서 **잘 자란다**.

서비스업

0895 customize
[kʌ́stəmàiz]

ⓥ 맞춤화하다, 주문에 따라 만들다

We **customize** services to meet our customers' needs.
우리는 고객의 요구를 충족시키기 위해 서비스를 **맞춤화한다**.

➕ a customized car 주문 제작한 자동차

0896 client
[kláiənt]

ⓝ 고객; 의뢰인

a prospective[potential] **client** 미래의[잠재] 고객
He is a famous lawyer with many **clients**.
그는 **의뢰인**이 많은 유명한 변호사이다.

0897 clerk
[klə:rk]

ⓝ 점원

a part-time **clerk** at a convenience store 편의점의 시간제 **점원**
My brother is a **clerk** at the department store.
내 남동생은 백화점의 **점원**이다.

0898 hospitable
[hɑ́:spitəbl]

ⓐ 1 환대하는, 친절한 2 (환경이) 쾌적한, 알맞은

The salesclerks in the mall are **hospitable** to their customers.
그 쇼핑몰의 판매원들은 고객에게 **친절하다**.

The southern parts of the country have a very **hospitable** climate.
그 나라의 남부 지방은 기후가 매우 **쾌적하다**.

0899 merchant
[mə́:rtʃənt]

ⓝ 상인, 무역상, 도매상

He was born to a wealthy **merchant** family.
그는 한 부유한 **상인** 가정에서 태어났다.

a wine **merchant** 와인 **도매상**

➕ The Merchant of Venice 「베니스의 상인」(셰익스피어의 희곡)

0900 loyalty
[lɔ́iəlti]

ⓝ 충성; 충성심

Good service builds customer **loyalty**.
좋은 서비스는 고객의 **충성도**를 쌓는다.

➕ loyal ⓐ 충실한, 충성스러운

A 빈칸에 알맞은 우리말 또는 영어 단어를 써넣으시오.

제조업·서비스업

제조업의 종류

1 _____ automobile

2 _____ 직물, 천; (기본) 구조

3 _____ pottery

4 _____ 조선(업)

서비스업

21 _____ 고객; 의뢰인

22 _____ clerk

23 _____ 상인, 무역상

24 _____ loyalty

제조·생산

5 _____ production

6 _____ 운반 장치

7 _____ equipment

8 _____ 시설, 설비; 쉬움

9 _____ mill

10 _____ (기계) 장치, 기구; 방법

11 _____ fuel

12 _____ 면허(증); 허가하다

제품의 출시와 판매

13 _____ 신형의, 아주 새것의

14 _____ standard

15 _____ 배송, 수송, 선적

16 _____ maximum

17 _____ 대리점, 대행사

18 _____ estimate

19 _____ 재고(품); 비축하다

20 _____ flourish

B 문장의 빈칸에 알맞은 말을 보기에서 골라 쓰시오.

automation	customize	assembly	durable	hospitable	shifted

1 We _____ services to meet our customers' needs.

2 The salesclerks in the mall are _____ to their customers.

3 Plastic window frames are more _____ than wooden ones.

4 _____ in the workplace has caused people to lose their jobs.

5 In recent years, manufacturing has _____ to new locations abroad.

6 On a(n) _____ line, each worker deals with only one part of a product.

헷갈리는 혼동어 제대로 알기

1 **revolution**
ⓝ 혁명

The Industrial **Revolution** changed people's lives.
산업 **혁명**은 사람들의 삶을 바꾸었다.

evolution
ⓝ 진화; 발전

The theory of **evolution** explains how life on the Earth has changed.
진화론은 지구상의 생물이 어떻게 변해 왔는지 설명한다.

resolution
ⓝ 1 결심, 결의　2 해결, 해답

He made a **resolution** to exercise more in the new year.
그는 새해에 더 많이 운동하겠다는 **결심**을 했다.

2 **expose**
ⓥ 1 노출시키다; 드러내다　2 폭로하다

These crops are **exposed** to attacks by diseases.
이 농작물들은 질병의 공격에 **노출되어** 있다.

dispose
ⓥ 처리하다, 처분하다

She decided to **dispose** of the old furniture.
그녀는 낡은 가구를 **처분하기로** 결정했다.

3 **extract**
ⓥ 추출하다　ⓝ 추출물

The Hittites learned to **extract** iron from rocks.
히타이트 족은 바위로부터 철을 **추출하는** 법을 배웠다.

natural plant **extracts** 천연 식물 **추출물**

distract
ⓥ 산만하게 하다, (주의를) 딴 데로 돌리다

The loud noise started to **distract** me from my work.
그 시끄러운 소음이 내가 일에 **집중이 안되게** 하기 시작했다.

4 **durable**
ⓐ 내구성 있는, 오래가는

Plastic window frames are more **durable** than wooden ones.
플라스틱 창틀은 나무 창틀보다 **내구성이 좋다**.

curable
ⓐ 치료할 수 있는

Many types of cancer are **curable** if detected early.
많은 종류의 암은 조기에 발견되면 **치료할 수 있다**.

PLAN 9
예술

문학

literature 문학
analogy 유사성, 비유

음악과 미술

artistic 예술의, 예술적인
depict 묘사하다, 그리다

예술

연극과 영화

director 감독, 연출자
release 개봉하다; 개봉(작)

DAY 31 문학

✔ MUST-KNOW WORDS

poet 시인	poem 시	tale 이야기	writer 작가
title 제목; 출판물	describe 묘사하다	copy (책) 한 부	edit 편집하다

0901 literature
[lítərətʃər]

ⓝ 1 **문학** 2 문헌

Literature is a mirror that reflects the internal human spirit.
문학은 내면의 인간 정신을 반영하는 거울이다.

Russian **literature** 러시아 **문학**

There is now extensive **literature** on the subject.
이제 그 주제에 대해서 광범위한 **문헌**이 있다.

0902 literary
[lítərèri / lítərəri]

ⓐ 문학의, 문학적인, 문예의

a **literary** work 문학 작품

The essay is written in a **literary** style and aims at a general audience.
그 수필은 **문학적인** 문체로 쓰여 있고 일반 대중을 겨냥한 것이다.

영영 related to literature

★ cf. literal 문자 그대로의 | literate 글을 읽고 쓸 줄 아는

문학의 분야

0903 genre
[ʒáːnrə]

ⓝ 장르, 유형, 양식

a literary **genre** 문학 장르

In this course, students will explore different **genres** of literature.
이 강좌에서 학생들은 여러 문학 **장르**를 탐구할 것이다.

다의어

0904 classical
[klǽsikəl]

ⓐ 1 **고전적인, 고전주의의** 2 (음악이) 클래식의
3 전형적인 ≡ classic

1 **Classical** literature provides readers with insights into human nature.
고전 문학은 독자들에게 인간 본성에 대한 통찰력을 제공한다.

2 **classical** music 클래식 음악

3 a **classical** example 전형적인 사례

+ classic ⓐ 1 일류의 2 고전의, 고전적인 3 전형적인 ⓝ 고전, 걸작

0905 fiction
[fíkʃən]

ⓝ 1 **소설** ↔ nonfiction 논픽션, 비소설　2 **허구, 꾸며낸 이야기**

a work of **fiction** 소설 작품
Her explanation of what she did was pure **fiction**.
자신이 했던 일에 대한 그녀의 설명은 순전히 **허구**였다.

➕ science fiction 공상 과학 소설[영화]
➕ fictional ⓐ 허구의, 소설의

다의어

0906 novel
[nɑ́:vəl]

ⓝ **소설**　ⓐ 기발한, 새로운

n. The movie is based on a **novel** by Victor Hugo.
　그 영화는 빅토르 위고의 **소설**을 바탕으로 한다.

a. a **novel** solution to the problem 그 문제에 대한 **기발한** 해결책

0907 epic
[épik]

ⓝ 서사시

an **epic** of adventure 모험에 관한 **서사시**
Homer's **epic** is a classic of ancient literature.
호머의 **서사시**는 고대 문학의 걸작이다.

0908 poetry
[póuitri]

ⓝ 시, 시가

Poetry has been in my life since I was eight years old.
시는 내가 8살 때부터 내 삶에 있어 왔다.

★ poetry는 집합적 의미의 시 장르를, poem은 개별적인 시를 뜻한다.

0909 verse
[vəːrs]

ⓝ 운문

Not all **verse** is poetry, and not all poetry is written in **verse**.
모든 **운문**이 시인 것은 아니고, 모든 시가 **운문**으로 쓰인 것도 아니다.

🔤 writing in which words are arranged in a rhythmic pattern, often with rhyme

---

0910 prose
[prouz]

ⓝ 산문

Novels and essays are written in **prose**.
소설과 수필은 **산문**으로 쓰인다.

🔤 writing in which words are arranged in regular sentences and paragraphs, without rhythm

---

0911 legend
[lédʒənd]

ⓝ 전설; 전설적 인물

Each culture has its own **legends**. 각 문화에는 고유의 **전설**이 있다.
Elvis Presely is a rock and roll **legend**.
엘비스 프레슬리는 **전설적 인물**이다.

➕ legendary ⓐ 1 전설적인　2 전설상의

0912 **myth**
[miθ]

🄝 1 **신화** 2 (사회적) 통념

The **myths** of ancient Greece and Rome are the foundation of Western culture. 고대 그리스와 로마의 **신화**는 서양 문화의 기반이다.

contrary to popular **myth** 일반적인 **통념**과는 반대로

0913 **narrative**
[nǽrətiv]

🄝 이야기, 서술   🄐 이야기(체)의

She wrote a detailed **narrative** of the whole trip.
그녀는 여행 전체에 대한 상세한 **서술**을 기록했다.

language used in the **narrative** style
이야기체에 사용되는 언어

0914 **fable**
[féibəl]

🄝 우화, 교훈적 이야기

Aesop's **Fables** 이솝 **우화**

The students discussed the lesson of the **fable**.
학생들은 그 **우화**의 교훈에 대해 토론했다.

다의어

0915 **lyric**
[lírik]

🄐 **서정시의, 서정적인**   🄝 1 **서정시** 2 (pl.) 노래 가사

a. Horace was one of the greatest **lyric** poets of ancient Roman times.
호라티우스는 고대 로마 시대의 가장 위대한 **서정** 시인 중 한 명이었다.

n. 1 a poet known for beautiful **lyrics**
아름다운 **서정시**로 알려진 시인

2 **lyrics** to popular songs 대중가요의 **가사**

구성 요소와 작법

0916 **irony**
[áirəni]

🄝 역설적인 점; 반어법, 풍자

The **irony** in *Macbeth* is that his ambition leads to his downfall.
맥베스에서의 **역설적인 점**은 그의 야망이 자신의 몰락을 가져온다는 것이다.

the use of **irony** in literary works 문학 작품에서 **반어법**의 사용

✛ ironic(al) ⓐ 반어의, 풍자적인

다의어

0917 **plot**
[plɑ:t]

🄝 1 **줄거리, 구상** 2 음모, 계략   🄥 음모를 꾸미다

n. 1 The **plot** of the novel concerns a woman deceived into marrying a man. 그 소설의 **줄거리**는 어떤 남자에게 속아서 결혼하게 되는 여자에 관한 것이다.

2 a **plot** to overthrow the government
정부를 전복시키려는 **음모**

v. The villains **plotted** against the hero.
악당들은 영웅을 상대로 **음모를 꾸몄다**.

0918 heroine
[hérouin]

🅝 여주인공; 여성 영웅

The **heroine** of the novel was born into a normal family.
그 소설의 **여주인공**은 평범한 가정에서 태어났다.

the French war **heroine** Jeanne d'Arc
프랑스의 **여성** 전쟁 **영웅** 잔 다르크

★ cf. hero 남자 주인공; 영웅

0919 analogy
[ənǽlədʒi]

🅝 1 유사성, 비유 2 유추

Literary techniques such as metaphor and simile are examples of **analogy**.
은유와 직유와 같은 문학적 기법은 **비유**의 예이다.

The theory was developed based on **analogy**.
그 이론은 **유추**에 근거하여 개발되었다.

★ cf. metaphor 은유 | simile 직유

0920 anecdote
[ǽnikdòut]

🅝 일화

a previously untold **anecdote** 이전에 알려지지 않은 **일화**
He told me funny **anecdotes** about his college days.
그는 나에게 자신의 대학 시절에 관한 재미있는 **일화들**을 들려주었다.

0921 rhyme
[raim]

🅝 운, 각운 🅥 (각)운이 맞다

a poem with **rhyme** 운을 갖추고 있는 시
The word "sky" **rhymes** with "tie".
sky라는 단어는 tie와 **운이 맞는다**.

집필 · 출판 · 평가

0922 description
[diskrípʃən]

🅝 묘사, 설명, 서술

The writer has given a detailed **description** of the landscape.
그 작가는 경치를 상세히 **묘사**했다.

➕ describe ⓥ 묘사하다, 서술하다 | descriptive ⓐ 묘사적인, 서술하는

다의어

0923 composition
[kàmpəzíʃən]

🅝 1 구성 2 (문학·음악 등의) 작품 3 작문; 작곡

1 the chemical **composition** of the Earth's air
지구 대기의 화학적 **구성**

2 a **composition** by a young musician
젊은 음악가에 의해 만들어진 **작품**

3 I found lots of grammatical errors in your **composition**.
나는 너의 **작문**에서 많은 문법적 오류를 발견했어.

➕ compose ⓥ 1 구성하다 2 쓰다; 작곡하다

0924 **imaginative**
[imǽdʒənətiv]

ⓐ 상상력이 풍부한, 창의적인

Coleridge was one of the most **imaginative** poets of his time.
콜리지는 자신이 살던 시대에 가장 **상상력이 풍부한** 시인 중 한 명이었다.

✚ imagine ⓥ 상상하다 | imaginary ⓐ 가상의, 상상 속에 존재하는

0925 **author**
[ɔ́ːθər]

ⓝ 작가, 저자

a best-selling **author** 베스트셀러 **작가**
Han Kang is a Korean **author** who won a Nobel Prize in Literature.
한강은 노벨 문학상을 수상한 한국 **작가**이다.

0926 **publish**
[pʌ́bliʃ]

ⓥ 출판하다; 발표하다

Her last novel was **published** six months before her death.
그녀의 마지막 소설은 그녀가 죽기 6개월 전에 **출판되었다**.

✚ publication ⓝ 출판(물)

0927 **translation**
[trænsléiʃən / trænz-]

ⓝ 번역, 통역; 해석

a rough **translation** 조잡한[정확하지 않은] **번역**
Translation is a complex process involving cultural factors.
번역은 문화적 요인을 수반하는 복잡한 과정이다.

✚ translate ⓥ 번역하다

0928 **criticism**
[krítisìzm]

ⓝ 비평, 평론, 비판

Literary **criticism** helps us understand stories better.
문학 **비평**은 우리가 이야기를 더 잘 이해하도록 돕는다.

✚ criticize ⓥ 비평하다, 비판하다 | critic ⓝ 비평가, 평론가

0929 **appreciate**
[əpríːʃièit]

ⓥ 1 감상하다; 진가를 알아보다 2 고마워하다

You can't truly **appreciate** a work of art until you recognize your own ignorance.
자신의 무지를 인식해야만 예술 작품을 진정으로 **감상할** 수 있다.

The elderly lady **appreciated** help in getting on the bus.
그 노부인은 버스에 타는 것을 도와준 것에 대해 **고마워했다**.

0930 **comparative**
[kəmpǽrətiv]

ⓐ 비교의, 상대적인

He studied **comparative** literature with a focus on English and Korean authors.
그는 영국과 한국 작가들에 초점을 맞추어 **비교** 문학을 공부했다.

✚ compare ⓥ 비교하다 | comparison ⓝ 비교

DAILY CHECK-UP

A 빈칸에 알맞은 우리말 또는 영어 단어를 써넣으시오.

1 _____ literature

2 _____ 문학의, 문학적인

문학의 분야

3 _____ genre

4 _____ 고전적인; 클래식의

5 _____ fiction

6 _____ 소설; 기발한

7 _____ 서사시

8 _____ poetry

9 _____ 운문

10 _____ legend

구성 요소와 작법

15 _____ plot

16 _____ 여주인공; 여성 영웅

17 _____ 일화

18 _____ rhyme

11 _____ myth

12 _____ 이야기; 이야기(체)의

13 _____ fable

14 _____ 서정시(의); 서정적인

집필·출판·평가

19 _____ 구성; 작품; 작문

20 _____ imaginative

21 _____ 작가, 저자

22 _____ publish

23 _____ 번역, 통역; 해석

24 _____ criticism

B 문장의 빈칸에 알맞은 말을 보기에서 골라 쓰시오.

analogy	comparative	appreciated	description	irony	prose

1 Novels and essays are written in _____.

2 The elderly lady _____ help in getting on the bus.

3 The writer has given a detailed _____ of the landscape.

4 The _____ in *Macbeth* is that his ambition leads to his downfall.

5 Literary techniques such as metaphor and simile are examples of _____.

6 He studied _____ literature with a focus on English and Korean authors.

음악과 미술

✔ **MUST-KNOW WORDS**

perform 공연하다 　　　audience 관객, 청중 　　　orchestra 관현악단 　　　modern 현대의

artwork 예술[미술] 작품 　　painting 그림, 회화 　　　create 만들다, 창작하다 　　craft 공예

음악 · 미술 공통

0931 artistic
[ɑ:rtístik]

ⓐ 예술의, 예술적인

Creators of **artistic** works have a right to their creations.
예술 작품의 창작자들은 자신의 창작물에 대한 권리를 갖는다.

an **artistic** sense of colors 색채에 대한 **예술적** 감각

0932 masterpiece
[mǽstə:rpì:s]

ⓝ 걸작, 명작, 대표작

a **masterpiece** of Renaissance art 르네상스 미술의 **걸작**

Rigoletto is Verdi's **masterpiece**, full of drama, emotion, and great music.
'리골레토'는 드라마, 감정, 훌륭한 음악으로 가득한 베르디의 **대표작**이다.

0933 aesthetic
[esθétik]

ⓐ 미의; 심미적인

The artist has an **esthetic** sense for design.
그 예술가는 디자인에 **미적인** 감각이 있다.

seek **aesthetic** perfection **심미적인** 완벽함을 추구하다

음악

0934 composer
[kəmpóuzər]

ⓝ 작곡가

a **composer** of great genius 위대한 천재 **작곡가**

She prefers classical **composers** to modern **composers**.
그녀는 현대 음악 **작곡가들**보다 고전파 **작곡가들**을 더 좋아한다.

0935 instrument
[ínstrəmənt]

ⓝ 1 기구, 도구　2 **악기**　🟰 musical instrument

The microscope is a scientific **instrument** used to observe very small objects and organisms.
현미경은 아주 작은 물체와 유기체를 관찰하는 데 사용되는 과학 **기구**이다.

The piano is the most common keyboard **instrument** today.
피아노는 오늘날 가장 흔한 건반 **악기**이다.

다의어

0936 string
[striŋ]

Ⓝ 1 **줄** 2 연속, 일련 ＝series 3 (*pl.*) **현악 파트**
Ⓥ **실에 꿰다; 줄을 매다**

n. 1 a piece[length] of **string** 줄 한 가닥
　　a guitar **string** 기타 **줄**
　2 a **string** of successes 연속된 성공
　3 The initial theme is played by the **strings**.
　　첫 주제는 **현악 파트**가 연주한다.

v. **string** the pearls into a necklace 진주를 **꿰어** 목걸이를 만들다

0937 symphony
[símfəni]

Ⓝ 교향곡

Beethoven's Ninth **Symphony** is one of the best-known musical compositions.
베토벤 9번 **교향곡**은 가장 유명한 음악 작품 중 하나이다.

다의어

0938 score
[skɔːr]

Ⓝ 1 점수; 득점 2 **음악** 3 **악보** Ⓥ 득점하다

n. 1 the final **score** 최종 **점수**
　2 The film's main **score** was composed by John Williams.
　　그 영화의 주제 **음악**은 존 윌리엄스가 작곡했다.
　3 a piano **score** 피아노 **악보**

v. Our team **scored** first. 우리 팀이 먼저 **득점했다**.

0939 vocal
[vóukəl]

ⓐ 목소리의 Ⓝ 보컬[노래 부분]

Freddie Mercury's **vocal** range was four octaves.
프레디 머큐리의 **목소리의** 범위[음역]는 4옥타브였다.

Her **vocal** was the highlight of the show.
그녀의 **보컬**은 공연의 하이라이트였다.

➕ vocal cords 성대

0940 harmonize
[háːrmənàiz]

Ⓥ 1 조화를 이루다, 어울리다 2 화음을 넣다

The instruments **harmonize** beautifully in the song.
악기들이 노래에서 아름답게 **조화를 이룬다**.

techniques to **harmonize** music 음악에 **화음을 넣는** 기술

➕ harmony Ⓝ 조화; 화음, 화성

다의어

0941 tune
[tuːn]

Ⓝ 곡조, 선율, 음정 Ⓥ 조율하다

n. Her voice sounds funny, but she can carry a **tune**.
　그녀의 목소리는 이상하게 들리지만, 그녀는 **음정**을 잘 맞춘다.

v. A piano needs to be **tuned** at least once a year.
　피아노는 적어도 1년에 한 번은 **조율해야** 한다.

0942 pitch
[pitʃ]

ⓝ 1 (야구) 투구 2 **음조** 3 정점, 최고조 ⓥ (야구) 던지다

n. 1 throw a **pitch** 투구하다
2 He sang the beautiful melodies in a very high **pitch**.
그는 아주 높은 **음조**로 아름다운 멜로디를 노래했다.
3 As the match was nearing the end, the excitement reached a high **pitch**.
경기가 마지막을 향해 감에 따라, 흥분이 **최고조**에 이르렀다.

v. He **pitched** so well in the last game.
그는 지난 경기에서 아주 잘 **던졌다**.

0943 note
[nout]

ⓝ 1 메모 2 쪽지, 짧은 편지 3 **음; 음표**
ⓥ 주목하다, 유념하다

n. 1 Could you leave a **note**? 메모 남기시겠어요?
2 a thank-you **note** 감사 **편지**
3 The whole audience sat in silence until he reached the last **notes** of the piece.
그가 곡의 마지막 **음**에 이를 때까지 모든 청중은 침묵하며 앉아 있었다.

v. Please **note** that the program is subject to change.
프로그램이 바뀔 수 있다는 것을 **유념하세요**.

미술

0944 depict
[dipíkt]

ⓥ 묘사하다, 그리다, 표현하다

This painting **depicts** Napoleon crossing the Alps.
이 그림은 알프스를 횡단하는 나폴레옹을 **묘사한다**.

The novel **depicts** a man's struggle against the forces of nature.
그 소설은 자연의 힘에 대항하는 한 남자의 투쟁을 **그린다**.

　＋ depiction ⓝ 묘사

0945 illustrate
[íləstrèit]

ⓥ 1 (예를 들어) 설명하다, 예증하다 2 **삽화를 넣다**

Let me give an example to **illustrate** this.
이것을 **설명하기** 위해 예를 하나 들겠습니다.

The book is **illustrated** with portraits of historical figures.
그 책에는 역사적 인물들의 초상화가 **삽화로 들어가** 있다.

　＋ illustration ⓝ 1 삽화, 일러스트 2 사례, 실례 ｜ illustrator ⓝ 삽화가

0946 portray
[pɔːrtréi]

ⓥ 그리다, 묘사하다

This painting **portrays** rural life of England.
이 그림은 영국의 전원생활을 **그리고** 있다.

　＋ portrayal ⓝ 묘사 ｜ portrait ⓝ 초상화, 인물 사진

0947 landscape
[lǽndskeip]

ⓝ 풍경, 경치; 풍경화

The **landscape** seen from this point is breathtaking.
이 지점에서 보이는 **경치**가 숨 막힐 정도이다.

William Turner was an English painter known for his watercolor **landscapes**.
윌리엄 터너는 수채 **풍경화**로 유명한 영국 화가였다.

0948 perspective
[pə:rspéktiv]

ⓝ 1 관점, 시각 ⓔ viewpoint **2 원근법**

a new **perspective** on life 삶에 대한 새로운 **관점[시각]**
A painter uses **perspective** to create depth.
화가는 깊이를 만들어 내기 위해 **원근법**을 이용한다.

0949 background
[bǽkgraund]

ⓝ 1 (사람·사건의) 배경, 환경 2 (그림·사진의) 배경

academic **background** 학문적 **배경**[학력]
I took a picture of him with his house in the **background**.
나는 그의 집을 **배경**으로 그의 사진을 찍었다.

0950 graphic
[grǽfik]

ⓐ 1 생생한, 상세한 2 그래픽의; 시각 예술의

a **graphic** description **생생한** 묘사[설명]
The artwork will be used in a **graphic** project such as an advertisement.
그 작품은 광고와 같은 **시각 예술** 프로젝트에 사용될 것이다.

0951 vibrant
[váibrənt]

ⓐ 1 활기찬 ⓔ exciting **2 (색채가) 선명한, 강렬한**

The city is full of **vibrant** energy.
그 도시는 **활기찬** 에너지로 가득 차 있다.

The use of **vibrant** colors brings the painting to life.
선명한 색 사용이 그림에 생기를 불어넣는다.

0952 subtle
[sʌ́tl]

ⓐ 1 미묘한 2 섬세한, 민감한

give a **subtle** smile **미묘한** 미소를 짓다
There is a **subtle** elegance to her art style.
그녀의 예술 스타일에는 **섬세한** 우아함이 있다.

0953 shade
[ʃeid]

ⓝ 1 그늘 2 (그림의) 색조, 음영

He pulled the car into a spot that offered **shade**.
그는 차를 **그늘**진 곳으로 댔다.

The **shades** of the painting are very calm.
그 그림의 **색조**는 매우 차분하다.

0954 sculpture
[skʌ́lptʃəːr]

ⓝ 조각품; 조각, 조소

Local artists gathered to create **sculptures** for the garden.
지역 예술가들이 그 정원을 위한 **조각품**을 만들기 위해 모였다.

✚ sculpt ⓥ 조각하다 | sculptor ⓝ 조각가

0955 statue
[stǽtʃuː]

ⓝ 상, 조각상

The city council decided to move the **statue** to a new site.
시 의회는 **동상**을 새로운 장소로 옮기기로 결정했다.

⊕ the Statue of Liberty 자유의 여신상

0956 carve
[kɑːrv]

ⓥ 조각하다; 새기다, 파다

Michelangelo **carved** the sculpture in his seventies.
미켈란젤로는 70대에 그 조각품을 **조각했다**.

She **carved** her lover's name on the tree.
그녀는 그 나무에 연인의 이름을 **새겼다**.

0957 calligraphy
[kəlígrəfi]

ⓝ 서예

Steve Job's favorite college class was a course in **calligraphy**.
스티브 잡스가 가장 좋아했던 대학 강의는 **서예** 강좌였다.

★ calli-(아름다운) + graphy(글, 글씨) → 아름다운 글씨 → 서예

0958 gallery
[gǽləri]

ⓝ 1 미술관, 화랑 2 방청석, 위층 관람석

She visited many art **galleries** around the world.
그녀는 전 세계의 많은 **미술관**을 방문했다.

There were few people in the **gallery** at the theater.
극장의 **위층 관람석**에는 사람이 거의 없었다.

0959 exhibit
[igzíbit]

ⓥ 전시하다 ⓝ 전시; 전시품

The museum will **exhibit** the artist's latest collection next month.
그 박물관은 다음 달에 그 예술가의 최신 작품을 **전시할** 것이다.

an **exhibit** about ancient Egypt 고대 이집트에 관한 **전시**

✚ exhibition ⓝ 전시회, 전시

0960 curator
[kjuəréitər]

ⓝ 큐레이터, 전시 책임자

The **curator** provided insightful commentary on each artwork.
그 **큐레이터**는 각 작품에 대해 통찰력 있는 해설을 제공했다.

DAILY CHECK-UP

A 빈칸에 알맞은 우리말 또는 영어 단어를 써넣으시오.

음악과 미술

음악·미술 공통

1 _____ artistic

2 _____ 미의; 심미적인

3 _____ 걸작, 명작

12 _____ sculpture

13 _____ 상, 조각상

14 _____ calligraphy

15 _____ 전시 책임자

16 _____ gallery

미술

4 _____ depict

5 _____ 설명하다; 삽화를 넣다

6 _____ portray

7 _____ 풍경(화), 경치

8 _____ background

9 _____ 생생한; 시각 예술의

10 _____ subtle

11 _____ 그늘; 색조, 음영

음악

17 _____ composer

18 _____ 줄; 현악 파트; 줄을 매다

19 _____ symphony

20 _____ 득점(하다); 음악; 악보

21 _____ vocal

22 _____ 조화를 이루다; 화음을 넣다

23 _____ tune

24 _____ 쪽지; 음; 음표

B 문장의 빈칸에 알맞은 말을 보기에서 골라 쓰시오.

instrument	perspective	vibrant	pitch	carved	exhibit

1 A painter uses _____ to create depth.

2 Michelangelo _____ the sculpture in his seventies.

3 He sang the beautiful melodies in a very high _____.

4 The use of _____ colors brings the painting to life.

5 The piano is the most common keyboard _____ today.

6 The museum will _____ the artist's latest collection next month.

연극과 영화

연극 · 영화 공통

0961 theme
[θi:m]

ⓝ 주제, 테마

What do you think the **theme** of the play is?
너는 그 연극의 **주제**가 뭐라고 생각해?

The film's **theme** song stayed in my head for days.
그 영화의 **주제**가가 며칠 동안 내 머릿속에 남았다.

0962 script
[skript]

ⓝ 1 **대본, 원고**   2 필체, 글씨체   ⊜ handwriting

The actor had difficulty memorizing the **script**.
그 배우는 **대본**을 외우는 데 어려움을 겪었다.

She wrote a thank-you note in neat **script**.
그녀는 깔끔한 **필체**로 감사의 편지를 썼다.

0963 scene
[si:n]

ⓝ 1 **장면**   2 현장

There is a very exciting fight **scene** in that movie.
그 영화에는 매우 흥미진진한 싸움 **장면**이 나온다.

He won a prize for his photo of a crime **scene**.
그는 범죄 **현장**의 사진으로 상을 받았다.

0964 crew
[kru:]

ⓝ 1 (배·비행기·열차의) 승무원 (전원)   2 **(같은 일에 종사하는) 팀, 조**

The **crew** welcomed the boarding passengers with a smile.
승무원들이 탑승하는 승객들을 미소로 환영했다.

The film **crew** arrived early to set up the cameras.
촬영**팀**은 카메라 설치를 위해 일찍 도착했다.

0965 director
[diréktər / dai-]

ⓝ 1 **(영화·연극의) 감독, 연출자**   2 (회사의) 임원, 이사

He is regarded as one of the most talented **directors** in Hollywood.
그는 할리우드에서 가장 재능 있는 **감독** 중 한 명으로 여겨진다.

the board of **directors** 이사회

0966 crisis
[kráisis]

ⓝ 위기, 고비, 결정적 단계

The **crisis** in the movie occurs when the boy loses his mother in an accident.
그 영화의 **위기**는 소년이 사고로 어머니를 잃을 때 발생한다.

0967 episode
[épəsòud]

ⓝ 1 사건, 일화 2 (연속극 등의) 방송 1회분

The movie is full of funny **episodes** centered on a family.
그 영화는 한 가족을 중심으로 한 재미있는 **일화들**로 가득하다.

the final **episode** of the drama 그 드라마의 마지막 **회**

다의어

0968 intrigue
[intríːg]

ⓥ 흥미를 끌다, 호기심을 자극하다 ⓝ 모의, 음모

v. Something about the character **intrigued** the actress.
그 등장인물의 무언가가 그 여배우의 **흥미를 끌었다**.

n. It is a movie of **intrigue** and mystery.
그것은 **음모**와 미스터리에 관한 영화이다.

0969 base
[beis]

ⓥ ~에 근거[바탕]를 두다 ⓝ 토대, 기초

The movie is **based** on the novel with the same title by Stephen King.
그 영화는 스티븐 킹의 동명 소설을 **바탕으로 하고** 있다.

The play later served as the **base** for an opera by Rossini.
그 연극은 후에 로시니의 오페라의 **토대**가 되었다.

다의어

0970 original
[ərídʒənəl]

ⓐ 1 원래의, 원본[원작]의 2 독창적인 ⓝ 원본

a. 1 The **original** script of the play is in a museum.
그 연극의 **원본** 대본은 박물관에 있다.

2 The film is highly **original**. 그 영화는 매우 **독창적이다**.

n. Keep the **original** before making a copy.
복사본을 만들기 전에 **원본**을 보관해라.

배우와 연기

0971 audition
[ɔːdíʃən]

ⓝ (가수·배우 등의) 오디션, 심사 ⓥ 오디션을 보다

The director held **auditions** to find the perfect actors for the film. 감독은 영화에 완벽한 배우들을 찾기 위해 **오디션**을 진행했다.

The dancers will **audition** in front of the judges tomorrow.
댄서들은 내일 심사위원들 앞에서 **오디션을 볼 것이다**.

0972 **debut**
[déibjù: / deibjú:]

ⓝ 데뷔, 첫 출연 ⓥ 데뷔하다, 첫 무대에 서다

make one's **debut** 데뷔하다, 첫선을 보이다
The actress **debuted** on Broadway last month.
그 여배우는 지난달 브로드웨이에 **데뷔했다**.

0973 **terrific**
[tərífik]

ⓐ 아주 멋진, 훌륭한 ⓔfantastic

The actor who played the detective was **terrific**.
탐정을 연기한 그 배우는 **아주 멋졌다**.

The movie was **terrific** with great acting and a solid plot.
그 영화는 연기도 좋고 줄거리도 탄탄해서 **훌륭했다**.

0974 **narrator**
[nəréitər / nǽreitər]

ⓝ 이야기하는 사람, 화자

The **narrator** of the story is a twelve-year-old girl.
그 이야기의 **화자**는 12살 소녀이다.

+ narrate ⓥ 이야기하다, 들려주다
  narration ⓝ 이야기 진행하기, 서술

0975 **role**
[roul]

ⓝ 1 역할 2 배역

The director plays a crucial **role** in making a movie.
감독은 영화를 만드는 데 있어서 매우 중요한 **역할**을 한다.

It is the most challenging **role** the actress has played.
그것은 그 여배우가 연기한 것 중 가장 도전적인 **배역**이다.

다의어

0976 **cast**
[kæst]
cast-cast-cast

ⓝ 1 출연진 2 깁스 ⓥ 1 던지다 2 캐스팅하다

n. 1 The film has a large **cast** of skilled actors.
그 영화에는 많은 실력 있는 배우들이 **출연진**으로 나온다.

2 The doctor put a **cast** on the soccer player's broken leg.
그 의사는 축구 선수의 부러진 다리에 **깁스**를 했다.

v. 1 **cast** a welcoming smile 환영의 미소를 **보내다**

2 She was **cast** in the leading role for the first time in her career. 그녀는 경력에서 처음으로 주연에 **캐스팅되었다**.

다의어

0977 **appear**
[əpíər]

ⓥ 1 ~인 것 같다 2 나타나다, 생기다 ⓐdisappear 사라지다
3 출연하다

1 It **appears** that the weather will be nice.
날씨가 좋을 **것 같다**.

2 Some brown spots **appeared** on my face.
갈색 반점이 내 얼굴에 **생겼다**.

3 The actor has **appeared** in 36 movies so far.
그 배우는 지금까지 36편의 영화에 **출연했다**.

+ appearance ⓝ 1 외모, 외관 2 등장, 출현 3 출연

0978 **rehearse**
[rihə́:rs]

ⓥ 예행연습[리허설]을 하다

The actors **rehearsed** the play before the performance.
배우들은 공연 전에 연극을 **예행연습 했다**.

➕ rehearsal ⓝ 리허설, 예행연습

0979 **makeup**
[méikʌ̀p]

ⓝ 분장, 화장

The actors put on **makeup** before the show began.
배우들은 공연 시작 전에 **분장**을 했다.

다의어

0980 **stage**
[steidʒ]

ⓝ 1 단계 2 무대 ⓥ 무대에 올리다, 상연하다

n. 1 the early **stages** of recovery 회복 초기 **단계**
    2 **stage** fright 무대 공포증
v. A local theater group is **staging** a production of *Hamlet*.
한 지역의 극단이 '햄릿' 작품을 **상연하고** 있다.

0981 **tragedy**
[trǽdʒədi]

ⓝ 비극; 비극적 사건 ⟷ comedy 희극, 코미디; 희극적 사건

the four great **tragedies** by Shakespeare
셰익스피어의 4대 **비극**

The king was an unfortunate man whose life ended in
tragedy. 그 왕은 **비극**적으로 생을 마감한 불운한 사람이었다.

0982 **effect**
[ifékt]

ⓝ 1 영향, 결과 ═ result, consequence 2 (영화 등에서의) 효과

the **effects** of violence shown in movies on teenagers
영화에 나오는 폭력이 십 대에게 미치는 **영향**

special **effects** (영화 제작에 있어서의) 특수 **효과**

0983 **sequence**
[síːkwəns]

ⓝ 1 연속; 순서, 차례 2 (영화의 일부) 장면

The task should be performed in a particular **sequence**.
그 작업은 특정한 **순서**로 수행해야 한다.

I liked the chase **sequence** in the middle of the movie.
나는 그 영화 중간에 있는 추격 **장면**이 좋았다.

0984 **shooting**
[ʃúːtiŋ]

ⓝ 1 발사, 총격 2 촬영

The director was satisfied with the **shooting** scene.
감독은 **총격** 장면에 만족해했다.

We had ten days of rehearsals before **shooting** began.
우리는 **촬영**이 시작되기 전에 열흘간의 리허설을 가졌다.

➕ shoot ⓥ 1 (총 등을) 쏘다 2 촬영하다

0985	**nominate** [nάːmənèit]	ⓥ (후보로) 지명하다

He was **nominated** as best actor.
그는 최우수 배우 **후보**로 **지명되었다.**

The committee **nominated** her as the new chairperson.
그 위원회는 그녀를 새 의장으로 **지명했다.**

🌐 to formally suggest that a person should be chosen for an important role, prize, or position

0986	**celebrity** [səlébrəti]	ⓝ 연예인; 유명인사

The actress is the only **celebrity** I have met in person.
그 여배우는 내가 직접 만난 유일한 **연예인**이다.

The movie's success made him an overnight **celebrity**.
그 영화의 성공으로 그는 하룻밤 사이에 **유명인사**가 되었다.

0987	**animation** [ænəméiʃən]	ⓝ 1 <mark>만화 영화, 애니메이션</mark> 2 생기, 활기

It is the first Korean **animation** to be exported.
그것은 수출된 최초의 한국 **만화 영화**이다.

with great **animation** 매우 **활기**차게

0988	**suspense** [səspéns]	ⓝ (영화 등의) 긴장감, 서스펜스

build **suspense** in the audience 관객에게 **긴장감**을 조성하다
Suspense is a key element in horror films.
긴장감은 공포 영화에서 중요한 요소이다.

다의어

0989	**release** [rilíːs]	ⓥ 1 풀어주다, 석방하다 2 <mark>개봉하다, 발매하다</mark> ⓝ 1 석방 2 <mark>개봉(작)</mark>

v. 1 The former prime minister was **released** from prison.
　　전 수상이 감옥에서 **풀려났다.**

　 2 That movie was **released** last week.
　　그 영화는 지난주에 **개봉되었다.**

n. 2 The film became a hit right after its **release**.
　　그 영화는 **개봉** 직후 흥행했다.

0990	**earnings** [ə́ːrniŋz]	ⓝ 소득; 수익

The movie's **earnings** exceeded expectations on its opening weekend. 그 영화의 **수익**은 개봉 주말에 예상치를 초과했다.

The company's export **earnings** have increased.
그 회사의 수출 **수익**이 증가했다.

DAILY CHECK-UP

A 빈칸에 알맞은 우리말 또는 영어 단어를 써넣으시오.

연극과 영화

연극·영화 공통

1 _____ theme
2 _____ 장면; 현장
3 _____ crew
4 _____ 감독, 연출자; 이사
5 _____ crisis
6 _____ 흥미를 끌다; 음모
7 _____ base
8 _____ 원래의; 독창적인

배우와 연기

9 _____ debut
10 _____ 아주 멋진, 훌륭한
11 _____ narrator
12 _____ 출연진; 캐스팅하다
13 _____ appear

연극

14 _____ 분장, 화장
15 _____ tragedy
16 _____ 단계; 무대(에 올리다)

영화와 촬영

17 _____ effect
18 _____ 연속; 순서; 장면
19 _____ shooting
20 _____ (후보로) 지명하다
21 _____ animation
22 _____ (영화 등의) 긴장감
23 _____ earnings
24 _____ 석방하다; 개봉하다

B 문장의 빈칸에 알맞은 말을 보기에서 골라 쓰시오.

audition	celebrity	episodes	role	script	rehearsed

1 The actors _____ the play before the performance.

2 The actor had difficulty memorizing the _____.

3 The movie's success made him an overnight _____.

4 It is the most challenging _____ the actress has played.

5 The dancers will _____ in front of the judges tomorrow.

6 The movie is full of funny _____ centered on a family.

✏️ 헷갈리는 혼동어 제대로 알기

1 composition
ⓝ 1 구성 2 작품 3 작문; 작곡

I found lots of grammatical errors in your **composition**.
나는 너의 **작문**에서 많은 문법적 오류를 발견했어.

exposition
ⓝ 1 전시회, 박람회 2 설명, 해설

The museum is hosting an **exposition** of Renaissance paintings.
그 박물관은 르네상스 회화 **전시회**를 열고 있다.

2 perspective
ⓝ 1 관점, 시각 2 원근법

A painter uses **perspective** to create depth.
화가는 깊이를 만들어 내기 위해 **원근법**을 이용한다.

prospective
ⓐ 장래의, 기대되는

The company wants to attract more **prospective** clients.
그 회사는 더 많은 **잠재** 고객들을 끌고 싶어 한다.

respective
ⓐ 각각의, 각자의

Everyone fulfilled their **respective** roles during the project.
모든 사람들이 그 프로젝트 동안 **각자의** 역할을 다했다.

3 exhibit
ⓥ 전시하다 ⓝ 전시; 전시품

The museum will **exhibit** the artist's latest collection next month.
그 박물관은 다음 달에 그 예술가의 최신 작품을 **전시할** 것이다.

inhibit
ⓥ 억제하다, 제지하다

Stress can **inhibit** creativity and problem-solving skills.
스트레스는 창의력과 문제 해결 능력을 **억제할** 수 있다.

4 suspense
ⓝ (영화 등의) 긴장감, 서스펜스

Suspense is a key element in horror films.
긴장감은 공포 영화에서 중요한 요소이다.

suspension
ⓝ 정지, 중단

The **suspension** of the game due to rain frustrated many fans.
비로 인한 게임 **중단**은 많은 팬들을 실망시켰다.

PLAN 10
여가 활동

스포츠
competition 경쟁; 대회
defeat 이기다, 물리치다; 패배

여행과 관광
available 이용 가능한
sightseeing 관광, 유람

여가 활동

오락과 취미
leisure 여가, 한가한 시간
collection 수집(품); 소장품

봉사와 기부
nonprofit 비영리의
voluntary 자발적인

스포츠

player 선수	practice 연습(하다)	train 훈련하다	cheer 응원하다; 환호
fair 공정한, 공평한	beat 이기다	final 마지막의; 결승전	semifinal 준결승전

대회와 리그

0991 tournament
[túə:rnəmənt / tə́:r-]

ⓝ 토너먼트(승자 진출전), 선수권 대회

be out of the **tournament** 토너먼트에서 탈락하다
I'm sure he will win this **tournament** unless something unexpected happens.
나는 이변이 없으면 그가 이번 **선수권 대회**에서 우승할 것이라고 확신한다.

0992 league
[li:g]

ⓝ 1 (스포츠 경기의) 리그 2 연합, 연맹

Our local team belongs to the Western Football **League**.
우리 지역 팀은 서부 축구 **리그**에 속해 있다.
the **League** of Women Voters 여성 유권자 **연합**

0993 competition
[kɑ̀mpətíʃən]

ⓝ 1 경쟁 2 대회, 시합

Intense **competition** exists between the two teams.
그 두 팀 사이에는 치열한 **경쟁**이 존재한다.
He enters every **competition** that he can.
그는 참가할 수 있는 모든 **대회**에 참가한다.

➕ compete ⓥ 경쟁하다 | competitive ⓐ 경쟁적인
competitor ⓝ 경쟁자, 경쟁 상대

0994 annual
[ǽnjuəl]

ⓐ 해마다의, 연례의

The school held its **annual** sports day on October 12.
그 학교는 10월 12일에 **연례** 체육 대회를 개최했다.

0995 international
[ìntərnǽʃənəl]

ⓐ 국제적인

international exchange through sports 스포츠를 통한 **국제** 교류
The Olympic Games are an **international** sports festival held every four years.
올림픽은 4년마다 개최되는 **국제적인** 스포츠 축제이다.

⭐ inter(= between) + nation(국가) + al(~의)
→ 국가 사이의 → 국제적인

0996 qualify
[kwάləfὰi]

ⓥ 자격을 얻다, 자격을 충족하다

The athlete finally **qualified** for the Olympics.
그 선수는 마침내 올림픽 출전 **자격을 얻었다.**

qualify for the scholarship 장학금 받을 **자격을 충족하다**

0997 arena
[ərí:nə]

ⓝ 1 경기장, 투기장　2 활동 무대, 경쟁의 장

The city is planning to build a new sports **arena**.
시에서는 새로운 스포츠 **경기장**을 건설할 계획을 세우고 있다.

He is ready to enter the political **arena**.
그는 정**계**에 입문할 준비가 되어 있다.

0998 entry
[éntri]

ⓝ 1 들어감, 입장　↔exit 퇴장　2 참가, 출전

Mobile tickets provide quick and easy **entry** to the arena.
모바일 티켓은 경기장에 빠르고 쉽게 **입장**할 수 있게 해준다.

the closing date for **entries** **참가** 신청 마감일

✚ enter ⓥ 1 들어가다　2 참가하다

0999 amateur
[ǽmətər / -tʃər]

ⓝ 아마추어　ⓐ 아마추어의, 직업적이 아닌

They were real professionals while I was just an **amateur**.
내가 그저 **아마추어**였던 반면 그들은 진정한 전문가였다.

She is an **amateur** golfer.　그녀는 **아마추어** 골프 선수이다.

1000 extreme
[ikstrí:m]

ⓐ 극도의; 극단적인, 과격한　ⓝ 극도, 극단

Even top players make mistakes under **extreme** pressure.
심지어 최고의 선수들도 **극도의** 압박감 속에서 실수를 한다.

She pushed herself to the **extreme**.
그녀는 자신을 **극한**까지 몰아붙였다.

경기

1001 defense
[di:féns]

ⓝ 방어, 수비　↔offense 공격

An important quality of a good basketball team is a strong **defense**.
훌륭한 농구 팀의 중요한 특징은 강력한 **수비**이다.

1002 strategy
[strǽtədʒi]

ⓝ 전략, 계획

a defense **strategy** 방어[수비] **전략**

Players have to understand their coach's **strategy**.
선수들은 코치의 **전략**을 이해해야 한다.

1003 match
[mætʃ]

ⓝ 1 <mark>경기, 시합</mark> 2 <mark>(경쟁) 상대, 맞수</mark> 3 성냥 4 잘 어울리는 것
ⓥ ~와 어울리다

n. 1 We watched the big soccer **match** on TV.
우리는 TV로 그 중요한 축구 **경기**를 보았다.

2 My brother is no **match** for me at badminton.
형은 배드민턴에서 내 **경쟁 상대**가 되지 못한다.

3 strike[light] a **match** 성냥을 켜다

4 a perfect **match** 천생연분, 잘 어울리는 **짝**

v. Make sure the curtains **match** the walls.
커튼이 벽과 **잘 어울리도록** 해야 해.

1004 rivalry
[ráivəlri]

ⓝ 경쟁 (관계)

friendly **rivalry** 우호적인[선의의] **경쟁**

The two teams have been well known for their tight **rivalry**.
그 두 팀은 치열한 **경쟁 관계**로 잘 알려져 있다.

➕ rival ⓝ 경쟁 상대, 라이벌

1005 defeat
[difíːt]

ⓥ 이기다, 물리치다 **ⓝ** 패배

He **defeated** the defending champion in the semifinal.
그는 준결승에서 전년도 챔피언을 **물리쳤다**.

So far, we've only had two **defeats** in the league.
지금까지 우리는 리그전에서 단 두 번의 **패배**만 했다.

1006 tie
[tai]

ⓝ 1 끈 2 <mark>동점, 무승부</mark> 3 유대 관계
ⓥ 1 묶다 2 <mark>비기다, 동점[무승부]이 되다</mark>

n. 2 The first match ended in a **tie**.
첫 번째 시합은 **무승부**로 끝났다.

3 She still has **ties** to her old neighborhood.
그녀는 아직도 옛 이웃들과 **유대 관계**를 갖고 있다.

v. 1 **tie** a ribbon 리본을 **묶다**

2 Korea **tied** Japan 1-1. 한국은 일본과 1대1로 **비겼다**.

1007 tough
[tʌf]

ⓐ 1 <mark>힘든, 어려운</mark> 2 강인한; 강한 3 엄격한

1 Our team is going to have a **tough** match tomorrow.
우리 팀은 내일 **어려운** 경기를 하게 될 것이다.

They are having a **tough** season.
그들은 **힘든** 시기를 보내고 있다.

2 She is a very **tough** lawyer; she fights passionately for her clients.
그녀는 매우 **강인한** 변호사이다. 자신의 의뢰인들을 위해 열정적으로 싸운다.

3 **tough** controls on car emissions
자동차 배기가스에 대한 **엄격한** 규제

1008	**fierce**	ⓐ 1 **강력한, 맹렬한** 2 사나운, 험악한
	[fiərs]	The boxer kept fighting even after receiving a **fierce** blow. 그 권투 선수는 **강력한** 일격을 받고 나서도 계속 싸웠다. The game was canceled due to **fierce** weather conditions. 그 경기는 **악천후**로 취소되었다.

1009	**violent**	ⓐ 1 **과격한, 난폭한** 2 격렬한, 맹렬한
	[váiələnt]	With slow motion replay, viewers could see the player's **violent** tackle. 느린 동작 재생으로 시청자들은 그 선수의 **난폭한** 태클을 볼 수 있었다. A **violent** storm hit the village last night. 어젯밤 **맹렬한** 폭풍이 마을을 강타했다. ✚ violence ⓝ 폭력 (행위)

1010	**injury**	ⓝ 부상
	[índʒəri]	serious / minor **injury** 심한 / 경미한 **부상** He had an ankle **injury** and missed four games. 그는 발목 **부상**을 입어서 네 경기에 결장했다. ✚ injure ⓥ 부상을 입히다

1011	**penalty**	ⓝ 1 처벌, 벌칙, 벌금 2 **(축구 등의) 페널티 킥**
	[pénəlti]	impose a **penalty** 벌금을 부과하다 We received a **penalty** in the last minute of the game. 우리는 경기 막판에 **페널티 킥**을 얻었다.

1012	**whistle**	ⓝ 호루라기[휘파람, 기적] 소리 ⓥ 호루라기[휘파람]를 불다
	[wísəl]	In soccer, a **whistle** signals the beginning and end of a match. 축구에서 **호루라기 소리**는 경기의 시작과 끝을 알린다. **whistle** a tune 휘파람으로 곡조를 불다

1013	**revenge**	ⓝ 복수, 보복, 설욕
	[rivéndʒ]	The team wanted to get **revenge** for their last defeat. 그 팀은 지난번 패배에 대해 **복수**하기를 원했다. an act of **revenge** 보복 행위

1014	**applause**	ⓝ 박수갈채
	[əplɔ́ːz]	a round of **applause** 한 차례의 **박수갈채** The violinist's fine performance drew thunderous **applause**. 그 바이올리니스트의 훌륭한 연주는 우레와 같은 **박수갈채**를 받았다. ✚ applaud ⓥ 박수갈채하다

1015 athlete
[金θliːt]

ⓝ (운동)선수

The **athletes** are training hard for the Olympic Games.
선수들은 올림픽을 위해 열심히 훈련하고 있다.

➕ athlete's foot 무좀

1016 coach
[koutʃ]

ⓝ (스포츠 팀의) 코치, 감독 ⓥ 코치하다, 지도하다

The head **coach** of the national soccer team was interviewed after the match.
국가 대표 축구팀의 **감독**은 경기가 끝난 후 인터뷰를 했다.

He **coaches** a youth baseball team.
그는 청소년 야구팀을 **지도한다**.

1017 captain
[kǽptin]

ⓝ 1 선장; 기장 2 (스포츠 팀의) 주장

the **captain** of the ship 선장

The **captain** encouraged the players by saying that they played well.
주장은 선수들이 잘했다고 말하며 그들을 격려했다.

1018 opponent
[əpóunənt]

ⓝ 1 상대, 적수 2 반대자

a tough **opponent** 어려운[강한] **상대**

Fear of a stronger **opponent** would motivate a retreat.
더 강한 **상대**에 대한 두려움은 후퇴를 부추길 것이다.

an **opponent** of the death penalty 사형 **반대자**

1019 referee
[rèfəríː]

ⓝ 심판

The **referee** blew his whistle, and the players began to move.
심판이 호루라기를 불자 선수들은 움직이기 시작했다.

1020 spectator
[spékteitəːr]

ⓝ 관중, 구경꾼

The baseball stadium is full of screaming **spectators**.
야구장은 함성을 지르는 **관중들**로 가득 차 있다.

DAILY CHECK-UP

학습 Check	본문 학습	MP3 듣기	Daily Check-up	누적 테스트 Days 33-34

A 빈칸에 알맞은 우리말 또는 영어 단어를 써넣으시오.

스포츠

대회와 리그

1. _____ 토너먼트, 선수권 대회
2. _____ 리그; 연합, 연맹
3. _____ annual
4. _____ 국제적인
5. _____ qualify
6. _____ 경기장, 투기장
7. _____ entry
8. _____ 아마추어(의)

경기

9. _____ defense
10. _____ 경기; ~와 어울리다
11. _____ rivalry
12. _____ 동점; 묶다; 비기다
13. _____ defeat
14. _____ 힘든, 어려운; 강한
15. _____ violent
16. _____ 부상

경기 관련자

20. _____ (운동)선수
21. _____ coach
22. _____ 선장; 주장
23. _____ referee
24. _____ 관중, 구경꾼

17. _____ penalty
18. _____ 복수, 보복
19. _____ applause

B 문장의 빈칸에 알맞은 말을 보기에서 골라 쓰시오.

competition	fierce	opponent	strategy	whistle	extreme

1. Intense _____ exists between the two teams.
2. Players have to understand their coach's _____.
3. Fear of a stronger _____ would motivate a retreat.
4. Even top players make mistakes under _____ pressure.
5. The boxer kept fighting even after receiving a(n) _____ blow.
6. In soccer, a(n) _____ signals the beginning and end of a match.

PLAN 10

여행과 관광

☑️ **MUST-KNOW WORDS**

schedule 일정; 예정하다 　　suitcase 여행 가방 　　vacation 방학, 휴가 　　holiday 휴일; 휴가

passport 여권 　　　　　　local 지역의, 현지의 　　book 예약하다 　　　　flight 항공편; 비행

여행 준비

1021 arrange
[əréindʒ]

Ⓥ 1 준비하다, 마련하다　2 정리하다, 배열하다

I **arranged** the hotel reservations for my trip.
나는 여행을 위해 호텔 예약을 **준비했다**.

I **arranged** the files in alphabetical order.
나는 알파벳 순서로 파일을 **정리했다**.

➕ arrangement ⓝ 1 준비, 마련　2 배치, 배열

1022 renew
[rinjúː]

Ⓥ 1 재개하다　2 갱신하다, 연장하다

The meeting was **renewed** after a brief break.
회의가 짧은 휴식 후에 **재개되었다**.

Don't forget to have your passport **renewed** before leaving.
떠나기 전에 여권을 **갱신하는** 것을 잊지 마.

1023 cancel
[kǽnsəl]

Ⓥ 취소하다

I **canceled** my hotel reservation after reading some horrible reviews.
나는 몇몇 끔찍한 후기들을 읽고 나서 호텔 예약을 **취소했다**.

All flights have been **canceled** due to a snowstorm.
눈보라로 모든 항공편이 **결항되었다**.

➕ cancellation ⓝ 취소

1024 search
[səːrtʃ]

ⓝ 찾기, 검색　Ⓥ 찾다, 검색하다

You should make a **search** for hotels on your desired dates.
원하는 날짜에 묵을 호텔을 **검색해야** 한다.

Search the Internet for transportation options.
교통편을 찾기 위해 인터넷을 **검색하세요**.

1025 vacancy
[véikənsi]

ⓝ 1 빈 방　2 공석, 결원

The hotel had no **vacancy** for the weekend.
그 호텔은 주말에 **빈 방**이 없었다.

There is a **vacancy** in the marketing department.
마케팅 부서에 **공석**이 있다.

1026 **available**
[əvéiləbl]

ⓐ 1 **이용 가능한, 구할 수 있는** 2 시간이 있는, 여가가 있는

The clerk told us that there were no rooms **available**.
그 직원은 우리에게 **이용 가능한** 방이 없다고 말했다.

I'm **available** tomorrow to help you prepare for your trip.
나는 내일 네가 여행 준비하는 것을 도울 **시간이 있다**.

1027 **destination**
[dèstənéiʃən]

ⓝ 목적지, 도착지

a vacation **destination** 휴양지

The **destination** of our trip is Rio de Janeiro.
우리 여행의 **목적지**는 리우데자네이루이다.

1028 **itinerary**
[aitínərèri]

ⓝ 여행 일정, 여정

Our **itinerary** includes a visit to the Guggenheim Museum.
우리의 **여행 일정**에는 구겐하임 미술관 방문이 포함되어 있다.

🌐 a plan for a journey, including the route and the places you will visit

---

이동

1029 **depart**
[dipɑ́ːrt]

ⓥ 출발하다, 떠나다

The flight to London **departs** from Gate 5.
런던행 비행기는 5번 게이트에서 **출발한다**.

They always **depart** early to avoid traffic when traveling.
그들은 여행을 갈 때 교통 체증을 피하기 위해 늘 일찍 **출발한다**.

+ departure ⓝ 떠남, 출발

1030 **journey**
[dʒə́ːrni]

ⓝ 여행, 행로

He set out on a long train **journey** across Europe.
그는 유럽을 가로지르는 긴 기차 **여행**을 시작했다.

★ journey는 기간이 긴 여행을 말할 때 쓴다. trip은 주로 왕복 여행을 나타내는 데 비해 journey는 편도로 이동하는 경우에 흔히 사용된다.

1031 **voyage**
[vɔ́idʒ]

ⓝ 항해 ⓥ 항해하다

take a **voyage** by boat 배로 **항해**를 떠나다

He spent his youth **voyaging** around the world.
그는 젊은 시절을 세계를 **항해하며** 보냈다.

PLAN 10

1032 abroad
[əbrɔ́ːd]

ad 해외에, 해외로

save up for a trip **abroad** 해외여행을 위해 저축하다
I hope to travel **abroad** next year.
나는 내년에 **해외로** 여행하기를 바란다.

1033 overseas
[òuvərsíːz]

ad 해외에, 해외로 **a** 해외(로부터)의

go **overseas** for vacation 해외로 휴가를 가다
The hotel is popular with **overseas** visitors to Paris.
그 호텔은 파리에 오는 **해외** 방문객들에게 인기가 있다.

1034 aboard
[əbɔ́ːrd]

ad 탑승하여 **=** on board **prep** ~에 탑승하여

Almost all the tourists **aboard** were injured in the accident.
탑승한 거의 모든 관광객들이 그 사고에서 다쳤다.

aboard the train 기차**에 타고**

➕ board ⓥ 탑승하다

1035 aisle
[ail]

n 통로

Would you like a window seat or an **aisle** seat?
창가 좌석이 좋으십니까 아니면 **통로** 측 좌석이 좋으십니까?

★ s는 묵음으로, 발음하지 않는다.

1036 jet lag
[ʤét læg]

n 시차 부적응

She's still suffering from **jet lag** after her trip to Vancouver.
그녀는 밴쿠버 여행 후 아직까지 **시차 부적응**으로 고생하고 있다.

★ jet(제트기) + lag(뒤에 처지다, 뒤떨어지다)

1037 round-trip
[ráundtrip]

a 왕복의, 왕복 여행의 **↔** one way, single 편도의

a **round-trip** fare 왕복 요금
A New York-London **round-trip** ticket is $430 on weekdays.
뉴욕-런던 간 **왕복** 티켓은 주중에 430달러이다.

1038 baggage
[bǽgiʤ]

n 수하물 **=** luggage

I'll check my **baggage** and go to the departure lounge.
나는 **수하물**을 부치고 출발 라운지로 갈 것이다.

➕ baggage claim 수하물 찾는 곳
★ baggage는 주로 미국 영어에서, luggage는 영국 영어에서 쓴다.

1039 customs
[kʌ́stəmz]

ⓝ 1 세관 2 관세

I had to declare my goods when I went through **customs**.
나는 **세관**을 통과할 때 내 물품을 신고해야 했다.

pay **customs** on an international order
해외 주문에 대한 **관세**를 지불하다

1040 rental
[réntəl]

ⓝ 1 임대, 대여 2 임대료, 대여료

a car **rental** company 자동차 **대여** 회사

This package deal includes car **rental** and lodging.
이 패키지 상품에는 자동차 **대여료** 및 숙박이 포함되어 있다.

✛ rent ⓥ 대여하다, 빌리다

숙박

1041 accommodation
[əkɑ̀mədéiʃən]

ⓝ (pl.) 숙소, 숙박 시설

We should book our travel **accommodations** and flights.
우리는 여행 **숙소**와 항공편을 예약해야 한다.

✛ accommodate ⓥ 1 수용하다 2 적응하다

1042 check-in
[tʃékin]

ⓝ 숙박 수속; 탑승 수속 (장소)

check-in time 입실 시간

You should arrive at **check-in** at least two hours before departure.
적어도 출발 2시간 전에는 **탑승 수속 장소**에 도착해야 한다.

★ check in 숙박[탑승] 수속을 하다; 짐을 부치다

다의어

1043 resort
[rizɔ́ːrt]

ⓝ 휴양지, 리조트 ⓥ 의지하다, 호소하다(to)

n. We went to a **resort** in Florida for our vacation.
우리는 휴가를 보내기 위해 플로리다주에 있는 **휴양지**에 갔다.

v. We had to **resort** to using guidebooks for our trip.
우리는 여행을 위해 안내 책자를 사용하는 것에 **의지해야** 했다.

1044 overnight
[óuvərnàit]

ⓐⓓ 밤사이에, 하룻밤 동안 ⓐ 하룻밤의, 야간의

He stayed **overnight** at his uncle's house.
그는 삼촌 집에서 **하룻밤 동안** 묵었다.

The old woman won the lottery and became a millionaire **overnight**.
그 노부인은 복권에 당첨되어 **하룻밤 사이에** 백만장자가 되었다.

an **overnight** train **야간**열차

1045 sightseeing
[sáitsìːiŋ]

ⓝ 관광, 유람

a **sightseeing** bus 관광버스
We did some **sightseeing** at Yellowstone National Park.
우리는 옐로스톤 국립 공원에서 **관광**을 했다.

★ sight(광경; 명소) + seeing(보기)

1046 wander
[wɑ́ndər]

ⓥ 1 **돌아다니다, 헤매다**
2 (마음·생각이) 산만해지다, 다른 데로 흐르다

She was **wandering** the streets of New York City.
그녀는 뉴욕의 거리를 **배회하고** 있었다.

You should not let your mind **wander** in a strange place.
낯선 곳에서는 정신이 **딴 데 팔리지** 않도록 해야 한다.

★ wonder(궁금해하다)와 혼동하지 않도록 주의할 것.

1047 excursion
[ikskə́ːrʒən]

ⓝ 짧은 여행, 소풍

We took an **excursion** to Tasmania on a cruise ship.
우리는 유람선을 타고 태즈메이니아로 **짧은 여행**을 갔다.

go on an **excursion** 소풍 가다

1048 attraction
[ətrǽkʃən]

ⓝ 1 끌림; (사람을 끄는) 매력 2 **명소, 명물**

I felt a strong **attraction** toward him.
나는 그에게 강한 **끌림**을 느꼈다.

a tourist **attraction** 관광 **명소**

Iguazu Falls is a major **attraction** for people visiting Argentina.
이구아수 폭포는 아르헨티나를 방문하는 사람들에게 주요 **명소**이다.

영영 2 an interesting or fun place to go or thing to do

✚ attract ⓥ 끌다 | attractive ⓐ 매력적인

1049 souvenir
[sùːvəníːr]

ⓝ 기념품

a **souvenir** shop 기념품 가게
This vase is a **souvenir** of our trip to Rome.
이 꽃병은 우리 로마 여행의 **기념품**이다.

1050 encounter
[inkáuntər]

ⓥ 마주치다; 부딪히다 ⓝ 접촉, 조우

I **encountered** a lot of difficulties during my trip.
나는 여행 동안 많은 어려움에 **부딪혔다**.

a chance **encounter** 우연한 만남

DAILY CHECK-UP

A 빈칸에 알맞은 우리말 또는 영어 단어를 써넣으시오.

여행과 관광

여행 준비

1 _____ arrange

2 _____ 재개하다; 갱신하다

3 _____ cancel

4 _____ 찾기; 검색(하다)

5 _____ vacancy

6 _____ 이용 가능한; 시간이 있는

7 _____ itinerary

8 _____ 목적지, 도착지

이동

9 _____ journey

10 _____ 항해; 항해하다

11 _____ abroad

12 _____ 해외에; 해외(로부터)의

13 _____ jet lag

14 _____ 수하물

15 _____ round-trip

16 _____ 임대(료), 대여(료)

숙박

17 _____ 숙소, 숙박 시설

18 _____ check-in

19 _____ 휴양지; 의지하다

20 _____ overnight

관광

21 _____ 관광, 유람

22 _____ wander

23 _____ 짧은 여행, 소풍

24 _____ encounter

B 문장의 빈칸에 알맞은 말을 보기에서 골라 쓰시오.

> aisle   attraction   customs   aboard   depart   souvenir

1 This vase is a(n) _____ of our trip to Rome.

2 Would you like a window seat or a(n) _____ seat?

3 I had to declare my goods when I went through _____.

4 They always _____ early to avoid traffic when traveling.

5 Iguazu Falls is a major _____ for people visiting Argentina.

6 Almost all the tourists _____ were injured in the accident.

DAY 36 오락과 취미

1051 recreation
[rèkriéiʃən]

🔘 여가 활동, 휴양, 레크리에이션

My father's favorite type of **recreation** is fishing.
아버지가 가장 좋아하시는 **여가 활동**은 낚시이다.

recreation facilities **휴양** 시설

1052 pastime
[pǽstaim]

🔘 오락, 취미, 기분 전환

Watching movies became a national **pastime**.
영화 감상은 전 국민의 **취미**가 되었다.

★ pastime은 일반적인 사람들에 대한 취미를 말할 때 쓴다.
개인적인 취미를 말할 때는 hobby나 interest를 쓴다.

1053 entertainment
[èntərtéinmənt]

🔘 오락, 즐거움; 연예

They hired a band for the **entertainment** of the visitors.
그들은 방문객들의 **즐거움**을 위해 밴드를 고용했다.

the **entertainment** industry **연예** 산업

➕ entertain ⓥ 즐겁게 하다; 접대하다 | entertainer ⓝ 연예인

1054 leisure
[líːʒəːr]

🔘 여가, 한가한 시간

The hotel boasts **leisure** facilities like a swimming pool and a gym.
그 호텔은 수영장과 체육관과 같은 **여가** 시설을 자랑한다.

Take your time and decide at your **leisure**.
천천히 **한가할 때** 결정하세요.

➕ at one's leisure 한가할 때, 자유로운 시간에

오락과 취미의 종류

1055 gardening
[gáːrdniŋ]

🔘 정원 가꾸기, 원예

Gardening is the best hobby for nature-loving people.
정원 가꾸기는 자연을 사랑하는 사람들에게 최고의 취미이다.

1056	**martial art** [mɑ́ːrʃəl ɑ́ːrt]	⊓ (주로 *pl.*) 무술, 무도 an expert in **martial arts** 무술 전문가 She wanted to learn **martial arts** for self-defense. 그녀는 자기 방어를 위해 **무술**을 배우고 싶었다.

1057	**collection** [kəlékʃən]	⊓ 수집(품); 소장품 a **collection** of rare stones 희귀한 돌 **수집품** The museum has a **collection** of more than 5,000 paintings. 그 박물관은 5천 점 이상의 **소장품**을 보유하고 있다. + collect ⊙ 수집하다, 모으다

1058	**antique** [æntíːk]	⊓ 골동품 ⓐ 골동품인; 고풍스러운 an **antique** dealer 골동품 거래상 His hobby is collecting **antique** fountain pens. 그의 취미는 **고풍스러운** 만년필을 수집하는 것이다.

1059	**handicraft** [hǽndikræft]	⊓ 수공예; 수공예품 She learned various **handicrafts**, including knitting and pottery. 그녀는 뜨개질과 도예를 포함한 다양한 **수공예**를 배웠다. beautiful **handicrafts** made by local artisans 지역 장인들이 만든 아름다운 **수공예품**

1060	**weave** [wiːv] weave-wove-woven	ⓥ 짜다, 엮다 a hand-**woven** carpet 손으로 **짠** 양탄자 Basket **weaving** is a great hobby that adds charm to your house. 바구니를 **엮는 것**은 집에 매력을 더해 주는 훌륭한 취미이다.

1061	**sew** [sou] sew-sewed-sewed/sewn	ⓥ 바느질하다, 재봉하다 a **sewing** machine 재봉틀 **Sewing** can be a hobby, side business, or way to save money. **바느질**은 취미, 부업, 또는 돈을 절약하는 방법이 될 수 있다.

1062	**gambling** [gǽmbliŋ]	⊓ 도박, 내기 The lottery is the most popular form of legal **gambling**. 복권은 합법적인 **도박**의 가장 인기 있는 형태이다.

PLAN 10

DAY 36 오락과 취미 * 241

1063 pursuit
[pərsúːt]

ⓝ 1 추구   2 (pl.) **활동, 소일거리**

in **pursuit** of one's dreams 꿈을 **추구**하여

On weekends, they participate in outdoor **pursuits** such as camping and hiking.
주말에 그들은 캠핑과 하이킹 같은 야외 **활동**에 참여한다.

➕ pursue ⓥ 추구하다

1064 skilled
[skild]

ⓐ 숙련된, 노련한

highly **skilled** craftsmen 매우 **숙련된** 장인들

She is **skilled** at painting beautiful landscapes.
그녀는 아름다운 풍경을 그리는 데 **능숙하다**.

➕ be skilled in / at ~에 능숙하다

다의어

1065 master
[mǽstər]

ⓥ **완전히 익히다, 숙달하다**
ⓝ 1 주인   2 **대가, 거장**   3 석사 학위

v. It takes years to **master** the art of oil painting.
유화의 기술을 **완전히 익히**는 데는 수 년이 걸린다.

n. 2 a **master** at gardening 정원 가꾸기의 **대가**
   3 pursue a **master**'s degree 석사 과정을 밟다

다의어

1066 spare
[spɛəːr]

ⓐ 1 여분의   2 여가의   ⓥ 할애하다, 내다

a. 1 a **spare** tire **여분의** 타이어
   2 He enjoys playing the guitar in his **spare** time.
      그는 **여가** 시간에 기타 치는 것을 즐긴다.

v. I can't **spare** the time to enjoy my hobby.
   나는 취미를 즐길 시간을 **낼** 수가 없다.

1067 adventure
[ədvéntʃər]

ⓝ 모험; 모험심

Our hiking turned into an **adventure** when the weather got worse.
날씨가 더 나빠지자 우리의 하이킹은 **모험**으로 변했다.

1068 vigor
[vígər]

ⓝ 힘, 활력; 활기

My father practices his hobby with great **vigor**.
아버지는 자신의 취미를 큰 **열정**으로 실천하신다.

The team is always full of **vigor** before a match.
그 팀은 경기 전에 늘 **활력**으로 가득 차 있다.

➕ vigorous ⓐ 활발한; 활기찬

1069 interest
[íntərist]

🅝 1 <mark>관심, 흥미</mark> 2 <mark>관심사, 취미</mark> 3 이자 🅥 <mark>관심[흥미]을 끌다</mark>

n. 1 I have an **interest** in learning Spanish.
나는 스페인어를 배우는 것에 **관심**이 있다.

2 have a common **interest** 같은 **관심사[취미]**를 가지다
Electronic music has become a real **interest** for him.
전자 음악은 그에게 진정한 **관심사**가 되었다.

3 pay **interest** on a loan 대출에 대한 **이자**를 내다

v. Jazz doesn't **interest** me. 재즈는 내 **흥미**를 끌지 못한다.

취미의 효능

1070 pleasure
[pléʒər]

🅝 기쁨, 즐거움

Reading is one of life's great **pleasures**.
독서는 인생의 큰 **즐거움** 중 하나이다.

➕ please ⓥ 기쁘게 하다

1071 rewarding
[riwɔ́:rdiŋ]

🅐 1 보람 있는 2 수익이 나는

Gardening is a **rewarding** hobby for many people.
정원 가꾸기는 많은 사람들에게 **보람 있는** 취미이다.

I started photography as a hobby, but it became a
rewarding side business.
나는 사진 촬영을 취미로 시작했지만, **수익이 나는** 부업이 되었다.

1072 comfort
[kʌ́mfərt]

🅝 1 <mark>편안함</mark> 2 위로, 위안 🅥 위로하다

n. 1 I always find **comfort** in playing computer games.
나는 항상 컴퓨터 게임을 하면서 **편안함**을 느낀다.

2 I cannot think of any words of **comfort** to offer her.
나는 그녀에게 건넬 어떤 **위로**의 말도 떠올릴 수가 없다.

v. Just her being there **comforted** me.
그녀가 있어주는 것만으로 내게 **위로가 되었다**.

➕ comfortable ⓐ 편안한

1073 soothe
[su:ð]

🅥 덜다, 달래다, 진정시키다

Listening to music helps **soothe** my stress after a long day.
음악을 듣는 것은 긴 하루 후에 나의 스트레스를 **덜어준다**.

soothe anxiety with calming activities
차분한 활동으로 불안을 **달래다**

1074 balance
[bǽləns]

ⓝ 1 균형 2 잔고 ⓥ 균형을 맞추다[잡다]

n. 1 keep a **balance** between work and life
일과 생활 사이에서 **균형**을 유지하다

2 Check your **balance**. 네 **잔고**를 확인하렴.

v. He tries to **balance** his work and hobby.
그는 자신의 일과 취미의 **균형**을 **맞추려고** 노력한다.

1075 amusement
[əmjúːzmənt]

ⓝ 즐거움, 재미

For **amusement**, they go to the movies once a week.
즐거움을 얻기 위해 그들은 일주일에 한 번 영화를 보러 간다.

➕ amusement park 놀이공원

➕ amuse ⓥ 즐겁게 하다, 재미있게 하다

1076 refresh
[rifréʃ]

ⓥ 1 상쾌하게 하다 2 (기억 등을) 새롭게 하다

She returned from vacation feeling **refreshed**.
그녀는 **상쾌해진** 기분을 느끼며 휴가에서 돌아왔다.

I **refreshed** my memory before the test.
나는 시험 전에 기억을 **되살렸다**.

➕ refreshment ⓝ 원기 회복

1077 relaxation
[rìːlækséiʃən]

ⓝ 긴장 완화, 이완; 휴식

a **relaxation** exercise **긴장을 푸는** 운동

I listen to classical music for **relaxation**.
나는 **휴식**을 위해 클래식 음악을 듣는다.

➕ relax ⓥ 긴장을 풀게 하다

1078 fitness
[fítnis]

ⓝ 1 건강, 체력 2 적합성, 적절

Yoga offers many **fitness** benefits.
요가는 많은 **건강**상의 이점을 제공한다.

pass a **fitness** test **체력** 검사를 통과하다

There were concerns about her **fitness** to lead the team.
그녀가 팀을 이끌 **자격**이 있는지에 대한 우려가 있었다.

1079 enrich
[inrítʃ]

ⓥ 풍부하게 하다, 질을 높이다

Reading books can **enrich** our imagination and sensibility.
독서는 우리의 상상력과 감성을 **풍부하게** 할 수 있다.

1080 broaden
[brɔ́ːdn]

ⓥ 넓히다, 확장하다

All of us would agree that travel **broadens** our horizons.
우리 모두는 여행이 우리의 시야를 **넓혀준다는** 것에 동의할 것이다.

★ broad(넓은) + -en(~로 만들다) → 넓히다

DAILY CHECK-UP

A 빈칸에 알맞은 우리말 또는 영어 단어를 써넣으시오.

1 _____ 여가 활동, 휴양　　**2** _____ pastime　　**3** _____ 오락, 즐거움

오락과 취미의 종류

4 _____
정원 가꾸기, 원예

5 _____
martial art

6 _____
골동품; 고풍스러운

7 _____
handicraft

8 _____
짜다, 엮다

9 _____
sew

10 _____
도박, 내기

취미 활동

11 _____
추구; 활동

12 _____
skilled

13 _____
모험; 모험심

14 _____
spare

15 _____
관심(사), 취미

16 _____
vigor

취미의 효능

17 _____
기쁨, 즐거움

18 _____
rewarding

19 _____
편안함; 위로(하다)

20 _____
balance

21 _____
즐거움, 재미

22 _____
relaxation

23 _____
건강, 체력

24 _____
broaden

B 문장의 빈칸에 알맞은 말을 보기에서 골라 쓰시오.

enrich	collection	leisure	refreshed	master	soothe

1 She returned from vacation feeling _____.

2 It takes years to _____ the art of oil painting.

3 Reading books can _____ our imagination and sensibility.

4 Listening to music helps _____ my stress after a long day.

5 The museum has a(n) _____ of more than 5,000 paintings.

6 The hotel boasts _____ facilities like a swimming pool and a gym.

DAY 37 봉사와 기부

자선 · 비영리 단체

1081 charity
[tʃǽrəti]

ⓝ 자선 단체; 자선 사업

People give money to **charities** to help the less fortunate.
사람들은 불우한 사람들을 돕기 위해 **자선 단체**에 돈을 기부한다.

The school raised over fifty thousand dollars for **charity**.
그 학교는 **자선 사업**을 위해 5만 달러 이상을 모금했다.

＋ charitable ⓐ 자선의; 자비로운

다의어

1082 foundation
[faundéiʃən]

ⓝ 1 토대, 기초　2 재단　3 설립, 건립

1 a **foundation** for a happy marriage　행복한 결혼을 위한 **토대**

2 The **foundation** provides shelter for the homeless.
그 **재단**은 노숙자들에게 숙소를 제공한다.

3 He contributed money for the **foundation** of a library.
그는 도서관 **건립**을 위해 돈을 기부했다.

＋ found ⓥ 설립하다, 창설하다

1083 organization
[ɔ́ːrgənəzéiʃən]

ⓝ 조직, 단체, 기구

The main drivers of most charitable **organizations** are donors.
대부분의 자선 **단체들**에게 주된 동력을 제공하는 사람들은 기부자들이다.

＋ organize ⓥ 조직하다; 설립하다

1084 nonprofit
[nɑ̀nprɑ́fit]

ⓐ 비영리의, 비영리적인

a **nonprofit** organization　비영리 단체
Charities are run on a **nonprofit** basis.
자선 단체는 **비영리** 기반으로 운영된다.

1085 proceed
[prousíːd]

ⓥ 나아가다; 진행하다

Let's **proceed** with the charity event as planned.
계획대로 자선 행사를 **진행합시다**.

★ cf. proceeds 수익금, 수입

1086 fund
[fʌnd]

ⓝ 기금, 재원   **ⓥ** ~에 자금을 대다

We established a **fund** to support victims of the hurricane.
우리는 허리케인의 피해자들을 지원하기 위해 **기금**을 설립했다.

The event will be **funded** by local businesses.
그 행사는 지역의 기업들에 의해 **자금이 지원될** 것이다.

✚ fundraiser ⓝ 기금 조성 행사; 기금 조성자

봉사와 기부 행위

1087 volunteer
[vὰləntíər]

ⓝ 자원봉사자   **ⓥ** 자원하다, 자원봉사를 하다

Most of the work was carried out by individual **volunteers**.
대부분의 활동은 개인 **자원봉사자들**에 의해 수행되었다.

He **volunteers** at the homeless shelter once a week.
그는 일주일에 한 번 노숙자 쉼터에서 **자원봉사를 한다**.

1088 voluntary
[vὰləntèri / -təri]

ⓐ 자발적인; 자원봉사의

She did some **voluntary** work at the local hospital.
그녀는 지역 병원에서 **자원봉사** 활동을 했다.

1089 coordinator
[kouɔ́ːrdənèitər]

ⓝ 진행 담당자, 코디네이터, 조정자

We need a **coordinator** to manage the volunteers.
우리는 자원봉사자들을 관리할 **진행 담당자**가 필요하다.

program **coordinator** overseeing all project details
모든 프로젝트 세부 사항을 감독하는 프로그램 **코디네이터**

✚ coordinate ⓥ 조정하다, 조직화하다

1090 generous
[dʒénərəs]

ⓐ 1 후한, 넉넉한   2 관대한

be **generous** in giving help 도움을 주는 데 있어서 **후하다**
I like him because he is kind and **generous**.
나는 그가 친절하고 **관대해서** 그를 좋아한다.

✚ generosity ⓝ 관대함, 인심

1091 contribution
[kὰntrəbjúːʃən]

ⓝ 1 기여, 공헌   2 기부금, 성금

make a **contribution** **기여[공헌]**하다
The company makes large **contributions** to charities.
그 회사는 자선 단체에 많은 **기부금**을 낸다.

✚ contribute ⓥ 기여하다, 공헌하다

1092 donation
[dounéiʃən]

ⓝ 기부(금), 기증(품)

make a **donation** 기부[기증]하다

Our school received a generous **donation** from an alumnus.
우리 학교는 한 졸업생으로부터 후한 **기부금**을 받았다.

➕ donate ⓥ 기부하다, 기증하다 | donor ⓝ 기부자, 기증자

1093 anonymous
[ənάnəməs]

ⓐ 익명의

an **anonymous** donor 익명의 기부자

The donor chose to remain **anonymous** to the public.
그 기증자는 일반인에게 **익명으로** 남아 있기를 택했다.

➕ anonymity ⓝ 익명

⭐ an-(= without ~이 없는) + nym(= name 이름) + -ous(형용사 어미)
→ 이름이 없는 → 익명의

1094 steady
[stédi]

ⓐ 꾸준한; 확고한, 안정된

We have received a **steady** stream of donations.
우리는 **꾸준하게** 이어지는 기부금을 받아 왔다.

a **steady** income 안정된 수입

1095 sponsor
[spάnsə:r]

ⓥ 후원하다 ⓝ 후원자

sponsor a charitable event 자선 행사를 **후원하다**

I'm trying to attract **sponsors** for next week's charity run.
나는 다음 주에 있을 자선 달리기를 위해 **후원자들**을 유치하려고 노력하고 있다.

1096 offer
[ɔ́(:)fər]

ⓥ 제의하다, 제공하다 ⓝ 제의

They promised to **offer** practical help to disabled children.
그들은 장애아들에게 실질적인 도움을 **제공하기로** 약속했다.

a kind **offer** of help 친절한 도움 **제의**

1097 assistance
[əsístəns]

ⓝ 도움, 원조, 지원

Any **assistance** you can give them would be appreciated.
당신이 그들에게 줄 수 있는 어떠한 **도움**도 감사받을 것이다.

➕ assist ⓥ 돕다

1098 aid
[eid]

ⓝ 도움, 원조 ⓥ 돕다

The Red Cross gives **aid** to those in need.
적십자는 도움이 필요한 사람들에게 **원조**를 제공한다.

efforts to **aid** flood victims 홍수 피해자들을 **돕기** 위한 노력

1099 relief
[rilíːf]

ⓝ 1 안도, 안심 2 경감, 완화 3 **구호, 구호품**

1 a sense of **relief** 안도감
2 the **relief** of suffering 고통의 **완화**
3 We raised funds for the **relief** of those who lost their homes. 우리는 집을 잃은 사람들에 대한 **구호**를 위해 기금을 모금했다.

➕ relieve ⓥ 완화하다, 덜어주다

동기와 보람

1100 considerate
[kənsídərit]

ⓐ 사려 깊은, 배려하는

We should be more **considerate** toward the disabled.
우리는 장애인을 더 **배려해야** 한다.

➕ consider ⓥ 고려하다, 숙고하다 | consideration ⓝ 사려, 숙고
★ cf. considerable 상당한, 적지 않은

1101 thoughtful
[θɔ́ːtfəl]

ⓐ 1 **자상한, 배려심 있는** 2 생각이 깊은, 신중한

It was **thoughtful** of him to help the old woman.
그가 그 할머니를 도운 것은 **자상했다**.

He was quieter and more **thoughtful** than usual.
그는 평소보다 더 조용하고 더 **신중했다**.

1102 cause
[kɔːz]

ⓝ 1 원인; 이유 2 **대의명분; 목적**
ⓥ 일으키다, 야기하다

n. 1 the **cause** of the fire 화재의 **원인**
2 I don't mind fighting as long as it's for a worthy **cause**.
가치 있는 **명분**을 위한 것이라면 나는 싸우는 것을 꺼리지 않는다.
The proceeds go to good **causes**.
수익금은 좋은 **목적**으로 사용됩니다.

v. The child **caused** trouble again. 그 아이가 또 문제를 **일으켰다**.

1103 noble
[nóubl]

ⓐ 1 **숭고한, 고귀한** 2 귀족의

The doctor made a personal sacrifice for a **noble** cause.
그 의사는 **숭고한** 대의를 위해 개인적인 희생을 했다.

She is of **noble** birth. 그녀는 **귀족** 혈통이다.

★ novel(소설)과 혼동하지 않도록 주의할 것.

1104 goodwill
[gùdwíl]

ⓝ 선의, 호의; 친선

He donated the money in a spirit of **goodwill**.
그는 **선의**로 그 돈을 기부했다.

a **goodwill** mission **친선** 사절단

1105	**empathy** [émpəθi]	ⓝ 공감, 감정 이입

Most of us have **empathy** for other people's situations.
우리들 대부분은 다른 사람들이 처한 상황에 대해 **공감**한다.

★ em-(= in, into) + pathy(= feeling 느낌, 마음)
cf. sympathy 동정(심), 연민

1106	**humanitarian** [hju:mænətéəriən]	ⓐ 인도(주의)적인, 인간애의

humanitarian causes 인도주의적인 명분

They made that offer on **humanitarian** grounds.
그들은 **인도주의적** 이유로 그 제안을 했다.

🔤 concerned with improving the bad living conditions of people

1107	**pride** [praid]	ⓝ 자랑스러움, 자부심 ⓥ 자랑하다

They took great **pride** in their efforts to support poor children.
그들은 가난한 아이들을 지원하려는 자신들의 노력에 큰 **자부심**을 가졌다.

He **prides** himself on giving back his wealth to society.
그는 자신의 부를 사회에 환원하는 것을 **자랑스러워한다**.

➕ take pride in ~: ~에 자부심을 갖다
pride oneself on ~: ~을 자랑스러워하다

1108	**worth** [wə:rθ]	ⓐ ~의 가치가 있는 ⓝ 가치, 값어치 ⩸ value

I spent many weekends caring for old people, and it was all
worth it.
나는 많은 주말을 어르신들을 돌보며 보냈고, 그것은 모두 그만한 **가치가 있었다**.

They don't know your real **worth**.
그들은 너의 진정한 **가치**를 몰라.

1109	**aspiration** [æspəréiʃən]	ⓝ 열망, 염원

shared **aspirations** among its members
구성원 간의 공유된 **열망**

My **aspiration** drives me to achieve my goals.
내 **열망**은 내가 목표를 달성하도록 이끈다.

➕ aspire ⓥ 열망하다, 갈망하다

1110	**impact** ⓝ [ímpækt] ⓥ [impækt]	ⓝ (강력한) 영향, 충격 ⓥ 충격[영향]을 주다 ⩸ affect

He wanted his donation to have an **impact** on the lives of
children in need.
그는 자신의 기부금이 도움이 필요한 아이들의 삶에 **영향**을 주기를 원했다.

The new policy will **impact** the economy.
그 새로운 정책은 경제에 **영향을 줄 것이다**.

➕ have an impact on ~: ~에 영향을 주다

DAILY CHECK-UP

A 빈칸에 알맞은 우리말 또는 영어 단어를 써넣으시오.

봉사와 기부

자선·비영리 단체

1 _____ 토대; 재단; 설립

2 _____ organization

3 _____ 비영리의

4 _____ proceed

5 _____ 기금; ~에 자금을 대다

14 _____ 도움, 원조, 지원

15 _____ aid

16 _____ 안도; 구호(품)

봉사와 기부 행위

6 _____ volunteer

7 _____ 자발적인; 자원봉사의

8 _____ 진행 담당자, 조정자

9 _____ generous

10 _____ 기여; 기부금

11 _____ steady

12 _____ 후원하다; 후원자

13 _____ offer

동기와 보람

17 _____ considerate

18 _____ 원인; 대의명분

19 _____ noble

20 _____ 선의, 호의; 친선

21 _____ humanitarian

22 _____ 자랑스러움; 자랑하다

23 _____ worth

24 _____ 영향; 충격을 주다

B 문장의 빈칸에 알맞은 말을 보기에서 골라 쓰시오.

anonymous	aspiration	charity	donation	empathy	thoughtful

1 My _____ drives me to achieve my goals.

2 It was _____ of him to help the old woman.

3 The donor chose to remain _____ to the public.

4 Most of us have _____ for other people's situations.

5 The school raised over fifty thousand dollars for _____ .

6 Our school received a generous _____ from an alumnus.

✏️ 헷갈리는 혼동어 제대로 알기

1

tough

ⓐ 1 힘든, 어려운 2 강인한; 강한 3 엄격한

Our team is going to have a **tough** match tomorrow.
우리 팀은 내일 **어려운** 경기를 하게 될 것이다.

rough

ⓐ 1 거친, 고르지 않은 2 대충의

The road was **rough**, making the ride uncomfortable.
그 도로는 **고르지 않아서** 차량 승차가 불편했다.

do a **rough** sketch 대충 스케치하다

2

abroad

ⓐⓓ 해외에, 해외로

I hope to travel **abroad** next year.
나는 내년에 **해외로** 여행하기를 바란다.

aboard

ⓐⓓ 탑승하여 ⓟⓡⓔⓟ ~에 탑승하여

Almost all the tourists **aboard** were injured in the accident.
탑승한 거의 모든 관광객들이 그 사고에서 다쳤다.

3

sew

ⓥ 바느질하다, 재봉하다

Sewing can be a hobby, side business, or way to save money.
바느질은 취미, 부업, 또는 돈을 절약하는 방법이 될 수 있다.

sow

ⓥ (씨를) 뿌리다

Sowing seeds in the garden is a great way to spend the day.
정원에 씨앗을 **뿌리는 것**은 하루를 보내는 아주 좋은 방법이다.

4

impact

ⓝ 영향, 충격 ⓥ 충격[영향]을 주다

He wanted his donation to have an **impact** on the lives of children in need.
그는 자신의 기부금이 도움이 필요한 아이들의 삶에 **영향**을 주기를 원했다.

The new policy will **impact** the economy.
그 새로운 정책은 경제에 **영향을 줄** 것이다.

compact

ⓐ 소형의, 작고 경제적인

The furniture in the apartment is **compact** and space-saving. 그 아파트의 가구는 **소형**이며 공간을 절약한다.

PLAN 11
역사와 지리

문명과 역사
civilization 문명
settlement 정착(지)

지리
hemisphere 반구
canyon 협곡

역사와 지리

교통과 운송
transport 수송하다; 수송
route 경로, 노선

✔ MUST-KNOW WORDS

historical 역사상의	**historian** 역사가, 사학자	**empire** 제국	**kingdom** 왕국
rule 통치(하다)	**age** 시대	**ruin(s)** 폐허, 잔해	**native** 토박이의; 원주민(의)

1111 historic
[histɔ́(:)rik]

ⓐ 역사적으로 중요한, 역사적인

The U.K. made a **historic** decision to leave the EU.
영국은 유럽 연합을 탈퇴한다는 **역사적인** 결정을 내렸다.

🔤 important in history

★ cf. historical 역사상의, 역사학의   예) historical records 역사 기록

1112 arch(a)eology
[à:rkiɑ́lədʒi]

ⓝ 고고학

He took a course in **archaeology** before traveling to Egypt.
그는 이집트로 여행하기 전에 **고고학** 강좌를 들었다.

✚ arch(a)eologist ⓝ 고고학자 | arch(a)eological ⓐ 고고학의

★ archae-(= ancient 고대의) + -logy(= study 연구) → 고대에 대한 연구

시대 구분

1113 era
[érə / íːrə]

ⓝ 시대

a new **era** of peace and prosperity
새로운 평화와 번영의 **시대**

The hotel was built in the Victorian **Era**.
그 호텔은 빅토리아 **시대**에 지어졌다.

1114 primitive
[prímitiv]

ⓐ 원시의, 미개의; 원시적인

a **primitive** tribe 원시 부족

This area is a **primitive** wilderness.
이 지역은 **미개의** 황무지이다.

1115 ancient
[éinʃənt]

ⓐ 고대의, 아주 오래된

ancient ruins 고대 유적

This tradition dates back to **ancient** Greece.
이 전통은 **고대** 그리스로 거슬러 올라간다.

1116 medieval
[mìːdíːvəl]

ⓐ 중세의

We viewed the **medieval** architecture of the city.
우리는 그 도시의 **중세** 건축물을 보았다.

★ cf. Middle Ages 중세

1117 enlightenment
[inláitnmənt]

ⓝ 1 계몽, 교화　2 계몽주의 (18세기 유럽)

enlightenment through education and knowledge
교육과 지식을 통한 **교화**

The age of **enlightenment** changed the course of history.
계몽주의 시대는 역사적 흐름을 변화시켰다.

＋ enlighten ⓥ 계몽하다, 교화하다

`다의어`

1118 contemporary
[kəntémpərèri / -rəri]

ⓐ 1 현대의　2 동시대의　ⓝ 동시대 사람

a. 1 David Lynch is a great innovator of **contemporary** cinema. 데이비드 린치는 **현대** 영화의 위대한 혁신가이다.

n. Salieri was a **contemporary** with Mozart's.
살리에리는 모차르트와 **동시대 사람**이었다.

★ con-(함께, 같이) + tempo-(시간) + -ary(~와 관련된) → 같은 시간의

1119 precede
[prisíːd]

ⓥ ~에 앞서다[선행하다]

A series of political conflicts **preceded** the civil war.
그 내전이 있기 **전에** 일련의 정치적 갈등이 **있었다**.

★ pre-(= before 앞에) + -cede(= go 가다)

1120 chronicle
[kránikl]

ⓝ 연대기

This book is a **chronicle** of his humanitarian achievements.
이 책은 그의 인도주의적인 업적에 대한 **연대기**이다.

`다의어`

1121 division
[divíʒən]

ⓝ 1 구분　2 나눗셈　3 분열

1 What marks the **division** between the Bronze Age and the Iron Age? 무엇이 청동기 시대와 철기 시대를 **구분**하는가?

3 the **division** of the Roman Empire 로마 제국의 **분열**

`다의어`

1122 outline
[áutlain]

ⓝ 1 요점, 개요　2 윤곽(선), 테두리
ⓥ 1 ~의 개요를 서술하다　2 ~의 윤곽을 그리다

n. 1 an **outline** of world history 세계사의 **개요**

v. 1 The book **outlines** the major events in European history.
그 책은 유럽 역사의 주요 사건들의 **개요를 서술한다**.

1123 civilization
[sìvələzéiʃən / -ai-]

ⓝ 문명

the benefits of **civilization** 문명의 혜택
He is a specialist on the early **civilizations** of Africa.
그는 아프리카의 초기 **문명**에 대한 전문가이다.

＋ civilize ⓥ 문명화하다, 개화하다

1124 dynasty
[dáinəsti]

ⓝ 왕조

the rise and fall of the Habsburg **Dynasty**
합스부르크 **왕조**의 흥망성쇠
When the **dynasty** fell, the country became a republic.
그 **왕조**가 몰락했을 때 그 나라는 공화국이 되었다.

1125 heir
[ɛər]

ⓝ 계승자, 후계자; 상속인

the **heir** to the throne 왕위 **계승자**
When the king died, he left no direct **heir**.
그 왕이 죽었을 때, 그는 직계 **후계자**를 남기지 않았다.

★ h는 묵음으로, 발음하지 않는다.

1126 dawn
[dɔːn]

ⓝ 1 새벽 ⟷dusk, twilight 해 질 녘, 황혼 2 **시초, 태동** ＝birth

at the crack of **dawn** 새벽녘에
He studied the **dawn** of civilization in ancient India.
그는 고대 인도 문명의 **시초**를 연구했다.

1127 advanced
[ədvǽnst]

ⓐ 1 선진의, 진보된 2 고급[상급]의

reach an **advanced** state of civilization
선진 문명 상태에 도달하다
He is studying at an **advanced** level of chemistry.
그는 화학을 **상급** 수준으로 공부하고 있다.

＋ advance ⓥ 1 나아가다 2 진보하다 ⓝ 1 진보 2 전진
advancement ⓝ 진보, 발전

1128 progress
ⓝ [prágrəs]
ⓥ [prəgrés]

ⓝ 진보, 발전; 진행 ⓥ 나아가다, 진전하다 ＝advance

According to Hegel, historical **progress** is preceded by **progress** of thought.
헤겔에 따르면 역사의 **발전**은 사상의 **진보** 후에 일어난다.
The lesson **progressed** from the basics to become more challenging.
수업은 기초에서부터 더 어려운 것으로 **나아갔다**.

1129	**liberate** [líbərèit]	ⓥ 자유롭게 하다, 해방시키다

liberate
[líbərèit]

ⓥ 자유롭게 하다, 해방시키다

Education can **liberate** minds and expand horizons.
교육은 정신을 **자유롭게 하고** 시야를 넓혀줄 수 있다.

liberate individuals from oppression
개개인을 억압으로부터 **해방시키다**

1130 **fade**
[feid]

ⓥ 바래다, 희미해지다, 서서히 사라지다

The paint on the wall has **faded** in the sun.
벽의 페인트가 햇빛에 **바랬다.**

During the fifth century, the Western Roman Empire **faded** out of existence.
5세기 동안 서로마 제국은 **서서히 사라졌다.**

1131 **remains**
[riméinz]

ⓝ 유적; 유해

In the mid 1800s, archaeologists discovered the **remains** of the ancient civilization of Sumer.
1800년대 중반에 고고학자들은 고대 문명 수메르의 **유적**을 발견했다.

➕ remain ⓥ 남아 있다

1132 **legacy**
[légəsi]

ⓝ 유산

These social traditions are a **legacy** of Buddhism.
이러한 사회적 전통은 불교의 **유산**이다.

1133 **monument**
[mánjəmənt]

ⓝ 기념비; 기념물, 유적

raise a **monument** 기념비를 세우다
Roman **monuments** are still scattered around the British countryside.
로마의 **유적들**은 여전히 영국 시골 지역에 흩어져 있다.

1134 **incident**
[ínsədənt]

ⓝ 일, 사건

The **incident** known as the Boston Tea Party started the American Revolution.
'보스턴 차 사건'으로 알려진 **사건**이 미국 독립 혁명의 발단이었다.

식민지

1135 **expedition**
[èkspədíʃən]

ⓝ 탐험 (조사), 원정; 탐험[원정]대

Admiral Byrd made an **expedition** to reach the North Pole.
버드 제독은 북극에 도달하기 위한 **탐험**을 했다.

the Everest **expedition** 에베레스트 **탐험대**

1136 colony
[kάləni]

ⓝ 1 **식민지** 2 (새·개미·벌 등의) 집단

Hong Kong was a British **colony** before 1997.
홍콩은 1997년 이전에 영국의 **식민지**였다.

Unlike most insects, ants live together in huge **colonies**.
대부분의 곤충과는 달리, 개미는 거대한 **집단**을 이루며 함께 산다.

➕ colonize ⓥ 식민지로 만들다 | colonist ⓝ 식민지 거주민
colonial ⓐ 식민(지)의

1137 settlement
[sétlmənt]

ⓝ 1 **정착** 2 **정착지** 3 (분쟁 등의) 합의, 해결

1 The **settlement** of the American West began in the 1840s.
미국 서부에의 **정착**은 1840년대에 시작되었다.

2 As agriculture was developed, tiny **settlements** started
to grow into villages.
농업이 발전하면서 작은 **정착지들**이 마을로 성장하기 시작했다.

3 a peace **settlement** 평화 **합의**

➕ settle ⓥ 1 정착하다 2 해결하다

1138 slavery
[sléivəri]

ⓝ 노예 제도; 노예 신분

abolish **slavery** 노예 제도를 폐지하다
In some countries, people are still living in **slavery**.
일부 국가에서는 사람들이 여전히 **노예 신분**으로 살고 있다.

➕ slave ⓝ 노예

1139 dominate
[dάmənèit]

ⓥ 1 **지배하다** 2 우위를 점하다

The Roman Empire **dominated** much of Europe for centuries.
로마 제국은 수세기 동안 유럽의 대부분을 **지배했다**.

The team **dominated** the game from start to finish.
그 팀은 시작부터 끝까지 경기에서 **우위를 점했다**.

➕ dominant ⓐ 지배하는, 우위의

1140 nomad
[nóumæd]

ⓝ 유목민; 방랑자, 유랑자

The **nomads** crossed the desert with their camels.
그 **유목민들**은 낙타와 함께 사막을 횡단했다.

After leaving their homeland, they spent the next 30 years
as **nomads**.
조국을 떠난 후, 그들은 그 후 30년을 **유랑민**으로 보냈다.

➕ nomadic ⓐ 유목민의; 떠돌아다니는

DAILY CHECK-UP

A 빈칸에 알맞은 우리말 또는 영어 단어를 써넣으시오.

1 _____ historic   **2** _____ 고고학

시대 구분

3 _____ 시대

4 _____ primitive

5 _____ 고대의

6 _____ medieval

7 _____ 계몽, 교화; 계몽주의

8 _____ contemporary

9 _____ 연대기

10 _____ outline

문명의 흥망성쇠

11 _____ 문명

12 _____ dynasty

13 _____ 새벽; 시초, 태동

14 _____ advanced

15 _____ 진보; 나아가다

16 _____ liberate

17 _____ 바래다, 희미해지다

18 _____ legacy

식민지

21 _____ 탐험 (조사); 탐험대

22 _____ colony

23 _____ 유목민; 유랑자

24 _____ slavery

19 _____ 유적; 유해

20 _____ incident

B 문장의 빈칸에 알맞은 말을 보기에서 골라 쓰시오.

division	heir	monuments	dominated	preceded	settlements

1 When the king died, he left no direct _____.

2 A series of political conflicts _____ the civil war.

3 The Roman Empire _____ much of Europe for centuries.

4 Roman _____ are still scattered around the British countryside.

5 As agriculture was developed, tiny _____ started to grow into villages.

6 What marks the _____ between the Bronze Age and the Iron Age?

✅ MUST-KNOW WORDS

globe 전 세계; 지구본	**waterfall** 폭포	**shore** 물가, 기슭	**bank** 둑, 제방
stream 시내, 개울	**hill** 언덕	**plain** 평야	**cliff** 절벽, 벼랑

1141 **geography**
[ʤiːágrəfi]

ⓝ 지리학; 지리, 지형

Geography shows the relationship between people and places. **지리학**은 사람들과 장소들 간의 관계를 보여준다.

I'm familiar with the **geography** of the area.
나는 그 지역의 **지리**에 밝다.

➕ geographical ⓐ 지리의, 지리적인

★ geo-(= earth 땅) + -graphy(= write, describe 기술하다)

1142 **formation**
[fɔːrméiʃən]

ⓝ 1 형성 (과정)   2 (자연물의) 형태; 형성물

fog **formation** 안개의 **형성**

The ancient rock **formations** rise up along the coast.
아주 오래된 암석 **형성물**이 해안을 따라 솟아올라 있다.

➕ form ⓥ 형성하다 ⓝ 형태

지도 관련 용어

1143 **equator**
[ikwéitər]

ⓝ 적도

The nations located near the **equator** have very hot climates.
적도 근처에 위치한 나라들은 매우 더운 기후를 갖는다.

★ equ-(동등한, 같은) + -ate(시키다) + -or(것)
 → (지구를) 동등하게 나누는 것 → 적도

1144 **hemisphere**
[hémisfiər]

ⓝ 반구

The Earth is divided by the equator into two **hemispheres**.
지구는 적도에 의해 두 개의 **반구**로 나뉜다.

➕ the Northern / Southern Hemisphere 북반구 / 남반구

★ hemi-(절반) + sphere(구)

1145 **latitude**
[lǽtətùːd]

ⓝ 위도

New York City is located at a **latitude** of about 41 degrees north of the equator.
뉴욕은 적도에서 북쪽으로 약 41도의 **위도**에 위치해 있다.

★ lati-(= broad, wide 넓은) + -tude(성질, 상태)

1146　longitude
[lάndʒətùːd]

ⓝ 경도

Time zones are determined by **longitude**.
시간대는 **경도**에 의해 결정된다.

1147　pole
[poul]

ⓝ 1 **극**　2 막대기

The North **Pole** is a harsh environment with temperatures reaching -50℃.
북극은 기온이 섭씨 영하 50도까지 내려가는 혹독한 환경이다.

a fishing **pole** 낚싯대

➕ polar ⓐ 극의

1148　tropical
[trάpikəl]

ⓐ 열대의, 열대 지방의

Their bodies burned from daily exposure to the **tropical** sun.
그들의 몸은 **열대의** 태양에 매일 노출되어 탔다.

다의어

1149　Pacific
[pəsífik]

ⓝ (the -) **태평양**　🟰 Pacific Ocean
ⓐ 1 **태평양의**　2 (p-) 평화로운, 평화적인

n. The United States is bounded on the west by the **Pacific**.
미국은 서쪽으로 **태평양**과 접해 있다.

a. 2 The two tribes have a **pacific** relationship.
두 부족은 **평화로운** 관계에 있다.

⭐ cf. the Atlantic (Ocean) 대서양

다의어

1150　border
[bɔ́ːrdər]

ⓝ 1 **국경(선), (지역 사이의) 경계**　2 가장자리, 테두리
ⓥ **접경하다**

n. 1 The **border** between Indiana and Kentucky is formed by the Ohio River.
인디애나주와 켄터키주 사이의 **경계**는 오하이오강에 의해 형성된다.

2 a handkerchief with a lace **border**
레이스 **테두리**가 있는 손수건

v. India **borders** several neighboring countries.
인도는 여러 이웃 국가들에 **국경**을 접하고 있다.

다의어

1151　scale
[skeil]

ⓝ 1 규모　2 저울　3 **축척**　4 비늘

1 on a large **scale** 대**규모**로

2 weighing **scales** 체중계

3 The map uses a **scale** of 1:50,000 for accuracy.
지도는 정확성을 위해 1:50,000의 **축척**을 사용한다.

4 silver **scales** of fish 물고기의 은빛 **비늘**

해양 지형

1152 iceberg
[áisbə:rg]

ⓝ 빙산

The *Titanic* struck a massive **iceberg** while in fog.
타이타닉호는 안개 속에서 거대한 **빙산**에 부딪쳤다.

➕ the tip of the iceberg 빙산의 일각(아주 적은 일부)

1153 glacier
[gléiʃər]

ⓝ 빙하

When the **glaciers** melted, the sea level rose and covered the land.
빙하가 녹자 해수면이 상승하여 육지를 덮었다.

➕ glacial ⓐ 빙하의

1154 bay
[bei]

ⓝ 1 **만** 2 구역

Every Sunday, he goes fishing in the **bay**.
매주 일요일에 그는 **만**에 낚시하러 간다.

a loading **bay** 하역 **구역**

1155 gulf
[gʌlf]

ⓝ 1 (크고 깊은) **만** 2 격차

The **Gulf** of Mexico goes from Florida over to Texas and down to Mexico.
멕시코**만**은 플로리다주에서 출발하여 텍사스주를 지나 멕시코로 내려간다.

There is a deep **gulf** between classes in many societies.
많은 사회에서 계층 간의 깊은 **격차**가 있다.

1156 seashore
[síːʃɔːr]

ⓝ 해안, 해변

They were picking up shells on the **seashore**.
그들은 **해변**에서 조개껍질을 줍고 있었다.

🔤 the land along the edge of the sea

산악 지형

1157 slope
[sloup]

ⓝ 비탈, 경사면 ⓥ 경사지다

n. a steep **slope** 가파른 **비탈**

The **slope** is gentle, so children can ski down it safely.
경사면이 완만하여 아이들이 안전하게 스키를 타고 내려갈 수 있다.

v. The hill **slopes** gently toward the lake.
언덕이 호수를 향해 완만하게 **경사지고 있다**.

1158 **peak**
[pi:k]

ⓝ 1 <mark>꼭대기, 봉우리</mark> **＝** mountaintop **2** 정점, 절정

The **peak** of the mountain is covered with snow.
그 산의 **꼭대기**는 눈으로 덮여 있다.

Japan was at the **peak** of its prosperity in the 1990s.
일본은 1990년대에 번영의 **정점**에 있었다.

1159 **summit**
[sΛmit]

ⓝ 1 <mark>정상, 산꼭대기</mark> **＝** peak **2** 정상 회담

The climbers failed to reach the **summit** of the mountain.
그 등정 대원들은 산의 **정상**에 도달하지 못했다.

The G7 **summit** was held in Quebec, Canada.
G7 **정상 회담**이 캐나다 퀘벡에서 개최되었다.

1160 **canyon**
[kǽnjən]

ⓝ 협곡

Geologists disagree on how and when the **canyon** was formed.
그 **협곡**이 언제 어떻게 형성되었는지에 대해 지질학자들의 의견이 분분하다.

➕ the Grand Canyon 그랜드 캐니언(미국 애리조나주 북부에 있는 거대한 협곡)

1161 **ridge**
[ridʒ]

ⓝ 산등성이, 능선

They hiked along the **ridge**, where they had great views of the canyon.
그들은 **산등성이**를 따라 하이킹했는데, 그곳에서 협곡의 멋진 경관을 보았다.

a dividing **ridge** 분수령

🔲 a narrow area of high land at the top of a line of hills or mountains

1162 **plateau**
[plætóu]

ⓝ 고원; 높고 편평한 땅

plateau formation due to volcanic activity
화산 활동으로 인한 **고원** 형성

Plateaus often serve as natural barriers in mountainous areas.
고원은 산악 지역에서 종종 자연적 방벽 기능을 한다.

1163 **valley**
[vǽli]

ⓝ 계곡, 골짜기

The cottage is located on a hill overlooking a **valley**.
그 오두막집은 **계곡**이 내려다보이는 언덕에 위치해 있다.

🔲 an area of lower land between hills or mountains, usually with a river flowing through it

---

1164 **basin**
[béisən]

ⓝ 1 분지 2 (큰 강의) 유역

Basins often collect rainfall, creating wetland habitats.
분지는 종종 빗물을 모아 습기 있는 서식지를 만든다.

the biodiversity of the Amazon **basin**
아마존강 **유역**의 생물다양성

1165 **rainforest**
[réinfɔ(ː)rist]

ⓝ (열대) 우림

the Amazon **Rainforest** 아마존 **열대 우림**

Our mission is to stop the destruction of the **rainforest**.
우리의 임무는 **열대 우림**의 파괴를 막는 것이다.

1166 **marsh**
[mɑːrʃ]

ⓝ 늪, 습지

As the water level dropped, the lake turned into a **marsh**.
수면이 낮아짐에 따라 그 호수는 **늪**으로 변했다.

The hills surrounded by the **marsh** look like islands.
습지에 둘러싸인 그 언덕들은 섬처럼 보인다.

1167 **barren**
[bǽrən]

ⓐ 척박한, 황량한

Few creatures can live in these **barren** areas.
이 **척박한** 지역에서 살 수 있는 생물은 거의 없다.

1168 **desolate**
[désəlat]

ⓐ 황폐한, 적막한; 쓸쓸한, 외로운

a **desolate** landscape **황폐한** 풍경

I felt **desolate** after moving to a new city.
나는 새로운 도시로 이사하고 난 후 **쓸쓸함**을 느꼈다.

다의어

1169 **desert**
ⓝ [dézərt]
ⓥ [dizə́ːrt]

ⓝ 사막 **ⓥ** 버리다

n. We traveled many miles across burning **desert** sands.
우리는 뜨거운 **사막**의 모래를 가로질러 여러 마일을 여행했다.

v. The region has been **deserted** for a long while.
그 지역은 오랫동안 **버려져** 있었다.

1170 **horizon**
[həráizn]

ⓝ 1 지평선, 수평선 2 (pl.) 시야

They saw another ship coming over the **horizon**.
그들은 다른 배 한 척이 **수평선** 위로 오고 있는 것을 보았다.

He wants to travel abroad to broaden his **horizons**.
그는 자신의 **시야**를 넓히기 위해 해외여행을 하고 싶어 한다.

➕ horizontal ⓐ 수평의, 가로의

DAILY CHECK-UP

A 빈칸에 알맞은 우리말 또는 영어 단어를 써넣으시오.

1 _____ 지리학; 지리

2 _____ formation

지도 관련 용어

3 _____ equator

4 _____ 반구

5 _____ latitude

6 _____ 경도

7 _____ pole

8 _____ 태평양(의); 평화로운

9 _____ tropical

10 _____ scale

해양 지형

11 _____ 빙산

12 _____ bay

13 _____ (크고 깊은) 만; 격차

산악 지형

14 _____ 정상; 정상 회담

15 _____ canyon

16 _____ 산등성이, 능선

17 _____ plateau

18 _____ 계곡, 골짜기

평지 지형

19 _____ (열대) 우림

20 _____ basin

21 _____ 늪, 습지

22 _____ barren

23 _____ 황폐한; 쓸쓸한

24 _____ desert

B 문장의 빈칸에 알맞은 말을 보기에서 골라 쓰시오.

> border   horizon   peak   slope   glaciers   seashore

1 They were picking up shells on the _____.

2 They saw another ship coming over the _____.

3 The _____ of the mountain is covered with snow.

4 The _____ is gentle, so children can ski down it safely.

5 When the _____ melted, the sea level rose and covered the land.

6 The _____ between Indiana and Kentucky is formed by the Ohio River.

1171 transport

ⓥ [trænspɔ́ːrt]
ⓝ [trǽnspɔːrt]

ⓥ 수송하다　ⓝ 수송　⊜ transportation

Too many goods are being **transported** by road.
너무 많은 물건들이 도로로 **수송되고** 있다.

the **transport** of farm goods 농산물의 **수송**

➕ transportation ⓝ 수송[교통] 체계

★ trans-(= across 가로질러) + -port(= carry 운반하다)

1172 transit

[trǽnzit / -sit]

ⓝ 1 운송, 운반　2 (대중)교통

They compensate for any goods damaged in **transit**.
그들은 **운송** 중에 파손된 어떠한 물건에 대해서도 보상한다.

a mass **transit** system 대중**교통** 체계

대중교통

1173 means

[miːnz]

ⓝ 수단, 방법

a proper transport **means** 적절한 수송 **수단**

Cars replaced horse-drawn carriages as the major **means** of transportation.
자동차는 주요 교통**수단**으로 마차를 대체했다.

★ mean이 단수, means가 복수라고 생각하기 쉽지만 단·복수 모두 means이다.

1174 vehicle

[víːəkəl / víːhi-]

ⓝ 1 차량, 탈것　2 수단, 매개체

Total **vehicle** sales increased 10 percent from last year.
차량 판매 총액이 작년보다 10% 증가했다.

Water can be a **vehicle** of infection.
물은 전염병의 **매개체**가 될 수 있다.

1175 wagon

[wǽgən]

ⓝ 짐마차; 화물 열차

Before we had trucks, goods were carried in **wagons**.
트럭이 생기기 전에 물품은 **마차**로 운반되었다.

a train of loaded **wagons** 짐이 실린 **화물 열차**

다의어

1176 **express**

[iksprés]

ⓐ 급행의, 신속한　ⓥ 표현하다

a. an **express** train 급행열차

If you want, you can choose **express** delivery services.
네가 원한다면 **신속** 배달 서비스를 선택할 수 있다.

v. **express** an interest in classical music
고전 음악에 대한 관심을 **표현하다**

1177 **fare**

[fɛər]

ⓝ 운임, 교통 요금

You should pay the **fare** when you get on the bus.
버스에 승차할 때 **요금**을 지불해야 한다.

★ 발음이 같은 fair(공평한; 박람회)와 혼동하지 않도록 주의할 것.

1178 **affordable**

[əfɔ́ːrdəbl]

ⓐ (가격 등이) 비싸지 않은, 감당할 수 있는

The bus fare is very **affordable** for most people.
버스 요금은 대부분의 사람들에게 매우 **저렴하다**.

✚ afford ⓥ ~할 형편이 되다, ~을 살 돈이 있다

1179 **accessible**

[æksésəbl]

ⓐ 이용할 수 있는, 접근 가능한

Public transportation should be **accessible** to people with disabilities.
대중교통은 장애인이 **이용할 수 있어야** 한다.

accessible design in public spaces
공공장소의 **접근 가능한** 설계

✚ access ⓝ 접속, 접근　ⓥ 접속하다, 접근하다

1180 **passenger**

[pǽsindʒər]

ⓝ 승객, 여객

The bus collided with a car while carrying 30 **passengers**.
그 버스는 30명의 **승객**을 태우고 가던 중 자동차와 충돌했다.

✚ passenger seat 조수석(운전석 옆의 좌석)

1181 **congested**

[kəndʒéstid]

ⓐ (사람·교통 등이) 붐비는, 혼잡한　🟰 crowded

a **congested** area 혼잡 지역

The highway was **congested** due to an accident ahead.
고속도로가 앞에 사고로 인해 **혼잡했다**.

다의어

1182 **transfer**
ⓥ [trænsfə́:r]
ⓝ [trǽnsfər]

ⓥ 1 옮기다, 이송하다   2 갈아타다, 환승하다
ⓝ 1 이동   2 환승

v. 1 The patient was **transferred** to a general hospital.
그 환자는 종합 병원으로 **이송되었다**.

2 I **transferred** at Bangkok for a flight to Singapore.
나는 방콕에서 싱가포르로 가는 비행기를 **갈아탔다**.

n. 1 the **transfer** of power   권력의 **이동**

2 We'll have a **transfer** in Hong Kong.
우리는 홍콩에서 **환승**을 할 것이다.

이동 경로와 목적

1183 **route**
[ru:t / raut]

ⓝ 경로, 노선

Now we need to decide which **route** to take.
이제 우리는 어떤 **경로**로 갈지를 결정해야 한다.

a bus **route**   버스 **노선**

1184 **platform**
[plǽtfɔ:rm]

ⓝ 1 승강장   2 연단, 강단

She stepped from the **platform** onto the train.
그녀는 **승강장**에서 기차로 걸어 들어갔다.

The speaker mounted the **platform** to thundering applause.
그 연사는 우레 같은 박수갈채를 받으며 **연단**에 올랐다.

다의어

1185 **terminal**
[tə́:rmənəl]

ⓝ 종착역, 터미널   ⓐ 말기의; 최종적인

n. The bus **terminal** is on the city's east side.
버스 **터미널**은 그 도시의 동쪽에 있다.

a. He is suffering from **terminal** lung cancer.
그는 **말기** 폐암으로 고통받고 있다.

1186 **canal**
[kənǽl]

ⓝ 운하, 수로

The Panama **Canal** links the Atlantic and Pacific Oceans.
파나마 **운하**는 대서양과 태평양을 연결시킨다.

1187 **navigate**
[nǽvəgèit]

ⓥ 길을 안내하다; 항해하다

I'll drive, and you can **navigate**.
내가 운전할 테니 넌 **길을 안내하면** 되겠다.

Long before GPS, sailors **navigated** by the stars.
GPS가 나오기 오래 전에 선원들은 별을 보고 **항해했다**.

➕ navigation ⓝ 항해, 운항, 조종

1188	**merge**	ⓥ 1 <mark>합쳐지다, 합류하다</mark> 2 합병하다
	[məːrdʒ]	

The sign shows that the two lanes **merge** into one.
그 표지판은 두 차선이 하나로 **합쳐진다**는 것을 보여준다.

The two organizations **merged** for efficiency.
두 조직은 효율성을 위해 **합병했다**.

1189	**overtake**	ⓥ 따라잡다; 추월하다
	[òuvərtéik]	

The new technology has **overtaken** the older systems.
새로운 기술이 기존 시스템을 **따라잡았다**.

Be careful when you try to **overtake** another car.
다른 차를 **추월하려고** 할 때 조심해라.

1190	**reverse**	ⓥ 1 뒤바꾸다 2 <mark>후진하다</mark> ⓝ 1 (정)반대 2 <mark>후진</mark>
	[rivə́ːrs]	ⓐ (정)반대의

v. 1 **reverse** the original plan 기존 계획을 **뒤집다**
　　 2 I had to **reverse** my car to park.
　　　 나는 주차하기 위해 차를 **후진해야** 했다.

n. 2 Turn the car in **reverse**. 차를 **후진시켜라**.

a. They took the **reverse** route. 그들은 **정반대의** 경로를 택했다.

1191	**distance**	ⓝ 거리
	[dístəns]	

The **distance** between New York City and Boston is about 400 kilometers.
뉴욕과 보스턴 사이의 **거리**는 약 400킬로미터이다.

1192	**pedestrian**	ⓝ 보행자 ⓐ 보행(자)의
	[pədéstriən]	

The city should take steps to protect **pedestrians** from vehicles. 시는 차량으로부터 **보행자들**을 보호하기 위한 조치를 취해야 한다.
pedestrians path 보행로, 산책로

★ pedestr-(= on foot) + ian(= person) → 발로 걸어 다니는 사람 → 보행자

1193	**pavement**	ⓝ 1 포장도로 2 인도, 보도 ⊜ sidewalk
	[péivmənt]	

lay asphalt **pavement** 아스팔트 **포장도로**를 깔다
A narrow **pavement** ran along the side of the road.
좁은 **인도**가 도로변을 따라 나 있었다.

1194	**commute**	ⓥ 통근하다 ⓝ 통근
	[kəmjúːt]	

I live within **commuting** distance of Washington, D.C.
나는 워싱턴 D.C.에서 **통근할** 수 있는 거리 내에 살고 있다.
a **commute** by subway 지하철 **통근**

1195 location
[loukéiʃən]

ⓝ 1 **장소, 위치** 2 현지 촬영지

a suitable **location** for sightseeing 관광에 적합한 **장소**
The movie was filmed on **location** in Ireland.
그 영화는 아일랜드의 **현지 촬영지**에서 촬영되었다.

➕ locate ⓥ 1 ~의 위치를 찾아내다 2 ~에 위치시키다

운송

1196 delivery
[dilívəri]

ⓝ 배달, 배송; 인도, 전달

Online companies compete through the fast **delivery** of products.
온라인 기업들은 제품의 빠른 **배송**을 통해 경쟁한다.

pay for goods on **delivery** 물품 **인도** 시 대금을 지불하다

➕ deliver ⓥ 배달[배송]하다; 전달하다

다의어

1197 ship
[ʃip]

ⓝ (큰) 배, 선박   ⓥ **보내다, 수송하다**

n. Sending goods by **ship** is more cost effective than road transport.
물품의 **선박** 수송이 도로 운송보다 비용 효율이 더 높다.

v. We promise to **ship** a replacement within 24 hours.
24시간 이내에 대체 물품을 **보내드릴** 것을 약속합니다.

1198 container
[kəntéinər]

ⓝ 1 그릇, 용기   2 **(화물 수송용) 컨테이너**

For a refund, send the item back in the original **container**.
환불을 받으려면 원래의 **용기**에 넣어 제품을 반송해주세요.

It's a 300-meter-long **container** ship.
그것은 300미터 길이의 **컨테이너** 수송선이다.

➕ contain ⓥ 담고 있다; 포함하다

1199 insurance
[inʃúərəns]

ⓝ 보험

travel **insurance** 여행자 **보험**
The ship is covered by fully comprehensive **insurance**.
그 선박은 종합 책임 **보험**에 의해 보장받는다.

➕ insure ⓥ 보험에 들다; 보증하다

1200 bound
[baund]

ⓐ 1 **~행의, ~로 향하는** 2 ~할 가능성이 큰, ~하기 마련인

a train **bound** for Berlin 베를린**으로 가는** 열차
Mistakes are **bound** to happen sometimes.
실수는 때때로 일어나**기 마련이다.**

⭐ 동사 bind(묶다)의 과거분사형이 형용사화된 것이다.

DAILY CHECK-UP

A 빈칸에 알맞은 우리말 또는 영어 단어를 써넣으시오.

transport
1 _____ 2 _____
  transport   운송; (대중)교통

대중교통
3 _____ means
4 _____ 차량, 탈것
5 _____ wagon
6 _____ 비싸지 않은, 감당할 수 있는
7 _____ passenger
8 _____ 옮기다; 환승(하다)
9 _____ congested

이동 경로와 목적
10 _____ 경로, 노선
11 _____ terminal
12 _____ 운하, 수로
13 _____ navigate
14 _____ 따라잡다; 추월하다
15 _____ reverse
16 _____ 거리
17 _____ pedestrian

운송
21 _____ 배달; 인도
22 _____ ship
23 _____ ~행의; ~하기 마련인
24 _____ container

18 _____ pavement
19 _____ 통근하다; 통근
20 _____ location

B 문장의 빈칸에 알맞은 말을 보기에서 골라 쓰시오.

> fare   express   accessible   merge   platform   insurance

1 She stepped from the _____ onto the train.

2 The sign shows that the two lanes _____ into one.

3 The ship is covered by fully comprehensive _____.

4 You should pay the _____ when you get on the bus.

5 If you want, you can choose _____ delivery services.

6 Public transportation should be _____ to people with disabilities.

✔️ 헷갈리는 혼동어 제대로 알기

1 **precede**
ⓥ ~에 앞서다[선행하다]
A series of political conflicts **preceded** the civil war.
그 내전이 있기 **전에** 일련의 정치적 갈등이 **있었다**.

proceed
ⓥ 나아가다; 진행하다
After the break, we will **proceed** with the meeting.
휴식 후 우리는 회의를 계속 **진행할** 것이다.

2 **expedition**
ⓝ 탐험 (조사), 원정; 탐험[원정]대
Admiral Byrd made an **expedition** to reach the North Pole.
버드 제독은 북극에 도달하기 위한 **탐험**을 했다.

expiration
ⓝ 만료, 종결
The **expiration** of the contract is set for the end of the year.
그 계약의 **만료**는 연말로 설정되어 있다.

explanation
ⓝ 해명, 이유; 설명
He demanded an **explanation** for the delay in delivery.
그는 배송 지연에 대한 **설명**을 요구했다.

3 **summit**
ⓝ 1 정상, 산꼭대기 2 정상 회담
The climbers failed to reach the **summit** of the mountain.
그 등정 대원들은 산의 **정상**에 도달하지 못했다.

submit
ⓥ 제출하다
Please **submit** your report by the end of the week.
주말까지 보고서를 **제출해** 주세요.

4 **insurance**
ⓝ 보험
The ship is covered by fully comprehensive **insurance**.
그 선박은 종합 책임 **보험**에 의해 보장받는다.

assurance
ⓝ 확언, 장담; 확신
She gave me her **assurance** that everything would be fine.
그녀는 모든 것이 괜찮을 것이라고 내게 **확언했다**.

PLAN 12
법과 사회

법률과 범죄

legal 법률의; 합법적인

arrest 체포하다; 체포

도덕과 윤리

ethical 윤리적인, 도덕상의

conscience 양심

법과 사회

종교

preach 설교[전도]하다

divine 신의, 신성한

사회적 이슈

arise 생기다, 발생하다

minority 소수 (민족)

법률과 범죄

✓ MUST-KNOW WORDS

law 법, 법률	**crime** 범죄	**commit** (범죄를) 저지르다	**guilty** 유죄의
proof 증거	**scene** 현장	**break** 위반하다	**punish** 처벌하다

법률

1201 legal
[lígəl]

ⓐ 1 법률의 2 합법적인 ↔ illegal 불법의

seek **legal** advice **법률적** 조언을 구하다
Every citizen has a **legal** right to vote.
모든 국민은 **법적** 투표권이 있다.

Betting on sports such as basketball and baseball is **legal** in Korea. 한국에서 농구와 야구 같은 스포츠에 내기를 거는 것은 **합법**이다.

1202 enforce
[infɔ́:rs]

ⓥ 1 **시행하다, 집행하다** 2 강요하다

The new parking rules will be **enforced** soon.
새로운 주차 규정이 곧 **시행될** 것이다.

enforce the law 법을 **집행하다**
You should not **enforce** your preferences on others.
네가 선호하는 것을 다른 사람들에게 **강요해서는** 안 된다.

➕ enforcement ⓝ 시행, 집행

1203 violate
[váiəlèit]

ⓥ 1 위반하다, 어기다 2 침해하다

The company was fined for **violating** environmental regulations. 그 회사는 환경 규정을 **위반하여** 벌금을 부과받았다.

violate user privacy 사용자 사생활을 **침해하다**

➕ violation ⓝ 위반, 위배

1204 status
[stéitəs / stǽtəs]

ⓝ (법적) 신분; (사회적) 지위

the **status** of a U.S. citizen 미국 시민의 **신분**
Women must be given equal **status** with men in all areas of life. 여성은 삶의 모든 분야에서 남성과 동등한 **지위**를 가져야 한다.

1205 valid
[vǽlid]

ⓐ 1 **유효한** ↔ invalid 무효의, 효력이 없는 2 타당한

This passport is **valid** for ten years. 이 여권은 10년간 **유효**하다.
There are several **valid** reasons for criticizing him.
그를 비난하는 데에는 몇 가지 **타당한** 이유가 있다.

➕ validity ⓝ 1 유효함 2 타당성

1206 patent
[pǽtənt / péit-]

ⓝ 특허, 특허권 ⓐ 특허의

She obtained a **patent** on her invention.
그녀는 자신의 발명품에 대한 **특허**를 취득했다.

patent laws 특허법

범죄

1207 illegal
[ilíːgəl]

ⓐ 불법의, 비합법적인 ↔ legal 합법적인

an **illegal** immigrant 불법 입국자
He was involved in the **illegal** drug trade.
그는 **불법** 마약 거래에 연루되었다.

다의어

1208 suspect
ⓝ [sʌ́spekt]
ⓥ [səspékt]

ⓝ 용의자, 혐의자 ⓥ (~이라는) 의혹을 품다, 의심하다

n. the chief[prime] **suspect** 유력한 용의자
v. The police **suspect** that the driver was drunk.
경찰은 운전자가 취해 있었다는 **의혹을 품고 있다**.

다의어

1209 criminal
[krímənəl]

ⓐ 1 범죄의 2 형사상의 ↔ civil 민사의 ⓝ 범인, 범죄자

a. 1 **criminal** behavior 범죄 행위
2 **criminal** law 형법, 형사법
n. The suspect complained of being treated like a **criminal**.
그 용의자는 **범죄자**처럼 취급되는 것에 대해 불평했다.

1210 murder
[mə́ːrdəːr]

ⓝ 살인 ⓥ 살해하다

be charged with attempted **murder** 살인 미수 혐의로 기소되다
An old woman was **murdered** by her relative for her money.
한 할머니가 자신의 돈 때문에 친척에게 **살해당했다**.

1211 rob
[rɑb]

ⓥ 강탈하다, 빼앗다

The criminal **robbed** him of his money.
그 범인은 그에게서 돈을 **빼앗았다**.

○ rob *A* of *B*: A에게서 B를 강탈하다[빼앗다]
+ robber ⓝ 강도, 도둑 | robbery ⓝ 강도질, 도둑질

1212 theft
[θeft]

ⓝ 절도, 도둑질

He was accused of **theft** from a convenience store.
그는 편의점에서의 **절도** 혐의로 고소되었다.

+ thief ⓝ 도둑, 절도범

1213 arrest
[ərést]

ⓥ 체포하다 ⓝ 체포

arrest a suspect 용의자를 **체포하다**

A teenager is now under **arrest** for being part of the hacking crimes.
한 십 대 청소년이 해킹 범죄에 가담한 혐의로 현재 **체포**되어 있다.

1214 deceive
[disíːv]

ⓥ 속이다, 기만하다

He was arrested for **deceiving** investors with false financial reports.
그는 허위 재무 보고서로 투자자들을 **속인** 혐의로 체포되었다.

+ deceptive ⓐ 기만적인, 속이는 | deception ⓝ 속임, 기만, 사기

1215 justify
[dʒʌ́stəfài]

ⓥ 정당화하다

The ends **justify** the means. 목적은 수단을 **정당화한다**.

She found it very difficult to **justify** her behavior.
그녀는 자신의 행위를 **정당화하는** 것이 매우 어렵다는 것을 알았다.

+ justification ⓝ 정당화, 정당한 이유

재판

1216 sue
[suː]

ⓥ 고소하다, 소송을 제기하다

The residents **sued** the company for environmental damages.
주민들은 그 회사를 환경 훼손으로 **고소했다**.

She **sued** for divorce, and it was granted.
그녀는 이혼 **소송을 제기했고** 그것은 승인되었다.

1217 accuse
[əkjúːz]

ⓥ 고발[고소]하다, 비난하다

She **accused** the man of stalking her on social media.
그녀는 소셜 미디어에서 자신을 스토킹한 혐의로 그 남자를 **고소했다**.

Are you **accusing** me of being a liar?
내가 거짓말쟁이라고 **비난하는** 거야?

➕ accuse A of B: A를 B로 고발[비난]하다

+ accusation ⓝ 고발, 고소, 비난

1218 court
[kɔːrt]

ⓝ 1 법정 2 궁전, 왕실

The former prime minister will appear in **court** tomorrow.
전 수상이 내일 **법정**에 출두할 것이다.

King Louis XIV set up the royal **court** at Versailles to keep power.
루이 14세는 권력을 유지하기 위해 베르사유에 **궁전**을 세웠다.

1219 trial
[tráiəl]

ⓝ 1 ==재판, 공판== 2 실험, 시험

He was put on **trial** for corruption.
그는 부정부패로 **재판**에 회부되었다.

That treatment is currently under clinical **trial**.
그 치료는 현재 임상 **실험** 중이다.

➕ trial and error 시행착오

다의어

1220 case
[keis]

ⓝ 1 사례, 경우 2 ==소송 (사건)== 3 ==(경찰이 조사 중인) 사건==

1 a typical **case** of poor customer service
형편없는 고객 서비스의 전형적 **사례**

2 win / lose a **case** **소송**에서 이기다 / 지다

3 A **case** of car theft was registered with the police.
차량 절도 **사건**이 경찰에 접수되었다.

1221 judicial
[dʒuːdíʃəl]

ⓐ 사법의, 재판의

the fairness of the **judicial** system
사법 제도의 공정성

They called for a **judicial** review of the decision.
그들은 그 결정에 대한 **사법** 심사를 요청했다.

1222 jury
[dʒúəri]

ⓝ 배심원단

the members of the **jury** **배심원단** 구성원[배심원]

The **jury** decided that the accused was not guilty.
배심원단은 피고에게 죄가 없다는 결정을 내렸다.

➕ juror ⓝ 배심원

1223 justice
[dʒʌ́stis]

ⓝ 1 정의, 공정 2 사법, 재판

Promoting **justice** is one of the basic purposes of the law.
정의를 고취시키는 것은 법의 기본적인 목적 중 하나이다.

The former president was brought to **justice**.
그 전직 대통령은 **재판**을 받게 되었다.

➕ the Department of Justice 법무부

1224 witness
[wítnis]

ⓝ 목격자; 증인 ⓥ 목격하다

a **witness** to the crime 그 범죄의 **목격자**

The girl is the principal **witness** in the case.
그 소녀는 그 소송 사건의 주요 **증인**이다.

He was shocked by the horrors he had **witnessed**.
그는 자신이 **목격한** 참혹함에 충격을 받았다.

1225 summon
[sʌ́mən]

ⓥ 소환하다, 출두를 명하다

The court has **summoned** the witness to testify in the trial.
법원은 재판에 출석해 증언하도록 증인을 **소환했다**.

다의어

1226 sentence
[séntəns]

ⓝ 1 문장　2 선고, 형벌　ⓥ 선고하다, 판결을 내리다

n. 2 a jail[prison] **sentence** 징역형

v. The court **sentenced** the accused to 20 years in jail.
법원은 피고에게 징역 20년을 **선고했다**.

다의어

1227 appeal
[əpíːl]

ⓝ 1 호소, 간청　2 항소, 상고　3 호소력, 매력
ⓥ 1 호소[간청]하다　2 항소하다　3 관심을 끌다

n. 1 an **appeal** for blood donations 헌혈에 대한 **호소**
　 2 file an **appeal** **항소**를 제기하다
　 3 Queen was a band with global **appeal**.
　　 퀸은 전 세계적인 **호소력**을 가진 밴드였다.

v. 2 She **appealed** the decision to a higher court.
　　 그녀는 그 판결에 대해 상급 법원에 **항소했다**.

1228 fine
[fain]

ⓝ 벌금　ⓥ 벌금을 부과하다

He paid a **fine** for parking in a space for disabled drivers.
그는 장애인 운전자 전용 구역에 주차하여 **벌금을** 냈다.

The court **fined** the company for safety violations.
법원은 안전 규정 위반으로 그 회사에 **벌금을 부과했다**.

1229 conviction
[kənvíkʃən]

ⓝ 1 신념, 확신　2 유죄 판결

I have strong **convictions** about social justice.
나는 사회 정의에 대해 강한 **신념을** 가지고 있다.

A **conviction** may result in a prison sentence or a fine.
유죄 판결은 징역형이나 벌금형으로 이어질 수 있다.

➕ convict ⓥ 유죄 판결을 내리다　ⓝ 죄수, 기결수

1230 innocent
[ínəsənt]

ⓐ 1 결백한, 무죄인　↔ guilty 유죄의　2 순진한　= naïve

Most of the jurors felt that the young man was **innocent**.
대부분의 배심원들은 그 젊은 남자가 **무죄**라고 생각했다.

the **innocent** victims of the terror attack
테러 공격의 **무고한** 희생자들

an **innocent** child **순진한** 아이

➕ innocence ⓝ 1 무죄, 결백　2 순진무구함

DAILY CHECK-UP

A 빈칸에 알맞은 우리말 또는 영어 단어를 써넣으시오.

법률과 범죄

법률

1 _____
법률의; 합법적인

2 _____
enforce

3 _____
위반하다; 침해하다

4 _____
status

5 _____
유효한; 타당한

6 _____
patent

범죄

7 _____
illegal

8 _____
용의자; 의심하다

9 _____
criminal

10 _____
살인; 살해하다

11 _____
rob

12 _____
체포하다; 체포

23 _____
conviction

24 _____
결백한, 무죄인; 순진한

재판

13 _____
sue

14 _____
고발[고소]하다

15 _____
court

16 _____
재판, 공판; 실험

17 _____
case

18 _____
사법의, 재판의

19 _____
justice

20 _____
목격자; 목격하다

21 _____
sentence

22 _____
항소(하다); 상고

B 문장의 빈칸에 알맞은 말을 보기에서 골라 쓰시오.

deceiving	fine	jury	justify	summoned	theft

1 She found it very difficult to _____ her behavior.

2 The _____ decided that the accused was not guilty.

3 He was accused of _____ from a convenience store.

4 The court has _____ the witness to testify in the trial.

5 He paid a _____ for parking in a space for disabled drivers.

6 He was arrested for _____ investors with false financial reports.

responsible 책임이 있는	right 올바른	wrong 잘못된	honor 명예; 도리
proper 적절한	behave 행동하다	honest 정직한, 솔직한	trust 신뢰(하다)

다의어

1231 moral
[mɔ́(ː)rəl]

ⓐ 도덕적인, 도덕상의 ⓝ 교훈; (pl.) 윤리

a. He is a **moral** person who always tries to do what is right.
그는 항상 옳은 일을 하고자 노력하는 **도덕적인** 사람이다.

n. The fable teaches an important **moral** about honesty.
그 우화는 정직에 관한 중요한 **교훈**을 가르친다.

1232 ethical
[éθikəl]

ⓐ 윤리적인, 도덕상의

an **ethical** issue 윤리적 쟁점
New technology raises new **ethical** questions.
새로운 기술은 새로운 **윤리적** 문제를 제기한다.

✛ ethics ⓝ 윤리, 도덕; 윤리학

가치와 신념

1233 conscience
[kánʃəns]

ⓝ 양심

He refused to do anything against his **conscience**.
그는 **양심**에 반하는 것은 어떠한 것도 하기를 거부했다.

✛ conscientious ⓐ 양심적인, 성실한

1234 dignity
[dígnəti]

ⓝ 존엄(성), 위엄, 품위

human **dignity** 인간의 **존엄성**
She told her story to the interviewer with quiet **dignity**.
그녀는 인터뷰 진행자에게 조용히 **위엄** 있게 자신의 이야기를 들려주었다.

➕ with dignity 위엄 있게, 위엄을 갖추어

1235 inspire
[inspáiər]

ⓥ 1 고무하다, 영감을 주다 2 (감정 등을) 불어넣다

A true teacher **inspires** students to achieve their goals.
참된 교사는 학생들이 목표를 성취하도록 **고무한다**.

He clearly **inspires** trust in his clients and colleagues.
그는 분명 그의 고객들과 동료들에게 신뢰감을 **불어넣는다**.

✛ inspiration ⓝ 영감 | inspirational ⓐ 영감을 주는

1236 sacrifice
[sǽkrəfàis]

ⓝ 희생　ⓥ 희생하다, 희생시키다

He made many personal **sacrifices** to help others.
그는 다른 사람들을 돕기 위해 개인적인 **희생**을 많이 했다.

The soldiers **sacrificed** their lives for their country.
그 군인들은 조국을 위해 목숨을 **희생했다**.

1237 commitment
[kəmítmənt]

ⓝ 1 약속, 서약　2 헌신

I made a **commitment** to exercise every day.
나는 매일 운동하기로 **약속**했다.

We were impressed by the **commitment** shown by the players.　우리는 선수들이 보여준 **헌신**에 감명을 받았다.

　✚ commit ⓥ 1 저지르다, 범하다　2 약속하다

1238 persist
[pəːrsíst]

ⓥ 1 (계속) 주장하다, 고집하다　2 계속되다, 지속되다

persist in one's belief 자기의 신념을 **밀고 나아가다**
The practice **persisted** until the 19th century.
그 관행은 19세기까지 **계속되었다**.

　✚ persistence ⓝ 1 끈기, 끈질김　2 존속, 지속

다의어

1239 virtue
[və́ːrtʃuː]

ⓝ 1 미덕　2 선행　3 장점

1　She taught her students the traditional **virtue** of honesty.
　그녀는 학생들에게 정직이라는 전통의 **미덕**을 가르쳤다.
2　lead a life of **virtue** **선**한 삶을 살다
3　the **virtues** of online banking 인터넷 뱅킹의 **장점**

1240 compassion
[kəmpǽʃən]

ⓝ 동정심, 연민

The two women shared **compassion** for the victims.
그 두 여인은 희생자들에 대한 **연민**을 나누었다.

　✚ compassionate ⓐ 연민 어린, 동정하는

1241 cherish
[tʃériʃ]

ⓥ 소중히 하다; (마음 속에) 간직하다

Let's **cherish** the hope that we will meet again someday.
우리가 언젠가 다시 만나리라는 희망을 **간직합시다**.

1242 intention
[inténʃən]

ⓝ 의도, 의향

I had no **intention** of cheating anyone.
나는 어느 누구도 속일 **의도**는 없었다.

　✚ intend ⓥ 의도하다　| intentional ⓐ 의도적인, 고의적인

PLAN 12

1243 **ultimate**
[ʌ́ltəmit]

ⓐ 궁극적인, 최종의

the **ultimate** purpose of life
인생의 **궁극적** 목적

Our **ultimate** goal is to make the world a better place for all.
우리의 **궁극적** 목표는 세상을 모두를 위해 더 나은 곳으로 만드는 것이다.

1244 **value**
[vǽlju:]

ⓝ 가치   ⓥ 가치 있게 여기다

He places great **value** on his relationships with others.
그는 타인과의 관계에 큰 **가치**를 둔다.

My father taught me to **value** the ordinary things in life.
아버지는 나에게 삶의 평범한 것들을 **가치 있게 여기라고** 가르치셨다.

➕ **valuable** ⓐ 가치 있는, 귀중한 | **invaluable** ⓐ 매우 귀중한

1245 **worthwhile**
[wɔ́:rθhwàil]

ⓐ (시간·노력 등을 들일 만큼) 가치 있는, 보람 있는

a **worthwhile** cause **가치 있는** 명분

You will find it **worthwhile** to help other people.
너는 다른 사람들을 돕는 것이 **보람이 있다는** 것을 알게 될 것이다.

1246 **trustworthy**
[trʌ́stwə̀:rði]

ⓐ 신뢰할 수 있는, 믿을 수 있는   ⊜ reliable

trustworthy relationships based on honesty
정직을 바탕으로 한 **신뢰할 수 있는** 관계

A **trustworthy** friend keeps your secrets and supports you.
신뢰할 수 있는 친구는 당신의 비밀을 지키고 당신을 지지해 준다.

도덕적 의무

1247 **responsibility**
[rispànsəbíləti]

ⓝ 책임; 의무

You should take **responsibility** for your decisions.
너는 네 결정에 **책임**을 져야 한다.

He has the **responsibility** of caring for his ill mother.
그에게는 병든 어머니를 돌봐야 할 **의무**가 있다.

➕ **responsible** ⓐ 책임이 있는

1248 **norm**
[nɔ:rm]

ⓝ 1 표준, 기준   2 (pl.) 규범

establish a **norm** of fairness
공정성의 **기준**을 확립하다

Social **norms** define what is considered right and wrong.
사회적 **규범**은 무엇이 옳고 그르다고 여겨지는지를 규정한다.

1249 duty
[dú:ti]

ⓝ 1 의무 **2** 근무; 임무 **3** 관세, 세금

1 She felt that it was her moral **duty** to help her neighbors.
그녀는 이웃을 돕는 것이 자신의 도덕적 **의무**라고 느꼈다.

2 A police officer should wear a uniform when on **duty**.
경찰관은 **근무** 중에 제복을 입어야 한다.

3 a **duty**-free shop 면세점

1250 obey
[oubéi]

ⓥ 복종하다, 따르다

A soldier must **obey** his commander's orders.
군인은 지휘관의 명령에 **복종해야** 한다.

Each individual has a moral duty to **obey** the law.
각각의 개인은 법을 **따라야** 할 도덕적 의무를 갖는다.

+ obedient ⓐ 복종하는, 순종적인 **|** obedience ⓝ 복종, 순종

1251 instill
[instíl]

ⓥ 스며들게 하다, 서서히 가르치다

instill ethical behavior 윤리적 행동을 **심어주다**

Parents should **instill** a sense of responsibility in their children. 부모는 자녀에게 책임감을 **가르쳐야** 한다.

1252 uphold
[ʌphóuld]
uphold-upheld-upheld

ⓥ (법·원칙 등을) 유지시키다; 떠받치다

uphold moral obligations 도덕적 의무를 **지키다**

We must **uphold** the principles of justice and fairness.
우리는 정의와 공정의 원칙을 **지켜야[옹호해야]** 한다.

윤리적 태도와 판단

1253 naïve
[nɑːíːv]

ⓐ 순진한, 때 묻지 않은

She was so **naïve** as to believe what he said.
그녀는 그가 하는 말을 믿을 만큼 **순진했다.**

1254 compromise
[kámprəmàiz]

ⓝ 타협, 절충
ⓥ 1 타협하다 **2** (신념·원칙을) 굽히다 **3** (명성 등을) 손상시키다

n. reach a **compromise** 타협에 이르다

v. 2 Basically, he didn't want to **compromise** his principles.
기본적으로 그는 자신의 원칙을 **굽히고** 싶지 않았다.

3 compromise one's reputation 명성을 **손상시키다[더럽히다]**

1255 **tendency**
[téndənsi]

ⓝ 1 **경향, 추세** 2 버릇, 성향

We need to fight the **tendency** to be indifferent to the suffering of others.
우리는 타인의 고통에 무관심한 **경향**과 싸워야 한다.

She has a **tendency** to talk too much when she is excited.
그녀는 흥분할 때 말을 너무 많이 하는 **버릇**이 있다.

1256 **judg(e)ment**
[dʒʌ́dʒmənt]

ⓝ 1 **판단, 판단력** 2 재판, 판결

We should not make quick **judgments** of other people.
우리는 다른 사람들에 대해 성급한 **판단**을 내리지 말아야 한다.

a lack of **judgment** **판단력** 부족

The judge produces a written copy of the **judgment**.
판사는 **판결**문을 작성한다.

+ judge ⓥ 1 판단하다 2 재판하다 ⓝ 판사

다의어

1257 **critical**
[krítikəl]

ⓐ 1 **비판적인** 2 매우 중요한 ⊜crucial 3 위급한; 위독한

1 My uncle is **critical** of the government's policies.
삼촌은 정부의 정책에 **비판적**이다.

2 The success of the project is **critical** to them.
그 프로젝트의 성공은 그들에게 **매우 중요하다**.

3 Some of the victims are in **critical** condition.
희생자 중 일부는 **위독한** 상태이다.

+ criticize ⓥ 비판하다

1258 **tolerant**
[tάlərənt]

ⓐ 1 **관대한, 아량 있는** 2 잘 견디는

His parents are **tolerant** of his strange behavior.
그의 부모님은 그의 이상한 행동에 대해 **관대하다**.

These plants are **tolerant** of dry conditions.
이 식물들은 건조한 환경에 **잘 견딘다**.

+ tolerance ⓝ 관용, 아량 | tolerate ⓥ 참다; 용인하다

1259 **superior**
[supíriər]

ⓐ 1 상급의 2 우월한, 우수한 ↔inferior 열등한

superior court **상급[고등]** 법원

What makes you think you are morally **superior** to others?
너는 무엇 때문에 네가 다른 사람들보다 도덕적으로 **우월하다고** 생각하니?

1260 **appropriate**
[əpróuprièit]

ⓐ 적절한, 적당한

appropriate ethical standards **적절한** 윤리 기준

Leaders are expected to demonstrate **appropriate** behavior.
지도자들은 **적절한** 행동을 보여줄 것으로 기대된다.

DAILY CHECK-UP

A 빈칸에 알맞은 우리말 또는 영어 단어를 써넣으시오.

1 _____ 도덕적인; 교훈; 윤리

2 _____ ethical

가치와 신념

3 _____ 존엄(성), 위엄

4 _____ inspire

5 _____ 희생(하다)

6 _____ commitment

7 _____ (계속) 주장하다; 지속되다

8 _____ virtue

9 _____ 동정심, 연민

10 _____ cherish

도덕적 의무

14 _____ 표준, 기준; 규범

15 _____ duty

16 _____ 복종하다, 따르다

17 _____ instill

18 _____ 유지시키다; 떠받치다

11 _____ 의도, 의향

12 _____ value

13 _____ 신뢰할 수 있는

윤리적 태도와 판단

19 _____ naïve

20 _____ 경향, 추세; 버릇

21 _____ judg(e)ment

22 _____ 비판적인; 매우 중요한

23 _____ 적절한, 적당한

24 _____ superior

B 문장의 빈칸에 알맞은 말을 보기에서 골라 쓰시오.

| tolerant | conscience | compromise | worthwhile | responsibility | ultimate |

1 You should take _____ for your decisions.

2 He refused to do anything against his _____.

3 His parents are _____ of his strange behavior.

4 You will find it _____ to help other people.

5 Basically, he didn't want to _____ his principles.

6 Our _____ goal is to make the world a better place for all.

✅ **MUST-KNOW WORDS**

religion 종교	spirit 정신; 영혼	believe in ~을 믿다	mercy 자비
pray 기도하다	Christian 기독교인[의]	Buddhist 불교도[의]	Muslim 이슬람교도[의]

1261 religious
[rilídʒəs]

ⓐ 1 종교의, 종교적인 2 신앙심이 깊은

hold **religious** beliefs **종교적** 신념을 가지다

My grandmother was a deeply **religious** person.
나의 할머니는 **신앙심이** 대단히 **깊은** 분이셨다.

➕ religion ⓝ 종교

종교 의식

1262 ceremony
[sérəmòuni]

ⓝ 의식, 식

He attended the **ceremony** held at the church.
그는 교회에서 열린 그 **의식**에 참석했다.

an opening **ceremony** 개회식, 개막식

다의어

1263 ritual
[rítʃuəl]

ⓝ 1 의식 2 (반복되는) 의례적 행위 ⓐ 의식상의

n. 1 Many folk dances have their origins in ancient religious **rituals**. 많은 민속춤은 고대 종교 **의식**에서 기원한다.

 2 Decorating a Christmas tree is an annual **ritual** for my family. 크리스마스트리를 장식하는 것은 우리 가족의 연례**행사**이다.

a. The **ritual** dance was performed at the festival.
 그 **의식적인** 춤은 축제에서 공연되었다.

1264 service
[sə́:rvis]

ⓝ 1 서비스, 사업 2 예배, 예식

customer **service** 고객 **서비스**

public **service** 공공사업

There were about 150 people at the church for a **service**.
교회에는 **예배**를 위해 온 150명 정도의 사람들이 있었다.

1265 solemn
[sɑ́ləm]

ⓐ 엄숙한, 근엄한

solemn religious observance **엄숙한** 종교적 의식

The **solemn** ceremony was attended by religious leaders.
그 **엄숙한** 의식에 종교 지도자들이 참석했다.

1266 worship
[wə́:rʃip]

ⓝ 예배; 숭배   **ⓥ 예배하다; 숭배하다**

attend **worship** regularly 정기적으로 **예배**에 참석하다

Many ancient cultures **worshipped** various gods associated with nature. 많은 고대 문화에서는 자연과 관련된 다양한 신들을 **숭배했다**.

1267 preach
[priːtʃ]

ⓥ 1 설교하다, 전도하다   2 훈계하다

He **preached** to a large crowd that had gathered there.
그는 그곳에 모인 많은 사람들에게 **설교했다**.

My father always **preaches** to me about the value of time.
아버지는 언제나 나에게 시간의 가치에 대해 **훈계하신다**.

✚ preacher ⓝ 설교자, 목사, 전도사

1268 reverence
[révərəns]

ⓝ 존경, 숭배, 경의

Reverence for nature is a religious belief in many cultures.
자연에 대한 **숭배**는 많은 문화에서 종교적 믿음이다.

✚ revere ⓥ 숭배하다, 존경하다

1269 meditation
[mèdətéiʃən]

ⓝ 명상, 묵상

The singer finds inner peace through **meditation**.
그 가수는 **명상**을 통해 마음의 평화를 찾는다.

✚ meditate ⓥ 명상하다

1270 celebrate
[séləbrèit]

ⓥ 1 기념하다, 경축하다   2 널리 알리다

Many people **celebrate** Christmas by going to church.
많은 사람들은 교회에 가는 것으로 크리스마스를 **기념한다**.

Frank Lloyd Wright is **celebrated** for his contributions to modern architecture.
프랭크 로이드 라이트는 현대 건축에 공헌한 것으로 **널리 알려져** 있다.

✚ celebration ⓝ 축하, 기념

신성

1271 divine
[diváin]

ⓐ 신의, 신성한

divine will 신의 뜻

King Charles I believed in the **divine** right of kings.
찰스 1세는 왕의 **신성한** 권리[왕권신수설]를 신봉했다.

✚ divinity ⓝ 1 신학   2 신성; 신

1272 sacred
[séikrid]

ⓐ 성스러운; 신성시되는

The temple is a place of **sacred** worship.
그 절은 **신성한** 예배의 장소이다.

What is held **sacred** by one group may not be so to another.
한 집단에 **신성하다고** 여겨지는 것이 다른 집단에게는 그렇지 않을 수 있다.

1273 saint
[seint]

ⓝ 성인(聖人)

a patron **saint** 수호성인

A number of cities in this country are named after **saints**.
이 나라의 많은 도시들이 **성인들**의 이름을 따서 명명되었다.

1274 icon
[áikɑn]

ⓝ 1 **우상** 2 (컴퓨터) 아이콘

In Christianity, it is forbidden to worship **icons**.
기독교에서는 **우상** 숭배가 금지되어 있다.

He has become an **icon** in Latin music.
그는 라틴 음악의 **우상**이 되었다.

click on an **icon** **아이콘**을 클릭하다

➕ iconic ⓐ ~의 상징이 되는, 우상의

성직자

1275 priest
[priːst]

ⓝ 사제, 신부; 성직자

The **priest** sacrificed himself to save the village.
그 **사제**는 마을을 구하기 위해 자신을 희생했다.

a high **priest** 고위 성직자

★ cf. pastor 목사

1276 minister
[mínistər]

ⓝ 1 장관 2 **성직자, 목사**

She was elected as the **Minister** of Education.
그녀는 교육부 **장관**으로 선출되었다.

The **minister** led the prayer during the service.
그 **목사**는 예배 중 기도를 인도했다.

➕ Prime Minster 총리

★ priest: 주로 가톨릭, 성공회, 정교회 등의 성직자
minister: 개신교의 목사

1277 pope
[poup]

ⓝ (천주교의) 교황

the election of a new **pope** 새 **교황**의 선출

The **Pope** lives in Vatican City in Rome.
교황은 로마의 바티칸 시국에 거주한다.

1278	**nun**	ⓝ 수녀
	[nʌn]	a **nun**'s habit **수녀복**
		The **nuns** were not isolated from the world.
		그 **수녀들**은 세상으로부터 단절되어 있지 않았다.

1279	**monk**	ⓝ 수도사, 수도승, 승려
	[mʌŋk]	The Dalai Lama describes himself as a simple Buddhist
		monk. 달라이 라마는 자신을 소박한 불교 **승려**라고 묘사한다.

신앙

1280	**prayer**	ⓝ 기도, 기도문
	[prɛər]	According to a survey, four out of five British adults believe in the power of **prayer**.
		한 설문 조사에 따르면 영국의 성인 5명 중 4명이 **기도**의 힘을 믿는다.
		the Lord's **Prayer** 주**기도문**
		✚ pray ⓥ 기도하다

1281	**sin**	ⓝ 죄, 죄악
	[sin]	commit a **sin** **죄**를 저지르다
		The priest told the child that lying was a **sin**.
		신부는 그 아이에게 거짓말하는 것은 **죄악**이라고 말했다.
		✚ sinful ⓐ 죄악의, 죄가 많은

1282	**cult**	ⓝ 1 추종, 숭배 2 (소수) 종교 집단; 신흥 종교
	[kʌlt]	the **cult** of nature 자연 **숭배**
		He left home and joined a **cult**.
		그는 집을 떠나 한 **종교 집단**에 들어갔다.

1283	**exclusive**	ⓐ 1 배타적인; 양립할 수 없는 2 독점적인
	[iksklúːsiv]	All religions are **exclusive** in nature.
		모든 종교는 본질적으로 **배타적이다**.
		The magazine offers **exclusive** interviews with celebrities.
		그 잡지는 유명인과의 **독점** 인터뷰를 제공한다.

1284	**superstition**	ⓝ 미신
	[sùːpərstíʃən]	It is a common **superstition** that breaking a mirror brings bad luck. 거울을 깨면 불운이 온다는 것은 흔한 **미신**이다.
		✚ superstitious ⓐ 미신을 믿는

1285 spiritual
[spírit∫uəl]

ⓐ 1 정신적인 2 종교의 ☰ religious

Priests should respond to the **spiritual** needs of people.
성직자들은 사람들의 **정신적** 요구에 응답해야 한다.

a **spiritual** leader 종교 지도자

+ spirit ⓝ 1 정신, 마음 2 영혼; 유령

1286 faith
[feiθ]

ⓝ 1 믿음, 신뢰 2 신앙(심)

Many people have lost **faith** in the government's policies.
많은 사람들이 정부 정책에 대한 **신뢰**를 잃었다.

She goes to church each Sunday to keep the **faith**.
그녀는 **신앙심**을 유지하기 위해 매주 일요일마다 교회에 간다.

+ faithful ⓐ 충실한, 의리 있는(= loyal)

1287 confess
[kənfés]

ⓥ 자백하다, 고백하다, 고해하다

The suspect **confessed** his guilt in the end.
그 용의자는 결국 유죄임을 **자백했다**.

During the service, the young man **confessed** his sin before the whole group.
예배 중에 그 젊은이는 전체 집단 앞에서 자신의 죄를 **고백했다**.

+ confession ⓝ 자백; 고백

1288 destiny
[déstəni]

ⓝ 운명, 숙명

You can shape your own **destiny** through choices.
당신은 선택을 통해 자신의 **운명**을 만들 수 있다.

1289 fate
[feit]

ⓝ 운명, 숙명

Those who moved to the region met a tragic **fate**.
그 지역으로 이주한 사람들은 비극적인 **운명**을 맞았다.

+ fatal ⓐ 치명적인 | fateful ⓐ 운명적인
★ fate: 피할 수 없는 결과처럼 느껴지는 운명 (주로 부정적, 수동적)
   destiny: 의미 있고 정해진 미래처럼 여겨지는 운명 (주로 긍정적, 적극적)

1290 convert
[kənvə́:rt]

ⓥ 1 변환하다, 전환시키다 2 개종하다, 개종시키다

convert mechanical energy into electric power
기계적 에너지를 전력으로 **변환하다**

After **converting** to Catholicism, the family settled in Düsseldorf.
가톨릭교로 **개종한** 후, 그 가족은 뒤셀도르프에 정착했다.

+ conversion ⓝ 1 전환, 변환 2 개종, 전향

DAILY CHECK-UP

A 빈칸에 알맞은 우리말 또는 영어 단어를 써넣으시오.

1 _____
종교의; 신앙심이 깊은

종교 의식

2 _____
의식, 식

3 _____
ritual

4 _____
사업; 예배, 예식

5 _____
solemn

6 _____
예배(하다); 숭배(하다)

7 _____
preach

8 _____
존경, 숭배, 경의

9 _____
celebrate

신성

10 _____
divine

11 _____
성스러운; 신성시되는

12 _____
성인

13 _____
icon

성직자

14 _____
사제, 신부; 성직자

15 _____
nun

16 _____
(천주교의) 교황

17 _____
monk

신앙

18 _____
기도, 기도문

19 _____
cult

20 _____
정신적인; 종교의

21 _____
faith

22 _____
자백하다, 고백하다

23 _____
fate

24 _____
변환하다; 개종하다

B 문장의 빈칸에 알맞은 말을 보기에서 골라 쓰시오.

destiny	exclusive	meditation	sin	superstition	minister

1 All religions are _____ in nature.

2 The singer finds inner peace through _____.

3 The priest told the child that lying was a _____.

4 The _____ led the prayer during the service.

5 You can shape your own _____ through choices.

6 It is a common _____ that breaking a mirror brings bad luck.

✓MUST-KNOW WORDS

social 사회적인	serious 심각한	bully 약자를 괴롭히다	right 권리
accident 사고	resolve 해결하다	freedom 자유	movement (사회) 운동

사회 문제와 여론

1291 occur
[əkə́:r]

ⓥ 1 일어나다, 발생하다　2 떠오르다, 생각나다

Cyberbullying **occurs** most often through instant messaging.
사이버 폭력은 인스턴트 메시지를 통해 가장 흔히 **일어난다**.

It suddenly **occurred** to me that I forgot my homework.
갑자기 내가 숙제를 잊은 것이 **생각이 났다**.

➕ occur to ~ : (생각이) ~의 머릿속에 떠오르다

1292 arise
[əráiz]
arise-arose-arisen

ⓥ 생기다, 발생하다

Accidents usually **arise** from carelessness.
사고는 보통 부주의로 인해 **생긴다**.

Trouble **arises** when we compare ourselves with others.
문제는 우리가 스스로를 남들과 비교할 때 **발생한다**.

1293 approach
[əpróutʃ]

ⓝ 접근; 접근법　ⓥ ~에 다가가다, 접근하다

take the right **approach** to the problem
문제에 올바른 **접근법**을 취하다

She **approached** cost reduction by making a list.
그녀는 목록을 만들어서 비용 절감에 **접근했다**.

1294 attempt
[ətémpt]

ⓥ 시도하다　ⓝ 시도

attempt an escape　탈출을 **시도하다**

The company fired 5 percent of its workforce in an **attempt** to cut costs.
그 회사는 비용 절감을 위한 **시도**로 직원의 5퍼센트를 해고했다.

1295 basis
[béisis]

ⓝ 기초, 근거, 바탕

Marriage is the **basis** for a stable society.
결혼은 안정된 사회의 **기초**이다.

have no legal **basis**　법적인 **근거**가 없다

He published an article on the **basis** of his research.
그는 자신의 연구를 **바탕**으로 논문을 발표했다.

1296 aspect
[ǽspekt]

ⓝ 측면, 일면, 관점

one **aspect** of his character 그의 성격의 **일면**

This plan is very good from an environmental **aspect**.
이 계획은 환경적 **관점**에서 볼 때 아주 훌륭하다.

1297 sentiment
[séntəmənt]

ⓝ 정서, 감정; 의견

a growing **sentiment** for climate action
기후 행동에 대한 증가하는 **정서[공감대]**

Public **sentiment** favors stronger environmental policies.
여론은 더 강력한 환경 정책을 선호한다.

1298 consensus
[kənsénsəs]

ⓝ 의견 일치, 합의

There is not a broad **consensus** of opinion on nuclear energy.
원자력에 대해 폭넓은 **의견의 일치**가 존재하지 않는다.

★ con(= with, together 함께, 같이) + sensus(= feel, sense 느끼다)

1299 controversial
[kɑ̀ntrəvə́ːrʃəl]

ⓐ 논쟁의, 논란의 여지가 있는

Religion and politics are very **controversial** subjects.
종교와 정치는 매우 **논란의 여지가 많은** 주제이다.

➕ controversy ⓝ 논쟁

인권과 평등

1300 civil
[sívəl]

ⓐ 1 시민의 2 민사의

a **civil** rights movement 민권 운동

Civil courts deal with disputes between private parties.
민사 법원은 사적인 당사자 사이의 분쟁을 다룬다.

1301 gender
[dʒéndər]

ⓝ 성, 성별

Fairy tales have been criticized for promoting **gender** stereotypes.
동화는 **성별**에 대한 고정 관념을 조장한다는 비판을 받아 왔다.

1302 poverty
[pávərti]

ⓝ 가난, 빈곤, 결핍

The real **poverty** in our time is the **poverty** of imagination.
우리 시대의 진짜 **빈곤**은 상상력의 **빈곤**이다.

1303 **minority**
[mainɔ́ːrəti]

ⓝ 1 소수 (↔)majority 다수 **2 소수 민족; 소수당, 소수파**

a small **minority** of people 극소수의 사람들

The city has been a home to **minorities** for decades.
그 도시는 수십 년 동안 **소수 민족**의 본거지였다.

The Democrats are now the **minority** in the Senate.
민주당은 현재 상원에서 **소수당**이다.

＋ **minor** ⓐ 사소한, 중요하지 않은(↔ **major** 중요한)

1304 **injustice**
[indʒʌ́stis]

ⓝ 부당함; 부정; 불공평 (↔)justice 정의, 공정

fight against **injustice** to protect human rights
인권을 보호하기 위해 **부당함**에 맞서 싸우다

When people face **injustice**, they want more equality.
사람들은 **불공평**에 직면하면 더 많은 평등을 원한다.

1305 **immigrate**
[íməgrèit]

ⓥ 이주해 오다, 이민 오다

James **immigrated** to the United States in 2000.
James는 2000년에 미국으로 **이주해 왔다**.

＋ **immigration** ⓝ 이민, 입국 ｜ **immigrant** ⓝ (다른 나라에서 온) 이주민

★ cf. **emigrate** 이민을 가다 ｜ **migrate** 이주하다

1306 **refugee**
[rèfjudʒíː]

ⓝ 피난민, 난민

a **refugee** camp 난민 수용소

The arrival of **refugees** from Yemen sparked a debate in South Korea in 2018.
2018년에 예멘에서 온 **난민들**의 도착은 한국에 논쟁을 일으켰다.

＋ **refuge** ⓝ 1 보호소, 피난처 2 피난, 보호

기술 발전과 인간

1307 **flexible**
[fléksəbl]

ⓐ 융통성 있는, 유연한, 탄력적인

The digital age requires us to be **flexible** and open to new ideas.
디지털 시대는 우리에게 **융통성이 있고** 새로운 아이디어에 개방적일 것을 요구한다.

flexible working hours **탄력적인** 근무 시간

＋ **flexibility** ⓝ 융통성, 탄력성

1308 **pace**
[peis]

ⓝ 속도

The **pace** of technological change is faster than ever before.
기술 변화의 **속도**가 과거 어느 때보다 빠르다.

1309 **eliminate**

[ilímənèit]

ⓥ 없애다, 제거하다

The company plans to **eliminate** more than 1,000 jobs in the next three years.
그 회사는 앞으로 3년 안에 1,000개 이상의 일자리를 **없앨** 계획이다.

Mobile banking has **eliminated** the need to visit banks.
모바일 뱅킹은 은행을 방문할 필요성을 **없앴다.**

+ elimination ⓝ 제거

1310 **artificial intelligence**

[à:rtəfíʃəl intélədʒəns]

ⓝ 인공 지능 ＝AI

Artificial intelligence has surpassed human intelligence in many fields.
인공 지능은 많은 분야에서 인간의 지능을 넘어섰다.

1311 **privacy**

[práivəsi]

ⓝ 사생활; 사적 자유

invade[violate] one's **privacy** **사생활**을 침해하다
Technology and **privacy** are often opposed to each other.
기술과 **사적 자유**는 종종 상충된다.

+ private ⓐ 사적인

여러 가지 사회 문제

1312 **suicide**

[sú:əsaid]

ⓝ 자살

Nearly 700,000 people around the world commit **suicide** every year.
매년 세계에서 거의 70만 명의 사람들이 **자살**한다.

➕ commit suicide 자살하다
★ sui-(= oneself 자기 자신) + -cide(= kill 죽이다)

1313 **addiction**

[ədíkʃən]

ⓝ 중독

an **addiction** to alcohol 알코올 **중독**
Smartphone **addiction** is a new social problem.
스마트폰 **중독**은 새로운 사회 문제이다.

+ addict ⓝ 중독자 ⓥ 중독시키다 | addictive ⓐ 중독성이 있는

1314 **racism**

[réisizəm]

ⓝ 인종 차별

legislation against **racism** **인종 차별** 반대 법률
Racism remains a significant issue in many societies today.
인종 차별은 오늘날 많은 사회에서 여전히 중요한 문제이다.

1315 safety
[séifti]

ⓝ 안전

for **safety** reasons / for **safety**'s sake 안전상의 이유로 / 안전을 위해
In the past, there were few laws to ensure the **safety** of workers.
과거에는 노동자의 **안전**을 보장하는 법률이 거의 없었다.

1316 abandon
[əbǽndən]

ⓥ 1 포기하다 2 버리다, 유기하다

abandon one's right 권리를 **포기하다**
Many people are calling for those who **abandon** their pets to be sent to jail.
많은 사람들이 반려동물을 **유기하는** 사람들을 감옥에 보내라고 요구하고 있다.

＋ abandonment ⓝ 1 포기 2 유기, 버림

1317 generation
[dʒènəréiʃən]

ⓝ 1 세대 2 생성, 발생

overcome the **generation** gap **세대** 차이를 극복하다
Each **generation** has different views of the world.
각 **세대**는 각기 다른 세계관을 가지고 있다.

the **generation** of energy 에너지 **생성**

＋ generate ⓥ 발생시키다

★ generation이 '기간, 세대'의 의미로 쓰일 때는 한 사람이 태어나 부모가 될 때까지의 기간인 30년 정도를 의미한다.

1318 population
[pɑ̀pjəléiʃən]

ⓝ 1 인구 2 (동식물의) 개체 수

population explosion 인구 폭발(급격한 인구 증가)
Population aging is a common problem in developed countries.
인구 고령화는 선진국에서 흔한 문제이다.

a decline in the **population** of dolphins 돌고래 **개체 수**의 감소

1319 death penalty
[déθ pènəlti]

ⓝ 사형 ⊜ capital punishment

the abolition of the **death penalty** **사형**의 폐지
The man was given the **death penalty** for killing his neighbor.
그 남자는 이웃을 살해한 죄로 **사형** 선고를 받았다.

1320 abortion
[əbɔ́ːrʃən]

ⓝ 낙태, 임신 중절

The issue of **abortion** raises many ethical questions.
낙태 문제는 많은 도덕적 문제를 제기한다.

＋ abort ⓥ (임신을) 중절하다; 유산하다

DAILY CHECK-UP

학습 Check	본문 학습	MP3 듣기	Daily Check-up	누적 테스트 Days 43-44	Voca Plus

A 빈칸에 알맞은 우리말 또는 영어 단어를 써넣으시오.

사회적 이슈

사회 문제와 여론

1 _____
일어나다; 떠오르다

2 _____
arise

3 _____
접근(법); 접근하다

4 _____
attempt

5 _____
기초, 근거, 바탕

6 _____
aspect

7 _____
정서, 감정; 의견

8 _____
consensus

인권과 평등

9 _____
성, 성별

10 _____
poverty

11 _____
소수; 소수 민족

12 _____
immigrate

13 _____
피난민, 난민

기술 발전과 인간

14 _____
pace

15 _____
인공 지능

16 _____
privacy

여러 가지 사회 문제

17 _____
addiction

18 _____
인종 차별

19 _____
safety

20 _____
포기하다; 버리다

21 _____
population

22 _____
세대; 생성

23 _____
abortion

24 _____
사형

B 문장의 빈칸에 알맞은 말을 보기에서 골라 쓰시오.

civil   flexible   controversial   suicide   injustice   eliminated

1 Religion and politics are very _____ subjects.

2 Mobile banking has _____ the need to visit banks.

3 When people face _____, they want more equality.

4 _____ courts deal with disputes between private parties.

5 The digital age requires us to be _____ and open to new ideas.

6 Nearly 700,000 people around the world commit _____ every year.

헷갈리는 혼동어 제대로 알기

1 suspect
ⓝ 용의자, 혐의자 ⓥ (~이라는) 의혹을 품다, 의심하다

the chief[prime] **suspect** 유력한 용의자
The police **suspect** that the driver was drunk.
경찰은 운전자가 취해 있었다는 **의혹을 품고** 있다.

inspect
ⓥ 검사하다, 점검하다

Customs officers will **inspect** all luggage at the airport.
세관 직원들은 공항에서 모든 수하물을 **검사할** 것이다.

2 persist
ⓥ 1 (계속) 주장하다, 고집하다 2 계속되다, 지속되다

The practice **persisted** until the 19th century.
그 관행은 19세기까지 **계속되었다**.

resist
ⓥ 저항하다, 반대하다

The troops **resisted** the enemy's attack.
군대는 적의 공격에 **저항했다**.

consist
ⓥ (부분·요소로) 이루어져 있다, 구성되다

Her diet **consists** mainly of vegetables and fruits.
그녀의 식사는 주로 채소와 과일로 **이루어져** 있다.

3 exclusive
ⓐ 1 배타적인; 양립할 수 없는 2 독점적인

All religions are **exclusive** in nature.
모든 종교는 본질적으로 **배타적이다**.

excessive
ⓐ 과도한, 지나친

Working long hours can lead to **excessive** stress.
장시간 동안 일하는 것은 **과도한** 스트레스를 초래할 수 있다.

4 refugee
ⓝ 피난민, 난민

The arrival of **refugees** from Yemen sparked a debate in South Korea in 2018.
2018년에 예멘에서 온 **난민들**의 도착은 한국에 논쟁을 일으켰다.

referee
ⓝ 심판

The **referee** blew his whistle, and the players began to move.
심판이 호루라기를 불자 선수들이 움직이기 시작했다.

PLAN 13
정치와 경제

정치와 외교
political 정치의, 정치적인
negotiation 협상, 교섭

전쟁과 군사
military 군사의; 군대
conquer 정복하다; 극복하다

정치와 경제

경제 일반
economic 경제의; 경제학의
invest 투자하다; 쏟다

경제생활
consumer 소비자
asset 자산, 재산

DAY 45 정치와 외교

✅ **MUST-KNOW WORDS**

politics 정치, 정치학	**party** 정당	**policy** 정책	**president** 대통령
protest 항의하다; 시위	**reform** 개혁(하다)	**elect** 선출하다	**relation** 관계

정치 체제와 구성

1321 political
[pəlítikəl]

ⓐ 정치의, 정치적인

He is facing the greatest crisis in his **political** career.
그는 자신의 **정치** 경력에서 가장 큰 위기에 직면해 있다.

➕ politics ⓝ 정치, 정치학 | politician ⓝ 정치가

1322 ideology
[àidiɑ́lədʒi]

ⓝ 이데올로기, 이념

progressive / conservative **ideologies** 진보/보수적 **이데올로기**
Members of a political party share a common **ideology**.
정당의 당원들은 공통의 **이념**을 공유한다.

➕ ideological ⓐ 이념적인

1323 democracy
[dimɑ́krəsi]

ⓝ 민주주의, 민주 국가

the basic principles of **democracy** **민주주의**의 기본 원칙
In a **democracy**, every citizen has the freedom to express his or her views.
민주 국가에서 모든 시민들은 자신의 견해를 표현할 자유가 있다.

➕ democratic ⓐ 민주주의의, 민주적인 | democrat ⓝ 민주주의자
★ demo-(= common people 평민) + -cracy(= rule 통치)

1324 republic
[ripʌ́blik]

ⓝ 공화국

South Korea became a **republic** in 1948.
남한은 1948년에 **공화국**이 되었다.

1325 government
[gʌ́vərnmənt]

ⓝ 정부, 정권

The **government** lowered taxes to attract investors.
정부는 투자자들을 유치하기 위해 세금을 낮췄다.

take over the **government** **정권**을 찬탈하다

➕ governmental ⓐ 정부의

1326 federal
[fédərəl]

ⓐ 연방의, 연방제의

federal government 연방 정부

In terms of legal priority, **federal** law is superior to state law.
법적 우선순위의 관점에서 **연방** 법은 주 법보다 상위에 있다.

1327 parliament
[pá:rləmənt]

ⓝ 의회, 국회

win a seat in **Parliament** 의회 의석을 얻다

The prime minister dissolved **parliament** and called a general election.
수상은 **의회**를 해산하고 총선거를 선포했다.

➕ parliamentary ⓐ 의회의, 국회의

★ 영국 의회를 나타낼 때는 대문자(Parliament)로 쓴다.

1328 council
[káunsəl]

ⓝ 1 (지방 자치 단체의) 의회   2 회의; 협의회

He was recently elected to the city **council**.
그는 최근에 시 **의회** 의원으로 선출되었다.

the student **council** 학생회

1329 constitution
[kÀnstətú:ʃən]

ⓝ 1 헌법   2 구성, 구조

a written **constitution** 성문 헌법

He suggested the **constitution** of a committee with experts from outside.
그는 외부 전문가들이 포함된 위원회 **구성**을 제안했다.

➕ constitute ⓥ 구성하다 | constitutional ⓐ 헌법의, 입헌의

1330 authority
[əθɔ́:riti]

ⓝ 1 권한, 권위   2 (pl.) 당국, 기관

A police officer has the **authority** to use a gun if necessary.
경찰관은 필요하다면 총을 사용할 **권한**이 있다.

The traffic **authorities** are investigating the incident.
교통 **당국**에서 그 사건을 조사하고 있다.

1331 bureaucracy
[bjuərákrəsi]

ⓝ (집합적) 관료; 관료주의, 관료 정치

the role of **bureaucracy** in policymaking
정책 결정에 있어 **관료제**의 역할

Bureaucracy can sometimes delay political reform.
관료주의가 때로는 정치 개혁을 지연시킬 수 있다.

➕ bureaucrat ⓝ 관료, 관료주의자

1332 statesman
[stéitsmən]

ⓝ 정치인, 정치가

A true **statesman** should demonstrate decisive leadership.
진정한 **정치가**는 결단성 있는 지도력을 보여주어야 한다.

★ politician은 일반적인 정치인을 나타내고, statesman은 존경받는 정치인을 나타낸다.

1333 resign
[rizáin]

ⓥ 사임하다, 물러나다

resign from one's post 현직에서 **물러나다**
U.S. President Nixon **resigned** due to a scandal known as Watergate.
닉슨 미 대통령은 워터게이트라고 알려진 추문으로 인해 **사임했다**.

✚ resignation ⓝ 사임, 사직

1334 corrupt
[kərʌ́pt]

ⓐ 부패한, 타락한 ⓥ 부패하게 만들다, 타락시키다

a **corrupt** politician 부패한[타락한] 정치가
Greed has **corrupted** the country's democracy.
탐욕이 그 나라의 민주주의를 **타락시켜** 왔다.

✚ corruption ⓝ 부패, 타락

1335 mayor
[méiə:r]

ⓝ 시장

The **mayor** ordered the police to investigate the incident.
시장은 경찰에게 그 사건을 조사할 것을 지시했다.

1336 debate
[dibéit]

ⓝ 토론, 논쟁 ⓥ 토론하다, 논쟁하다

Both candidates have agreed to participate in a **debate** on TV.
두 후보 모두 TV **토론**에 참여하기로 합의했다.

The two political parties **debated** important welfare issues.
두 정당은 중요한 복지 문제에 대해 **토론했다**.

1337 involve
[invɑ́lv]

ⓥ 1 관련시키다, 참여시키다 2 수반하다

Local communities are getting more **involved** in political decision making.
지역 사회가 정치적 의사 결정에 더 많이 **관여하고** 있다.

Surgery may be performed, but it **involves** a risk.
수술이 행해질 수 있지만 위험을 **수반한다**.

✚ involvement ⓝ 관여, 참여

1338	**manipulate** [mənípjulèit]	**ⓥ 조종하다, 조작하다** Some politicians are skilled at **manipulating** public opinion in their favor. 어떤 정치인들은 여론을 자기 편으로 **조종하는** 데 능숙하다. ➕ manipulation ⓝ 조종, 조작 ｜ manipulative ⓐ 조종하는, 조작의

1339	**rally** [ræli]	**ⓝ 집회, 대회 ⓥ 결집하다** We organized a **rally** for equal rights. 우리는 평등한 권리를 위한 **집회**를 조직했다. Many citizens are **rallying** for social change. 많은 시민들이 사회 변화를 위해 **결집하고** 있다.

1340	**riot** [ráiət]	**ⓝ 폭동, 소요** provoke a **riot** 폭동을 일으키다 The **riot** caused a lot of damage to the city's shopping area. 그 **폭동**은 도시의 쇼핑 지역에 많은 피해를 주었다.

1341	**election** [ilékʃən]	**ⓝ 선거** In the United States, the presidential **election** is held every four years. 미국에서는 대통령 **선거**가 4년마다 열린다. ➕ elect ⓥ 선거하다, 선출하다 ｜ elective ⓐ 선거의, 선거로 선출되는

1342	**campaign** [kæmpéin]	**ⓝ 1 (정치·사회적) 운동, 캠페인 2 군사 행동** Obama was the first leader to set up a Twitter account for his election **campaign**. 오바마는 선거 **운동**을 위해 트위터 계정을 만든 최초의 지도자였다. the success of a military **campaign** 군사 **행동**의 성공

1343	**candidate** [kǽndidèit / -dət]	**ⓝ 후보자, 지원자** She decided to run as a **candidate** in the local council elections. 그녀는 지방 의회 선거에서 **후보**로 출마하기로 결정했다.

다의어

1344	**vote** [vout]	**ⓝ 1 투표, 표결 2 표; 득표수 ⓥ 투표하다** **n.** 1 a unanimous **vote** 만장일치의 **표결** 　　2 The current president won by roughly 3 million **votes**. 　　　현 대통령이 약 3백만 **표** 차이로 승리했다. **v.** Nine countries **voted** against the decision. 　　9개국이 그 결정에 반대하여 **투표했다**.

1345 diplomat
[dípləmæt]

ⓝ 외교관

Diplomats from EU member states met in Brussels to agree on a common position.
유럽 연합 회원국 **외교관들**이 공통된 입장에 합의하기 위해 브뤼셀에서 만났다.

✚ diplomacy ⓝ 외교; 외교적 수완 | diplomatic ⓐ 외교의

1346 negotiation
[nigòuʃiéiʃən]

ⓝ 협상, 교섭

Compromise is the end result of **negotiation**.
타협은 **협상**의 최종 결과이다.

a peace **negotiation** 평화 **교섭**

✚ negotiate ⓥ 협상[교섭]하다 | negotiator ⓝ 협상자

1347 intervene
[ìntərvíːn]

ⓥ 개입하다, 끼어들다

As a general rule, no government should **intervene** in the affairs of another nation.
원칙적으로, 어떤 정부도 다른 나라의 문제에 **개입해서는** 안 된다.

The teacher **intervened** to stop the fight between the students.
선생님이 학생들 사이의 싸움을 말리기 위해 **끼어들었다**.

✚ intervention ⓝ 개입

★ inter-(= between 사이에) + vene(= come 오다)

1348 ally
[ǽlai / əlái]

ⓝ 동맹국 ⓥ 연합하다, 동맹을 맺다

The United States and Great Britain were **allies** in World War II.
미국과 영국은 제2차 세계대전 당시 **동맹국**이었다.

countries **allying** themselves with the EU
유럽 연합과 **동맹을 맺은** 국가들

1349 embassy
[émbəsi]

ⓝ 대사관

Several countries closed their **embassies** in the country.
몇몇 국가들이 그 나라에 있는 **대사관**을 폐쇄했다.

✚ ambassador ⓝ 대사, 사절, 특사

1350 neutral
[núːtrəl]

ⓐ 중립적인, 어느 편도 들지 않는

maintain a **neutral** policy **중립적인** 정책을 유지하다

Sweden, Ireland, and Switzerland remained **neutral** throughout World War II.
스웨덴, 아일랜드, 스위스는 제2차 세계대전 내내 **중립**을 지켰다.

DAILY CHECK-UP

A 빈칸에 알맞은 우리말 또는 영어 단어를 써넣으시오.

정치와 외교

정치 체제와 구성

1 _____ 정치의, 정치적인

2 _____ 이데올로기, 이념

3 _____ republic

4 _____ 정부, 정권

5 _____ federal

6 _____ 의회, 국회

7 _____ council

8 _____ 헌법; 구성

정치 활동과 선거

11 _____ debate

12 _____ 관련[참여]시키다

13 _____ manipulate

14 _____ 집회, 대회; 결집하다

15 _____ election

16 _____ 운동, 캠페인

9 _____ authority

10 _____ 관료; 관료주의

정치가

17 _____ 정치인, 정치가

18 _____ resign

19 _____ 부패한; 타락시키다

20 _____ 시장

외교

21 _____ 외교관

22 _____ ally

23 _____ 대사관

24 _____ neutral

B 문장의 빈칸에 알맞은 말을 보기에서 골라 쓰시오.

> riot　candidate　intervene　votes　negotiation　democracy

1 Compromise is the end result of _____.

2 The current president won by roughly 3 million _____.

3 The _____ caused a lot of damage to the city's shopping area.

4 She decided to run as a _____ in the local council elections.

5 In a _____, every citizen has the freedom to express his or her views.

6 As a general rule, no government should _____ in the affairs of another nation.

DAY 46 전쟁과 군사

✔ MUST-KNOW WORDS

war 전쟁

declare 선언하다

soldier 군인

enemy 적, 적군

attack 공격(하다)

bomb 폭탄

victim 피해자, 희생자

victory 승리

군대와 무기

1351 military
[mílitèri / -təri]

ⓐ 군대의, 군사의   ⓝ (the -) 군대

take **military** action
군사 행동을 취하다

He began his **military** service with the U.S. Air Force.
그는 미 공군에서 **군** 복무를 시작했다.

join/enter the **military** 군에 입대하다

1352 navy
[néivi]

ⓝ 해군

The U.S. **Navy** played an important role in World War II.
미 **해군**은 제2차 세계대전에서 중요한 역할을 했다.

➕ naval ⓐ 해군의

★ cf. air force 공군

1353 troop
[tru:p]

ⓝ 병력, 군대; 부대

The last Russian **troops** left Estonia in 1994.
마지막 러시아군 **병력**이 1994년에 에스토니아에서 철수했다.

UN peacekeeping **troops** 유엔 평화 유지**군**

1354 warrior
[wɔ́(:)riə:r]

ⓝ 전사, 용사

a brave and loyal **warrior**
용맹하고 충성스러운 **전사**

A Viking **warrior** was known for his strength and bravery.
바이킹 **전사**는 힘과 용감함으로 유명했다.

1355 veteran
[vétərən]

ⓝ 1 참전 용사, 퇴역 군인 2 베테랑, 노련한 사람

a **veteran** of the Korean War 한국 전쟁 **참전 용사**

They announced the signing of the **veteran** goalkeeper.
그들은 그 **베테랑** 골키퍼의 계약을 발표했다.

1356 rank
[ræŋk]

ⓝ 계급, 지위 ⓥ 등급을 정하다, (계급·등급을) 차지하다

He has the **rank** of colonel in the air force.
그는 **계급**이 공군 대령이다.

people of high social **rank** 사회적 **지위**가 높은 사람들
a high-**ranking** officer in the army 육군 고위급 장교

1357 armor
[ɑ́:rmər]

ⓝ 갑옷, 철갑

The warrior wore heavy **armor** to protect himself in war.
그 전사는 전쟁에서 자신을 보호하기 위해 무거운 **갑옷**을 입었다.

1358 weapon
[wépən]

ⓝ 무기, 공격 수단

Modern nuclear **weapons** are easily aimed at targets.
현대의 핵**무기**는 쉽게 목표물에 조준된다.

1359 shield
[ʃiːld]

ⓝ 방패 ⓥ 보호하다, 가리다 ⹀protect

The **shield** saved him from the enemy's sword.
방패는 그를 적의 칼에서 구해주었다.

The wall **shielded** the city from the enemy's attack.
그 벽은 적의 공격으로부터 도시를 **보호했다**.

1360 bullet
[búlit]

ⓝ 총알, 탄알

The surgeon removed the **bullet** from the soldier's leg.
그 외과 의사는 군인의 다리에서 **총알**을 제거했다.

다의어

1361 trigger
[trígə:r]

ⓝ 방아쇠 ⓥ 촉발시키다

n. pull the **trigger** **방아쇠**를 당기다

v. The murder of the Austrian Crown Prince in Sarajevo **triggered** the start of the First World War.
사라예보에서의 오스트리아 왕세자 살해가 제1차 세계대전의 시작을 **촉발했다**.

전쟁과 전투

1362 battle
[bǽtl]

ⓝ 전투, 싸움 ⓥ 싸우다, 투쟁하다

The **battle** claimed the lives of 17 soldiers.
그 **전투**는 17명의 군인의 목숨을 앗아갔다.

The boy has been **battling** brain cancer for two years.
그 소년은 2년 동안 뇌암과 **싸우고** 있다.

1363 **combat**
ⓝ [kámbæt]
ⓥ [kəmbǽt]

ⓝ 전투, 격투   ⓥ ~에 맞서 싸우다

A U.S. soldier was killed in **combat** in eastern Afghanistan.
아프가니스탄 동부에서 한 미군 병사가 **전투** 중에 사망했다.

A special police unit was established to **combat** cybercrimes.
특수 경찰대가 사이버 범죄**에 맞서 싸우기** 위해 설립되었다.

1364 **outbreak**
[áutbrèik]

ⓝ (전쟁·질병 등의) 발발, 발생

Germany's attack on Poland in 1939 led to the **outbreak** of World War II.
1939년 독일의 폴란드 침공은 제2차 세계대전의 **발발**을 가져왔다.

an **outbreak** of influenza 유행성 독감의 **발생**

★ cf. break out (전쟁·질병 등이) 발발하다, 발생하다

1365 **foe**
[fou]

ⓝ 적, 적군, 원수   ⓔ enemy

identify friend or **foe** 아군과 **적군**을 구별하다
Most citizens considered him a **foe** of democracy.
대부분의 시민들은 그를 민주주의의 **적**으로 여겼다.

다의어

1366 **mission**
[míʃən]

ⓝ 1 임무 2 사절단 3 전도, 포교 4 사명

1 They were sent to Iraq on a secret **mission**.
그들은 비밀 **임무**로 이라크에 보내졌다.

2 A trade **mission** was organized to visit Russia.
무역 **사절단**이 러시아를 방문하기 위해 구성되었다.

3 a Christian **mission** in Africa 아프리카에서의 기독교 **전도[포교]**

4 pursue a **mission** **사명**을 좇다[추구하다]

1367 **rebel**
ⓝ [rébəl]
ⓥ [ribél]

ⓝ 반란군, 반역자; 반항아   ⓥ 반역하다; 반항하다

Innocent people are being attacked by armed **rebels**.
무고한 사람들이 무장 **반란군**에 의해 공격받고 있다.

He **rebelled** against his parents and left home.
그는 부모님에게 **반항하고** 집을 떠났다.

+ rebellion ⓝ 반란, 반역; 반항 | rebellious ⓐ 반역하는; 반항적인

전투 행위

1368 **invade**
[invéid]

ⓥ 1 침입하다, 침략하다 2 침해하다

Napoleon's armies **invaded** Russia in 1812.
나폴레옹의 군대는 1812년에 러시아를 **침략했다**.

invade one's privacy ~의 사생활을 **침해하다**

+ invasion ⓝ 침략; 침해 | invasive ⓐ 침입하는, 침략적인

1369	**conquer**	**ⓥ 1** 정복하다 **2** 극복하다
	[kάŋkər]	Persia was **conquered** by Alexander the Great in 330 B.C. 페르시아는 기원전 330년에 알렉산더 대왕에 의해 **정복당했다**.
		conquer the fear of failure 실패에 대한 두려움을 **극복하다**
		✚ conquest ⓝ 정복 ┃ conqueror ⓝ 정복자

다의어

1370	**assault**	**ⓝ 1** 공격 ⊜attack **2** 폭행 **ⓥ 1** 급습하다 **2** 폭행하다
	[əsɔ́ːlt]	**n. 1** The government army has launched an **assault** on the rebel base. 정부군이 반란군 기지에 대한 **공격**을 시작했다.
		v. 2 He has been charged with **assaulting** police officers. 그는 경찰관들을 **폭행한** 혐의로 기소되었다.

1371	**confront**	**ⓥ** ~와 맞서다[직면하다]
	[kənfrʌ́nt]	**confront** an enemy 적과 **맞서다**
		Troops were **confronted** by an angry crowd. 군대는 분노한 군중에 **직면했다[맞섰다]**.
		✚ confrontation ⓝ 대치; 교전

1372	**betray**	**ⓥ 1** 배반[배신]하다 **2** (적에게 정보를) 넘겨주다
	[bitréi]	He **betrayed** his fellow soldiers by telling the enemy where they were hiding. 그는 적에게 동료 병사들이 숨어 있는 곳을 말해 줌으로써 그들을 **배신했다**.
		betray a military secret to the enemy 적에게 군사 기밀을 **넘겨주다**
		✚ betrayal ⓝ 배신, 배반 ┃ betrayer ⓝ 배신자, 배반자

1373	**devastate**	**ⓥ 1** ==완전히 파괴하다== **2** 엄청난 충격을 주다
	[dévəstèit]	The bomb **devastated** much of the city center. 그 폭탄은 도시 중심부의 대부분을 **완전히 파괴했다**.
		His mother's sudden death **devastated** him. 그의 어머니의 갑작스러운 죽음은 그에게 **엄청난 충격을 주었다**.
		✚ devastation ⓝ 황폐화, 초토화

1374	**patrol**	**ⓝ** 순찰(대), 정찰(대) **ⓥ** 순찰하다
	[pətróul]	They sent out three-man **patrols** to search the area. 그들은 그 지역을 수색하기 위해 삼인조의 **정찰대**를 보냈다.
		Every night, police officers **patrol** the park to prevent crimes. 매일 밤 경찰관들은 범죄를 예방하기 위해 그 공원을 **순찰한다**.

1375 **fatal**
[féitl]

ⓐ 치명적인

fatal threats to national security 국가 안보에 대한 **치명적인** 위협

The explosion resulted in several **fatal** injuries.
폭발은 여러 **치명적인** 부상을 초래했다.

✚ fatality (*pl.*) ⓝ (사고·전쟁 등에 의한) 죽음, 사망자 (수)

1376 **flee**
[fli:]
flee-fled-fled

ⓥ 도망치다, 달아나다

a refuge for people **fleeing** from the war
전쟁에서 **도망치는** 사람들의 피난처

They had to **flee** when armed soldiers attacked their village.
무장한 군인들이 마을을 공격했을 때 그들은 **달아나야** 했다.

다의어

1377 **surrender**
[səréndər]

ⓥ 1 항복하다 2 넘겨주다, 양도하다 ⓝ 1 항복 2 양도, 포기

v. 1 They **surrendered** without a fight to advancing British troops.
그들은 진군하는 영국군에 대항하여 싸우지 않고 **항복했다**.

2 The French **surrendered** their claim to Louisiana in 1763.
1763년에 프랑스인들은 루이지애나주에 대한 권리를 **양도했다**.

n. 1 an unconditional **surrender** 무조건 **항복**

1378 **retreat**
[ritrí:t]

ⓥ 후퇴하다, 퇴각하다 ⓝ 후퇴, 퇴각

They **retreated** after suffering heavy losses in the battle.
그들은 그 전투에서 큰 손실을 입은 후 **후퇴했다**.

cut off the enemy's line of **retreat** 적의 **퇴각로를** 차단하다

다의어

1379 **capture**
[kǽptʃər]

ⓥ 1 붙잡다 2 사로잡다 ⓝ 포획

v. 1 They defeated the enemy completely and **captured** over 200 enemy soldiers.
그들은 적을 완전히 물리치고 200명 이상의 적군을 **붙잡았다**.

2 **capture** the attention of the public 대중의 관심을 **사로잡다**

n. Some soldiers jumped off a cliff to avoid **capture**.
몇몇 병사들은 **붙잡히지** 않으려고 절벽에서 뛰어내렸다.

1380 **wound**
[wu:nd]

ⓝ 부상, 상처 ⓥ 상처[부상]를 입히다

The nurse cleaned the **wound** before wrapping it.
간호사는 **상처를** 감싸기 전에 **상처를** 깨끗이 닦았다.

Three soldiers were seriously **wounded** during the assault.
그 공격 동안 군인 세 명이 심한 **부상을 입었다**.

★ wind(감다)의 과거(분사)형인 wound와 혼동하지 않도록 주의할 것.

DAILY CHECK-UP

A 빈칸에 알맞은 우리말 또는 영어 단어를 써넣으시오.

전쟁과 군사

군대와 무기

1 _____ military

2 _____ 해군

3 _____ troop

4 _____ 전사, 용사

5 _____ veteran

6 _____ 계급; 등급을 정하다

7 _____ armor

8 _____ 방패; 보호하다

9 _____ 무기, 공격 수단

10 _____ trigger

전쟁과 전투

11 _____ battle

12 _____ 전투; ~에 맞서 싸우다

13 _____ outbreak

14 _____ 적, 적군, 원수

15 _____ mission

16 _____ 반란군; 반역하다

전투 행위

17 _____ invade

18 _____ 정복하다; 극복하다

19 _____ confront

20 _____ 배반[배신]하다

21 _____ fatal

22 _____ 항복(하다); 양도(하다)

23 _____ retreat

24 _____ 붙잡다; 포획

B 문장의 빈칸에 알맞은 말을 보기에서 골라 쓰시오.

assault	bullet	flee	patrol	wound	devastated

1 The bomb _____ much of the city center.

2 The nurse cleaned the _____ before wrapping it.

3 The surgeon removed the _____ from the soldier's leg.

4 Every night, police officers _____ the park to prevent crimes.

5 They had to _____ when armed soldiers attacked their village.

6 The government army has launched a(n) _____ on the rebel base.

경제 일반

✔ MUST-KNOW WORDS

economy 경제	stock 주식	market 시장	wealth 부, 재산
export 수출(하다)	import 수입(하다)	budget 예산, 경비	rise 오르다

1381 **economic**
[è:kənámik / ìk-]

ⓐ 경제의; 경제학의

economic growth **경제** 성장

It is clear that the government's **economic** policies are not working.
정부의 **경제** 정책이 효과를 거두고 있지 않다는 것은 분명하다.

➕ economy ⓝ 경제 | economical ⓐ 경제적인, 절약하는
★ economic은 '경제와 관련된'의 의미이고 economical은 '돈을 절약해서 경제적인'이라는 의미이다.

거시 경제

1382 **gross**
[grous]

ⓐ 총계의, 총-

Gross sales are the total amount of sales made during a period. **총** 매출액은 어떤 기간 동안에 이루어진 전체 매출 액수이다.

➕ gross domestic product (GDP) 국내 총생산

1383 **stock market**
[stάk mά:rkit]

ⓝ 주식 시장

a **stock market** collapse **주식 시장**의 붕괴

She made money by playing the **stock market**.
그녀는 **주식** 투자로 돈을 벌었다.

1384 **monetary**
[mάnətèri / -təri]

ⓐ 통화의, 화폐의

The primary goal of a **monetary** policy is to maintain price stability. **통화** 정책의 주된 목표는 물가 안정을 유지하는 것이다.

➕ International Monetary Fund (IMF) 국제 통화 기금

1385 **finance**
[fáinæns / fənǽns]

ⓝ 재정, 재무, 금융 ⓥ 자금을 조달[공급]하다

the Minister of **Finance** 재무부 장관

The bank **financed** a large construction project in Shanghai.
그 은행은 상하이의 대규모 건설 프로젝트에 **자금을 조달했다**.

➕ financial ⓐ 재정의, 재무의, 금융의

1386 invest
[invést]

ⓥ 1 투자하다　2 (시간·노력 등을) 쏟다

The government has **invested** a lot in public transportation.
정부는 대중교통에 많은 **투자를 해** 왔다.

invest time and energy　시간과 정력을 **쏟다**

➕ investment ⓝ 투자 ｜ investor ⓝ 투자자

1387 tax
[tæks]

ⓝ 세금

raise / cut **taxes**　세금을 인상하다 / 인하하다

The policy was criticized for increasing the **tax** burden on companies.
그 정책은 기업들에게 **세금** 부담을 가중한다는 비판을 받았다.

★ cf. taxpayer 납세자

1388 boom
[bu:m]

ⓝ 1 호황　2 대유행

The 18th century saw a **boom** in the oil industry.
18세기에는 석유 산업이 **호황**을 누렸다.

Korean culture **boom**　한국 문화의 **대유행**, 한류

1389 inflation
[infléiʃən]

ⓝ 통화 팽창, 인플레이션

The government announced measures to control **inflation**.
정부는 **통화 팽창[인플레이션]**을 억제하기 위한 조치들을 발표했다.

➕ inflate ⓥ 부풀리다, 팽창시키다

1390 depression
[dipréʃən]

ⓝ 1 우울증　2 불경기, 불황

The doctor is treating him for **depression**.
그 의사는 그의 **우울증**을 치료하고 있다.

An economic **depression** creates a decline in the demand for goods or services.
경제 **불황**은 상품이나 서비스에 대한 수요를 감소시킨다.

➕ depress ⓥ 1 우울하게 하다　2 침체시키다

가격과 환율

1391 demand
[dimænd]

ⓝ 수요, 요구　ⓥ 요구하다

There is an increased **demand** for healthcare services.
의료 서비스에 대한 **수요**가 증가하고 있다.

The customer **demanded** a refund for the broken toy.
그 고객은 고장 난 장난감에 대한 환불을 **요구했다**.

1392 supply
[səplái]

ⓝ 공급, 공급량 **ⓥ 공급하다, 제공하다**

The economic principle of **supply** and demand determines the market price.
수요와 **공급**의 경제 원칙이 시장 가격을 결정한다.

Mr. Starling **supplied** us with the food needed to prepare our party.
Starling 씨는 우리에게 파티를 준비하는 데 필요한 음식을 **제공했다**.

1393 vary
[véəri]

ⓥ 다양하다, 다르다; 달라지다

Land prices **vary** considerably across the country.
땅값은 나라 전역에서 상당히 **다르다**.

The demand for energy **varies** with the time of year.
에너지에 대한 수요는 연중 시기에 따라 **달라진다**.

+ **variation** ⓝ 변화, 변동 | **variable** ⓐ 변하기 쉬운 ⓝ 변수

1394 commodity
[kəmɑ́dəti]

ⓝ 상품, 일용품; 원자재

Rising **commodity** prices are viewed as a leading indicator of inflation.
상승하는 **상품** 가격[물가]은 인플레이션의 주요 지표로 여겨진다.

Crude oil is a relatively abundant **commodity**.
원유는 상대적으로 풍부한 **원자재**이다.

1395 trade
[treid]

ⓝ 무역, 거래 **ⓥ 교역하다, 거래하다**

Trade between the two countries is limited to a small number of commodities.
그 두 나라 간의 **무역**은 적은 수의 상품으로 한정되어 있다.

Many small businesses **trade** as a partnership.
많은 소기업들이 동반자 관계로 **거래한다**.

1396 currency
[kə́:rənsi]

ⓝ 통화, 화폐

currency reform **화폐** 개혁

Anyone wishing to invest in foreign **currencies** should keep a number of issues in mind.
외국 **통화**(외화)에 투자하고자 하는 사람이라면 많은 문제를 염두에 두어야 한다.

1397 exchange
[ikstʃéindʒ]

ⓝ 교환 **ⓥ 교환하다**

currency **exchange** 환전

You may return the product for an **exchange** or refund.
교환 또는 환불을 위해 반품이 가능합니다.

People **exchange** money for things that are of value to them.
사람들은 그들에게 가치가 있는 물건들과 돈을 **교환한다**.

1398 employment
[implɔ́imənt]

ⓝ 고용, 취업, 일자리 ↔ unemployment 실업

sign an **employment** contract 고용 계약서에 서명하다

Due to the economic downturn, many people are looking for **employment**.
경기 침체로 인해 많은 사람들이 **일자리**를 찾고 있다.

＋ employ ⓥ 1 고용하다 2 사용하다 | employer ⓝ 고용주
employee ⓝ 피고용인, 직원

다의어

1399 enterprise
[éntərpràiz]

ⓝ 1 기업, 회사 2 사업 (활동) 3 진취성, 모험심

1 small and medium-sized **enterprises** 중소기업

2 The local government provides grants to encourage **enterprise** in the region.
지방 정부는 그 지역의 **기업 활동**을 장려하기 위해 보조금을 제공한다.

3 His **enterprise** enabled him to overcome difficulties.
그의 **진취성**은 그가 어려움을 극복할 수 있게 했다.

1400 venture
[véntʃər]

ⓝ 모험; 벤처 사업 ⓥ 모험하다, 과감히 ～하다

Starting a business **venture** requires more than an idea and ambition.
벤처 사업을 시작하는 것은 아이디어와 포부 이상의 것을 필요로 한다.

They never **ventured** beyond their local market.
그들은 결코 자신들의 지역 시장을 넘어서는 **모험을 하지** 않았다.

1401 income
[ínkʌm]

ⓝ 수입, 소득

His **income** increased after he changed jobs.
그는 직장을 옮기고 나서 **수입**이 늘었다.

The company has a yearly **income** of around $6 million.
그 회사는 약 6백만 달러의 연간 **소득**을 올린다.

1402 terminate
[tə́:rmənèit]

ⓥ 끝내다, 종결시키다

terminate the agreement with notice
통지 후 계약을 **끝내다**

The company decided to **terminate** the employee's contract. 회사는 그 직원과의 계약을 **끝내기로** 결정했다.

＋ termination ⓝ 종료, 종결

1403 minimum
[mínəməm]

ⓐ 최소[최저]의 ⓝ 최소, 최소한도 ↔ maximum 최대(의)

We can help you get maximum results with **minimum** effort.
저희는 여러분이 **최소의** 노력으로 최대의 결과를 얻도록 도울 수 있습니다.

minimum wage 최저 임금

an age **minimum** 최저 연령 기준

1404 statistics
[stətístiks]

ⓝ 통계, 통계학

Statistics suggest that economic conditions are improving.
통계는 경제 상황이 개선되고 있음을 시사한다.

1405 quarter
[kwɔ́:rtər]

ⓝ 1 4분의 1　2 **분기**

a **quarter** of an hour　15분
Every company reports its income for each **quarter**.
모든 회사는 **분기**별 소득을 보고한다.

다의어

1406 rate
[reit]

ⓝ 1 **비율**　2 속도　3 요금

1　interest **rates** 이자율
　currency exchange **rate** 환율
2　The business has grown at an alarming **rate**.
　그 사업은 놀라운 **속도**로 성장해 왔다.
3　special group **rates** for 10 or more people
　10인 이상 단체 특별 **요금**

1407 ratio
[réiʃou]

ⓝ 비율, 비(比)

the **ratio** of male and female CEOs　남녀 최고 경영자의 **비율**
The graph shows the **ratio** of imports to exports over the last 10 years.　그래프는 지난 10년간 수출에 대한 수입의 **비율**을 보여준다.

다의어

1408 approximate
ⓐ [əprάksəmət]
ⓥ [əprάksəmèit]

ⓐ 대략의　ⓥ ~에 근접하다

a.　The project had an **approximate** cost of $5 million.
　그 프로젝트는 **대략** 5백만 달러의 비용이 들었다.
v.　The total construction cost for the bridge will **approximate**
　$1.4 billion.　그 다리의 총 건설 비용은 14억 달러**에 근접할** 것이다.

＋ approximately ⓐⓓ 대략

1409 indicate
[índikèit]

ⓥ 보여주다, 나타내다

The economic outlook **indicates** that the tourism industry will continue to grow.
경제 전망은 관광 산업이 계속해서 성장할 것임을 **보여준다**.

＋ indicator ⓝ 지표 | indication ⓝ 지시; 암시; 징조

1410 gap
[gæp]

ⓝ 1 **격차**　2 공백, 틈

the **gap** between the rich and the poor　빈부 **격차**
He returned to management after a three-year **gap**.
그는 3년간의 **공백** 후에 경영진으로 복귀했다.

DAILY CHECK-UP

A 빈칸에 알맞은 우리말 또는 영어 단어를 써넣으시오.

1 _____ economic

거시 경제

2 _____ gross

3 _____ 주식 시장

4 _____ 통화의, 화폐의

5 _____ finance

6 _____ 투자하다; 쏟다

7 _____ tax

8 _____ 호황; 대유행

9 _____ inflation

가격과 환율

10 _____ 수요, 요구; 요구하다

11 _____ vary

12 _____ 무역, 거래; 교역하다

13 _____ currency

고용과 기업 활동

14 _____ 고용, 취업, 일자리

15 _____ enterprise

16 _____ 수입, 소득

17 _____ 최소(의); 최소한도

통계와 수치

18 _____ 통계, 통계학

19 _____ quarter

20 _____ 비율; 속도; 요금

21 _____ ratio

22 _____ 대략의; ~에 근접하다

23 _____ indicate

24 _____ 격차; 공백

B 문장의 빈칸에 알맞은 말을 보기에서 골라 쓰시오.

commodity	venture	depression	exchange	terminate	supply

1 You may return the product for a(n) _____ or refund.

2 The company decided to _____ the employee's contract.

3 Rising _____ prices are viewed as a leading indicator of inflation.

4 Starting a business _____ requires more than an idea and ambition.

5 An economic _____ creates a decline in the demand for goods or services.

6 The economic principle of _____ and demand determines the market price.

경제생활

DAY 48

소비와 지출

1411 consumer
[kənsú:mər]

ⓝ 소비자 ↔ producer 생산자

Teenagers are the biggest **consumers** of online video clips.
십 대들은 온라인 동영상 클립의 가장 큰 **소비자**이다.

✚ consume ⓥ 소비하다, 소모하다 | consumption ⓝ 소비

다의어

1412 bill
[bil]

ⓝ 1 고지서, 청구서   2 지폐   3 계산서   4 법안

1 a utility **bill** 공과금 **고지서**
2 A stranger handed me a 100-dollar **bill** and walked away.
　 낯선 사람이 나에게 100달러짜리 **지폐**를 건네고 가버렸다.
3 Can I get the **bill**, please? **계산서** 좀 주시겠어요?
4 The **bill** passed in the Senate. 그 **법안**이 상원을 통과했다.

1413 reasonable
[ríːzənəbl]

ⓐ 1 분별 있는, 합리적인   2 비싸지 않은, 적정한

Any **reasonable** person would do that.
분별 있는 사람이라면 누구나 그렇게 할 것이다.

The price of the jacket was **reasonable**, so I bought it.
그 재킷의 가격이 **비싸지 않아서** 나는 그것을 구입했다.

다의어

1414 bargain
[bá:rgən]

ⓝ 1 (정상가보다) 싸게 사는 물건, 특가품   2 합의, 흥정
ⓥ 흥정하다

n. 1 These shoes are a real **bargain**. 이 신발은 정말 **싸게 샀어**.
　 2 The two rulers struck a **bargain** in order to save face.
　　 두 통치자는 체면을 지키기 위해 **합의**를 보았다.
v. I always **bargain** for lower prices at flea markets.
　 나는 벼룩시장에서 늘 더 싼 값에 사기 위해 **흥정한다**.

1415 thrifty
[θrífti]

ⓐ 절약하는, 알뜰한

a **thrifty** habit **절약하는** 습관
Thrifty shoppers are always looking for things on sale.
알뜰한 쇼핑객들은 항상 할인 판매 중인 물건들을 찾는다.

✚ thrift ⓝ 절약, 검약

1416 factor
[fǽktər]

ⓝ 요인, 요소

economic **factors** 경제적 요인

Knowing the **factors** that affect spending can help you manage your finances.
소비에 영향을 주는 **요인**을 아는 것이 당신의 재정 관리에 도움을 줄 수 있다.

1417 receipt
[risíːt]

ⓝ 영수증

You cannot get a refund without a **receipt**.
영수증이 없으면 환불을 받을 수 없다.

1418 retail
[ríːteil]

ⓝ 소매   ⓐ 소매의   ⟷ wholesale 도매(의)   ⓥ 소매하다

In most cases, **retail** prices are higher than wholesale prices.
대부분의 경우, **소매**가격은 도매가격보다 높다.

She **retails** handmade jewelry online.
그녀는 온라인에서 수제 보석을 **소매한다**.

1419 boycott
[bɔ́ikɑt]

ⓝ 불매 운동   ⓥ 불매 운동을 하다, 배척하다

stage a **boycott** 불매 운동을 벌이다

They urged people to **boycott** anything made of ivory.
그들은 사람들에게 상아로 만들어진 것은 무엇이든 **사지 말라고** 촉구했다.

1420 luxurious
[lʌɡʒúəriəs]

ⓐ 사치스러운, 호화로운

He lives a **luxurious** life thanks to his family's wealth.
그는 가족의 재산 덕에 **사치스러운** 생활을 한다.

✚ luxury ⓝ 사치

수입과 저축

1421 primary
[práimèri / -məri]

ⓐ 주된, 주요한; 첫째의

Furniture-making business is the **primary** source of income for his family.
가구 제작 사업이 그의 가족의 **주** 소득원이다.

1422 profit
[prɑ́fit]

ⓝ 이익, 수익   ⟷ loss 손실   ⓥ ~에게 이익을 주다

make a **profit** from a risky investment
위험한 투자로 **이익**을 얻다

You must evaluate whether your investment will **profit** you.
당신의 투자가 당신**에게 이익을 가져다줄지** 여부를 평가해야 한다.

1423 thrive
[θraiv]

ⓥ 번창하다; 잘 자라다[지내다]　🟰 flourish, prosper

The restaurant industry tends to **thrive** during the summer.
요식업은 여름에 **번창하는** 경향이 있다.

Monkeys can't **thrive** in captivity like dogs and cats.
원숭이는 개나 고양이처럼 포획된 상태에서 **잘 지낼** 수 없다.

1424 beneficial
[bènəfíʃəl]

ⓐ 도움이 되는, 유익한, 이로운

Learning new skills is **beneficial** for career advancement.
새로운 기술을 배우는 것은 경력 향상에 **도움이 된다**.

beneficial habits for managing your income
수입을 관리하기 위한 **유익한** 습관

1425 saving
[séiviŋ]

ⓝ 1 절약　2 (pl.) 저축, 예금

This product will provide large **savings** in heating costs.
이 제품은 난방비를 크게 **절약**해 줄 것이다.

Should tax laws be reformed to encourage **savings**?
저축을 장려하기 위해 조세법이 개혁되어야 하는가?

> **다의어**

1426 account
[əkáunt]

ⓝ 1 **계좌**　2 계정　3 설명　ⓥ 1 설명하다　2 차지하다

n. 1 You don't need a large income to open a savings
account. 예금 **계좌**를 개설하기 위해 많은 수입이 필요한 것은 아니다.

2 an email **account** 이메일 **계정**

3 She gave a detailed **account** of what happened.
그녀는 일어난 일에 대해 자세히 **설명**했다.

v. 2 The product **accounts** for a large portion of sales.
그 상품은 판매의 상당 부분을 **차지한다**.

> **자금과 자산**

1427 afford
[əfɔ́:rd]

ⓥ (~할 금전적·시간적) 형편[여유]이 되다

My family can't **afford** to go abroad on holidays.
우리 가족은 휴가 때 해외로 **갈 형편이** 안 **된다**.

She couldn't **afford** such an expensive bag.
그녀는 그런 값비싼 가방을 **살 형편이 되지** 않았다.

➕ **affordable** ⓐ 살 만한 가격의, 저렴한

1428 asset
[ǽset]

ⓝ 1 **자산, 재산**　2 가치 있는 존재

a fixed **asset** 고정 **자산**

He is a real **asset** to our company.
그는 우리 회사에 진정 **가치 있는 존재**이다.

1429 withdraw
[wiðdrɔ́ː / wiθ-]
withdraw-withdrew-
withdrawn

ⓥ 1 **인출하다** 2 철수하다, 물러나다

I **withdrew** some money from my savings account.
나는 예금 계좌에서 돈을 약간 **인출했다**.

They were forced to **withdraw** with heavy losses.
그들은 큰 손해를 입고 **철수할** 수밖에 없었다.

✚ withdrawal ⓝ 1 철수; 철회 2 인출

1430 fortune
[fɔ́ːrtʃən]

ⓝ 1 **재산, 부, 큰돈** 2 행운; 운명

He made a **fortune** in the equipment rental business.
그는 장비 대여 사업으로 **큰돈**을 벌었다.

I had the good **fortune** to know the CEO of the company.
나는 **운** 좋게도 그 회사의 최고 경영자를 알게 되었다.

다의어

1431 deposit
[dipázit]

ⓝ 1 **보증금; 계약금** 2 **예금**
ⓥ 1 **예금[예치]하다** 2 퇴적시키다

n. 1 You have to pay a **deposit** before the rental period starts.
임대 기간이 시작되기 전에 **보증금**을 지불해야 한다.

2 bank **deposits** 은행 예금

v. 1 Every month, he **deposits** $500 into the account from his paycheck.
그는 매달 월급에서 500달러를 계좌에 **예금한다**.

2 Sand is **deposited** onto a riverbank by running water.
모래는 흐르는 물에 의해 강둑에 **퇴적된다**.

1432 accumulate
[əkjúːmjəlèit]

ⓥ (서서히) 축적하다, 모으다

He **accumulated** a fortune by investing in stocks.
그는 주식에 투자하여 큰 돈을 **모았다**.

✚ accumulation ⓝ 축적

1433 property
[prápərti]

ⓝ 1 **재산, 소유물** 2 성질, 특성 🟰 quality, characteristic

public / personal **property** 공공 / 사유 **재산**

You should not damage other people's **property**.
다른 사람의 **재산**을 훼손해서는 안 된다.

The plant is known for its **property** of purifying the air.
그 식물은 공기를 정화시키는 **특성**으로 알려져 있다.

1434 adequate
[ǽdikwət]

ⓐ 적당한, 충분한; 적임의

He makes an **adequate** salary with generous bonuses.
그는 후한 상여금과 **충분한** 봉급을 받는다.

I think Brian is **adequate** for the task.
나는 Brian이 그 일에 **적임자**라고 생각한다.

1435 initial
[iníʃəl]

ⓐ 초기의, 처음의 ⓝ (이름의) 머리글자

a. the **initial** investment 초기 투자

n. I wrote my **initials** at the bottom of the page.
나는 내 **이름의 머리글자**를 페이지 하단에 썼다.

1436 auction
[ɔ́ːkʃən]

ⓝ 경매 ⓥ 경매로 팔다

hold an **auction** 경매를 개최하다

A number of her works are to be **auctioned** for charity.
그녀의 많은 작품이 자선 **경매로 팔릴** 예정이다.

채무 · 파산 · 파업

1437 loan
[loun]

ⓝ 대출, 융자 ⓥ 빌려주다, 대출하다

You can use your asset as security for the **loan**.
대출을 위한 담보로 네 자산을 이용할 수 있다.

The bank refused to **loan** money to the small company.
은행은 그 작은 회사에 돈을 **빌려주기를** 거부했다.

1438 debt
[det]

ⓝ 빚, 채무

repay[pay back] **debt** 빚을 갚다, **채무**를 변제하다

By working overtime, he managed to pay off his **debts**.
그는 초과 근무를 해서 자신의 **빚**을 청산해 냈다.

1439 bankrupt
[bǽŋkrʌpt]

ⓐ 파산한 ⓥ 파산시키다

The airline was finally declared **bankrupt**.
그 항공사는 마침내 **파산** 선고를 받았다.

He was nearly **bankrupted** through his investment failures.
그는 투자 실패로 거의 **파산할** 뻔했다.

➕ bankruptcy ⓝ 파산, 도산

★ cf. go broke 파산하다, 알거지가 되다

1440 strike
[straik]
strike-struck-struck

ⓝ 1 파업, 노동 쟁의 2 공격, 타격

ⓥ 1 부딪치다; 치다, 때리다 ⹀hit 2 파업하다

n. 1 a **strike** by taxi drivers 택시 운전사들의 **파업**

2 Since the start of the war, Israel has launched several **strikes** on Syria.
전쟁이 시작된 이후 이스라엘은 시리아에 여러 차례 **공격**을 했다.

v. 1 **strike** one's head against a wall 머리를 벽에 **부딪치다**

2 The workers **struck** for better wages last week.
근로자들은 지난주에 임금 인상을 요구하며 **파업했다**.

DAILY CHECK-UP

A 빈칸에 알맞은 우리말 또는 영어 단어를 써넣으시오.

경제생활

소비와 지출

1 _____ consumer

2 _____ 고지서; 지폐

3 _____ reasonable

4 _____ 특가품; 흥정(하다)

5 _____ thrifty

6 _____ 요인, 요소

7 _____ retail

8 _____ 불매 운동(을 하다)

수입과 저축

9 _____ 주된, 주요한; 첫째의

10 _____ profit

11 _____ 번창하다; 잘 자라다

12 _____ saving

채무·파산·파업

21 _____ loan

22 _____ 빚, 채무

23 _____ bankrupt

24 _____ 파업(하다); 부딪치다

자금과 자산

13 _____ 자산, 재산

14 _____ withdraw

15 _____ 재산, 부; 행운

16 _____ accumulate

17 _____ 재산, 소유물; 특성

18 _____ adequate

19 _____ 초기의; 머리글자

20 _____ auction

B 문장의 빈칸에 알맞은 말을 보기에서 골라 쓰시오.

> account   afford   deposit   beneficial   luxurious   receipt

1 You cannot get a refund without a(n) _____ .

2 My family can't _____ to go abroad on holidays.

3 He lives a(n) _____ life thanks to his family's wealth.

4 You don't need a large income to open a savings _____ .

5 Learning new skills is _____ for career advancement.

6 You have to pay a(n) _____ before the rental period starts.

헷갈리는 혼동어 제대로 알기

1

council

ⓝ 1 (지방 자체 단체의) 의회 2 회의; 협회의

He was recently elected to the city **council**.
그는 최근에 시 **의회** 의원으로 선출되었다.

counsel

ⓝ 조언, 충고 ⓥ 상담하다

I asked for legal **counsel** about the contract.
나는 계약에 대해 법률 **자문**을 요청했다.

She **counsels** students about university choices.
그녀는 학생들에게 대학 선택에 대해 **상담을 해 준다**.

2

election

ⓝ 선거

In the United States, the presidential **election** is held every four years.
미국에서는 대통령 **선거**가 4년마다 열린다.

selection

ⓝ 선발, 선택, 선정

Her **selection** of books for the trip was perfect.
여행을 위한 그녀의 책 **선택**은 완벽했다.

3

bullet

ⓝ 총알, 탄알

The surgeon removed the **bullet** from the soldier's leg.
그 외과 의사는 군인의 다리에서 **총알**을 제거했다.

bulletin

ⓝ 1 뉴스 단신 2 고시, 공고

The **bulletin** provided a quick update on the election results.
뉴스 단신으로 선거 결과에 대한 빠른 업데이트가 제공되었다.

post a **bulletin** 공고를 게시하다

4

currency

ⓝ 통화, 화폐

Anyone wishing to invest in foreign **currencies** should keep a number of issues in mind.
외국 **통화**(외화)에 투자하고자 하는 사람이라면 많은 문제를 염두에 두어야 한다.

current

ⓝ 1 흐름 2 전류 3 경향, 추세 ⓐ 현재의

An electric battery supplies **current** to the motor.
전기 배터리가 모터에 **전류**를 공급한다.

the **current** situation **현재** 상황

PLAN 14
필수 어휘

부사
immediately 즉시
particularly 특히

전치사
within ~의 범위 안에
throughout ~ 동안 내내

필수 어휘

접속사
whereas ~인 반면에
once 일단 ~하면

연결어
therefore 그러므로
moreover 게다가

DAY 49 부사

시간과 빈도

1441 currently
[kə́:rəntli]

ad 현재, 지금

The office is **currently** unoccupied. 그 사무실은 **현재** 공실이다.

This issue is **currently** being discussed in all forms of media.
이 문제는 **현재** 모든 형태의 미디어에서 논의되고 있다.

1442 then
[ðen]

ad 1 그때에, 그 당시에   2 그 다음에

The situation was very different back **then**.
그 당시 상황은 매우 달랐다.

We lived in Los Angeles and **then** San Francisco before coming to Boston.
우리는 보스턴에 오기 전에 로스앤젤레스, **그 다음에** 샌프란시스코에 살았다.

★ then이 '그때에'라는 뜻으로 쓰일 때 과거를 의미할 수도 있고 "See you then." 에서처럼 미래를 의미할 수도 있다.

1443 instantly
[ínstəntli]

ad 즉시, 즉각

I **instantly** recognized his voice. 나는 **즉각** 그의 목소리를 알아챘다.

The news spread **instantly** on social media.
그 소식은 소셜미디어에서 **즉시** 퍼졌다.

1444 immediately
[imí:diətli]

ad 즉시, 바로, 곧바로   = at once

If you leave a message, I'll respond **immediately** after I get to the office.
메시지를 남기시면 사무실에 도착한 후 제가 **바로** 답변 드리겠습니다.

1445 eventually
[ivéntʃuəli]

ad 결국, 마침내(는)

Our flight **eventually** departed at 10 the following morning.
우리 비행기는 **결국** 다음날 아침 10시에 출발했다.

Both underwatering and overwatering will **eventually** kill your plants.
물을 너무 적게 주는 것과 너무 많이 주는 것 모두 **결국** 식물을 죽일 것이다.

1446 yet
[jet]

ad 아직 **conj 그러나, 그렇지만** **= but**

I haven't received a response from her **yet**.
나는 **아직** 그녀로부터 답변을 받지 못했다.

She has worked hard her entire life, **yet** she never stops setting new goals.
그녀는 평생 열심히 일해 왔**지만**, 새로운 목표를 세우는 것을 결코 멈추지 않는다.

1447 originally
[ərídʒənəli]

ad 1 원래, 최초에 2 독창적으로, 참신하게

The program was **originally** for children under 5.
그 프로그램은 **원래** 5세 미만의 어린이들을 위한 것이었다.

Students are encouraged to think **originally**.
학생들은 **독창적으로** 생각하도록 장려된다.

1448 frequently
[frí:kwəntli]

ad 빈번히, 자주

The shuttle bus runs **frequently** between Terminals 1 and 2.
셔틀 버스는 터미널 1과 2 사이를 **빈번히** 오간다.

Laws change, and tax laws change **frequently**.
법은 변하고, 세법은 **자주** 변한다.

1449 seldom
[séldəm]

ad 드물게, 좀처럼 ~않는

He **seldom** watches TV in the evening.
그는 저녁에 TV를 **거의** 보지 **않는다**.

Seldom have I seen such an exciting game.
그렇게 재미있는 경기를 나는 **좀처럼** 보지 **못했다**.

★ seldom은 부정의 의미이기 때문에 문장 맨 앞으로 가면 주어와 동사가 도치된다.

1450 occasionally
[əkéiʒənəli]

ad 때때로, 이따금 **= once in a while**

Occasionally, we visit a local nursing home.
때때로 우리는 지역 양로원을 방문한다.

They **occasionally** meet for lunch or coffee.
그들은 점심이나 커피를 함께 하기 위해 **이따금** 만난다.

확실성

1451 obviously
[ɑ́bviəsli]

ad 분명히, 명백히

He is **obviously** a man of strong convictions.
그는 **분명히** 신념이 강한 사람이다.

Obviously, we do not want to give up on this trip.
명백히 우리는 이 여행을 포기하기를 원치 않는다.

1452 **certainly**
[sə́:rtənli]

ad 1 확실히 = definitely **2 물론**

Receiving your gifts will **certainly** make them feel better.
너의 선물을 받는 것은 **확실히** 그들을 더 기분 좋게 만들 것이다.

"May I see your ticket please?" "**Certainly**. Here it is."
"표를 보여주시겠어요?" "**물론입니다**. 여기 있습니다."

1453 **apparently**
[əpǽrəntli]

ad 겉보기에; 보아하니

He looked down, **apparently** lost in thought.
그는 생각에 잠긴 **듯** 아래를 내려다보았다.

Apparently, she doesn't want to meet him.
보아하니, 그녀는 그를 만나고 싶어 하지 않는다.

1454 **seemingly**
[síːmiŋli]

ad 겉보기에; 보아하니

a **seemingly** endless list of exams 끝이 없어 **보이는** 시험 목록
Seemingly, she had few artistic talents, but she was deeply interested in art.
겉으로 보아 그녀는 예술적 재능이 거의 없었지만, 예술에 깊은 관심이 있었다.

1455 **mostly**
[móustli]

ad 주로, 대개 = mainly

He **mostly** commuted to work by motorcycle.
그는 **주로** 오토바이로 출근했다.

Mostly, the birds eat small fish that swim close to the sea's surface.
대개 그 새들은 바다의 표면 가까이로 헤엄치는 작은 물고기들을 먹는다.

1456 **nearly**
[níərli]

ad 거의; 하마터면 = almost

He is **nearly** always late for his appointment.
그는 **거의** 항상 약속 시간에 늦는다.

She **nearly** missed the flight.
그녀는 **하마터면** 비행기를 놓칠 뻔했다.

1457 **approximately**
[əprɑ́ksəmitli]

ad 대략, 거의 = roughly

It took **approximately** two hours to complete the tour.
투어를 마치는 데 **대략** 두 시간이 걸렸다.

The two species are **approximately** equal in size.
그 두 종은 크기에 있어서 **거의** 동일하다.

1458 **perhaps**
[pər(h)ǽps]

ad 아마도, 어쩌면 = maybe

Perhaps it is not a good idea to use social media very often.
아마도 소셜 미디어를 자주 사용하는 것은 좋은 생각이 아닐 것이다.

1459	**somewhat** [sʌ́mwɑt]	ⓐ 어느 정도, 약간, 다소 I was **somewhat** surprised by her rapid promotion. 나는 그녀의 빠른 승진에 **다소** 놀랐다. The price was **somewhat** higher than we had expected. 그 가격은 우리가 예상했던 것보다 **약간** 더 높았다.
1460	**rather** [rǽðər]	ⓐ 1 <mark>약간, 상당히</mark> 2 오히려 The weather is **rather** cloudy at the base camp today. 오늘 베이스캠프의 날씨는 **약간** 흐리다. **Rather**, they wanted to correct the political systems. **오히려**, 그들은 정치 체계를 바로잡기를 원했다.

강조 및 기타

1461	**indeed** [indíːd]	ⓐ 정말로, 실로 **Indeed**, I'm delighted to work with him again. **정말로** 그와 다시 함께 일하게 되어 기쁘다. It was **indeed** the largest aircraft that had ever flown. 그것은 그때까지 날았던 비행기 중 **실로** 가장 큰 비행기였다.
1462	**extremely** [ikstríːmli]	ⓐ 극도로, 극히; 대단히, 몹시 This exam is **extremely** difficult for most students. 이 시험은 대부분의 학생들에게 **극도로** 어려웠다. That movie was **extremely** well made. 그 영화는 **대단히** 잘 만들어졌다.
1463	**merely** [míərli]	ⓐ 단지, 그저 🟰 only, just I applied for the course **merely** out of curiosity. 나는 **단지** 호기심으로 그 강좌를 신청했다. He was not **merely** a capable but also a caring leader. 그는 **그저** 유능할 뿐만 아니라 배려심 많은 지도자였다. ★ not only A but also B 구문에서 only 대신에 merely, solely, just 등도 사용된다.
1464	**particularly** [pərtíkjələrli]	ⓐ 특히, 특별히, 각별히 🟰 in particular He is **particularly** interested in human-robot interactions. 그는 **특히** 인간과 로봇의 상호 작용에 관심이 있다. The movie was not **particularly** memorable. 그 영화는 **특별히** 기억할 만한 것은 아니었다.

1465 utterly
[ʌ́tərli]

ad 완전히, 전적으로, 아주

The result was **utterly** surprising and unexpected.
그 결과는 **완전히** 놀랍고 예상치 못한 것이었다.

She felt **utterly** alone after moving to a new city.
그녀는 새로운 도시로 이사한 후 **아주** 외롭다고 느꼈다.

1466 increasingly
[inkrí:siŋli]

ad 점점, 더욱더

The weather became **increasingly** cloudy. 날씨가 **점점** 흐려졌다.

Travelers are becoming **increasingly** aware of eco-tourism.
여행자들이 **점점 더** 생태 관광을 인식하고 있다.

1467 dramatically
[drəmǽtikəli]

ad 급격히, 극적으로

His health has improved **dramatically**.
그의 건강은 **급격히** 호전되었다.

Since then, things have changed **dramatically**.
그때 이후로 상황이 **극적으로** 바뀌었다.

다의어

1468 still
[stil]

ad 1 아직도, 여전히 2 그래도, 그럼에도 3 훨씬
a 움직임이 없는; 고요한

ad.1 He was **still** asleep when I returned hours later.
내가 몇 시간 후에 돌아왔을 때 그는 **여전히** 자고 있었다.

2 I studied hard but **still** did not pass the test.
나는 열심히 공부했지만 **그럼에도** 시험을 통과하지 못했다.

3 I hear there is **still** more exciting news to come.
훨씬 더 기쁜 소식이 있을 거라고 나는 들었어.

a. **Still** waters run deep.
고요한 물이 깊게 흐른다. (생각이 깊은 사람은 말이 없다.)

1469 closely
[klóusli]

ad 1 긴밀하게, 밀접하게 2 자세히

They have worked **closely** together to solve tough problems.
그들은 어려운 문제를 해결하기 위해 함께 **긴밀히** 협력해 왔다.

Climate change and environmental protection are **closely** related to each other.
기후 변화와 환경 보호는 서로 **밀접하게** 관련되어 있다.

I looked at the painting **closely**.
나는 그 그림을 **자세히** 들여다보았다.

1470 overall
[òuvərɔ́:l]

ad 전반적으로, 전체적으로 a 전반적인, 전체의

Overall, our performance was quite satisfactory.
전반적으로 우리의 실적은 꽤 만족스러웠다.

The **overall** quality is great. **전반적인** 품질이 훌륭하다.

DAILY CHECK-UP

A 빈칸에 알맞은 우리말 또는 영어 단어를 써넣으시오.

부사

시간과 빈도

1 _____ currently

2 _____ 그때에; 그 다음에

3 _____ instantly

4 _____ 결국, 마침내(는)

5 _____ originally

6 _____ 빈번히, 자주

7 _____ seldom

8 _____ 때때로, 이따금

확실성

9 _____ 분명히, 명백히

10 _____ certainly

11 a _____ 겉보기에; 보아하니

12 _____ seemingly

13 _____ 거의; 하마터면

14 _____ perhaps

15 _____ 어느 정도, 약간, 다소

16 _____ rather

강조 및 기타

17 _____ indeed

18 _____ 극도로; 대단히

19 _____ particularly

20 _____ 완전히, 전적으로, 아주

21 _____ increasingly

22 _____ 급격히, 극적으로

23 _____ overall

24 _____ 아직도; 그래도; 훨씬

B 문장의 빈칸에 알맞은 말을 보기에서 골라 쓰시오.

approximately	closely	immediately	merely	yet	mostly

1 It took _____ two hours to complete the tour.

2 I haven't received a response from her _____.

3 He was not _____ a capable but also a caring leader.

4 They have worked _____ together to solve tough problems.

5 _____, the birds eat small fish that swim close to the sea's surface.

6 If you leave a message, I'll respond _____ after I get to the office.

DAY 50 전치사 · 접속사 · 연결어

✔ MUST-KNOW WORDS

above ~ 위에 **below** ~ 아래에 **next to** ~ 옆에 **while** ~ 하는 동안; ~ 인 반면에

since ~ 이래로; ~ 때문에 **unless** ~하지 않으면 **for example** 예를 들어 **above all** 무엇보다도

전치사

1471 among
[əmʌ́ŋ]

prep ~ 사이에서; ~ 중에서

The singer is popular **among** young people.
그 가수는 젊은이들 **사이에서** 인기가 있다.

His father had eight children, and he was the eldest **among** them.
그의 아버지는 여덟 명의 자녀를 두셨고, 그들 **중** 그가 첫째였다.

1472 beneath
[biníːθ]

prep ~ 바로 밑에, ~ 아래에 ≡ underneath

He found something buried **beneath** the sand.
그는 모래 **밑에** 무언가가 묻혀 있는 것을 발견했다.

The cat was sleeping **beneath** the blanket.
그 고양이는 담요 **아래에서** 자고 있었다.

★ beneath는 어떤 것의 바로 밑, 또는 아래쪽에 덮여 있거나 닿아 있는 상태를 가리킨다. below는 공간을 사이에 두고 아래에 있는 상태를 말할 때 쓴다. under는 관계없이 두루 사용할 수 있다.

1473 except (for)

prep ~을 제외하고, ~ 외에

Every student **except (for)** John attended the meeting.
John을 **제외한** 모든 학생들이 모임에 참석했다.

The shop is open every day **except (for)** Monday.
그 상점은 월요일을 **제외하고** 매일 문을 연다.

★ but이 전치사로 사용되면 except와 같은 의미이다.
예) I don't need anyone but you. 나는 너 외에 다른 누구도 필요 없어.

1474 regarding
[rigάːrdiŋ]

prep ~에 관하여, ~에 대해

You are free to express your own thoughts **regarding** the given task.
여러분은 주어진 과업에 **관하여** 자신의 생각을 자유롭게 표현할 수 있습니다.

Regarding your suggestion, we will consider it for the future.
귀하의 제안에 **대해**, 우리는 미래를 위해 그것을 고려할 것입니다.

1475	**within**	**prep** ~의 범위 안에; ~ 이내에
	[wiðín]	Everything you need is **within** walking distance. 네가 필요한 모든 것은 걸어갈 수 있는 거리 **안에** 있다. You will receive a reply **within** 24 hours. 24시간 **이내에** 답변을 받으실 것입니다.

1476	**throughout**	**prep** 1 ~ 동안 내내, ~을 통틀어 2 ~의 전체에
	[θruːáut]	The shop is open daily **throughout** the year. 그 가게는 연중 **내내** 매일 문을 연다. The rumor spread **throughout** the school. 그 소문은 학교 **전체에** 퍼졌다.

접속사

1477	**whereas**	**conj** ~인 반면에, ~한데
	[wɛərǽz]	Some fish need warm water **whereas** others do not. 어떤 물고기들은 따뜻한 물을 필요로 하는 **반면** 다른 물고기들은 그렇지 않다.

1478	**provided**	**conj** 만약 ~라면, ~라는 조건으로
	[prəváidid]	The event will happen outdoors **provided** that the weather is good. 그 행사는 날씨가 좋으**면** 야외에서 열릴 것이다. You can borrow my car **provided** you return it by tomorrow. 내일까지 반납한다**는 조건으로** 내 차를 빌릴 수 있다.

다의어

1479	**once**	**conj** 일단 ~하면; ~하자(마자) **ad** 1 한 번 2 한때, 예전에
	[wʌns]	conj. **Once** you get started, you'll find the work rewarding. **일단** 시작하고 **나면**, 그 일이 보람되다는 것을 알게 될 것이다. **Once** he got a job, he started paying his rent on time. 취직을 하게 **되자** 그는 제때에 집세를 내기 시작했다. ad.1 **once** a week 일주일에 **한 번** 2 I **once** met your sister. **예전에** 네 언니를 만난 적이 있어.

1480	**whether**	**conj** 1 ~인지 2 ~이든 (간에 상관없이)
	[wéðəːr]	Please tell me **whether** you agree to my proposal. 저의 제안에 동의하는**지**를 제게 알려주세요. I'm going to do it **whether** you agree or not. 네가 동의**하든** 말든 나는 그것을 할 것이다.

1481 however
[hauévər]

ad 하지만, 그러나

Tony is a great person. **However**, he is not a good player.
Tony는 아주 좋은 사람이야. **하지만** 훌륭한 선수는 아니야.

1482 nevertheless
[nèvə:rðəlés]

ad 그럼에도 불구하고, 그렇기는 하지만

There were not many people at the party. **Nevertheless**, we had fun.
파티에 사람이 별로 없었다. **그럼에도 불구하고** 우리는 재미있게 보냈다.

1483 in contrast

대조적으로, 반면에

The hurricane caused huge damage to the north. **In contrast**, the south suffered very little damage.
허리케인이 북부에 엄청난 피해를 입혔다. **대조적으로**, 남부는 피해가 거의 없었다.

1484 on the contrary

그 반대로, 오히려

The price of crude oil has declined. **On the contrary**, the price of gold is consistently increasing.
유가가 하락했다. **그 반대로** 금값은 꾸준히 상승하고 있다.

1485 conversely
[kənvə́:rsli / kánvə:rsli]

ad 반대로, 역으로

I find math easy; **conversely**, many people struggle with it.
나는 수학을 쉽다고 생각한다. **반대로** 많은 사람들이 수학을 어려워한다.

1486 on the other hand

반면에, 다른 한편으로

He wanted to go back to the city. His wife, **on the other hand**, had embraced country life.
그는 도시로 돌아가고 싶어 했다. **반면에** 그의 아내는 시골 생활을 받아들였다.

1487 therefore
[ðéə:rfɔ̀:r]

ad 그러므로, 따라서

He practices the guitar every day and **therefore** plays well.
그는 기타를 매일 연습하**기에** 잘 연주한다.

These issues are controversial; **therefore**, we will discuss them further.
이 문제들은 논쟁의 여지가 있다. **따라서** 우리는 그것들에 대해 더 논의할 것이다.

1488	**consequently**	**ⓐ** 그 결과, 결과적으로
	[kάnsikwèntli]	He worked out every day. **Consequently**, he lost a lot of weight. 그는 매일 운동을 했다. **그 결과** 살을 많이 뺐다.

1489	**as a result**	그 결과, 결과적으로
		The Korean Wave has swept many Asian countries. **As a result**, more people are visiting Korea. 한류가 많은 아시아 국가들을 휩쓸어 왔다. **그 결과,** 더 많은 사람들이 한국을 방문하고 있다.

1490	**accordingly**	**ⓐ** 그에 따라, 그에 맞춰
	[əkɔ́:rdiŋli]	Our flight was canceled due to bad weather. **Accordingly**, we had to change the schedule of the tour. 우리 비행기가 악천후로 결항되었다. **그에 따라** 우리는 여행 일정을 변경해야 했다.

연결어: 첨가 · 상술 · 예시

1491	**moreover**	**ⓐ** 게다가, 더욱이
	[mɔ:róuvər]	Winchester is a very nice city to live in. **Moreover**, the rent is not very high compared to London. 윈체스터는 아주 살기 좋은 도시이다. **게다가** 런던에 비해 임대료가 그리 높지 않다.

1492	**furthermore**	**ⓐ** 뿐만 아니라, 더 나아가
	[fə́:rðərmɔ̀:r]	The project is behind schedule; **furthermore**, we're running out of budget. 프로젝트는 일정이 지연되었고, **게다가** 우리는 예산도 부족해지고 있다.

1493	**in addition**	덧붙여, 게다가
		You can lose weight by working out at a gym. **In addition**, exercise can help you manage stress. 너는 헬스클럽에서 운동해서 살을 뺄 수 있다. **게다가,** 운동은 스트레스를 관리하는 데 도움을 줄 수 있다.

1494 **in other words**

다시 말해서, 즉

The actor says that fear disappears when he steps on stage. **In other words**, he is a natural-born actor.
그 배우는 무대에 올라서면 두려움이 사라진다고 말한다. **다시 말해서**, 그는 타고난 배우이다.

1495 **that is (to say)**

즉, 다시 말해

It was done a week ago, **that is to say**, on May 2.
그것은 1주일 전에, **즉** 5월 2일에 이루어졌다.

There is no need for us to negotiate. **That is**, we will not accept their offer no matter what.
우리는 협상할 필요가 없다. **다시 말해**, 우리는 어떤 일이 있어도 그들의 제안을 받아들이지 않을 것이다.

1496 **for instance**

예를 들어

Dogs are very useful animals; **for instance**, they can help the police find suspects. 개는 매우 유용한 동물이다. **예를 들어**, 그들은 경찰이 용의자를 찾도록 도울 수 있다.

연결어: 결론 · 요약 · 기타

1497 **in conclusion**

결론적으로

In conclusion, this book provides beginners with a basic understanding of physics.
결론적으로, 이 책은 초보자에게 물리학에 대한 기본적인 이해를 제공한다.

1498 **to sum up**

요컨대, 요약하자면

To sum up, I agree that eating out can lead to eating too much fast food.
요약하자면, 나는 외식이 패스트푸드를 너무 많이 먹게 할 수 있음에 동의한다.

1499 **likewise**

[láikwaiz]

@ 마찬가지로, 비슷하게

Thanks for your kind comments. **Likewise**, I hope you enjoy your vacation.
친절한 말 고마워. 나도 **마찬가지로** 네가 즐거운 방학을 보내길 바라.

1500 **otherwise**

[ʌ́ðərwaiz]

@ 그렇지 않(았)다면

You'd better go now; **otherwise**, you may miss your train.
너 지금 가는 게 좋겠어. **그렇지 않으면** 기차를 놓칠지도 몰라.

The traffic was heavy along the highway. **Otherwise**, I would have been here on time.
고속 도로에 차가 많았어. **그렇지 않았다면** 나는 여기 제 시간에 왔을 텐데.

DAILY CHECK-UP

A 빈칸에 알맞은 우리말 또는 영어 단어를 써넣으시오.

전치사 · 접속사 · 연결어

전치사

1 _____ among

2 _____ ~ 바로 밑에[아래에]

3 _____ except (for)

4 _____ ~에 관하여[대해]

5 _____ within

접속사

6 _____ whereas

7 _____ 일단 ~하면; 한 번

8 _____ provided

연결어: 역접

9 _____ however

10 _____ 대조적으로, 반면에

11 _____ on the contrary

12 _____ 반대로, 역으로

13 _____ on the other hand

연결어: 인과

14 _____ consequently

15 _____ 그 결과, 결과적으로

16 _____ accordingly

연결어: 첨가 · 상술 · 예시

17 _____ moreover

18 _____ 뿐만 아니라, 더 나아가

19 _____ in addition

20 _____ that is (to say)

21 _____ 다시 말해서, 즉

연결어: 결론 · 요약 · 기타

22 _____ in conclusion

23 _____ 요컨대, 요약하자면

24 _____ likewise

B 문장의 빈칸에 알맞은 말을 보기에서 골라 쓰시오.

for instance	otherwise	therefore	throughout	whether	nevertheless

1 The shop is open daily _____ the year.

2 Please tell me _____ you agree to my proposal.

3 He practices the guitar every day and _____ plays well.

4 You'd better go now; _____, you may miss your train.

5 There were not many people at the party. _____, we had fun.

6 Dogs are very useful animals; _____, they can help the police find suspects.

✔️ 헷갈리는 혼동어 제대로 알기

1

instantly

ⓐ 즉시, 즉각

The news spread **instantly** on social media.
그 소식은 소셜미디어에서 **즉시** 퍼졌다.

instinctively

ⓐ 본능적으로

I **instinctively** knew something was wrong.
나는 **본능적으로** 뭔가 잘못되었음을 알았다.

2

obviously

ⓐ 분명히, 명백히

Obviously, we do not want to give up on this trip.
명백히 우리는 이 여행을 포기하기를 원치 않는다.

previously

ⓐ 이전에; 미리

The building was **previously** used as a factory.
그 건물은 **이전에** 공장으로 사용되었다.

3

approximately

ⓐ 대략, 거의

It took **approximately** two hours to complete the tour.
투어를 마치는 데 **대략** 두 시간이 걸렸다.

appropriately

ⓐ 적절하게, 알맞게

He was dressed **appropriately** for the formal event.
그는 그 공식 행사에 맞춰 **적절하게** 옷을 입었다.

4

consequently

ⓐ 그 결과, 결과적으로

He worked out every day. **Consequently**, he lost a lot of weight.
그는 매일 운동을 했다. **그 결과** 살을 많이 뺐다.

subsequently

ⓐ 그 후에, 이어서

The team lost their first game but **subsequently** won the next three.
팀은 첫 경기를 졌지만 **그 후** 다음 세 경기를 이겼다.

consistently

ⓐ 일관되게; 끊임없이

The team has performed **consistently** well this season.
그 팀은 이번 시즌에 **일관되게** 좋은 성적을 냈다.

ANSWER KEY

DAY 5 성장과 인간관계 p.43

A 1 mature 2 발달, 성장; 개발, 발전
3 adolescent 4 청소년의; 어린애 같은;
청소년 5 adulthood 6 결정, 판단
7 imitate 8 얻다; 배우다, 습득하다
9 친구, 동반자 10 (m)ate 11 친밀한
12 connection 13 유대, 결속;
유대를 맺다; 결합하다 14 attachment
15 칭찬하다, 감탄하다, 높이 평가하다
16 acquaintance 17 owe
18 속하다, 소속하다 19 congratulate
20 hostile 21 다툼, 언쟁; 다투다, 싸우다
22 dispute 23 분개하다, 불쾌하게 여기다
24 bully

B 1 discipline 2 adjust
3 ambition 4 sociable
5 fellow 6 breakup

DAY 6 교육 p.49

A 1 enroll 2 수업료, 등록금; 수업, 교습
3 curriculum 4 지침, 지표
5 dormitory 6 graduation
7 장점, 이점; 공적, 공로 8 credit
9 학과; 부서 10 extracurricular
11 교수진, 교직원 12 principal
13 강사, 지도자 14 tutor
15 (4년제 대학·고등학교의) 신입생, 1학년생
16 sophomore 17 undergraduate
18 해내다, 성취하다, 완수하다
19 improve 20 assignment
21 중퇴하다 22 session
23 assessment 24 벌, 처벌

B 1 mentor 2 absent
3 gym 4 semesters
5 diploma 6 rewards

DAY 7 사회생활과 직업 p.55

A 1 occupation 2 (시간·일·주 단위의) 임금,
급료 3 competent 4 자격, 자격증
5 영구적인, 상임의 6 serve 7 노동, 일;
노동자, 노동력 8 union 9 cooperate
10 (같은 직장·직종의) 동료 11 executive
12 회장, 의장 13 supervisor
14 믿을 수 있는, 신뢰할 수 있는
15 committed 16 마감 시한, 기한
17 고용하다; 쓰다, 이용하다 18 application
19 이력서; 요약, 개요 20 reference
21 contract 22 (직장·학교 등을)
그만두다; 끊다 23 은퇴하다, 퇴직하다,
물러나다 24 pension

B 1 recruit 2 promotion 3 vacant
4 temporary 5 committee
6 professions

DAILY CHECK-UP

PLAN 3 의식주와 문화

DAY 8 식생활 p.63

A 1 바삭바삭한 2 tender 3 맛, 풍미;
향미, 조미료 4 greasy 5 섬유; 섬유질
6 disgusting 7 요리; 요리법 8 recipe
9 appetizer 10 (음식을 얇게 썬) 조각;
얇게 썰다, 저미다 11 soak
12 갈다, 가루로 만들다 13 stuff
14 그릇, 사발 15 utensil 16 유기농의,
화학 비료를 쓰지 않는; 유기체의, 유기의
17 order 18 식사를 하다, 만찬을 들다
19 vegetarian 20 쪼개다; 분할하다, 나누다
21 nutrition 22 단백질 23 appetite
24 굶주리다, 굶어 죽다; 굶기다

B 1 stirred 2 peeled 3 portions
4 seasoning 5 reservation 6 rotten

DAY 9 가옥과 건축 p.69

A 1 architecture 2 부동산 3 resident
4 살다, 거주하다 5 chamber
6 천장; 상한, 최고 한도 7 (p)illar
8 corridor 9 가구를 비치하다; 제공[공급]하다
10 beam 11 배수되다, 배출되다; 배수구,
배수관 12 sewer 13 분수; 원천
14 frame 15 지하층, 지하실
16 attic 17 건립하다, 세우다; 똑바로 선
18 timber 19 대리석; (아이들 장난감) 구슬
20 crack 21 (시골의) 작은 집, 오두막집
22 hut 23 창고 24 barn

B 1 surrounds 2 maintain
3 shelter 4 columns
5 construct 6 skyscrapers

DAY 10 문화와 풍습 p.75

A 1 authentic 2 경주; 경쟁; 인종, 종족;
경주하다 3 ethnic 4 diversity
5 부족, 종족 6 globalization
7 (종교적) 의식, 의례 8 stereotype
9 acceptance 10 다르다 11 conflict
12 conservative 13 이민자, 이주해 온 사람
14 traditional 15 제도, 관습; 기관, 협회
16 convention 17 경우, 때; 행사
18 funeral 19 매장하다, 묻다
20 heritage 21 따르기, 준수; 의식; 관습
22 anthropology 23 유물 24 oral

B 1 grave 2 distinct
3 discriminate 4 folklore
5 prejudice 6 custom

PLAN 4 감정과 태도

DAY 11 긍정적 감정 p.83

A 1 enthusiasm 2 열정적인, 열렬한
3 willing 4 기대하는, 기대에 부푼;
출산을 앞둔 5 determined 6 delighted
7 (사람·상황이) 즐거운, 기쁜 8 thrilled
9 즐거워하는, 재미있어하는 10 cheerful
11 만족한, 흡족한 12 만족하는,
성취감을 느끼는 13 content
14 매료된, 매혹된, 마음을 빼앗긴
15 adore 16 애정이 담긴, 다정한
17 touched 18 아첨하다 19 relaxed
20 안정된; 착실한 21 secure
22 걱정 없는, 속 편한 23 confident
24 확신하는; 확실한; 어떤, 특정한

B 1 fond 2 eager 3 relieved
4 anticipate 5 grateful
6 reassured

DAY 12 부정적 감정 p.89

A 1 annoyed 2 불러일으키다, 자극하다;
화나게 하다 3 disturb 4 성난, 격분한;
격렬한, 열띤 5 암울한, 침울한, 우울한
6 depressed 7 초조한, 불안한; 신경의
8 miserable 9 우울한, 음울한,
울적하게 하는 10 concerned 11 걱정하는,
불안한; 열망하는, 간절히 바라는 12 isolated
13 후회하는; (상황 등이) 유감스러운
14 frightened 15 불명예, 치욕;
수치(스러운 존재) 16 despair
17 죄책감이 드는, 가책을 느끼는; 유죄의
18 disappoint 19 당황하게 하다,
난처하게 하다 20 frustrated
21 증오, 혐오 22 insult 23 불쾌하게 하다,
기분 상하게 하다 24 disgust

B 1 irritate 2 ridicule 3 rage
4 jealous 5 ashamed 6 reckless

DAY 13 감각과 분위기   p.95

A 1 감각; 느낌; ～감; 의미 2 sensation
3 circumstance 4 대기; 분위기
5 perceive 6 자세히 조사하다,
세밀하게 살피다; 대충 훑어보다 7 obvious
8 명백한, 뚜렷한 9 시각의 10 (g)aze
11 stare 12 잠깐 봄, 일견; 흘끗 보다,
언뜻 보다 13 흘끗 봄, 한 번 봄;
흘끗[잠깐] 보다 14 scent 15 향기; 향수
16 odor 17 아늑한, 포근한; 편안한
18 informal 19 역동적인; (성격이) 활발한
20 exotic 21 (너무 아름답거나 놀라워서)
숨막히는 22 mysterious 23 긴급한,
절박한 24 threatening

B 1 tragic 2 keen 3 instinct
4 enchant 5 awkward 6 fancy

DAY 14 성격과 태도   p.101

A 1 성격; 특징, 특성; 등장인물; 글자
2 personality 3 태도, 자세, 사고방식
4 optimistic 5 활력 넘치는, 활기찬; 열렬한
6 vigorous 7 independent
8 조심스러운, 신중한 9 decent
10 진실한, 진심 어린 11 (m)odest
12 동정적인; 동조하는, 공감하는
13 compassionate 14 세심한; 민감한;
예민한 15 selfish 16 탐욕스러운,
욕심 많은 17 mean 18 뽐내다, 자랑하다
19 arrogant 20 유치한, 어린애 같은
21 moody 22 기이한, 해괴한
23 indifferent 24 비관적인

B 1 impolite 2 temper 3 aggressive
4 objective 5 humble 6 helpful

PLAN 5 언어와 정신 활동 ────────

DAY 15 언어와 의사소통   p.109

A 1 언어의, 언어학의 2 communication
3 언어의; 말에 의한, 구두의 4 expression
5 신호; 신호를 보내다 6 symbol 7 혀; 말;
언어 8 term 9 방언, 사투리 10 fluent
11 발언, 논평, 언급; 언급하다, 말하다
12 state 13 배달하다; (연설을) 하다;
출산하다 14 discourse 15 해석하다,
이해하다; 통역하다 16 comprehend
17 강조하다, 역설하다 18 assure
19 재촉하다, 촉구하다; 욕구, 충동
20 bet 21 claim 22 nonsense
23 불평하다; (통증 등을) 호소하다
24 misunderstanding

B 1 convince 2 correspond 3 significance
4 mock 5 dismissed 6 pronounce

DAY 16 대중 매체와 통신   p.115

A 1 매체, 매개물; 수단; 중간의 2 journalism
3 누르다, 압박하다; 언론, 신문과 잡지
4 드러내다, 밝히다, 폭로하다 5 bulletin
6 효과적인; 시행되는, 유효한 7 publicize
8 주의, 주목; 관심 9 comment
10 영향, 영향력; 영향을 주다 11 feedback
12 transmit 13 채널, 주파수대; 경로; 해협
14 commercial 15 광고하다
16 comprehensive 17 발표하다;
(방송으로) 알리다 18 documentary
19 columnist 20 correspondent
21 사설; 편집의 22 social media
23 현수막, 깃발; 배너 광고 24 browse

B 1 factual 2 featured 3 coverage
4 subscribe 5 broadcast 6 censorship

붕괴시키다, 분열시키다 **13** nuclear
14 멸종 위기에 처한 **15** destruction
16 위협, 협박 **17** 지속 가능한, 유지할 수 있는
18 alternative **19** 보존, 보호
20 preserve **21** biofuel **22** 친환경적인,
환경친화적인 **23** ecosystem
24 회복시키다, 복원하다, 되찾게 하다

B **1** biodiversity **2** deforestation
3 renewable **4** vulnerable
5 ecological **6** Extinct

DAY 22 기후와 재해 p.153

A **1** 기후; 환경, 분위기 **2** disaster
3 온도, 기온; 체온; 고열 **4** hail **5** 산들바람,
미풍; 쉬운 일 **6** mist **7** 서리, 성에;
성에로 덮다 **8** visible **9** 강우, 강우량
10 thermometer **11** 습한, 눅눅한
12 mild **13** 적당한; 온화한 **14** harsh
15 thunderstorm **16** 계절풍; 우기, 장마철
17 drought **18** earthquake **19** 산사태;
(선거에서의) 압도적 승리 **20** avalanche
21 광범위한, 널리 퍼진 **22** collapse
23 warning **24** 활성화하다, 작동시키다

B **1** vapor **2** evacuate **3** volcano
4 prevails **5** lightning **6** forecast

DAILY CHECK-UP

PLAN 7 과학

DAY 23 과학 일반 p.161

A **1** 구성 요소, 성분; 부품; 구성하는 **2** atom
3 molecule **4** 입자, 미립자; 극소량 **5** fluid
6 액체의; 액체, 유동체 **7** solid **8** 팽창하다,
확대되다; 성장하다, 확장하다 **9** 실험;
실험하다 **10** observe **11** hypothesis
12 연구, 조사; 연구하다, 조사하다

13 formula **14** 색인; 지표, 지수
15 principle **16** (설문) 조사; 측량;
조사하다; 측량하다 **17** calculation
18 (장소·시간적인) 간격, 거리, 사이
19 duration **20** 정확한 **21** absolute
22 비율, 부분 **23** density **24** 무게를 재다;
평가하다, 비교 검토하다

B **1** element **2** vacuum **3** measure
4 theories **5** correlation **6** definite

DAY 24 수학 · 물리학 · 화학 p.167

A **1** 평행하는, 나란한; 유사한; 유사하다
2 equation **3** 지름, 직경 **4** angle
5 physics **6** 자석의, 자기의 **7** charge
8 일정한; 끊임없는 **9** mass **10** 물질; 문제,
일; 중요하다, 문제가 되다 **11** relativity
12 스펙트럼, 가시 파장역; 범위, 영역
13 volume **14** 진동, 떨림 **15** circuit
16 자외선; 자외선의 **17** chemistry
18 물질; 내용, 실체 **19** core **20** 결정,
결정체; 수정 **21** filter **22** 주기적인
23 mixture **24** 변형시키다, 변환하다

B **1** scatter **2** compound **3** current
4 tension **5** gravity **6** vertical

DAY 25 생명과학 · 지구과학 p.173

A **1** biology **2** 지질학 **3** microscope
4 세포; 작은 방; 휴대 전화 **5** tissue
6 세균; (발생·발달의) 초기, 기원
7 creature **8** 유기체, (극도로 작은) 생물(체)
9 adaptation **10** 진화; 발전 **11** 우주 비행사
12 launch **13** (철저한) 조사; 우주 탐사선;
(면밀히) 조사하다 **14** explosion
15 (지구의) 자전; 회전 **16** solar **17** 달의
18 (해·달의) 식 **19** meteor **20** 소행성
21 cosmic **22** continent **23** 층, 막, 겹
24 fossil

B **1** satellite **2** comet **3** erosion
4 orbit **5** astronomy **6** sphere

DAY 26 컴퓨터와 인터넷 p.179

A **1** capable **2** 저장; 저장고 **3** install
4 접속, 접근; 접속하다, 접근하다
5 command **6** 분류하다; 정렬하다;
종류, 부류 **7** paste **8** 작동하다, 작용하다;
수술하다 **9** 입력; 입력하다 **10** output
11 기록 보관소; 파일 저장소 **12** load
13 접속[전원, 연결]을 끊다 **14** crash
15 지우다 **16** interrupt **17** 보안, 경비;
안전 **18** distribute **19** 포맷, 형식;
포맷하다 **20** 공공 설비, 공익사업;
유틸리티(컴퓨터 기능 지원 소프트웨어)
21 simulation **22** virtual
23 담그다; 몰두하다, 몰두하게 만들다
24 영역, 세력 범위; (컴퓨터) 도메인

B **1** flaw **2** processed **3** Delete
4 remote **5** procedure **6** displayed

DAILY CHECK-UP

PLAN 8 산업

DAY 27 기술과 산업 p.187

A **1** industrial **2** (경제 활동의) 부문, 분야
3 essential **4** textile **5** 혁명
6 advancement **7** 신장시키다, 북돋우다;
격려; 증가 **8** excellence **9** 확실히 하다,
보장하다 **10** advantage **11** 믿을 수 없는,
믿기 힘든 **12** integrate **13** 번영, 번창
14 aim **15** practical **16** 즉각적인, 즉시의;
순간, 찰나 **17** manufacture
18 질, 품질; 자질 **19** quantity
20 보증, 품질 보증서 **21** function

22 기계의; 기계적인, 자발성이 없는
23 performance **24** 기어; 장비; 맞추다,
조정하다

B **1** expertise **2** productivity **3** devise
4 collaboration **5** innovation
6 proficient

DAY 28 농업 · 축산업 p.193

A **1** agriculture **2** cultivate **3** 살충제, 농약
4 harvest **5** (대규모) 농장; 조림지
6 peasant **7** (과일 · 곡물이) 익은;
(시기가) 무르익은, 적합한 **8** orchard
9 집중적인; (농업 방식이) 집약적인
10 barley **11** 농작물; 수확량 **12** produce
13 콩, 대두 **14** cotton **15** 노출시키다;
드러내다; 폭로하다 **16** straw **17** 낙농장;
유제품의; 낙농업의 **18** livestock
19 (들어) 올리다; 인상하다; 사육하다, 기르다
20 graze **21** 목초지, 초원 **22** 목초지,
방목장 **23** ranch **24** 도살; 학살; 도살하다;
학살하다

B **1** plowed **2** Famine **3** yield
4 fertile **5** breed **6** irrigate

DAY 29 수산업 · 임업 · 광업 p.199

A **1** fishery **2** 대양, 바다 **3** coast
4 연안의, 근해의 **5** zone **6** (어류) 남획
7 underwater **8** paddle **9** 닻; 앵커;
닻을 내리다; 고정시키다 **10** bait
11 민물의, 담수의; 민물에 사는 **12** salmon
13 forestry **14** 목재 **15** pine **16** log
17 동굴; 함몰하다, 꺼지다 **18** drilling
19 강철 **20** shovel **21** 착취하다;
이용하다; 개발하다 **22** ore **23** 정제하다;
세련되게 하다, 다듬다 **24** copper

B **1** mined **2** Precious **3** extract
4 extensive **5** leaking **6** Marine

DAY 30 제조업 · 서비스업 p.205

A 1 자동차 2 fabric 3 도자기; 도예
4 shipbuilding 5 생산; 제작 6 conveyor
7 장비, 설비 8 facility 9 공장; 방앗간
10 mechanism 11 연료; 연료를 공급하다;
부채질하다 12 license 13 brand-new
14 수준, 기준; 규범; 표준의; 일반적인
15 shipment 16 최대의; 최대, 최대한도
17 agency 18 추정하다, 추산하다; 추정치,
견적 19 stock 20 (사업 등이) 번창하다;
(동식물이) 잘 자라다 21 client 22 점원
23 merchant 24 충성; 충성심

B 1 customize 2 hospitable
3 durable 4 Automation
5 shifted 6 assembly

DAILY CHECK-UP

PLAN 9 예술

DAY 31 문학 p.213

A 1 문학; 문헌 2 literary 3 장르, 유형, 양식
4 classical 5 소설; 허구, 꾸며낸 이야기
6 novel 7 epic 8 시, 시가 9 verse
10 전설; 전설적 인물 11 신화; (사회적) 통념
12 narrative 13 우화, 교훈적 이야기
14 lyric 15 줄거리, 구상; 음모, 계략;
음모를 꾸미다 16 heroine 17 anecdote
18 운, 각운; (각)운이 맞다 19 composition
20 상상력이 풍부한, 창의적인 21 author
22 출판하다; 발표하다 23 translation
24 비평, 평론, 비판

B 1 prose 2 appreciated
3 description 4 irony
5 analogy 6 comparative

DAY 32 음악과 미술 p.219

A 1 예술의, 예술적인 2 aesthetic
3 masterpiece 4 묘사하다, 그리다,
표현하다 5 illustrate 6 그리다, 묘사하다
7 landscape 8 (사람·사건의) 배경, 환경;
(그림·사진의) 배경 9 graphic
10 미묘한; 섬세한, 민감한 11 shade
12 조각품; 조각, 조소 13 statue
14 서예 15 curator 16 미술관, 화랑;
방청석, 위층 관람석 17 작곡가 18 string
19 교향곡 20 score 21 목소리의;
보컬[노래 부분] 22 harmonize
23 곡조, 선율, 음정; 조율하다 24 note

B 1 perspective 2 carved 3 pitch
4 vibrant 5 instrument 6 exhibit

DAY 33 연극과 영화 p.225

A 1 주제, 테마 2 scene 3 승무원 (전원);
팀, 조 4 director 5 위기, 고비, 결정적 단계
6 intrigue 7 ~에 근거[바탕]를 두다;
토대, 기초 8 original 9 데뷔, 첫 출연;
데뷔하다, 첫 무대에 서다 10 terrific
11 이야기하는 사람, 화자 12 cast
13 ~인 것 같다; 나타나다, 생기다; 출연하다
14 makeup 15 비극; 비극적 사건
16 stage 17 영향, 결과; (영화 등에서의) 효과
18 sequence 19 발사, 총격; 촬영
20 nominate 21 만화 영화, 애니메이션;
생기, 활기 22 suspense 23 소득; 수익
24 release

B 1 rehearsed 2 script 3 celebrity
4 role 5 audition 6 episodes

DAILY CHECK-UP

PLAN 10 여가 활동

DAY 34 스포츠

p.233

A 1 tournament 2 league 3 해마다의, 연례의 4 international 5 자격을 얻다, 자격을 충족하다 6 arena 7 들어감, 입장; 참가, 출전 8 amateur 9 방어, 수비 10 match 11 경쟁 (관계) 12 tie 13 이기다, 물리치다; 패배 14 tough 15 과격한, 난폭한; 격렬한, 맹렬한 16 injury 17 처벌, 벌칙, 벌금; (축구 등의) 페널티 킥 18 revenge 19 박수갈채 20 athlete 21 (스포츠 팀의) 코치, 감독; 코치하다, 지도하다 22 captain 23 심판 24 spectator

B 1 competition 2 strategy 3 opponent 4 extreme 5 fierce 6 whistle

DAY 35 여행과 관광

p.239

A 1 준비하다, 마련하다; 정리하다, 배열하다 2 renew 3 취소하다 4 search 5 빈 방; 공석, 결원 6 available 7 여행 일정, 여정 8 destination 9 여행, 행로 10 voyage 11 해외에, 해외로 12 overseas 13 시차 부적응 14 baggage 15 왕복의, 왕복 여행의 16 rental 17 accommodation 18 숙박 수속; 탑승 수속 (장소) 19 resort 20 밤사이에, 하룻밤 동안; 하룻밤의, 야간의 21 sightseeing 22 돌아다니다, 헤매다; (마음·생각이) 산만해지다, 다른 데로 흐르다 23 excursion 24 마주치다; 부딪히다; 접촉, 조우

B 1 souvenir 2 aisle 3 customs 4 depart 5 attraction 6 aboard

DAY 36 오락과 취미

p.245

A 1 recreation 2 오락, 취미, 기분 전환 3 entertainment 4 gardening 5 무술, 무도 6 antique 7 수공예; 수공예품 8 weave 9 바느질하다, 재봉하다 10 gambling 11 pursuit 12 숙련된, 노련한 13 adventure 14 여분의; 여가의; 할애하다, 내다 15 interest 16 힘, 활력; 활기 17 pleasure 18 보람 있는; 수익이 나는 19 comfort 20 균형; 잔고; 균형을 맞추다[잡다] 21 amusement 22 긴장 완화, 이완; 휴식 23 fitness 24 넓히다, 확장하다

B 1 refreshed 2 master 3 enrich 4 soothe 5 collection 6 leisure

DAY 37 봉사와 기부

p.251

A 1 foundation 2 조직, 단체, 기구 3 nonprofit 4 나아가다; 진행하다 5 fund 6 자원봉사자; 자원하다, 자원봉사를 하다 7 voluntary 8 coordinator 9 후한, 넉넉한; 관대한 10 contribution 11 꾸준한; 확고한, 안정된 12 sponsor 13 제의하다, 제공하다; 제의 14 assistance 15 도움, 원조; 돕다 16 relief 17 사려 깊은, 배려하는 18 cause 19 숭고한, 고귀한; 귀족의 20 goodwill 21 인도(주의)적인, 인간애의 22 pride 23 ~의 가치가 있는; 가치, 값어치 24 impact

B 1 aspiration 2 thoughtful 3 anonymous 4 empathy 5 charity 6 donation

PLAN 11 역사와 지리

DAY 38 문명과 역사   p.259

A 1 역사적으로 중요한, 역사적인
2 arch(a)eology 3 era 4 원시의,
미개의; 원시적인 5 ancient 6 중세의
7 enlightenment 8 현대의; 동시대의;
동시대 사람 9 chronicle 10 요점, 개요;
윤곽(선), 테두리; ~의 개요를 서술하다;
~의 윤곽을 그리다 11 civilization 12 왕조
13 dawn 14 선진의, 진보된; 고급[상급]의
15 progress 16 자유롭게 하다, 해방시키다
17 fade 18 유산 19 remains
20 일, 사건 21 expedition 22 식민지;
(새·개미·벌 등의) 집단 23 nomad
24 노예 제도; 노예 신분

B 1 heir 2 preceded
3 dominated 4 monuments
5 settlements 6 division

DAY 39 지리   p.265

A 1 geography 2 형성 (과정); (자연물의) 형태;
형성물 3 적도 4 hemisphere 5 위도
6 longitude 7 극; 막대기 8 Pacific,
pacific 9 열대의, 열대 지방의 10 규모;
저울; 축척; 비늘 11 iceberg 12 만; 구역
13 gulf 14 summit 15 협곡 16 ridge
17 고원; 높고 편평한 땅 18 valley
19 rainforest 20 분지; (큰 강의) 유역
21 marsh 22 척박한, 황량한
23 desolate 24 사막; 버리다

B 1 seashore 2 horizon 3 peak
4 slope 5 glaciers 6 border

DAY 40 교통과 운송   p.271

A 1 수송하다; 수송 2 transit 3 수단, 방법
4 vehicle 5 짐마차; 화물 열차
6 affordable 7 승객, 여객 8 transfer
9 (사람·교통 등이) 붐비는, 혼잡한 10 route
11 종착역, 터미널; 말기의; 최종적인
12 canal 13 길을 안내하다; 항해하다
14 overtake 15 뒤바꾸다; 후진하다;
(정)반대; 후진, (정)반대의 16 distance
17 보행자; 보행(자)의 18 포장도로;
인도, 보도 19 commute
20 장소, 위치; 현지 촬영지 21 delivery
22 (큰) 배, 선박; 보내다, 수송하다 23 bound
24 그릇, 용기; (화물 수송용) 컨테이너

B 1 platform 2 merge 3 insurance
4 fare 5 express 6 accessible

PLAN 12 법과 사회

DAY 41 법률과 범죄   p.279

A 1 legal 2 시행하다, 집행하다; 강요하다
3 violate 4 (법적) 신분; (사회적) 지위
5 valid 6 특허, 특허권; 특허의 7 불법의,
비합법적인 8 suspect 9 범죄의;
형사상의; 범인, 범죄자 10 murder
11 강탈하다, 빼앗다 12 arrest
13 고소하다, 소송을 제기하다 14 accuse
15 법정; 궁전, 왕실 16 trial 17 사례,
경우; 소송 (사건); (경찰이 조사 중인) 사건
18 judicial 19 정의, 공정; 사법, 재판
20 witness 21 문장; 선고, 형벌;
선고하다, 판결을 내리다 22 appeal
23 신념, 확신; 유죄 판결 24 innocent

B 1 justify 2 jury 3 theft
4 summoned 5 fine
6 deceiving

DAY 42 도덕과 윤리 p.285

A
1 moral **2** 윤리적인, 도덕상의 **3** dignity
4 고무하다, 영감을 주다; (감정 등을) 불어넣다
5 sacrifice **6** 약속, 서약; 헌신 **7** persist
8 미덕; 선행; 장점 **9** compassion
10 소중히 하다; (마음 속에) 간직하다
11 intention **12** 가치; 가치 있게 여기다
13 trustworthy **14** norm
15 의무; 근무; 임무; 관세, 세금 **16** obey
17 스며들게 하다, 서서히 가르치다
18 uphold **19** 순진한, 때 묻지 않은
20 tendency **21** 판단, 판단력; 재판, 판결
22 critical **23** appropriate
24 상급의; 우월한, 우수한

B
1 responsibility **2** conscience
3 tolerant **4** worthwhile
5 compromise **6** ultimate

DAY 43 종교 p.291

A
1 religious **2** ceremony
3 의식; (반복되는) 의례적 행위; 의식상의
4 service **5** 엄숙한, 근엄한 **6** worship
7 설교하다, 전도하다; 훈계하다
8 reverence **9** 기념하다, 경축하다;
널리 알리다 **10** 신의, 신성한 **11** sacred
12 saint **13** 우상; (컴퓨터) 아이콘
14 priest **15** 수녀 **16** pope
17 수도사, 수도승, 승려 **18** prayer
19 추종, 숭배; (소수) 종교 집단; 신흥 종교
20 spiritual **21** 믿음, 신뢰; 신앙(심)
22 confess **23** 운명, 숙명 **24** convert

B
1 exclusive **2** meditation
3 sin **4** minister
5 destiny **6** superstition

DAY 44 사회적 이슈 p.297

A
1 occur **2** 생기다, 발생하다 **3** approach
4 시도하다; 시도 **5** basis **6** 측면, 일면,
관점 **7** sentiment **8** 의견 일치, 합의
9 gender **10** 가난, 빈곤, 결핍 **11** minority
12 이주해 오다, 이민 오다 **13** refugee
14 속도 **15** artificial intelligence
16 사생활; 사적 자유 **17** 중독 **18** racism
19 안전 **20** abandon **21** 인구;
(동식물의) 개체 수 **22** generation
23 낙태, 임신 중절 **24** death penalty

B
1 controversial **2** eliminated
3 injustice **4** Civil **5** flexible
6 suicide

DAILY CHECK-UP

PLAN 13 정치와 경제 ─────

DAY 45 정치와 외교 p.305

A
1 political **2** ideology **3** 공화국
4 government **5** 연방의, 연방제의
6 parliament **7** (지방 자치 단체의) 의회;
회의; 협의회 **8** constitution **9** 권한, 권위;
당국, 기관 **10** bureaucracy **11** 토론,
논쟁; 토론하다, 논쟁하다 **12** involve
13 조종하다, 조작하다 **14** rally **15** 선거
16 campaign **17** statesman
18 사임하다, 물러나다 **19** corrupt
20 mayor **21** diplomat **22** 동맹국;
연합하다, 동맹을 맺다 **23** embassy
24 중립적인, 어느 편도 들지 않는

B
1 negotiation **2** votes **3** riot
4 candidate **5** democracy
6 intervene

DAY 46 전쟁과 군사

p.311

A **1** 군대의, 군사의; 군대 **2** navy
3 병력, 군대; 부대 **4** warrior
5 참전 용사, 퇴역 군인; 베테랑, 노련한 사람
6 rank **7** 갑옷, 철갑 **8** shield
9 weapon **10** 방아쇠; 촉발시키다
11 전투, 싸움; 싸우다, 투쟁하다
12 combat **13** (전쟁·질병 등의) 발발, 발생
14 foe **15** 임무; 사절단; 전도, 포교; 사명
16 rebel **17** 침입하다, 침략하다; 침해하다
18 conquer **19** ~와 맞서다[직면하다]
20 betray **21** 치명적인 **22** surrender
23 후퇴하다, 퇴각하다; 후퇴, 퇴각
24 capture

B **1** devastated **2** wound **3** bullet
4 patrol **5** flee **6** assault

DAY 47 경제 일반

p.317

A **1** 경제의; 경제학의 **2** 총계의, 총-
3 stock market **4** monetary
5 재정, 재무, 금융; 자금을 조달[공급]하다
6 invest **7** 세금 **8** boom
9 통화 팽창, 인플레이션 **10** demand
11 다양하다, 다르다; 달라지다 **12** trade
13 통화, 화폐 **14** employment
15 기업, 회사; 사업 (활동); 진취성, 모험심
16 income **17** minimum **18** statistics
19 4분의 1; 분기 **20** rate **21** 비율, 비
22 approximate **23** 보여주다, 나타내다
24 gap

B **1** exchange **2** terminate
3 commodity **4** venture
5 depression **6** supply

DAY 48 경제생활

p.323

A **1** 소비자 **2** bill **3** 분별 있는, 합리적인;
비싸지 않은, 적정한 **4** bargain
5 절약하는, 알뜰한 **6** factor
7 소매; 소매의; 소매하다 **8** boycott
9 primary **10** 이익, 수익;
~에게 이익을 주다 **11** thrive
12 절약; 저축, 예금 **13** asset
14 인출하다; 철수하다, 물러나다
15 fortune **16** (서서히) 축적하다, 모으다
17 property **18** 적당한, 충분한; 적임의
19 initial **20** 경매; 경매로 팔다
21 대출, 융자; 빌려주다, 대출하다
22 debt **23** 파산한; 파산시키다
24 strike

B **1** receipt **2** afford **3** luxurious
4 account **5** beneficial **6** deposit

DAILY CHECK-UP

PLAN 14 필수 어휘

DAY 49 부사

p.331

A **1** 현재, 지금 **2** then **3** 즉시, 즉각
4 eventually **5** 원래, 최초에; 독창적으로,
참신하게 **6** frequently **7** 드물게, 좀처럼
~않는 **8** occasionally **9** obviously
10 확실히; 물론 **11** (a)pparently
12 겉보기에; 보아하니 **13** nearly
14 아마도, 어쩌면 **15** somewhat
16 약간, 상당히; 오히려 **17** 정말로, 실로
18 extremely **19** 특히, 특별히, 각별히
20 utterly **21** 점점, 더욱더
22 dramatically **23** 전반적으로,
전체적으로; 전반적인, 전체의 **24** still

B **1** approximately **2** yet **3** merely
4 closely **5** Mostly **6** immediately

A 1 ~ 사이에서; ~ 중에서 2 beneath

3 ~을 제외하고, ~ 외에 4 regarding

5 ~의 범위 안에; ~ 이내에 6 ~인 반면에,

~한데 7 once 8 만약 ~라면,

~라는 조건으로 9 하지만, 그러나

10 in contrast 11 그 반대로, 오히려

12 conversely 13 반면에, 다른 한편으로

14 그 결과, 결과적으로 15 as a result

16 그에 따라, 그에 맞춰 17 게다가, 더욱이

18 furthermore 19 덧붙여, 게다가

20 즉, 다시 말해 21 in other words

22 결론적으로 23 to sum up

24 마찬가지로, 비슷하게

B 1 throughout 2 whether 3 therefore

4 otherwise 5 nevertheless

6 for instance

INDEX

demand	313	disgusting	59	effect	223
democracy	300	dismal	85	effective	111
density	160	dismiss	108	election	303
depart	235	disorder	26	elegant	16
department	45	display	175	element	156
dependent	117	dispute	42	eliminate	295
depict	216	disrupt	144	embarrass	87
deposit	321	distance	269	embassy	304
depressed	85	distinct	70	embrace	14
depression	313	distort	124	emergency	24
descendant	36	distribute	177	emission	143
description	211	disturb	84	empathize	118
desert	264	diversity	70	empathy	250
desire	117	divine	287	emphasize	107
desolate	264	division	255	employ	53
despair	87	documentary	113	employment	315
destination	235	domain	178	enchant	93
destiny	290	domestic	131	encounter	238
destruction	145	dominate	258	endangered	144
detect	119	donation	248	endurance	22
determined	79	dormitory	45	energetic	96
devastate	309	dose	28	enforce	274
development	38	drain	66	engagement	32
devise	185	dramatically	330	enlightenment	255
diagnose	25	drilling	197	enrich	244
dialect	105	drop out (of)	48	enroll	44
diameter	162	drought	151	ensure	183
diaper	35	durable	203	enterprise	315
differ	72	duration	160	entertainment	240
differentiate	126	duty	283	enthusiasm	78
dignity	280	dwell	64	entry	229
dine	61	dynamic	93	epic	209
diploma	45	dynasty	256	epidemic	26
diplomat	304			episode	221
director	220	**E**		equation	162
disability	27			equator	260
disappoint	87	eager	78	equipment	201
disaster	148	earnings	224	era	254
discipline	39	earthquake	151	erase	177
disconnect	176	ease	22	erect	67
discourse	106	eclipse	171	erosion	172
discriminate	71	eco-friendly	146	essential	182
disease	25	ecological	146	estimate	203
disgrace	86	economic	312	ethical	280
disgust	88	ecosystem	146	ethnic	70
		editorial	114		

graduation	45			input	175
grain	136			insight	119
graphic	217	**I**		inspire	280
grateful	81	iceberg	262	install	174
grave	74	icon	288	instant	184
gravity	164	ideology	300	instantly	326
graze	192	ignorance	124	instill	283
greasy	58	illegal	275	instinct	90
greedy	99	illustrate	216	institution	73
grind	60	imaginative	212	instructor	46
gross	312	imitate	39	instrument	214
guideline	44	immediately	326	insult	88
guilty	87	immerse	178	insurance	270
gulf	262	immigrant	72	integrate	184
gym	48	immigrate	294	intellectual	123
		immune	28	intelligent	123
		impact	250	intensive	190
H		impolite	99	intention	281
		impression	124	interest	243
habitat	134	improve	47	international	228
hail	150	in addition	335	interpret	106
handicap	27	in conclusion	336	interrupt	177
handicraft	241	in contrast	334	interval	159
harmonize	215	in other words	336	intervene	304
harsh	149	incident	257	intimate	40
harvest	189	income	315	intrigue	221
hatred	88	increasingly	330	invade	308
heir	256	incredible	183	invest	313
helpful	97	indeed	329	invitation	32
hemisphere	260	independent	97	involve	302
herb	140	index	158	irony	210
herd	133	indicate	316	irrigate	188
heritage	74	indifferent	100	irritate	84
heroine	211	industrial	182	isolated	86
hesitant	116	infant	35	isolation	28
historic	254	infectious	25	itinerary	235
horizon	264	infer	125		
horn	132	inflation	313		
hospitable	204	influence	112	**J**	
hostile	42	informal	93		
however	334	inherit	36	jaw	18
humanitarian	250	initial	322	jealous	88
humble	98	inject	28	jet lag	236
humid	148	injury	231	joint	19
hut	68	injustice	294	journalism	110
hybrid	140	innocent	278	journey	235
hypothesis	158	innovation	182	joyful	79

nervous	85	orbit	170	peck	134
neutral	304	orchard	190	pedestrian	269
nevertheless	334	order	61	peel	60
nightmare	21	ore	198	penalty	231
noble	249	organ	19	pension	54
nocturnal	134	organic	61	perceive	91
nod	14	organism	169	performance	186
nomad	258	organization	246	perhaps	328
nominate	224	original	221	periodic	166
nonprofit	246	originally	327	permanent	51
nonsense	108	orphan	34	persist	281
norm	282	otherwise	336	personality	96
note	216	outbreak	308	perspective	217
novel	209	outline	255	perspire	20
nuclear	144	output	176	pessimistic	100
nun	289	overall	330	pesticide	189
nurture	33	overfishing	195	petal	138
nutrition	62	overhead	14	petroleum	142
		overlook	124	pharmacy	25
		overnight	237	philosophy	122
O		overseas	236	photosynthesis	138
		overtake	269	physical	18
obey	283	owe	41	physician	25
objective	97			physics	162
observance	74			pillar	65
observation	119	**P**		pine	196
observe	158			pitch	216
obsess	117	pace	294	plague	26
obvious	91	Pacific	261	plain	16
obviously	327	paddle	195	plant	136
occasion	73	parallel	162	plantation	189
occasionally	327	parasite	132	plateau	263
occupation	50	parental	36	platform	268
occur	292	parliament	301	pleasure	243
ocean	194	particle	156	plot	210
odor	92	particularly	329	plow	189
offend	88	passenger	267	poetry	209
offer	248	passionate	78	poisonous	134
offshore	194	paste	175	pole	261
on the contrary	334	pastime	240	political	300
on the other hand	334	pasture	192	pollen	139
once	333	patent	275	pollination	139
operate	175	patrol	309	pollution	143
operation	24	pavement	269	pope	288
opponent	232	paw	133	population	296
optimistic	96	peak	263		
oral	74	peasant	189		

reverence	287	secure	82	slender	16
reverse	269	security	177	slice	59
revolution	183	seed	136	slip	14
reward	48	seemingly	328	slope	262
rewarding	243	seldom	327	snap	15
rhyme	211	selfish	99	sneak	14
ridge	263	semester	44	sneeze	12
ridicule	88	sensation	90	soak	60
riot	303	sense	90	sociable	40
ripe	189	sensitive	98	social media	114
rite	71	sentence	278	solar	171
ritual	286	sentiment	293	solemn	286
rivalry	230	separation	33	solid	157
rob	275	sequence	223	somewhat	329
role	222	serve	51	soothe	243
root	137	service	286	sophomore	46
rotation	171	session	48	sort	175
rotten	59	settlement	258	souvenir	238
round-trip	236	sew	241	soybean	190
route	268	sewage	143	spare	242
		sewer	66	spawn	134
S		shabby	16	species	130
		shade	217	spectator	232
sacred	288	shell	132	spectrum	164
sacrifice	281	shelter	68	sphere	171
safety	296	shield	307	spine	19
saint	288	shift	201	spiritual	290
salmon	196	ship	270	split	62
sanitation	28	shipbuilding	200	spoil	35
satellite	170	shipment	203	sponsor	248
satisfied	80	shooting	223	spouse	33
saving	320	shovel	197	sprout	138
scale	261	shrub	140	stable	82
scan	91	sibling	36	stage	223
scar	19	sigh	12	standard	202
scatter	166	sightseeing	238	stare	92
scene	220	signal	104	starve	62
scent	92	significance	107	state	106
score	215	simulation	178	statesman	302
scratch	13	sin	289	statistics	316
script	220	sincere	98	statue	218
sculpture	218	skilled	242	status	274
search	234	skyscraper	68	steady	248
seashore	262	slaughter	192	steel	197
seasoning	61	slavery	258	stem	137
sector	182				

valley	263	weave	241
value	282	weed	140
vapor	150	weigh	160
vary	314	weird	100
vegetarian	61	whereas	333
vegetation	136	whether	333
vehicle	266	whistle	231
vein	19	widespread	152
venture	315	widow	33
verbal	104	willing	78
verse	209	withdraw	321
vertical	162	within	333
veteran	306	witness	277
veterinarian	25	worship	287
vibrant	217	worth	250
vibration	164	worthwhile	282
vigor	242	wound	310
vigorous	97	wrinkle	15
violate	274		
violent	231		
virtual	178	**Y**	
virtue	281	yet	327
visible	150	yield	191
visual	91		
vitality	22	**Z**	
vocal	215	zone	195
volcano	151		
volume	164		
voluntary	247		
volunteer	247		
vote	303		
vow	33		
voyage	235		
vulnerable	144		

W

wage	50
wagon	266
wander	238
warehouse	68
warm-blooded	131
warning	152
warranty	186
warrior	306
weapon	307

확장판

나만의 주제별 영단어 학습 플래너

VOCA PLANNER

고등 **필수**

신문섭·안세정·황우연

Workbook

누적 테스트

★ 빈칸에 알맞은 우리말 뜻 또는 영어를 쓰시오.

1	exhausted	_____	16	운동, 움직임, 동작	_____
2	wrinkle	_____	17	분명한; 아름답지 않은	_____
3	fasten	_____	18	허름한; 누더기의	_____
4	vein	_____	19	붓다, 부풀다; 팽창하다	_____
5	flesh	_____	20	극심한; 급성의	_____
6	embrace	_____	21	기관, 장기	_____
7	vitality	_____	22	날씬한, 호리호리한	_____
8	choke	_____	23	피로, 피곤	_____
9	frown	_____	24	우아한, 고상한	e_____
10	stride	_____	25	자세; 태도	_____
11	joint	_____	26	의상, 복장	_____
12	grab	_____	27	쉬움; (고통을) 완화하다	_____
13	recovery	_____	28	인내(력); 지구력	_____
14	lap	_____	29	뛰다, 도약하다	_____
15	figure	_____	30	(혈액 등의) 순환	_____

1	beard	_____	16	전염되는, 전염성의	_____
2	deadly	_____	17	임상의	_____
3	veterinarian	_____	18	턱	_____
4	tremble	_____	19	심한 고통, 고뇌	_____
5	nightmare	_____	20	처방(전), 처방약	_____
6	sterile	_____	21	땀을 흘리다, 땀이 나다	_____
7	allergic	_____	22	주사하다, 주입하다	_____
8	stroke	_____	23	척추, 등뼈; 바늘	_____
9	disorder	_____	24	질병, 병	_____
10	physical	_____	25	수술; 운영; 작전	_____
11	cancer	_____	26	주먹	_____
12	faint	_____	27	전염병; 흑사병	_____
13	isolation	_____	28	저항력이 있는, 잘 견디는	_____
14	chronic	_____	29	접질림; 혹사하다	_____
15	frail	_____	30	흉터, 상흔	_____

DAYS 3-4 맞은 개수 / 30

1	engagement	_____	16	초대, 초청(장)	_____
2	sanitation	_____	17	맹세(하다), 서약(하다)	_____
3	marital	_____	18	망치다; (성격을) 버리다	_____
4	handicap	_____	19	비상사태, 위급 상황	_____
5	dose	_____	20	(신체적·정신적) 장애 d	_____
6	orphan	_____	21	신부	_____
7	infant	_____	22	임신한	_____
8	parental	_____	23	조상, 선조	_____
9	spouse	_____	24	요람; 발상지	_____
10	epidemic	_____	25	다루다; 치료하다	_____
11	immune	_____	26	수술 s	_____
12	remedy	_____	27	형제자매	_____
13	pharmacy	_____	28	진단하다	_____
14	upbringing	_____	29	(내과) 의사	_____
15	tablet	_____	30	백신	_____

DAYS 4-5 맞은 개수 / 30

1	diaper	_____	16	후손, 자손	_____
2	dispute	_____	17	규율; 훈육(하다)	_____
3	widow	_____	18	사교적인	_____
4	development	_____	19	입양하다; 채택하다	_____
5	decision	_____	20	조절하다; 적응하다	_____
6	congratulate	_____	21	탁아, 보육	_____
7	connection	_____	22	친구, 동반자	_____
8	inherit	_____	23	아장아장 걷는 아이	_____
9	intimate	_____	24	성인기, 성년	_____
10	fiancé	_____	25	분리; 별거	_____
11	bully	_____	26	(엎드려) 기다, 포복하다	_____
12	resent	_____	27	결별, 파경; 분열	_____
13	neglect	_____	28	보모, 유모	_____
14	nurture	_____	29	맡아 기르다; 수양의	_____
15	bachelor	_____	30	청소년의; 청소년 j	_____

★ 빈칸에 알맞은 우리말 뜻 또는 영어를 쓰시오.

DAYS 5-6 맞은 개수 /30

1	accomplish	_____	16	가정 교사	_____
2	adolescent	_____	17	친구, 동료; 짝	m_____
3	principal	_____	18	모방하다, 흉내 내다	_____
4	attachment	_____	19	벌, 처벌	_____
5	belong	_____	20	유대; 유대를 맺다	_____
6	graduation	_____	21	향상[개선]되다	_____
7	hostile	_____	22	빚지다, 신세 지다	_____
8	admire	_____	23	사람; 동료(의)	_____
9	acquaintance	_____	24	신입생, 1학년생	_____
10	acquire	_____	25	멘토, 스승, 사부	_____
11	ambition	_____	26	기숙사	_____
12	assignment	_____	27	지침, 지표	_____
13	gym	_____	28	교육[교과] 과정	_____
14	quarrel	_____	29	성숙한; 익은; 자라다	_____
15	reward	_____	30	결석한; 결석하다	_____

DAYS 6-7 맞은 개수 /30

1	enroll	_____	16	모집하다, 뽑다	_____
2	executive	_____	17	은퇴하다, 퇴직하다	_____
3	permanent	_____	18	강사, 지도자	_____
4	credit	_____	19	대학생(의); 학부의	_____
5	drop out (of)	_____	20	노동조합[노조]; 연합	_____
6	extracurricular	_____	21	유능한, 능력이 있는	_____
7	colleague	_____	22	(시간·일·주 단위의) 임금	_____
8	vacant	_____	23	장점; 공적, 공로	_____
9	faculty	_____	24	졸업장, 수료증	_____
10	reliable	_____	25	헌신적인, 열성적인	_____
11	assessment	_____	26	2학년생	_____
12	serve	_____	27	위원회	_____
13	department	_____	28	언급; 참조; 추천서	_____
14	session	_____	29	그만두다; 끊다	_____
15	tuition	_____	30	학기	_____

DAYS 7-8
맞은 개수 **/30**

1 crispy _____	16 주문(하다); 명령(하다) _____
2 application _____	17 조각; 얇게 썰다 _____
3 dine _____	18 자격, 자격증 _____
4 recipe _____	19 임시의, 일시적인 _____
5 occupation _____	20 젓다, 섞다; 동요 _____
6 peel _____	21 고용하다; 쓰다 _____
7 deadline _____	22 승진, 진급; 홍보 _____
8 soak _____	23 연금 _____
9 split _____	24 상사, 관리자 _____
10 reservation _____	25 협력하다, 협동하다 _____
11 protein _____	26 회장, 의장 _____
12 profession _____	27 식욕; 욕구 _____
13 contract _____	28 노동, 일; 노동자 _____
14 cuisine _____	29 (음식이) 연한; 다정한 _____
15 organic _____	30 이력서; 요약 _____

DAYS 8-9
맞은 개수 **/30**

1 vegetarian _____	16 복도, 통로 _____
2 drain _____	17 다락방 _____
3 disgusting _____	18 둘러싸다; 포위하다 _____
4 erect _____	19 영양 _____
5 cottage _____	20 가구를 비치하다; 제공하다 _____
6 appetizer _____	21 유지하다; 관리하다 _____
7 resident _____	22 기구, 도구 _____
8 construct _____	23 맛, 풍미; 향미 _____
9 stuff _____	24 갈라진 금; 갈라지다 _____
10 frame _____	25 천장; 상한 _____
11 fiber _____	26 갈다, 가루로 만들다 _____
12 hut _____	27 굶주리다; 굶기다 _____
13 shelter _____	28 일부; 1인분 _____
14 seasoning _____	29 기름기 많은; 지성의 _____
15 bowl _____	30 썩은, 부패한 _____

★ 빈칸에 알맞은 우리말 뜻 또는 영어를 쓰시오.

DAYS 9-10   맞은 개수   **/ 30**

1	globalization	_____	16	건축(술); 건축 양식 _____
2	fountain	_____	17	헛간; 외양간 _____
3	beam	_____	18	기둥; 특별 기고 _____
4	rite	_____	19	기둥, 주석, 지주 _____
5	race	_____	20	보수적인 _____
6	occasion	_____	21	초고층 건물 _____
7	marble	_____	22	갈등; 상충되다 _____
8	warehouse	_____	23	장례식 _____
9	basement	_____	24	목재, 나무 _____
10	traditional	_____	25	차별하다; 구별하다 _____
11	convention	_____	26	다르다 _____
12	custom	_____	27	방, 침실 _____
13	institution	_____	28	진정한, 진짜의 _____
14	dwell	_____	29	부동산 _____
15	stereotype	_____	30	하수관, 하수구 _____

DAYS 10-11   맞은 개수   **/ 30**

1	willing	_____	16	열정적인, 열렬한 _____
2	amused	_____	17	구전의, 입의 _____
3	expectant	_____	18	즐거운, 기쁜 j_____
4	distinct	_____	19	만족하는; 만족시키다 _____
5	grateful	_____	20	(문화)유산, 전통 _____
6	immigrant	_____	21	아주 좋아하다; 흠모하다 _____
7	touched	_____	22	받아들임, 수용 _____
8	bury	_____	23	인류학 _____
9	grave	_____	24	매료된, 매혹된 _____
10	prejudice	_____	25	걱정 없는, 속 편한 _____
11	affectionate	_____	26	민속; 전통 문화 _____
12	observance	_____	27	부족, 종족 _____
13	diversity	_____	28	유물 _____
14	ethnic	_____	29	결심한, 단호한 _____
15	flatter	_____	30	안정된; 착실한 s_____

DAYS 11-12 맞은 개수 /30

1	fulfilled	_____	16	안정된; 확보하다 _____
2	eager	_____	17	쾌활한, 명랑한 _____
3	nervous	_____	18	짜증 난, 불쾌한 _____
4	insult	_____	19	확신하는; 확실한 _____
5	disappoint	_____	20	분노; 격노하다 _____
6	delighted	_____	21	열의, 의욕, 열정 _____
7	gloomy	_____	22	무모한, 분별없는 _____
8	despair	_____	23	증오, 혐오 _____
9	thrilled	_____	24	고립된, 단절된 _____
10	reassure	_____	25	좋아하는, 애정이 담긴 _____
11	embarrass	_____	26	안도하는 _____
12	satisfied	_____	27	좌절감을 느끼는 _____
13	frightened	_____	28	자신 있는; 확신하는 _____
14	anticipate	_____	29	성난; 격렬한 _____
15	relaxed	_____	30	혐오감; 역겹게 하다 _____

DAYS 12-13 맞은 개수 /30

1	dismal	_____	16	이국적인; 외래의 _____
2	apparent	_____	17	질투하는, 시샘하는 _____
3	stare	_____	18	비참한, 불쌍한 _____
4	offend	_____	19	화려한; 공상 _____
5	concerned	_____	20	비웃다; 조롱 _____
6	scent	_____	21	낙담한; 침체된 _____
7	glance	_____	22	긴급한, 절박한 _____
8	anxious	_____	23	비극적인; 비극의 _____
9	disgrace	_____	24	대기; 분위기 _____
10	perceive	_____	25	후회하는; 유감스러운 _____
11	dynamic	_____	26	분명한, 명백한 _____
12	breathtaking	_____	27	부끄러워하는, 창피한 _____
13	guilty	_____	28	시각의 _____
14	informal	_____	29	방해하다; 불안하게 하다 _____
15	provoke	_____	30	짜증 나게 하다 _____

★ 빈칸에 알맞은 우리말 뜻 또는 영어를 쓰시오.

DAYS 13-14 맞은 개수 / 30

1	cautious	_____	16	응시(하다); 시선 g_____
2	aggressive	_____	17	품위 있는, 친절한 _____
3	greedy	_____	18	연민 어린, 인정 많은 _____
4	instinct	_____	19	감각; 느낌, ~감 _____
5	arrogant	_____	20	성격, 개성 _____
6	mysterious	_____	21	느낌; 반향, 선풍 _____
7	helpful	_____	22	이기적인 _____
8	cozy	_____	23	활력 넘치는, 활기찬 _____
9	odor	_____	24	향기; 향수 _____
10	character	_____	25	상황, 환경 _____
11	keen	_____	26	성질, 성미 _____
12	glimpse	_____	27	비관적인 _____
13	moody	_____	28	매혹하다, 넋을 잃게 만들다 _____
14	scan	_____	29	어색한, 불편한 _____
15	threatening	_____	30	낙관적인, 낙천적인 _____

DAYS 14-15 맞은 개수 / 30

1	term	_____	16	세심한; 민감한 _____
2	childish	_____	17	의미; 중요성 _____
3	emphasize	_____	18	담화, 담론, 토론 _____
4	comprehend	_____	19	객관적인; 목표 _____
5	dialect	_____	20	독립된; 독립적인 _____
6	sympathetic	_____	21	재촉하다; 충동 _____
7	mean	_____	22	오해; 의견 차이 _____
8	assure	_____	23	뽐내다, 자랑하다 _____
9	vigorous	_____	24	상징; 기호, 부호 _____
10	fluent	_____	25	(의사)소통; 통신 _____
11	sincere	_____	26	주장(하다); 청구(하다) _____
12	attitude	_____	27	무례한, 실례되는 _____
13	modest	_____	28	기이한, 해괴한 _____
14	verbal	_____	29	겸손한; 미천한 _____
15	linguistic	_____	30	무관심한, 냉담한 _____

DAYS 15-16 맞은 개수 / 30

1	state	16	주의, 주목; 관심
2	convince	17	혀; 말; 언어
3	influence	18	소셜 미디어
4	correspond	19	발음하다; 선언하다
5	nonsense	20	배달하다; (연설을) 하다
6	interpret	21	포괄적인, 종합적인
7	bet	22	불평하다; 호소하다
8	documentary	23	조롱하다; 가짜의
9	transmit	24	특종으로 다루다; 특징
10	remark	25	보도, 방송; 보상
11	announce	26	상업적인; 광고 방송
12	expression	27	신호(를 보내다)
13	publicize	28	매체, 매개물; 중간의
14	channel	29	일축하다; 해고하다
15	subscribe	30	특파원, 통신원

DAYS 16-17 맞은 개수 / 30

1	confuse	16	사설; 편집의
2	journalism	17	반응, 의견, 평가
3	insight	18	사로잡다, 집착하게 하다
4	comment	19	뉴스 단신; 고시
5	desire	20	효과적인; 유효한
6	press	21	예언, 예측, 예상
7	censorship	22	드러내다, 폭로하다
8	trauma	23	상태; 여건; 길들이다
9	broadcast	24	둘러보다; 검색하다
10	dependent	25	의식; 자각
11	factual	26	정신의, 마음의
12	counseling	27	정기 기고가, 칼럼니스트
13	advertise	28	망설이는, 주저하는
14	aware	29	겪다, 경험하다
15	banner	30	무작위의, 닥치는 대로 하는

★ 빈칸에 알맞은 우리말 뜻 또는 영어를 쓰시오.

1	overlook		16	과장하다
2	assume		17	심리학, 심리 작용
3	clue		18	감지하다, 발견하다
4	conclude		19	생각하다; 계산하다
5	rational		20	추론하다, 추측하다
6	abuse		21	개념
7	manifest		22	분석
8	abnormal		23	왜곡하다; 비틀다
9	criticize		24	치료, 요법
10	conceive		25	행동; 수행하다
11	confidential		26	관찰, 주시; 감시
12	potential		27	인상; 감명
13	stimulus		28	여기다; 관심
14	logic		29	쇠약, 붕괴; 고장
15	empathize		30	동기 부여, 자극

1	claw		16	철학
2	sting		17	가죽
3	reason		18	이주, 이동
4	deliberate		19	똑똑한, 지능이 높은
5	credible		20	온혈의
6	predator		21	평가하다
7	suppose		22	영토; 영역, 세력권
8	limb		23	(발톱이 있는 동물의) 발
9	differentiate		24	파충류
10	habitat		25	추상적인, 관념적인
11	species		26	무지, 무식
12	concrete		27	껍데기; 포탄
13	intellectual		28	무리, 떼; 모이다
14	tame		29	보편적인; 전 세계적인
15	judge		30	분류하다

DAYS 19-20
맞은 개수 / 30

1	parasite	_____	16	뿔; 경적 _____
2	seed	_____	17	짐승, 야수 _____
3	amphibian	_____	18	야행성의 _____
4	bloom	_____	19	싹, 눈, 꽃봉오리 _____
5	photosynthesis	_____	20	먹이, 사냥감; 희생자 _____
6	poisonous	_____	21	무리; 무리를 지어 가다 _____
7	fur	_____	22	애벌레 _____
8	burrow	_____	23	(꽃의) 꿀; 과즙 _____
9	plant	_____	24	이끼 _____
10	grain	_____	25	알을 낳다; (결과를) 낳다 _____
11	reproduce	_____	26	틔우다; 싹(트다) _____
12	mammal	_____	27	나무껍질; (개가) 짖다 _____
13	petal	_____	28	길들여진, 사육되는 d_____
14	cactus	_____	29	진균류, 곰팡이류 _____
15	blossom	_____	30	쪼다, 쪼아 먹다 _____

DAYS 20-21
맞은 개수 / 30

1	nuclear	_____	16	석유 _____
2	mineral	_____	17	(나무의) 줄기, 몸통 _____
3	weed	_____	18	덤불, 관목 _____
4	herb	_____	19	배출; 배기가스 _____
5	pollination	_____	20	식물, 초목 _____
6	sewage	_____	21	풍부한 _____
7	reserve	_____	22	지장을 주다; 분열시키다 _____
8	root	_____	23	(나무의) 잔가지 _____
9	resource	_____	24	꽃가루, 화분 _____
10	pollution	_____	25	가공하지 않은; 날것의 _____
11	stem	_____	26	가시 _____
12	vulnerable	_____	27	나뭇가지; 지점 _____
13	hybrid	_____	28	오염시키다, 더럽히다 _____
14	landfill	_____	29	관목 _____
15	bulb	_____	30	삼림 벌채, 산림 개간 _____

★ 빈칸에 알맞은 우리말 뜻 또는 영어를 쓰시오.

DAYS 21-22　　　　　　　　　　　　　　　　　　　맞은 개수　/ 30

1	renewable	_____	16	생태학의, 생태계의	_____
2	widespread	_____	17	지진	_____
3	frost	_____	18	멸종 위기에 처한	_____
4	extinct	_____	19	보존, 보호	_____
5	evacuate	_____	20	재난, 재해, 재앙	_____
6	activate	_____	21	화산	_____
7	breeze	_____	22	온도, 기온; 체온	_____
8	ecosystem	_____	23	생물 다양성	_____
9	hail	_____	24	위협, 협박	_____
10	biofuel	_____	25	만연하다, 지배하다	_____
11	sustainable	_____	26	온도계, 체온계	_____
12	alternative	_____	27	보호하다; 유지하다	_____
13	collapse	_____	28	가뭄	_____
14	visible	_____	29	회복시키다, 복원하다	_____
15	eco-friendly	_____	30	파괴, 파멸	_____

DAYS 22-23　　　　　　　　　　　　　　　　　　　맞은 개수　/ 30

1	duration	_____	16	경보, 경고	_____
2	lightning	_____	17	간격, 거리, 사이	_____
3	mist	_____	18	혹독한; 가혹한	_____
4	particle	_____	19	산사태; 압도적 승리	_____
5	humid	_____	20	강우(량)	_____
6	forecast	_____	21	가설, 전제	_____
7	survey	_____	22	공식, 화학식	_____
8	measure	_____	23	무게를 재다; 평가하다	_____
9	monsoon	_____	24	증기	_____
10	mild	_____	25	눈사태; 쇄도	_____
11	theory	_____	26	액체의; 액체	_____
12	climate	_____	27	적당한; 온화한	_____
13	thunderstorm	_____	28	요소, 성분; 원소	_____
14	component	_____	29	확실한, 명확한	_____
15	atom	_____	30	밀도, 농도	_____

DAYS 23-24   맞은 개수 / 30

1	constant	16	정확한 a
2	observe	17	진공; 공백
3	vertical	18	충전하다; 담당; 전하
4	absolute	19	연구(하다), 조사(하다)
5	magnetic	20	색인; 지표, 지수
6	relativity	21	평행하는; 유사한
7	expand	22	원리, 원칙
8	matter	23	물리학
9	diameter	24	다수; 질량
10	experiment	25	방정식
11	volume	26	고체의; 고체
12	fluid	27	상관관계, 연관성
13	angle	28	흐름; 전류; 현재의
14	molecule	29	비율, 부분
15	calculation	30	가시 파장역; 범위

DAYS 24-25   맞은 개수 / 30

1	probe	16	변형시키다, 변환하다
2	substance	17	진동, 떨림
3	cell	18	생물학
4	tension	19	지질학
5	adaptation	20	자외선(의)
6	filter	21	출시(하다); 발사(하다)
7	satellite	22	현미경
8	compound	23	(세포) 조직; 휴지
9	circuit	24	화학; 화합
10	mixture	25	결정, 결정체; 수정
11	scatter	26	유기체, 생물(체)
12	germ	27	천문학
13	evolution	28	주기적인
14	gravity	29	핵; 중심부; 핵심적인
15	astronaut	30	생물체; 창조물

★ 빈칸에 알맞은 우리말 뜻 또는 영어를 쓰시오.

1	virtual	_____	16	먼; 원격의; 외딴 _____
2	simulation	_____	17	할 수 있는; 유능한 _____
3	fossil	_____	18	달의 _____
4	utility	_____	19	입력(하다) _____
5	access	_____	20	절차 _____
6	interrupt	_____	21	전시(하다), 표시(하다) _____
7	rotation	_____	22	대륙; 육지 _____
8	paste	_____	23	우주의; 어마어마한 _____
9	eclipse	_____	24	소행성 _____
10	meteor	_____	25	작동하다; 수술하다 _____
11	delete	_____	26	층, 막, 겹 _____
12	sphere	_____	27	혜성 _____
13	explosion	_____	28	기록 보관소; 파일 저장소 _____
14	orbit	_____	29	형식; 포맷(하다) _____
15	erosion	_____	30	태양의 _____

1	expertise	_____	16	통합되다; 통합시키다 _____
2	immerse	_____	17	배포하다; 분배하다 _____
3	advancement	_____	18	유리함; 장점 _____
4	innovation	_____	19	과정; 처리하다 _____
5	ensure	_____	20	설치하다 _____
6	output	_____	21	필수적인; 본질적인 _____
7	domain	_____	22	결점, 결함, 흠 _____
8	sort	_____	23	충돌하다; 고장 (나다) _____
9	industrial	_____	24	협력, 공동 연구 _____
10	incredible	_____	25	혁명 _____
11	storage	_____	26	명령(어); 명령하다 _____
12	disconnect	_____	27	지우다　　　e _____
13	textile	_____	28	작업[업무]량; 로딩하다 _____
14	excellence	_____	29	부문, 분야 _____
15	security	_____	30	신장시키다; 증가 _____

DAYS 27-28   맞은 개수   / 30

1	cultivate	_____	16	목표; 목표로 하다 _____
2	plantation	_____	17	목장, 대농장 _____
3	mechanical	_____	18	질, 품질 _____
4	orchard	_____	19	양, 수량 _____
5	cotton	_____	20	영세농, 소작농 _____
6	warranty	_____	21	장비; 맞추다 _____
7	famine	_____	22	살충제, 농약 _____
8	function	_____	23	제조하다; 제품 _____
9	intensive	_____	24	능숙한, 숙달한 _____
10	irrigate	_____	25	농업 _____
11	productivity	_____	26	새끼를 낳다; 사육하다 _____
12	devise	_____	27	수확(량); 수확하다 _____
13	instant	_____	28	목초지, 초원 _____
14	livestock	_____	29	공연; 성능, 성과 _____
15	practical	_____	30	번영, 번창 _____

DAYS 28-29   맞은 개수   / 30

1	expose	_____	16	착취하다; 개발하다 _____
2	paddle	_____	17	추출하다; 추출물 _____
3	fertile	_____	18	풀을 뜯다; 방목하다 _____
4	underwater	_____	19	연어 _____
5	extensive	_____	20	목재 _____
6	fishery	_____	21	쟁기; 경작하다 _____
7	yield	_____	22	소나무 _____
8	bait	_____	23	광석 _____
9	raise	_____	24	도살(하다); 학살(하다) _____
10	crop	_____	25	콩, 대두 _____
11	barley	_____	26	바다의; 해군의 _____
12	forestry	_____	27	목초지, 방목장 _____
13	ripe	_____	28	짚, 지푸라기 _____
14	dairy	_____	29	귀중한; 값비싼 _____
15	ocean	_____	30	생산하다; 농산물 _____

★ 빈칸에 알맞은 우리말 뜻 또는 영어를 쓰시오.

1	overfishing		16	추정하다; 추정치
2	pottery		17	해안, 해변
3	freshwater		18	구역
4	shift		19	직물, 천; (기본) 구조
5	flourish		20	강철
6	equipment		21	생산; 제작
7	shovel		22	구리, 동
8	offshore		23	고객; 의뢰인
9	drilling		24	새다; 새는 곳
10	merchant		25	맞춤화하다
11	refine		26	통나무
12	cave		27	배송, 수송, 선적
13	anchor		28	충성; 충성심
14	stock		29	점원
15	mine		30	수준, 기준; 표준의

1	maximum		16	운문
2	epic		17	공장; 방앗간
3	automobile		18	여주인공; 여성 영웅
4	brand-new		19	집회; 조립; 의회
5	rhyme		20	시설, 설비; 쉬움
6	translation		21	조선(업)
7	composition		22	일화
8	durable		23	장르, 유형
9	imaginative		24	대리점, 대행사
10	literature		25	줄거리; 음모를 꾸미다
11	poetry		26	면허(증); 허가하다
12	publish		27	유사성, 비유; 유추
13	mechanism		28	운반 장치
14	fuel		29	소설; 기발한
15	hospitable		30	자동화

DAYS 31-32   맞은 개수   / 30

1	vibrant	_____	16	비평, 평론, 비판 _____
2	illustrate	_____	17	상, 조각상 _____
3	irony	_____	18	묘사하다, 그리다 _____
4	lyric	_____	19	기구, 도구; 악기 _____
5	fable	_____	20	묘사, 설명, 서술 _____
6	classical	_____	21	미의; 심미적인 _____
7	note	_____	22	산문 _____
8	portray	_____	23	전시하다; 전시(품) _____
9	fiction	_____	24	전설; 전설적 인물 _____
10	appreciate	_____	25	풍경(화); 경치 _____
11	literary	_____	26	목소리의; 노래 부분 _____
12	myth	_____	27	이야기; 이야기(체)의 _____
13	comparative	_____	28	점수; 음악; 악보 _____
14	harmonize	_____	29	미술관, 화랑 _____
15	pitch	_____	30	작가, 저자 _____

DAYS 32-33   맞은 개수   / 30

1	background	_____	16	관점; 원근법 _____
2	tune	_____	17	예행연습을 하다 _____
3	sculpture	_____	18	위기, 고비 _____
4	celebrity	_____	19	만화 영화; 생기 _____
5	composer	_____	20	줄; 현악 파트 _____
6	narrator	_____	21	예술의, 예술적인 _____
7	crew	_____	22	전시 책임자 _____
8	symphony	_____	23	연속; 순서; 장면 _____
9	cast	_____	24	소득; 수익 _____
10	carve	_____	25	(후보로) 지명하다 _____
11	subtle	_____	26	생생한; 시각 예술의 _____
12	appear	_____	27	서예 _____
13	base	_____	28	흥미를 끌다; 모의 _____
14	terrific	_____	29	그늘; 색조, 음영 _____
15	masterpiece	_____	30	대본, 원고; 필체 _____

★ 빈칸에 알맞은 우리말 뜻 또는 영어를 쓰시오.

DAYS 33-34 　　　　　　　　　　　맞은 개수 　/30

1	referee	_____	16	오디션(을 보다); 심사 _____
2	injury	_____	17	전략, 계획 _____
3	release	_____	18	발사, 총격; 촬영 _____
4	applause	_____	19	분장, 화장 _____
5	director	_____	20	과격한, 난폭한 _____
6	qualify	_____	21	극도(의); 극단(적인) _____
7	suspense	_____	22	선장; 기장; 주장 _____
8	rivalry	_____	23	일화; 방송 1회분 _____
9	penalty	_____	24	무대; 무대에 올리다 _____
10	defense	_____	25	비극; 비극적 사건 _____
11	effect	_____	26	관중, 구경꾼 _____
12	role	_____	27	주제, 테마 _____
13	original	_____	28	호루라기 소리 _____
14	international	_____	29	첫 출연; 데뷔하다 _____
15	scene	_____	30	감독; 지도하다 _____

DAYS 34-35 　　　　　　　　　　　맞은 개수 　/30

1	revenge	_____	16	임대(료), 대여(료) _____
2	search	_____	17	여행 일정, 여정 _____
3	overseas	_____	18	강력한, 맹렬한 _____
4	athlete	_____	19	상대, 적수; 반대자 _____
5	jet lag	_____	20	동점; 비기다 _____
6	tournament	_____	21	준비하다; 배열하다 _____
7	annual	_____	22	이기다; 패배 _____
8	entry	_____	23	리그; 연합 _____
9	round-trip	_____	24	여행, 행로 _____
10	tough	_____	25	아마추어; 직업적이 아닌 _____
11	competition	_____	26	짧은 여행, 소풍 _____
12	baggage	_____	27	경기; 맞수; ~와 어울리다 _____
13	accommodation	_____	28	(~에) 탑승하여 _____
14	arena	_____	29	끌림; 명소, 명물 _____
15	renew	_____	30	항해; 항해하다 _____

DAYS 35-36　　　　　　　　　　　　　　　　맞은 개수　　/ 30

1	fitness _____	16	세관; 관세 _____
2	relaxation _____	17	취소하다 _____
3	wander _____	18	수공예(품) _____
4	vacancy _____	19	목적지, 도착지 _____
5	skilled _____	20	출발하다, 떠나다 _____
6	sightseeing _____	21	숙박 수속; 탑승 수속 (장소) _____
7	available _____	22	관심(사); 관심을 끌다 _____
8	souvenir _____	23	덜다, 달래다, 진정시키다 _____
9	pastime _____	24	즐거움, 재미　a_____
10	pleasure _____	25	해외에, 해외로　a_____
11	resort _____	26	풍부하게 하다 _____
12	aisle _____	27	밤사이에; 하룻밤의 _____
13	entertainment _____	28	상쾌하게 하다 _____
14	encounter _____	29	여분의; 여가의; 내다 _____
15	comfort _____	30	무술, 무도 _____

DAYS 36-37　　　　　　　　　　　　　　　　맞은 개수　　/ 30

1	collection _____	16	잔고; 균형(을 맞추다) _____
2	voluntary _____	17	익명의 _____
3	recreation _____	18	열망, 염원 _____
4	antique _____	19	선의, 호의; 친선 _____
5	pride _____	20	바느질하다 _____
6	contribution _____	21	~의 가치가 있는; 가치 _____
7	leisure _____	22	짜다, 엮다 _____
8	gambling _____	23	모험; 모험심 _____
9	aid _____	24	인도(주의)적인 _____
10	fund _____	25	비영리의 _____
11	organization _____	26	정원 가꾸기, 원예 _____
12	broaden _____	27	보람 있는; 수익이 나는 _____
13	empathy _____	28	자선 단체; 자선 사업 _____
14	master _____	29	제의(하다); 제공하다 _____
15	pursuit _____	30	힘, 활력; 활기 _____

★ 빈칸에 알맞은 우리말 뜻 또는 영어를 쓰시오.

DAYS 37-38   맞은 개수   / 30

1	impact	16	숭고한; 귀족의
2	precede	17	유산
3	foundation	18	원시의; 원시적인
4	donation	19	진행 담당자, 조정자
5	expedition	20	후원하다; 후원자
6	civilization	21	시대
7	monument	22	선진의; 고급의
8	thoughtful	23	요점; 개요; 윤곽(선)
9	assistance	24	사려 깊은, 배려하는
10	historic	25	대의명분; 일으키다
11	settlement	26	진보; 나아가다
12	steady	27	후한; 관대한
13	incident	28	지배하다; 우위를 점하다
14	volunteer	29	안도; 구호(품)
15	remains	30	나아가다; 진행하다

DAYS 38-39   맞은 개수   / 30

1	liberate	16	식민지; 집단
2	latitude	17	현대의; 동시대의
3	ancient	18	빙산
4	division	19	왕조
5	canyon	20	계몽(주의), 교화
6	desert	21	(열대) 우림
7	nomad	22	척박한, 황량한
8	fade	23	노예 제도; 노예 신분
9	longitude	24	적도
10	ridge	25	해안, 해변
11	formation	26	중세의
12	heir	27	연대기
13	plateau	28	만; 구역
14	border	29	꼭대기; 정점
15	arch(a)eology	30	새벽; 시초, 태동

DAYS 39-40 　　　　　　　　　　　　　　　　맞은 개수 　 / 30

1	congested	16	이용할 수 있는, 접근 가능한
2	terminal	17	반구
3	marsh	18	통근하다; 통근
4	passenger	19	빙하
5	horizon	20	규모; 저울; 축척
6	overtake	21	태평양; 평화로운
7	pedestrian	22	열대의, 열대 지방의
8	desolate	23	옮기다; 환승(하다)
9	merge	24	만; 격차
10	means	25	산꼭대기; 정상 회담
11	slope	26	계곡, 골짜기
12	distance	27	운송, 운반; (대중)교통
13	basin	28	극; 막대기
14	platform	29	(큰) 배, 선박; 보내다
15	geography	30	차량, 탈것; 수단

DAYS 40-41 　　　　　　　　　　　　　　　　맞은 개수 　 / 30

1	bound	16	장소, 위치
2	sue	17	고발[고소]하다
3	fare	18	정당화하다
4	criminal	19	뒤바꾸다; 후진(하다)
5	rob	20	호소; 항소(하다)
6	affordable	21	벌금(을 부과하다)
7	conviction	22	배달, 배송; 전달
8	express	23	수송하다; 수송
9	case	24	법정; 궁전, 왕실
10	container	25	길을 안내하다; 항해하다
11	violate	26	경로, 노선
12	wagon	27	보험
13	pavement	28	불법의, 비합법적인
14	patent	29	형벌; 선고(하다)
15	canal	30	배심원단

★ 빈칸에 알맞은 우리말 뜻 또는 영어를 쓰시오.

DAYS 41-42 맞은 개수 / 30

1	summon	_____	16 정의, 공정; 사법	_____
2	suspect	_____	17 가치 (있게 여기다)	_____
3	ultimate	_____	18 복종하다, 따르다	_____
4	superior	_____	19 윤리적인, 도덕상의	_____
5	moral	_____	20 절도, 도둑질	_____
6	trial	_____	21 표준, 기준; 규범	_____
7	compassion	_____	22 양심	_____
8	innocent	_____	23 유효한; 타당한	_____
9	enforce	_____	24 의무; 근무; 관세	_____
10	virtue	_____	25 존엄(성), 위엄	_____
11	deceive	_____	26 사법의, 재판의	_____
12	trustworthy	_____	27 목격자; 증인; 목격하다	_____
13	murder	_____	28 판단(력); 재판	_____
14	legal	_____	29 체포(하다)	_____
15	status	_____	30 타협(하다); 굽히다	_____

DAYS 42-43 맞은 개수 / 30

1	minister	_____	16 운명, 숙명	f_____
2	instill	_____	17 책임; 의무	_____
3	uphold	_____	18 수녀	_____
4	destiny	_____	19 믿음, 신뢰; 신앙(심)	_____
5	appropriate	_____	20 의도, 의향	_____
6	sin	_____	21 종교의; 신앙심이 깊은	_____
7	saint	_____	22 명상, 묵상	_____
8	naïve	_____	23 비판적인; 매우 중요한	_____
9	worthwhile	_____	24 우상; 아이콘	_____
10	cherish	_____	25 (계속) 주장하다, 고집하다	_____
11	service	_____	26 신의, 신성한	_____
12	spiritual	_____	27 희생(하다)	_____
13	tolerant	_____	28 의식, 식	_____
14	inspire	_____	29 수도사, 승려	_____
15	tendency	_____	30 약속, 서약; 헌신	_____

DAYS 43-44 맞은 개수 / 30

1	celebrate		16	교황
2	privacy		17	낙태, 임신 중절
3	arise		18	속도
4	preach		19	의식; 의식상의
5	worship		20	인종 차별
6	generation		21	미신
7	cult		22	자살
8	civil		23	변환하다; 개종하다
9	occur		24	기도, 기도문
10	controversial		25	부당함; 불공평
11	exclusive		26	자백하다, 고해하다
12	reverence		27	사형
13	approach		28	엄숙한, 근엄한
14	priest		29	성스러운; 신성시되는
15	basis		30	의견 일치, 합의

DAYS 44-45 맞은 개수 / 30

1	neutral		16	인공 지능
2	republic		17	성, 성별
3	abandon		18	후보자, 지원자
4	flexible		19	소수; 소수 민족
5	immigrate		20	정부, 정권
6	embassy		21	피난민, 난민
7	authority		22	동맹국; 연합하다
8	constitution		23	폭동, 소요
9	statesman		24	민주주의, 민주 국가
10	sentiment		25	측면, 일면, 관점
11	intervene		26	이데올로기, 이념
12	poverty		27	집회; 결집하다
13	campaign		28	인구; 개체 수
14	attempt		29	안전
15	addiction		30	없애다, 제거하다

★ 빈칸에 알맞은 우리말 뜻 또는 영어를 쓰시오.

1	warrior	_____	16	적, 적군, 원수	_____
2	conquer	_____	17	발발, 발생	_____
3	corrupt	_____	18	관련시키다; 수반하다	_____
4	debate	_____	19	사임하다, 물러나다	_____
5	betray	_____	20	관료; 관료주의	_____
6	vote	_____	21	총알, 탄알	_____
7	trigger	_____	22	시장	_____
8	veteran	_____	23	정치의, 정치적인	_____
9	parliament	_____	24	조종하다, 조작하다	_____
10	wound	_____	25	외교관	_____
11	federal	_____	26	계급; 등급을 정하다	_____
12	council	_____	27	임무; 사절단; 사명	_____
13	shield	_____	28	반란군; 반역하다	_____
14	combat	_____	29	협상, 교섭	_____
15	assault	_____	30	선거	_____

1	trade	_____	16	수입, 소득	_____
2	quarter	_____	17	치명적인	_____
3	weapon	_____	18	항복하다; 양도	_____
4	economic	_____	19	병력, 군대; 부대	_____
5	venture	_____	20	재정; 자금을 조달하다	_____
6	military	_____	21	기업; 사업 (활동)	_____
7	confront	_____	22	해군	_____
8	devastate	_____	23	후퇴(하다), 퇴각(하다)	_____
9	capture	_____	24	총계의, 총–	_____
10	ratio	_____	25	끝내다, 종결시키다	_____
11	flee	_____	26	갑옷, 철갑	_____
12	invest	_____	27	격차; 공백	_____
13	invade	_____	28	세금	_____
14	statistics	_____	29	순찰(대); 순찰하다	_____
15	vary	_____	30	전투; 싸우다	_____

DAYS 47-48   맞은 개수   / 30

1	primary	16	공급(량); 제공하다
2	rate	17	통화 팽창
3	commodity	18	교환(하다)
4	asset	19	소매(의); 소매하다
5	beneficial	20	절약; 저축
6	property	21	소비자
7	indicate	22	최소의; 최소한도
8	receipt	23	대략의; ~에 근접하다
9	monetary	24	통화, 화폐
10	fortune	25	고용, 취업, 일자리
11	thrifty	26	우울증; 불경기
12	profit	27	호황; 대유행
13	boycott	28	계좌; 계정; 설명하다
14	demand	29	주식 시장
15	factor	30	파업(하다); 공격

DAYS 48-49   맞은 개수   / 30

1	bankrupt	16	어느 정도, 약간
2	afford	17	적당한; 적임의
3	obviously	18	인출하다; 철수하다
4	accumulate	19	번창하다; 잘 자라다
5	particularly	20	주로, 대개 m
6	reasonable	21	초기의, 처음의
7	frequently	22	아직도; 그래도; 훨씬
8	luxurious	23	특가품; 흥정(하다)
9	loan	24	아직; 그렇지만
10	eventually	25	경매; 경매로 팔다
11	bill	26	대략, 거의 a
12	nearly	27	현재, 지금
13	apparently	28	드물게, 좀처럼 ~않는
14	debt	29	보증금; 예금(하다)
15	rather	30	때때로, 이따금

★ 빈칸에 알맞은 우리말 뜻 또는 영어를 쓰시오.

1	on the other hand _____	16	즉시, 바로, 곧바로 _____
2	closely _____	17	결론적으로 _____
3	then _____	18	정말로, 실로 _____
4	furthermore _____	19	즉, 다시 말해 _____
5	utterly _____	20	요컨대, 요약하자면 _____
6	consequently _____	21	겉보기에; 보아하니 s_____
7	dramatically _____	22	만약 ~라면, ~라는 조건으로 _____
8	in other words _____	23	대조적으로, 반면에 _____
9	increasingly _____	24	그럼에도 불구하고 _____
10	merely _____	25	확실히; 물론 _____
11	except (for) _____	26	아마도, 어쩌면 _____
12	overall _____	27	최초에; 독창적으로 _____
13	instantly _____	28	극도로, 극히; 몹시 _____
14	regarding _____	29	그에 따라, 그에 맞춰 _____
15	in addition _____	30	~인 반면에, ~한데 _____

ANSWER KEY

12 숙제, (연구) 과제; 임무; 할당   13 체육관;
헬스클럽; 체조, 체육   14 다툼, 언쟁; 다투다, 싸우다
15 보상, 보답; 보상하다   16 tutor   17 (m)ate
18 imitate   19 punishment   20 bond
21 improve   22 owe   23 fellow
24 freshman   25 mentor   26 dormitory
27 guideline   28 curriculum   29 mature
30 absent

DAYS 6-7   p.4

1 입학[등록]시키다; 입학[등록]하다
2 (기업·조직의) 경영 간부, 임원, 중역; 임원의,
중역의   3 영구적인, 상임의   4 신용, 신뢰; 칭찬;
인정; 학점, 이수 단위   5 중퇴하다   6 교과 외의,
정규 과정 이외의   7 (같은 직장·직종의) 동료
8 (자리·집·일자리 등이) 비어 있는, 공석의
9 교수진, 교직원   10 믿을 수 있는, 신뢰할 수 있는
11 평가   12 (음식을) 제공하다; 응대하다;
(어떤 용도로) 쓰이다, 도움이 되다;
(사람·조직 등을 위해) 일하다, 복무하다
13 학과; 부서   14 시간, 기간, 회기; 학기
15 수업료, 등록금; 수업, 교습   16 recruit
17 retire   18 instructor   19 undergraduate
20 union   21 competent   22 wage
23 merit   24 diploma   25 committed
26 sophomore   27 committee
28 reference   29 quit   30 semester

DAYS 7-8   p.5

1 바삭바삭한   2 지원(서), 신청(서); 적용, 응용;
응용 프로그램   3 식사를 하다, 만찬을 들다
4 요리법, 조리법; 비결, 방안   5 직업; 업무; 점령
6 (과일·채소 등의) 껍질을 벗기다; (껍질이) 벗겨지다;
껍질   7 마감 시한, 기한   8 (액체 속에 푹) 담그다,
흠뻑 적시다; 푹 잠그다, 흠뻑 젖다   9 쪼개다;
분할하다, 나누다   10 예약   11 단백질
12 (전문적인) 직업; 직종   13 계약(서), 약정(서);

줄어들다; (병에) 걸리다   14 요리; 요리법
15 유기농의, 화학 비료를 쓰지 않는; 유기체의,
유기의   16 order   17 slice   18 qualification
19 temporary   20 stir   21 employ
22 promotion   23 pension   24 supervisor
25 cooperate   26 chairman   27 appetite
28 labor   29 tender   30 résumé

DAYS 8-9   p.5

1 채식주의자; 채식의, 채식주의의   2 배수되다,
배출되다; 배수구, 배수관   3 역겨운, 구역질 나는
4 건립하다, 세우다; 똑바로 선   5 (시골의) 작은 집,
오두막집   6 애피타이저, 전채   7 거주자, 주민
8 건설하다   9 재료, 물질   10 틀; (건조물의) 뼈대,
골조   11 섬유; 섬유질   12 움막, 오두막, 막사
13 주거지, 살 곳; 피신(처); 숙소, 보호소; 보호하다;
피신하다   14 양념, 조미료   15 그릇, 사발
16 corridor   17 attic   18 surround
19 nutrition   20 furnish   21 maintain
22 utensil   23 flavor   24 crack   25 ceiling
26 grind   27 starve   28 portion   29 greasy
30 rotten

DAYS 9-10   p.6

1 세계화   2 분수; 원천   3 (구조물의) 기둥; 들보;
빛줄기, 빛; 비추다   4 (종교적) 의식, 의례   5 경주;
경쟁; 인종, 종족; 경주하다   6 경우, 때; 행사
7 대리석; (아이들 장난감) 구슬   8 창고   9 지하층,
지하실   10 전통적인   11 관습, 관례; 총회, 대회;
협정, 협약   12 관습, 풍습; 맞춤의, 주문 제작의
13 제도, 관습; 기관, 협회   14 살다, 거주하다
15 고정 관념, 정형화된 생각   16 architecture
17 barn   18 column   19 pillar
20 conservative   21 skyscraper
22 conflict   23 funeral   24 timber
25 discriminate   26 differ   27 chamber
28 authentic   29 real estate   30 sewer

1 기꺼이 하는, 자발적인 2 즐거워하는,
재미있어하는 3 기대하는, 기대에 부푼;
출산을 앞둔 4 별개의; 뚜렷이 다른; 뚜렷한, 분명한
5 감사하는, 고마워하는 6 이민자, 이주해 온 사람
7 감동한, 마음이 움직인 8 매장하다, 묻다
9 무덤, 묘; 심각한, 중대한 10 선입관, 편견;
편견을 갖게 하다 11 애정이 담긴, 다정한
12 따르기, 준수; 의식; 관습 13 다양성 14 민족의,
종족의 15 아첨하다 16 passionate 17 oral
18 (j)oyful 19 content 20 heritage
21 adore 22 acceptance 23 anthropology
24 fascinated 25 carefree 26 folklore
27 tribe 28 artifact 29 determined
30 (s)table

관계가 있는 6 냄새, 향기 7 흘끗 봄, 한 번 봄;
흘끗[잠깐] 보다 8 걱정하는, 불안한; 열망하는,
간절히 바라는 9 불명예, 치욕; 수치(스러운 존재)
10 지각하다, 감지하다, 인지하다 11 역동적인;
(성격이) 활발한 12 (너무 아름답거나 놀라워서)
숨막히는 13 죄책감이 드는, 가책을 느끼는; 유죄의
14 격의 없는, 편안한; 비공식의 15 불러일으키다,
자극하다; 화나게 하다 16 exotic 17 jealous
18 miserable 19 fancy 20 ridicule
21 depressed 22 urgent 23 tragic
24 atmosphere 25 regretful 26 obvious
27 ashamed 28 visual 29 disturb
30 irritate

1 만족하는, 성취감을 느끼는 2 열망하는,
간절히 바라는 3 초조한, 불안한; 신경의 4 모욕,
무례; 모욕하다, 무례한 짓을 하다 5 실망시키다;
좌절시키다 6 아주 기뻐하는 7 암울한, 침울한,
우울한 8 절망, 자포자기; 절망하다 9 아주 흥분한,
들뜬, 설레는 10 안심시키다 11 당황하게 하다,
난처하게 하다 12 만족한, 흡족한 13 무서워하는,
겁먹은 14 예상하다, 기대하다 15 느긋한,
여유 있는 16 secure 17 cheerful
18 annoyed 19 certain 20 rage
21 enthusiasm 22 reckless 23 hatred
24 isolated 25 fond 26 relieved
27 frustrated 28 confident 29 furious
30 disgust

1 조심스러운, 신중한 2 공격적인, 저돌적인
3 탐욕스러운, 욕심 많은 4 본능 5 오만한, 거만한
6 이해하기 힘든, 불가사의한; 신비한 7 도움이 되는,
기꺼이 돕는 8 아늑한, 포근한; 편안한 9 (좋지 못한)
냄새, 악취 10 성격; 특징, 특성; 등장인물; 글자
11 예민한; 강렬한; 간절히 바라는 12 잠깐 봄,
일견; 흘끗 보다, 언뜻 보다 13 기분이 안 좋은,
침울한; 기분 변화가 심한, 변덕스러운
14 자세히 조사하다, 세밀하게 살피다; 대충 훑어보다
15 협박하는, 위협적인; (날씨가) 험악한 16 (g)aze
17 decent 18 compassionate 19 sense
20 personality 21 sensation 22 selfish
23 energetic 24 fragrance 25 circumstance
26 temper 27 pessimistic 28 enchant
29 awkward 30 optimistic

1 용어; 조건; 임기; 관계, 친한 사이 2 유치한,
어린애 같은 3 강조하다, 역설하다 4 이해하다,
파악하다 5 방언, 사투리 6 동정적인; 동조하는,
공감하는 7 비열한, 못된; 인색한; 평균의
8 장담하다, 보증하다 9 활발한; 격렬한; 활기찬,

1 우울한, 음울한, 울적하게 하는 2 명백한, 뚜렷한
3 응시하다, 빤히 보다; 응시 4 불쾌하게 하다,
기분 상하게 하다 5 걱정하는, 염려하는; 관련된,

원기 왕성한　**10** 유창한, 능숙한　**11** 진실한,
진심 어린　**12** 태도, 자세, 사고방식　**13** 겸손한;
대단치 않은, 보통의　**14** 언어의; 말에 의한, 구두의
15 언어의, 언어학의　**16** sensitive
17 significance　**18** discourse
19 objective　**20** independent　**21** urge
22 misunderstanding　**23** boast
24 symbol　**25** communication　**26** claim
27 impolite　**28** weird　**29** humble
30 indifferent

DAYS 15-16　　　p.9

1 말하다, 진술하다; (문서에) 명시하다; 상태; 주;
국가　**2** 납득시키다, 확신시키다　**3** 영향, 영향력;
영향을 주다　**4** 일치하다; 교신하다, 편지를 주고받다
5 의미 없는 말; 말도 안 되는 소리; 허튼수작
6 해석하다, 이해하다; 통역하다　**7** (돈을) 걸다;
단언하다, 장담하다; 내기　**8** 다큐멘터리, 기록 영화;
문서로 된, 기록물의　**9** 전송하다, 방송하다;
전달하다; 전염시키다　**10** 발언, 논평, 언급;
언급하다, 말하다　**11** 발표하다; (방송으로) 알리다
12 표현, 표시; 표정　**13** 알리다, 홍보하다
14 채널, 주파수대; 경로; 해협　**15** 구독하다,
가입하다　**16** attention　**17** tongue
18 social media　**19** pronounce　**20** deliver
21 comprehensive　**22** complain　**23** mock
24 feature　**25** coverage　**26** commercial
27 signal　**28** medium　**29** dismiss
30 correspondent

DAYS 16-17　　　p.9

1 혼동하다; 당황하게[혼란스럽게] 하다　**2** 저널리즘,
언론(계); 언론학　**3** 통찰; 통찰력　**4** 논평, 언급,
의견; 논평하다, 의견을 말하다　**5** 소망, 욕망, 욕구;
바라다, 원하다　**6** 누르다, 압박하다; 언론,
신문과 잡지　**7** 검열　**8** 정신적 충격; 외상, 부상
9 방송하다; 방송　**10** 의존하는, 의지하는;

(~에) 달려 있는; 중독된　**11** 사실의, 사실에 입각한,
실제의　**12** 상담, 조언　**13** 광고하다
14 인식하고 있는; 알고 있는　**15** 현수막, 깃발;
배너 광고　**16** editorial　**17** feedback
18 obsess　**19** bulletin　**20** effective
21 prediction　**22** reveal　**23** condition
24 browse　**25** consciousness　**26** mental
27 columnist　**28** hesitant　**29** undergo
30 random

DAYS 17-18　　　p.10

1 간과하다, 못 보다; 내려다보다　**2** 생각하다,
추정하다; (책임을) 맡다; 띠다, 취하다　**3** 단서,
실마리　**4** 결론짓다, 끝맺다　**5** 합리적인,
이치에 맞는　**6** 학대; 남용; 학대하다; 남용하다
7 분명한, 뚜렷이 나타난; 나타내다, 드러내다
8 비정상적인, 이상한　**9** 비판하다, 비난하다
10 상상하다, (생각을) 품다; 임신하다　**11** 비밀의,
기밀의, 은밀한　**12** 잠재적인, 가능성이 있는;
잠재력, 가능성　**13** 자극제, 자극(이 되는 것)
14 논리, 타당성; 논리학　**15** 공감하다,
감정 이입하다　**16** exaggerate
17 psychology　**18** detect　**19** reckon
20 infer　**21** concept　**22** analysis
23 distort　**24** therapy　**25** conduct
26 observation　**27** impression　**28** regard
29 breakdown　**30** motivation

DAYS 18-19　　　p.10

1 발톱; 집게발　**2** 쏘다, 찌르다; 쏘인 상처
3 이유; 이성, 사고력; 추론하다, 판단하다
4 의도적인, 고의의; 신중한　**5** 믿을 만한,
신뢰할 수 있는　**6** 포식자, 포식 동물; 약탈자
7 생각하다, 추측하다; 가정하다　**8** (하나의) 팔[다리];
(새의) 날개; 큰 나뭇가지　**9** 구별하다　**10** 서식지
11 종　**12** 구체적인, 사실에 근거한; 콘크리트
13 지능의, 지적인　**14** 길들여진; 기르다, 길들이다

15 판단하다; 판사; 심사 위원, 심판

16 philosophy　17 leather　18 migration

19 intelligent　20 warm-blooded

21 evaluate　22 territory　23 paw

24 reptile　25 abstract　26 ignorance

27 shell　28 flock　29 universal　30 classify

1 기생충, 기생 동물[식물]　2 씨, 씨앗, 종자;
씨를 뿌리다　3 양서류　4 꽃이 피다, 꽃을 피우다;
(화초의) 꽃　5 광합성　6 유독한; 독이 있는, 독성의
7 모피; 털　8 굴을 파다; (토끼·두더지 등이 판) 굴
9 식물; 공장; 심다　10 곡물, 낟알; 알갱이
11 복사하다, 복제하다; 번식하다　12 포유동물,
포유류　13 꽃잎　14 선인장　15 (유실수의) 꽃;
꽃을 피우다, 꽃이 피다　16 horn　17 beast
18 nocturnal　19 bud　20 prey　21 herd
22 caterpillar　23 nectar　24 moss
25 spawn　26 sprout　27 bark
28 (d)omestic　29 fungus　30 peck

1 핵의, 원자력의　2 광물; 미네랄, 무기물　3 잡초;
잡초를 뽑다　4 허브, 약초; 향초　5 수분, 가루받이
6 하수, 오물　7 매장량, 비축(물); 남겨두다,
보존하다; 예약하다　8 뿌리; 근원, 기원　9 자원,
물자; 자산, 재력; 지략　10 오염; 공해　11 줄기;
생겨나다, 유래하다　12 취약한, 공격받기 쉬운
13 (동식물의) 잡종; 하이브리드의, 혼성의
14 쓰레기 매립지　15 구근, 알뿌리; 전구
16 petroleum　17 trunk　18 bush
19 emission　20 vegetation　21 abundant
22 disrupt　23 twig　24 pollen　25 raw
26 thorn　27 branch　28 contaminate
29 shrub　30 deforestation

1 재생 가능한, 회복할 수 있는　2 광범위한, 널리 퍼진
3 서리, 성에; 성에로 덮다　4 멸종된; 더 이상 존재
[활동]하지 않는　5 (집 등을) 비우다; 피난시키다;
피난하다　6 활성화하다, 작동시키다　7 산들바람,
미풍; 쉬운 일　8 생태계　9 우박; 부르다, 소리치다
10 생물 연료, 바이오 연료　11 지속 가능한,
유지할 수 있는　12 대체 가능한, 대안이 되는;
대안, 선택 가능한 것　13 붕괴되다, 무너지다;
(사람이) 쓰러지다; 붕괴　14 눈에 보이는, 볼 수 있는
15 친환경적인, 환경친화적인　16 ecological
17 earthquake　18 endangered
19 conservation　20 disaster　21 volcano
22 temperature　23 biodiversity　24 threat
25 prevail　26 thermometer　27 preserve
28 drought　29 restore　30 destruction

1 지속, 지속 기간　2 번개, 번갯불　3 안개　4 입자,
미립자; 극소량　5 습한, 눅눅한　6 예보, 예측;
예상하다, 예측하다　7 (설문) 조사; 측량; 조사하다;
측량하다　8 측정하다, 재다; 평가하다; 조치; 대책;
척도　9 계절풍; 우기, 장마철　10 온화한, 포근한;
가벼운; (태도가) 온화한　11 이론, 학설　12 기후;
환경, 분위기　13 뇌우　14 구성 요소, 성분; 부품;
구성하는　15 원자　16 warning　17 interval
18 harsh　19 landslide　20 rainfall
21 hypothesis　22 formula　23 weigh
24 vapor　25 avalanche　26 liquid
27 moderate　28 element　29 definite
30 density

1 일정한; 끊임없는　2 관찰하다; 준수하다;
(견해를) 말하다　3 수직의, 세로의　4 완전한;
명확한, 확실한; 절대의, 절대적인　5 자석의, 자기의

6 상대성 7 팽창하다, 확대되다; 성장하다, 확장하다
8 물질; 문제, 일; 중요하다, 문제가 되다 9 지름,
직경 10 실험; 실험하다 11 부피, 체적; 양, 분량;
음량; (책의) 권 12 유동체, 유체; 유동성의;
유동적인 13 각도, 각; 관점 14 분자 15 계산
16 (a)ccurate 17 vacuum 18 charge
19 research 20 index 21 parallel
22 principle 23 physics 24 mass
25 equation 26 solid 27 correlation
28 current 29 proportion 30 spectrum

DAYS 24-25   p.13

1 (철저한) 조사; 우주 탐사선; (면밀히) 조사하다
2 물질; 내용, 실체 3 세포; 작은 방; 휴대 전화
4 긴장(감), 불안; 장력 5 적응, 순응; 각색, 개작
6 필터, 여과 장치; 여과하다, 거르다 7 인공위성;
위성 8 혼합하다; 화합물; 혼합물 9 순환; 회로,
배선 10 혼합; 혼합물 11 흩어지다; (빛·입자 등
을) 산란시키다 12 세균; (발생·발달의) 초기, 기원
13 진화; 발전 14 중력; 심각성, 중대함
15 우주 비행사 16 transform 17 vibration
18 biology 19 geology 20 ultraviolet
21 launch 22 microscope 23 tissue
24 chemistry 25 crystal 26 organism
27 astronomy 28 periodic 29 core
30 creature

DAYS 25-26   p.14

1 사실상의; 가상의 2 시뮬레이션, 모의실험
3 화석 4 공공 설비, 공익사업; 유틸리티
5 접속, 접근; 접속하다, 접근하다 6 중단시키다,
방해하다 7 (지구의) 자전; 회전 8 풀로 붙이다;
(데이터를 복사하여) 붙이다; 풀; (밀가루) 반죽
9 (해·달의) 식 10 유성, 별똥별 11 삭제하다,
지우다 12 구, 구체; 영역, 권, 계 13 폭발;
급격한 증가 14 궤도; ~을 중심으로 궤도를 그리며
돌다 15 침식 (작용) 16 remote 17 capable

18 lunar 19 input 20 procedure
21 display 22 continent 23 cosmic
24 asteroid 25 operate 26 layer
27 comet 28 archive 29 format 30 solar

DAYS 26-27   p.14

1 전문 지식, 전문 기술 2 담그다; 몰두하다,
몰두하게 만들다 3 발전; 승진 4 혁신; 획기적인
것[방법] 5 확실히 하다, 보장하다 6 산출, 생산량;
출력 7 영역, 세력 범위; (컴퓨터) 도메인
8 분류하다; 정렬하다; 종류, 부류 9 산업의, 공업의
10 믿을 수 없는, 믿기 힘든 11 저장; 저장고
12 접속[전원, 연결]을 끊다 13 직물, 옷감
14 뛰어남, 탁월함 15 보안, 경비; 안전
16 integrate 17 distribute 18 advantage
19 process 20 install 21 essential
22 flaw 23 crash 24 collaboration
25 revolution 26 command 27 (e)rase
28 load 29 sector 30 boost

DAYS 27-28   p.15

1 경작하다; 재배하다; (품성을) 기르다, 함양하다
2 (대규모) 농장; 조림지 3 기계의; 기계적인,
자발성이 없는 4 과수원 5 목화, 면화; 면직물
6 보증, 품질 보증서 7 기근, 기아 8 기능;
기능하다, 작동하다 9 집중적인; (농업 방식이)
집약적인 10 물을 대다, 관개하다 11 생산성
12 고안하다, 생각해 내다 13 즉각적인, 즉시의;
순간, 찰나 14 가축 15 실제적인, 현실적인;
실용적인 16 aim 17 ranch 18 quality
19 quantity 20 peasant 21 gear
22 pesticide 23 manufacture
24 proficient 25 agriculture 26 breed
27 harvest 28 meadow 29 performance
30 prosperity

민감한 12 ~인 것 같다; 나타나다, 생기다; 출연하다 13 ~에 근거[바탕]를 두다; 토대, 기초 14 아주 멋진, 훌륭한 15 걸작, 명작, 대표작 16 perspective 17 rehearse 18 crisis 19 animation 20 string 21 artistic 22 curator 23 sequence 24 earnings 25 nominate 26 graphic 27 calligraphy 28 intrigue 29 shade 30 script

DAYS 33-34   p.18

1 심판 2 부상 3 풀어주다, 석방하다; 개봉하다, 발매하다; 석방; 개봉(작) 4 박수갈채 5 (영화·연극의) 감독, 연출자; (회사의) 임원, 이사 6 자격을 얻다, 자격을 충족하다 7 (영화 등의) 긴장감, 서스펜스 8 경쟁 (관계) 9 처벌, 벌칙, 벌금; (축구 등의) 페널티 킥 10 방어, 수비 11 영향, 결과; (영화 등에서의) 효과 12 역할; 배역 13 원래의, 원본[원작]의; 독창적인; 원본 14 국제적인 15 장면; 현장 16 audition 17 strategy 18 shooting 19 makeup 20 violent 21 extreme 22 captain 23 episode 24 stage 25 tragedy 26 spectator 27 theme 28 whistle 29 debut 30 coach

DAYS 34-35   p.18

1 복수, 보복, 설욕 2 찾기, 검색; 찾다, 검색하다 3 해외에, 해외로; 해외(로부터)의 4 (운동)선수 5 시차 부적응 6 토너먼트(승자 진출전), 선수권 대회 7 해마다의, 연례의 8 들어감, 입장; 참가, 출전 9 왕복의, 왕복 여행의 10 힘든, 어려운; 강인한; 강한; 엄격한 11 경쟁; 대회, 시합 12 수하물 13 숙소, 숙박 시설 14 경기장, 투기장; 활동 무대, 경쟁의 장 15 재개하다; 갱신하다, 연장하다 16 rental 17 itinerary 18 fierce 19 opponent 20 tie 21 arrange 22 defeat 23 league 24 journey

25 amateur 26 excursion 27 match 28 aboard 29 attraction 30 voyage

DAYS 35-36   p.19

1 건강, 체력; 적합성, 적절 2 긴장 완화, 이완; 휴식 3 돌아다니다, 헤매다; (마음·생각이) 산만해지다, 다른 데로 흐르다 4 빈 방; 공석, 결원 5 숙련된, 노련한 6 관광, 유람 7 이용 가능한, 구할 수 있는; 시간이 있는, 여가가 있는 8 기념품 9 오락, 취미, 기분 전환 10 기쁨, 즐거움 11 휴양지, 리조트; 의지하다, 호소하다 12 통로 13 오락, 즐거움; 연예 14 마주치다; 부딪히다; 접촉, 조우 15 편안함; 위로, 위안; 위로하다 16 customs 17 cancel 18 handicraft 19 destination 20 depart 21 check-in 22 interest 23 soothe 24 (a)musement 25 (a)broad 26 enrich 27 overnight 28 refresh 29 spare 30 martial art

DAYS 36-37   p.19

1 수집(품); 소장품 2 자발적인; 자원봉사의 3 여가 활동, 휴양, 레크리에이션 4 골동품; 골동품인; 고풍스러운 5 자랑스러움, 자부심; 자랑하다 6 기여, 공헌; 기부금, 성금 7 여가, 한가한 시간 8 도박, 내기 9 도움, 원조; 돕다 10 기금, 재원; ~에 자금을 대다 11 조직, 단체, 기구 12 넓히다, 확장하다 13 공감, 감정 이입 14 완전히 익히다, 숙달하다; 주인; 대가, 거장; 석사 학위 15 추구; 활동, 소일거리 16 balance 17 anonymous 18 aspiration 19 goodwill 20 sew 21 worth 22 weave 23 adventure 24 humanitarian 25 nonprofit 26 gardening 27 rewarding 28 charity 29 offer 30 vigor

20 theft **21** norm **22** conscience **23** valid
24 duty **25** dignity **26** judicial **27** witness
28 judg(e)ment **29** arrest **30** compromise

DAYS 42-43　　　　　　　　p.22

1 장관; 성직자, 목사 **2** 스며들게 하다,
서서히 가르치다 **3** (법·원칙 등을) 유지시키다;
떠받치다 **4** 운명, 숙명 **5** 적절한, 적당한
6 죄, 죄악 **7** 성인 **8** 순진한, 때 묻지 않은
9 (시간·노력 등을 들일 만큼) 가치 있는, 보람 있는
10 소중히 하다; (마음 속에) 간직하다 **11** 서비스,
사업; 예배, 예식 **12** 정신적인; 종교의 **13** 관대한,
아량 있는; 잘 견디는 **14** 고무하다, 영감을 주다;
(감정 등을) 불어넣다 **15** 경향, 추세; 버릇, 성향
16 (f)ate **17** responsibility **18** nun **19** faith
20 intention **21** religious **22** meditation
23 critical **24** icon **25** persist **26** divine
27 sacrifice **28** ceremony **29** monk
30 commitment

DAYS 43-44　　　　　　　　p.23

1 기념하다, 경축하다; 널리 알리다 **2** 사생활;
사적 자유 **3** 생기다, 발생하다 **4** 설교하다,
전도하다; 훈계하다 **5** 예배; 숭배; 예배하다;
숭배하다 **6** 세대; 생성, 발생 **7** 추종, 숭배;
(소수) 종교 집단; 신흥 종교 **8** 시민의; 민사의
9 일어나다, 발생하다; 떠오르다, 생각나다
10 논쟁의, 논란의 여지가 있는 **11** 배타적인;
양립할 수 없는; 독점적인 **12** 존경, 숭배, 경의
13 접근; 접근법; ~에 다가가다, 접근하다
14 사제, 신부; 성직자 **15** 기초, 근거, 바탕
16 pope **17** abortion **18** pace **19** ritual
20 racism **21** superstition **22** suicide
23 convert **24** prayer **25** injustice
26 confess **27** death penalty **28** solemn
29 sacred **30** consensus

DAYS 44-45　　　　　　　　p.23

1 중립적인, 어느 편도 들지 않는 **2** 공화국
3 포기하다; 버리다, 유기하다 **4** 융통성 있는,
유연한, 탄력적인 **5** 이주해 오다, 이민 오다
6 대사관 **7** 권한, 권위; 당국, 기관 **8** 헌법;
구성, 구조 **9** 정치인, 정치가 **10** 정서, 감정; 의견
11 개입하다, 끼어들다 **12** 가난, 빈곤, 결핍
13 (정치·사회적) 운동, 캠페인; 군사 행동
14 시도하다; 시도 **15** 중독
16 artificial intelligence **17** gender
18 candidate **19** minority **20** government
21 refugee **22** ally **23** riot **24** democracy
25 aspect **26** ideology **27** rally
28 population **29** safety **30** eliminate

DAYS 45-46　　　　　　　　p.24

1 전사, 용사 **2** 정복하다; 극복하다 **3** 부패한,
타락한; 부패하게 만들다, 타락시키다 **4** 토론, 논쟁;
토론하다, 논쟁하다 **5** 배반[배신]하다;
(적에게 정보를) 넘겨주다 **6** 투표, 표결; 표; 득표수;
투표하다 **7** 방아쇠; 촉발시키다 **8** 참전 용사,
퇴역 군인; 베테랑, 노련한 사람 **9** 의회, 국회
10 부상, 상처; 상처[부상]를 입히다 **11** 연방의,
연방제의 **12** (지방 자치 단체의) 의회; 회의; 협의회
13 방패; 보호하다, 가리다 **14** 전투, 격투;
~에 맞서 싸우다 **15** 공격; 폭행; 급습하다;
폭행하다 **16** foe **17** outbreak **18** involve
19 resign **20** bureaucracy **21** bullet
22 mayor **23** political **24** manipulate
25 diplomat **26** rank **27** mission **28** rebel
29 negotiation **30** election

DAYS 46-47　　　　　　　　p.24

1 무역, 거래; 교역하다, 거래하다 **2** 4분의 1; 분기
3 무기, 공격 수단 **4** 경제의; 경제학의 **5** 모험;
벤처 사업; 모험하다, 과감히 ~하다 **6** 군대의,
군사의; 군대 **7** ~와 맞서다[직면하다]

8 완전히 파괴하다; 엄청난 충격을 주다 **9** 붙잡다; 사로잡다; 포획 **10** 비율, 비 **11** 도망치다, 달아나다 **12** 투자하다; (시간·노력 등을) 쏟다 **13** 침입하다, 침략하다; 침해하다 **14** 통계, 통계학 **15** 다양하다, 다르다; 달라지다 **16** income **17** fatal **18** surrender **19** troop **20** finance **21** enterprise **22** navy **23** retreat **24** gross **25** terminate **26** armor **27** gap **28** tax **29** patrol **30** battle

DAYS 47-48   p.25

1 주된, 주요한; 첫째의 **2** 비율; 속도; 요금 **3** 상품, 일용품; 원자재 **4** 자산, 재산; 가치 있는 존재 **5** 도움이 되는, 유익한, 이로운 **6** 재산, 소유물; 성질, 특성 **7** 보여주다, 나타내다 **8** 영수증 **9** 통화의, 화폐의 **10** 재산, 부, 큰돈; 행운; 운명 **11** 절약하는, 알뜰한 **12** 이익, 수익; ~에게 이익을 주다 **13** 불매 운동; 불매 운동을 하다, 배척하다 **14** 수요, 요구; 요구하다 **15** 요인, 요소 **16** supply **17** inflation **18** exchange **19** retail **20** saving **21** consumer **22** minimum **23** approximate **24** currency **25** employment **26** depression **27** boom **28** account **29** stock market **30** strike

DAYS 48-49   p.25

1 파산한; 파산시키다 **2** (~할 금전적·시간적) 형편[여유]이 되다 **3** 분명히, 명백히 **4** (서서히) 축적하다, 모으다 **5** 특히, 특별히, 각별히 **6** 분별 있는, 합리적인; 비싸지 않은, 적정한 **7** 빈번히, 자주 **8** 사치스러운, 호화로운 **9** 대출, 융자; 빌려주다, 대출하다 **10** 결국, 마침내(는) **11** 고지서, 청구서; 지폐; 계산서; 법안 **12** 거의; 하마터면 **13** 겉보기에; 보아하니 **14** 빚, 채무 **15** 약간, 상당히; 오히려 **16** somewhat **17** adequate **18** withdraw **19** thrive **20** (m)ostly **21** initial **22** still **23** bargain

24 yet **25** auction **26** (a)pproximately **27** currently **28** seldom **29** deposit **30** occasionally

DAYS 49-50   p.26

1 반면에, 다른 한편으로 **2** 긴밀하게, 밀접하게; 자세히 **3** 그때에, 그 당시에; 그 다음에 **4** 뿐만 아니라, 더 나아가 **5** 완전히, 전적으로, 아주 **6** 그 결과, 결과적으로 **7** 급격히, 극적으로 **8** 다시 말해서, 즉 **9** 점점, 더욱더 **10** 단지, 그저 **11** ~을 제외하고, ~ 외에 **12** 전반적으로, 전체적으로; 전반적인, 전체의 **13** 즉시, 즉각 **14** ~에 관하여, ~에 대해 **15** 덧붙여, 게다가 **16** immediately **17** in conclusion **18** indeed **19** that is (to say) **20** to sum up **21** (s)eemingly **22** provided **23** in contrast **24** nevertheless **25** certainly **26** perhaps **27** originally **28** extremely **29** accordingly **30** whereas

나만의 주제별 영단어 학습 플래너 ✦

VOCA PLANNER

고등 **필수**

외운 단어에 V 못외운 단어에 ★

☐ frown	ⓥ 얼굴[눈살]을 찌푸리다[찡그리다] ⓝ 찌푸림, 찡그림	☐ slip	ⓥ 미끄러지다 ⓝ (종잇)조각; (작은) 실수
☐ sneeze	ⓥ 재채기하다 ⓝ 재채기	☐ sneak	ⓥ 살금살금 가다, 몰래 가다
☐ sigh	ⓥ 한숨을 쉬다 ⓝ 한숨	☐ grab	ⓥ 붙잡다, 움켜잡다
☐ swallow	ⓥ 삼키다	☐ snap	ⓥ 똑[딱] 부러뜨리다[부러지다]
☐ motion	ⓝ 운동, 움직임, 동작	☐ twist	ⓥ 비틀다; 꼬다; 구부리다 ⓝ 반전; 비틀기
☐ posture	ⓝ 자세; 태도	☐ fasten	ⓥ 매다, 묶다, 고정하다
☐ swift	ⓐ 신속한, 재빠른	☐ gorgeous	ⓐ 아주 멋진, 화려한, 굉장한
☐ lean	ⓥ 기대다; (몸을) 기울이다, 숙이다	☐ wrinkle	ⓝ 주름; 구김살 ⓥ 찡그리다; 주름이 생기다
☐ stride	ⓥ 성큼성큼 걷다 ⓝ (성큼성큼 걷는) 걸음(걸이)	☐ figure	ⓝ 수치; 몸매, 모습; 인물 ⓥ 생각하다
☐ leap	ⓥ 뛰다, 도약하다	☐ graceful	ⓐ 우아한, 품위 있는
☐ scratch	ⓥ 긁다, 할퀴다 ⓝ 긁힌 자국, 찰과상	☐ elegant	ⓐ 우아한, 고상한
☐ embrace	ⓥ 껴안다; 포용하다 (기꺼이) 받아들이다 ⓝ 포옹	☐ plain	ⓐ 분명한; 평범한; 무늬 없는; 솔직한; 아름답지 않은 ⓝ 평원
☐ nod	ⓥ (고개를) 끄덕이다; 꾸벅꾸벅 졸다	☐ slender	ⓐ 날씬한, 호리호리한
☐ burst	ⓥ 터지다; 터뜨리다; 갑자기 ~하다 ⓝ 파열, 폭발; 돌발	☐ shabby	ⓐ 허름한; 누더기의, 초라한
☐ overhead	ⓐⓥ 머리 위에[위로] ⓐ 머리 위의	☐ costume	ⓝ 의상, 복장

TO-DO LIST

☐ MP3 듣기	☐ 표제어와 예문 읽기	☐ 파생어 외우기
☐ Daily Check-up 풀기	☐ 누적 테스트 풀기	☐ 틀린 단어 복습하기
☐	☐	☐

외운 단어에 V 못외운 단어에 ★

☐ physical	ⓐ 신체의, 육체의; 물질의, 물리적인	☐ perspire	ⓥ 땀을 흘리다, 땀이 나다
☐ jaw	ⓝ 턱	☐ tremble	ⓥ 떨다, 떨리다, 흔들리다
☐ beard	ⓝ 턱수염	☐ choke	ⓥ 질식하다[시키다]; 숨 막히다[막히게 하다]
☐ fist	ⓝ 주먹	☐ swell	ⓥ 붓다, 부풀다; 팽창하다
☐ lap	ⓝ 무릎	☐ allergic	ⓐ 알레르기의; 알레르기가 있는
☐ spine	ⓝ 척추, 등뼈; 바늘, 가시	☐ strain	ⓝ 긴장, 압박(감); 접질림, 근육 손상 ⓥ 혹사하다, 손상시키다
☐ joint	ⓝ 관절 ⓐ 공동의, 합동의	☐ nightmare	ⓝ 악몽; 아주 끔찍한 일
☐ flesh	ⓝ 살, 고기; 피부; 과육	☐ agony	ⓝ (정신 또는 육체의) 심한 고통, 고뇌
☐ scar	ⓝ 흉터, 상흔	☐ acute	ⓐ 1 극심한; 심각한 2 급성의 3 예민한
☐ vein	ⓝ 정맥, 혈관; 잎맥	☐ recovery	ⓝ 회복, 완쾌
☐ organ	ⓝ 기관, 장기	☐ ease	ⓝ 쉬움; 편안함 ⓥ 완화하다, 덜어 주다
☐ frail	ⓐ 허약한; 노쇠한	☐ vitality	ⓝ 활력, 생명력
☐ faint	ⓐ 희미한; 어질어질한; 힘없는 ⓥ 기절하다	☐ endurance	ⓝ 인내(력); 지구력
☐ exhausted	ⓐ 탈진한, 기진맥진한; 다 써버린, 고갈된	☐ resistant	ⓐ 저항력이 있는, 잘 견디는
☐ fatigue	ⓝ 피로, 피곤	☐ circulation	ⓝ (혈액 등의) 순환; (신문·잡지의) 발행 부수

TO-DO LIST

☐ MP3 듣기   ☐ 표제어와 예문 읽기   ☐ 파생어 외우기
☐ Daily Check-up 풀기   ☐ 누적 테스트 풀기   ☐ 틀린 단어 복습하기
☐   ☐   ☐

외운 단어에 V 못외운 단어에 ★

☐ emergency	ⓝ 비상사태, 위급 상황	☐ cancer	ⓝ 암
☐ operation	ⓝ 1 수술 2 운영; 작동 3 작전	☐ stroke	ⓝ 뇌졸중, 중풍; 획, 한 번 그음
☐ surgery	ⓝ 수술	☐ disorder	ⓝ 무질서; 장애, 질환
☐ sterile	ⓐ 1 살균한, 무균의 2 불임의 3 불모의, 메마른	☐ disability	ⓝ (신체적·정신적) 장애
☐ physician	ⓝ (내과) 의사	☐ handicap	ⓝ (신체적·정신적) 장애; 불리한 조건
☐ veterinarian	ⓝ 수의사	☐ remedy	ⓝ 치료, 요법
☐ clinical	ⓐ 임상의	☐ treat	ⓥ 1 다루다 2 치료하다, 처치하다 3 대접하다 ⓝ 특별한 선물, 대접
☐ pharmacy	ⓝ 약국; 약학	☐ prescription	ⓝ 처방(전), 처방약
☐ disease	ⓝ 질병, 병	☐ tablet	ⓝ 1 알약, 정제 2 명판 3 태블릿 컴퓨터
☐ diagnose	ⓥ 진단하다	☐ dose	ⓝ 복용량, 투여량 ⓥ 투약하다, 복용시키다
☐ infectious	ⓐ 전염되는, 전염성의	☐ inject	ⓥ 주사하다, 주입하다
☐ plague	ⓝ 전염병, 역병; 흑사병, 페스트 ⓥ 괴롭히다	☐ sanitation	ⓝ 위생; 위생 시설[관리]
☐ epidemic	ⓝ 유행병, 전염병 ⓐ 유행성의, 전염성의	☐ vaccine	ⓝ 백신
☐ deadly	ⓐ 치명적인, 생명을 앗아가는; 극도의, 완전한	☐ isolation	ⓝ 격리, 분리; 고립
☐ chronic	ⓐ 만성적인, 장기간에 걸친	☐ immune	ⓐ 면역성의, 면역성이 있는

TO-DO LIST

☐ MP3 듣기	☐ 표제어와 예문 읽기	☐ 파생어 외우기
☐ Daily Check-up 풀기	☐ 누적 테스트 풀기	☐ 틀린 단어 복습하기
☐	☐	☐

외운 단어에 V 못외운 단어에 ★

☐ bachelor	ⓝ 미혼[독신] 남자	☐ pregnant	ⓐ 임신한
☐ engagement	ⓝ 1 약혼 2 약속 3 참여; 개입	☐ nanny	ⓝ 보모, 유모
☐ fiancé	ⓝ (남자) 약혼자	☐ infant	ⓝ 유아, 갓난아기
☐ bride	ⓝ 신부	☐ crawl	ⓥ (엎드려) 기다, 포복하다
☐ invitation	ⓝ 초대, 초청; 초대장; 유혹, 유인	☐ diaper	ⓝ 기저귀
☐ vow	ⓝ 맹세, 서약 ⓥ 맹세하다, 서약하다	☐ cradle	ⓝ 요람, 아기 침대; 발상지, 요람
☐ marital	ⓐ 결혼의, 결혼 생활의	☐ toddler	ⓝ 아장아장 걷는 아이, 유아
☐ spouse	ⓝ 배우자	☐ daycare	ⓝ 탁아, 보육; 주간 보호
☐ separation	ⓝ 분리; 별거	☐ spoil	ⓥ 망치다; (성격을) 버리다, (아이를) 버릇없게 만들다
☐ widow	ⓝ 미망인, 과부	☐ neglect	ⓥ 방치하다; 무시하다; 소홀히 하다 ⓝ 방치; 소홀
☐ nurture	ⓥ 양육하다; 육성하다 ⓝ 양육	☐ parental	ⓐ 부모의
☐ upbringing	ⓝ (가정) 교육, 양육, 훈육	☐ sibling	ⓝ 형제자매
☐ adopt	ⓥ 입양하다; 받아들이다, 채택하다	☐ forefather	ⓝ 조상, 선조
☐ foster	ⓥ 육성하다, 촉진하다; 맡아 기르다, 위탁 양육하다 ⓐ 기르는, 수양의	☐ descendant	ⓝ 후손, 자손
☐ orphan	ⓝ 고아	☐ inherit	ⓥ 상속받다; (기질 등을) 물려받다

TO-DO LIST

☐ MP3 듣기	☐ 표제어와 예문 읽기	☐ 파생어 외우기
☐ Daily Check-up 풀기	☐ 누적 테스트 풀기	☐ 틀린 단어 복습하기
☐	☐	☐

외운 단어에 V 못외운 단어에 ★

□ development	ⓝ 발달, 성장; 개발, 발전	□ intimate	ⓐ 친밀한
□ mature	ⓐ 성숙한, 다 자란; 익은, 숙성한 ⓥ 자라다, 성숙해지다	□ sociable	ⓐ 사교적인, 어울리기 좋아하는
□ adolescent	ⓝ 청소년 ⓐ 청소년기의, 사춘기의	□ bond	ⓝ 유대, 결속 ⓥ 유대를 맺다; 결합하다
□ juvenile	ⓐ 청소년의; 어린애 같은 ⓝ 청소년	□ acquaintance	ⓝ 아는 사람, 지인; 알고 있음, 면식
□ adulthood	ⓝ 성인기, 성년	□ attachment	ⓝ 1 애착, 집착 2 부착 3 첨부 파일
□ discipline	ⓝ 규율, 훈육; 학과, 과목 ⓥ 징계하다; 훈육하다	□ admire	ⓥ 칭찬하다, 감탄하다, 높이 평가하다
□ ambition	ⓝ 야망, 야심, 포부	□ owe	ⓥ 빚지다, 신세 지다, 은혜를 입다
□ decision	ⓝ 결정, 판단	□ belong	ⓥ 속하다, 소속하다
□ imitate	ⓥ 모방하다, 흉내 내다	□ congratulate	ⓥ 축하하다, 축하의 말을 하다
□ acquire	ⓥ 얻다; 배우다, 습득하다	□ hostile	ⓐ 적대적인, 적대감을 갖는
□ adjust	ⓥ 조절하다, 맞추다; 적응하다	□ quarrel	ⓝ 다툼, 언쟁 ⓥ 다투다, 싸우다
□ companion	ⓝ 친구, 동반자	□ dispute	ⓝ 논쟁, 논란 ⓥ 반박하다; 논쟁을 벌이다
□ fellow	ⓝ 사람; 동료, 친구 ⓐ 동료의	□ resent	ⓥ 분개하다, 불쾌하게 여기다
□ mate	ⓝ 친구, 동료; 짝 ⓥ 짝짓기하다	□ breakup	ⓝ 결별, 파경; 분열, 해체
□ connection	ⓝ 1 관계, 관련 2 연결, 접속 3 연줄, 인맥	□ bully	ⓝ 괴롭히는 사람 ⓥ 괴롭히다, 협박하다

외운 단어에 V 못외운 단어에 ★

☐ enroll	ⓥ 입학[등록]시키다; 입학[등록]하다	☐ mentor	ⓝ 멘토, 스승, 사부
☐ tuition	ⓝ 수업료, 등록금; 수업, 교습	☐ tutor	ⓝ 가정 교사, 개인 지도 교사 ⓥ 개인 지도를 하다
☐ curriculum	ⓝ 교육[교과] 과정	☐ freshman	ⓝ 신입생, 1학년생
☐ guideline	ⓝ 지침, 지표	☐ sophomore	ⓝ 2학년생
☐ semester	ⓝ 학기	☐ undergraduate	ⓝ 대학생, 학부생 ⓐ 학부의, 대학생의
☐ dormitory	ⓝ 기숙사	☐ accomplish	ⓥ 해내다, 성취하다, 완수하다
☐ graduation	ⓝ 졸업; 졸업식	☐ improve	ⓥ 향상[개선]되다, 좋아지다; 향상시키다, 개선하다
☐ diploma	ⓝ 졸업장, 수료증, 학위 증서	☐ assignment	ⓝ 숙제, (연구) 과제; 임무; 할당
☐ credit	ⓝ 1 신용, 신뢰 2 칭찬; 인정 3 학점, 이수 단위	☐ absent	ⓐ 결석한, 부재의; 멍한, 방심한 ⓥ 결석하다, 불참하다
☐ merit	ⓝ 장점, 이점; 공적, 공로	☐ drop out (of)	중퇴하다
☐ department	ⓝ 학과; 부서	☐ gym	ⓝ 체육관; 헬스클럽; 체조, 체육
☐ extracurricular	ⓐ 교과 외의, 정규 과정 이외의	☐ session	ⓝ 시간, 기간, 회기; 학기
☐ faculty	ⓝ 교수진, 교직원	☐ assessment	ⓝ 평가
☐ principal	ⓝ 교장, 학장 ⓐ 주요한	☐ reward	ⓝ 보상, 보답 ⓥ 보상하다
☐ instructor	ⓝ 강사, 지도자	☐ punishment	ⓝ 벌, 처벌

TO-DO LIST

☐ MP3 듣기 ☐ 표제어와 예문 읽기 ☐ 파생어 외우기
☐ Daily Check-up 풀기 ☐ 누적 테스트 풀기 ☐ 틀린 단어 복습하기
☐ ☐ ☐

Date 년 월 일

외운 단어에 V 못외운 단어에 ★

☐ profession	ⓝ (전문적인) 직업; 직종	☐ executive	ⓝ 경영 간부, 임원, 중역 ⓐ 임원의, 중역의
☐ occupation	ⓝ 직업, 업무; 점령	☐ chairman	ⓝ 회장, 의장
☐ wage	ⓝ (시간·일·주 단위의) 임금, 급료	☐ supervisor	ⓝ 상사, 관리자, 감독자
☐ vacant	ⓐ 비어 있는, 공석의	☐ reliable	ⓐ 믿을 수 있는, 신뢰할 수 있는
☐ competent	ⓐ 유능한, 능력이 있는	☐ committed	ⓐ 헌신적인, 열성적인
☐ qualification	ⓝ 자격, 자격증	☐ deadline	ⓝ 마감 시한, 기한
☐ permanent	ⓐ 영구적인, 상임의	☐ recruit	ⓥ (신입 사원·신병 등을) 모집하다, 뽑다
☐ temporary	ⓐ 임시의, 일시적인	☐ employ	ⓥ 고용하다; 쓰다, 이용하다
☐ serve	ⓥ 1 (음식을) 제공하다 2 쓰이다, 도움이 되다 3 일하다, 복무하다	☐ application	ⓝ 1 지원(서), 신청(서) 2 적용, 응용 3 응용 프로그램
☐ labor	ⓝ 노동, 일; (집합적) 노동자, 노동력	☐ résumé	ⓝ 이력서; 요약, 개요
☐ union	ⓝ 노동조합[노조]; 연합, 동맹	☐ reference	ⓝ 1 언급 2 참조, 참고 3 신원 조회서, 추천서; 추천인
☐ committee	ⓝ 위원회	☐ contract	ⓝ 계약(서), 약정(서) ⓥ 줄어들다; (병에) 걸리다
☐ cooperate	ⓥ 협력하다, 협동하다	☐ quit	ⓥ (직장·학교 등을) 그만두다; 끊다
☐ colleague	ⓝ 동료	☐ retire	ⓥ 은퇴하다, 퇴직하다, 물러나다
☐ promotion	ⓝ 승진, 진급; 홍보, 판촉	☐ pension	ⓝ 연금

TO-DO LIST

☐ MP3 듣기	☐ 표제어와 예문 읽기	☐ 파생어 외우기
☐ Daily Check-up 풀기	☐ 누적 테스트 풀기	☐ 틀린 단어 복습하기
☐	☐	☐

외운 단어에 ✔ 못외운 단어에 ★

☐ crispy	ⓐ 바삭바삭한	☐ stuff	ⓝ 재료, 물질
☐ tender	ⓐ 1 (음식이) 연한 2 다정한, 부드러운 3 연약한	☐ bowl	ⓝ 그릇, 사발
☐ flavor	ⓝ 맛, 풍미; 향미, 조미료	☐ utensil	ⓝ 기구, 도구
☐ greasy	ⓐ 기름기 많은; 지성의	☐ seasoning	ⓝ 양념, 조미료
☐ fiber	ⓝ 섬유; 섬유질	☐ organic	ⓐ 유기농의, 화학 비료를 쓰지 않는; 유기(체)의
☐ disgusting	ⓐ 역겨운, 구역질 나는	☐ reservation	ⓝ 예약
☐ rotten	ⓐ 썩은, 부패한	☐ order	ⓝ 1 순서 2 명령 3 질서, 정돈 4 주문(한 음식) ⓥ 주문하다; 명령하다
☐ cuisine	ⓝ 요리; 요리법	☐ dine	ⓥ 식사를 하다, 만찬을 들다
☐ recipe	ⓝ 요리법, 조리법; 비결, 방안	☐ vegetarian	ⓝ 채식주의자 ⓐ 채식의, 채식주의의
☐ appetizer	ⓝ 애피타이저, 전채	☐ portion	ⓝ 일부, 부분; 1인분
☐ slice	ⓝ (음식을 얇게 썬) 조각 ⓥ 얇게 썰다, 저미다	☐ split	ⓥ 쪼개다; 분할하다, 나누다
☐ soak	ⓥ 담그다, 흠뻑 적시다; 푹 잠기다, 흠뻑 젖다	☐ nutrition	ⓝ 영양
☐ peel	ⓥ 껍질을 벗기다; 벗겨지다 ⓝ 껍질	☐ protein	ⓝ 단백질
☐ stir	ⓥ 젓다, 섞다; (마음을) 흔들다 ⓝ 휘젓기; 동요, 혼란	☐ appetite	ⓝ 식욕; 욕구
☐ grind	ⓥ 갈다, 가루로 만들다	☐ starve	ⓥ 굶주리다, 굶어 죽다; 굶기다

TO-DO LIST

☐ MP3 듣기   ☐ 표제어와 예문 읽기   ☐ 파생어 외우기

☐ Daily Check-up 풀기   ☐ 누적 테스트 풀기   ☐ 틀린 단어 복습하기

☐   ☐   ☐

외운 단어에 V 못외운 단어에 ★

☐ architecture	ⓝ 건축(술), 건축학; 건축 양식	☐ surround	ⓥ 둘러싸다, 에워싸다; 포위하다
☐ real estate	ⓝ 부동산	☐ basement	ⓝ 지하층, 지하실
☐ dwell	ⓥ 살다, 거주하다	☐ attic	ⓝ 다락방
☐ resident	ⓝ 거주자, 주민	☐ construct	ⓥ 건설하다
☐ chamber	ⓝ 방, 침실, -실	☐ erect	ⓥ 건립하다, 세우다 ⓐ 똑바로 선
☐ ceiling	ⓝ 천장; 상한, 최고 한도	☐ timber	ⓝ 목재, (목재용) 나무
☐ column	ⓝ 1 기둥 2 특별 기고, 칼럼 3 세로 칸	☐ marble	ⓝ 대리석; (아이들 장난감) 구슬
☐ pillar	ⓝ 기둥, 주석, 지주	☐ maintain	ⓥ 유지[지속]하다; (보수하여) 관리하다, 보존하다
☐ beam	ⓝ (구조물의) 기둥; 들보; 빛줄기, 빛 ⓥ 비추다	☐ crack	ⓝ 갈라진 금, 틈 ⓥ 갈라지다, 금이 가다
☐ corridor	ⓝ 복도, 통로	☐ cottage	ⓝ (시골의) 작은 집, 오두막집
☐ furnish	ⓥ 가구를 비치하다; 제공[공급]하다	☐ hut	ⓝ 움막, 오두막, 막사
☐ drain	ⓥ 배수되다, 배출되다 ⓝ 배수구, 배수관	☐ warehouse	ⓝ 창고
☐ sewer	ⓝ 하수관, 하수구	☐ shelter	ⓝ 주거지, 살 곳; 피신(처); 숙소, 보호소 ⓥ 보호하다; 피신하다
☐ fountain	ⓝ 분수; 원천	☐ barn	ⓝ 헛간, 곳간; 외양간
☐ frame	ⓝ 틀; (건조물의) 뼈대, 골조	☐ skyscraper	ⓝ 초고층 건물, 마천루

TO-DO LIST

☐ MP3 듣기   ☐ 표제어와 예문 읽기   ☐ 파생어 외우기
☐ Daily Check-up 풀기   ☐ 누적 테스트 풀기   ☐ 틀린 단어 복습하기
☐   ☐   ☐

외운 단어에 V 못외운 단어에 ★

☐ authentic	ⓐ 진정한, 진짜의	☐ immigrant	ⓝ 이민자, 이주해 온 사람
☐ distinct	ⓐ 별개의; 뚜렷이 다른, 뚜렷한, 분명한	☐ traditional	ⓐ 전통적인
☐ race	ⓝ 1 경주 2 경쟁 3 인종, 종족 ⓥ 경주하다	☐ custom	ⓝ 관습, 풍습 ⓐ 맞춤의, 주문 제작의
☐ ethnic	ⓐ 민족의, 종족의	☐ convention	ⓝ 1 관습, 관례 2 총회, 대회 3 협정, 협약
☐ diversity	ⓝ 다양성	☐ institution	ⓝ 제도, 관습; 기관, 협회
☐ globalization	ⓝ 세계화	☐ occasion	ⓝ 경우, 때; 행사
☐ tribe	ⓝ 부족, 종족	☐ funeral	ⓝ 장례식
☐ stereotype	ⓝ 고정 관념, 정형화된 생각	☐ bury	ⓥ 매장하다, 묻다
☐ rite	ⓝ (종교적) 의식, 의례	☐ grave	ⓝ 무덤, 묘 ⓐ 심각한, 중대한
☐ acceptance	ⓝ 받아들임, 수용	☐ heritage	ⓝ (문화)유산, 전통
☐ discriminate	ⓥ 차별하다; 구별하다	☐ observance	ⓝ 따르기, 준수; 의식; 관습
☐ differ	ⓥ 다르다	☐ anthropology	ⓝ 인류학
☐ prejudice	ⓝ 선입관, 편견 ⓥ 편견을 갖게 하다	☐ artifact	ⓝ 유물
☐ conflict	ⓝ 갈등, 충돌, 분쟁 ⓥ 상충되다, 모순되다	☐ folklore	ⓝ 민속, 전통 문화
☐ conservative	ⓐ 보수적인	☐ oral	ⓐ 구전의, 구두의, 입의

TO-DO LIST

☐ MP3 듣기	☐ 표제어와 예문 읽기	☐ 파생어 외우기
☐ Daily Check-up 풀기	☐ 누적 테스트 풀기	☐ 틀린 단어 복습하기
☐	☐	☐

외운 단어에 V 못외운 단어에 ★

☐ enthusiasm	ⓝ 열의, 의욕, 열정	☐ fascinated	ⓐ 매료된, 매혹된, 마음을 빼앗긴
☐ eager	ⓐ 열망하는, 간절히 바라는	☐ adore	ⓥ 아주 좋아하다; 흠모하다; 숭배하다
☐ passionate	ⓐ 열정적인, 열렬한	☐ affectionate	ⓐ 애정이 담긴, 다정한
☐ willing	ⓐ 기꺼이 하는, 자발적인	☐ fond	ⓐ 좋아하는, 애정이 담긴
☐ anticipate	ⓥ 예상하다, 기대하다	☐ grateful	ⓐ 감사하는, 고마워하는
☐ expectant	ⓐ 기대하는, 기대에 부푼; 출산을 앞둔	☐ touched	ⓐ 감동한, 마음이 움직인
☐ determined	ⓐ 결심한, 단호한	☐ flatter	ⓥ 아첨하다
☐ delighted	ⓐ 아주 기뻐하는	☐ relaxed	ⓐ 느긋한, 여유 있는
☐ joyful	ⓐ 즐거운, 기쁜	☐ stable	ⓐ 안정된; 착실한
☐ thrilled	ⓐ 아주 흥분한, 들뜬, 설레는	☐ relieved	ⓐ 안도하는, 다행으로 여기는
☐ cheerful	ⓐ 쾌활한, 명랑한, 기분 좋은; 기분 좋게 하는	☐ secure	ⓐ 안정된, 안전한, 걱정이 없는 ⓥ 확보하다
☐ amused	ⓐ 즐거워하는, 재미있어하는	☐ reassure	ⓥ 안심시키다
☐ satisfied	ⓐ 만족한, 흡족한	☐ carefree	ⓐ 걱정 없는, 속 편한
☐ fulfilled	ⓐ 만족하는, 성취감을 느끼는	☐ confident	ⓐ 자신 있는; 확신하는
☐ content	ⓐ 만족하는, 자족하는 ⓥ 만족시키다 ⓝ 내용(물); 목차	☐ certain	ⓐ 1 확신하는 2 확실한 3 어떤, 특정한

TO-DO LIST

☐ MP3 듣기	☐ 표제어와 예문 읽기	☐ 파생어 외우기
☐ Daily Check-up 풀기	☐ 누적 테스트 풀기	☐ 틀린 단어 복습하기
☐	☐	☐

외운 단어에 V 못외운 단어에 ★

☐ annoyed	ⓐ 짜증 난, 불쾌한	☐ regretful	ⓐ 후회하는; (상황 등이) 유감스러운
☐ irritate	ⓥ 짜증 나게 하다; (피부를) 자극하다	☐ ashamed	ⓐ 부끄러워하는, 창피한, 수치심을 느끼는
☐ provoke	ⓥ 불러일으키다, 자극하다; 화나게 하다	☐ disgrace	ⓝ 불명예, 치욕; 수치(스러운 존재)
☐ disturb	ⓥ 방해하다; 불안하게 하다	☐ guilty	ⓐ 죄책감이 드는, 가책을 느끼는; 유죄의
☐ furious	ⓐ 성난, 격분한; 격렬한, 열띤	☐ despair	ⓝ 절망, 자포자기 ⓥ 절망하다
☐ rage	ⓝ 분노, 격정, 흥분 상태 ⓥ 격노하다	☐ disappoint	ⓥ 실망시키다; 좌절시키다
☐ gloomy	ⓐ 암울한, 침울한, 우울한	☐ frustrated	ⓐ 좌절감을 느끼는, 불만스러워하는
☐ depressed	ⓐ 낙담한, 의기소침한; (경제가) 침체된	☐ embarrass	ⓥ 당황하게 하다, 난처하게 하다
☐ nervous	ⓐ 초조한, 불안한; 신경의	☐ reckless	ⓐ 무모한, 분별없는
☐ miserable	ⓐ 비참한, 불쌍한	☐ ridicule	ⓥ 비웃다, 조롱하다 ⓝ 비웃음, 조롱
☐ dismal	ⓐ 우울한, 음울한, 울적하게 하는	☐ hatred	ⓝ 증오, 혐오
☐ concerned	ⓐ 걱정하는, 염려하는; 관련된, 관계가 있는	☐ jealous	ⓐ 질투하는, 시샘하는
☐ anxious	ⓐ 걱정하는, 불안한; 열망하는, 간절히 바라는	☐ offend	ⓥ 불쾌하게 하다, 기분 상하게 하다
☐ isolated	ⓐ 고립된, 외딴, 단절된	☐ insult	ⓝ 모욕, 무례 ⓥ 모욕하다, 무례한 짓을 하다
☐ frightened	ⓐ 무서워하는, 겁먹은	☐ disgust	ⓝ 혐오감, 역겨움 ⓥ 역겹게 하다

TO-DO LIST

☐ MP3 듣기   ☐ 표제어와 예문 읽기   ☐ 파생어 외우기
☐ Daily Check-up 풀기 ☐ 누적 테스트 풀기   ☐ 틀린 단어 복습하기
☐   ☐   ☐

외운 단어에 V 못외운 단어에 ★

☐ sense	ⓝ 감각; 느낌; ~감; 의미	☐ scent	ⓝ 냄새, 향기
☐ sensation	ⓝ 느낌; 반향, 선풍	☐ fragrance	ⓝ 향기; 향수
☐ instinct	ⓝ 본능	☐ odor	ⓝ (좋지 못한) 냄새, 악취
☐ circumstance	ⓝ 상황, 환경, 처지	☐ cozy	ⓐ 아늑한, 포근한; 편안한
☐ atmosphere	ⓝ 대기; 분위기	☐ informal	ⓐ 격의 없는, 편안한; 비공식적
☐ perceive	ⓥ 지각하다, 감지하다, 인지하다	☐ fancy	ⓐ 화려한, 고급의 ⓝ 공상, 상상
☐ scan	ⓥ 자세히 조사하다, 세밀하게 살피다; 대충 훑어보다	☐ dynamic	ⓐ 역동적인; (성격이) 활발한
☐ keen	ⓐ 1 예민한 2 강렬한 3 간절히 바라는	☐ exotic	ⓐ 이국적인; 외래의, 외국산의
☐ apparent	ⓐ 명백한, 뚜렷한	☐ enchant	ⓥ 매혹하다, 넋을 잃게 만들다
☐ obvious	ⓐ 분명한, 명백한	☐ breathtaking	ⓐ (너무 아름답거나 놀라워서) 숨막히는
☐ visual	ⓐ 시각의	☐ mysterious	ⓐ 이해하기 힘든, 불가사의한; 신비한
☐ gaze	ⓥ 응시하다 ⓝ 응시, 시선	☐ awkward	ⓐ 어색한, 거북한, 불편한; 서투른
☐ stare	ⓥ 응시하다, 빤히 보다 ⓝ 응시	☐ tragic	ⓐ 비극적인; 비극의
☐ glance	ⓝ 흘끗 봄, 한 번 봄 ⓥ 흘끗[잠깐] 보다	☐ urgent	ⓐ 긴급한, 절박한
☐ glimpse	ⓝ 잠깐 봄, 일견 ⓥ 흘끗 보다, 언뜻 보다	☐ threatening	ⓐ 협박하는, 위협적인; (날씨가) 험악한

TO-DO LIST

☐ MP3 듣기	☐ 표제어와 예문 읽기	☐ 파생어 외우기
☐ Daily Check-up 풀기	☐ 누적 테스트 풀기	☐ 틀린 단어 복습하기
☐	☐	☐

외운 단어에 V 못외운 단어에 ★

☐ character	ⓝ 1 성격 2 특징, 특성 3 등장인물 4 글자	☐ compassionate	ⓐ 연민 어린, 인정 많은, 동정심 있는
☐ personality	ⓝ 성격, 인격, 개성	☐ sensitive	ⓐ 세심한; 민감한; 예민한
☐ attitude	ⓝ 태도, 자세, 사고방식	☐ selfish	ⓐ 이기적인
☐ optimistic	ⓐ 낙관적인, 낙천적인	☐ greedy	ⓐ 탐욕스러운, 욕심 많은
☐ energetic	ⓐ 활력 넘치는, 활기찬; 열렬한	☐ mean	ⓐ 1 비열한, 못된 2 인색한 3 평균의
☐ vigorous	ⓐ 활발한; 격렬한; 활기찬, 원기 왕성한	☐ boast	ⓥ 뽐내다, 자랑하다
☐ independent	ⓐ 독립된; 독립적인, 자립심이 강한	☐ arrogant	ⓐ 오만한, 거만한
☐ objective	ⓐ 객관적인 ⓝ 목표, 목적	☐ impolite	ⓐ 무례한, 실례되는
☐ cautious	ⓐ 조심스러운, 신중한	☐ childish	ⓐ 유치한, 어린애 같은
☐ decent	ⓐ 품위 있는, 친절한; (수준·질이) 괜찮은, 제대로 된	☐ moody	ⓐ 기분이 안 좋은, 침울한; 기분 변화가 심한, 변덕스러운
☐ helpful	ⓐ 도움이 되는, 기꺼이 돕는	☐ weird	ⓐ 기이한, 해괴한
☐ modest	ⓐ 겸손한; 대단치 않은, 보통의	☐ temper	ⓝ (화를 내는) 성질, 성미; 참을성, 침착
☐ humble	ⓐ 겸손한; 미천한, 보잘것없는	☐ aggressive	ⓐ 공격적인, 저돌적인
☐ sincere	ⓐ 진실한, 진심 어린	☐ indifferent	ⓐ 무관심한, 냉담한
☐ sympathetic	ⓐ 동정적인; 동조하는, 공감하는	☐ pessimistic	ⓐ 비관적인

TO-DO LIST

☐ MP3 듣기   ☐ 표제어와 예문 읽기   ☐ 파생어 외우기

☐ Daily Check-up 풀기   ☐ 누적 테스트 풀기   ☐ 틀린 단어 복습하기

☐   ☐   ☐

15

외운 단어에 V 못외운 단어에 ★

☐ linguistic	ⓐ 언어의, 언어학의	☐ discourse	ⓝ 담화, 담론, 토론
☐ communication	ⓝ (의사)소통; 통신	☐ interpret	ⓥ 해석하다, 이해하다; 통역하다
☐ verbal	ⓐ 언어의; 말에 의한, 구두의	☐ comprehend	ⓥ 이해하다, 파악하다
☐ expression	ⓝ 표현, 표시; 표정	☐ significance	ⓝ 의미; 중요성
☐ signal	ⓝ 신호 ⓥ 신호를 보내다	☐ emphasize	ⓥ 강조하다, 역설하다
☐ symbol	ⓝ 상징; 기호, 부호	☐ convince	ⓥ 납득시키다, 확신시키다
☐ term	ⓝ 1 용어 2 조건 3 임기 4 관계, 친한 사이	☐ assure	ⓥ 장담하다, 보증하다
☐ tongue	ⓝ 혀; 말; 언어	☐ urge	ⓥ 재촉하다, 촉구하다 ⓝ 욕구, 충동
☐ dialect	ⓝ 방언, 사투리	☐ bet	ⓥ (돈을) 걸다; 단언하다, 장담하다 ⓝ 내기
☐ fluent	ⓐ 유창한, 능숙한	☐ claim	ⓥ 주장하다; 청구하다 ⓝ 주장; 청구
☐ correspond	ⓥ 일치하다; 교신하다, 편지를 주고받다	☐ misunderstanding	ⓝ 오해, 잘못 생각함; 언쟁, 의견 차이
☐ remark	ⓝ 발언, 논평, 언급 ⓥ 언급하다, 말하다	☐ nonsense	ⓝ 의미 없는 말; 말도 안 되는 소리; 허튼수작
☐ pronounce	ⓥ 발음하다; 선언하다, 선고하다	☐ complain	ⓥ 불평하다; (통증 등을) 호소하다
☐ state	ⓥ 말하다, 진술하다; (문서에) 명시하다 ⓝ 상태; 주; 국가	☐ mock	ⓥ 조롱하다, 놀리다 ⓐ 가짜의; 모의의
☐ deliver	ⓥ 1 배달하다 2 (연설을) 하다 3 출산하다	☐ dismiss	ⓥ 일축하다, 묵살하다; 해임하다, 해고하다

TO-DO LIST

☐ MP3 듣기   ☐ 표제어와 예문 읽기   ☐ 파생어 외우기

☐ Daily Check-up 풀기   ☐ 누적 테스트 풀기   ☐ 틀린 단어 복습하기

☐   ☐   ☐

외운 단어에 V 못외운 단어에 ★

□ medium	ⓝ 매체, 매개물; 수단 ⓐ 중간의	□ broadcast	ⓥ 방송하다 ⓝ 방송
□ journalism	ⓝ 저널리즘, 언론(계); 언론학	□ transmit	ⓥ 1 전송하다, 방송하다 2 전달하다 3 전염시키다
□ press	ⓥ 누르다, 압박하다 ⓝ 언론, 신문과 잡지	□ channel	ⓝ 1 채널, 주파수대 2 경로 3 해협
□ factual	ⓐ 사실의, 사실에 입각한, 실제의	□ commercial	ⓐ 상업적인, 영리 목적의 ⓝ (상업적) 광고 방송
□ bulletin	ⓝ 뉴스 단신[속보]; 고시, 공고	□ advertise	ⓥ 광고하다
□ reveal	ⓥ 드러내다, 밝히다, 폭로하다	□ announce	ⓥ 발표하다; (방송으로) 알리다
□ effective	ⓐ 효과적인; 시행되는, 유효한	□ comprehensive	ⓐ 포괄적인, 종합적인
□ feature	ⓥ 특징으로 하다; 특종으로 다루다 ⓝ 1 특징 2 특집 기사 3 이목구비	□ documentary	ⓝ 다큐멘터리, 기록 영화 ⓐ 문서로 된, 기록물의
□ publicize	ⓥ 알리다, 홍보하다	□ subscribe	ⓥ 구독하다, 가입하다
□ attention	ⓝ 주의, 주목; 관심	□ columnist	ⓝ 정기 기고가, 칼럼니스트
□ coverage	ⓝ 1 보도, 방송 2 보상 (범위) 3 서비스 구역, 도달 범위	□ correspondent	ⓝ 특파원, 통신원
□ comment	ⓝ 논평, 언급, 의견 ⓥ 논평하다, 의견을 말하다	□ editorial	ⓝ 사설 ⓐ 편집의
□ influence	ⓝ 영향, 영향력 ⓥ 영향을 주다	□ social media	ⓝ 소셜 미디어
□ feedback	ⓝ 반응, 의견, 평가	□ banner	ⓝ 현수막, 깃발; 배너 광고
□ censorship	ⓝ 검열	□ browse	ⓥ 둘러보다; (인터넷을) 검색하다

TO-DO LIST

□ MP3 듣기	□ 표제어와 예문 읽기	□ 파생어 외우기
□ Daily Check-up 풀기	□ 누적 테스트 풀기	□ 틀린 단어 복습하기
□	□	

외운 단어에 V 못외운 단어에 ★

☐ psychology	ⓝ 심리학, 심리 작용	☐ aware	ⓐ 인식하고 있는; 알고 있는
☐ mental	ⓐ 정신의, 마음의	☐ consciousness	ⓝ 의식; 자각
☐ abnormal	ⓐ 비정상적인, 이상한	☐ potential	ⓐ 잠재적인, 가능성이 있는 ⓝ 잠재력, 가능성
☐ conduct	ⓝ 행동 ⓥ 1 수행하다 2 지휘하다 3 전도하다	☐ condition	ⓝ 1 상태 2 여건, 상황 3 조건 ⓥ 길들이다, 훈련시키다
☐ hesitant	ⓐ 망설이는, 주저하는	☐ observation	ⓝ 관찰, 주시; 감시
☐ dependent	ⓐ 1 의존하는, 의지하는 2 (~에) 달려 있는 3 중독된	☐ detect	ⓥ 감지하다, 발견하다
☐ confuse	ⓥ 혼동하다; 당황하게 [혼란스럽게] 하다	☐ clue	ⓝ 단서, 실마리
☐ obsess	ⓥ 사로잡다, 집착하게 하다	☐ insight	ⓝ 통찰; 통찰력
☐ breakdown	ⓝ (정신·육체 등의) 쇠약, 붕괴; (차량·기계의) 고장	☐ analysis	ⓝ 분석
☐ motivation	ⓝ 동기 부여, 자극	☐ prediction	ⓝ 예언, 예측, 예상
☐ desire	ⓝ 소망, 욕망, 욕구 ⓥ 바라다, 원하다	☐ stimulus	ⓝ 자극제, 자극(이 되는 것)
☐ empathize	ⓥ 공감하다, 감정 이입하다	☐ therapy	ⓝ 치료, 요법
☐ undergo	ⓥ 겪다, 경험하다	☐ counseling	ⓝ 상담, 조언
☐ trauma	ⓝ 정신적 충격; 외상, 부상	☐ random	ⓐ 무작위의, 닥치는 대로 하는
☐ abuse	ⓝ 학대; 남용 ⓥ 학대하다; 남용하다	☐ confidential	ⓐ 비밀의, 기밀의, 은밀한

TO-DO LIST

☐ MP3 듣기   ☐ 표제어와 예문 읽기   ☐ 파생어 외우기

☐ Daily Check-up 풀기   ☐ 누적 테스트 풀기   ☐ 틀린 단어 복습하기

☐   ☐   ☐

외운 단어에 V 못외운 단어에 ★

☐ philosophy	ⓝ 철학	☐ ignorance	ⓝ 무지, 무식
☐ concept	ⓝ 개념	☐ impression	ⓝ 인상; 감명
☐ conceive	ⓥ 상상하다, (생각을) 품다; 임신하다	☐ abstract	ⓐ 추상적인, 관념적인
☐ reason	ⓝ 이유; 이성, 사고력 ⓥ 추론하다, 판단하다	☐ universal	ⓐ 보편적인, 일반적인; 전 세계적인
☐ logic	ⓝ 논리, 타당성; 논리학	☐ suppose	ⓥ 생각하다, 추측하다; 가정하다
☐ rational	ⓐ 합리적인, 이치에 맞는	☐ assume	ⓥ 1 생각하다, 추정하다 2 (책임을) 맡다 3 띠다, 취하다
☐ credible	ⓐ 믿을 만한, 신뢰할 수 있는	☐ reckon	ⓥ 생각하다; 간주하다; 계산하다
☐ concrete	ⓐ 구체적인, 사실에 근거한 ⓝ 콘크리트	☐ infer	ⓥ 추론하다, 추측하다
☐ intellectual	ⓐ 지능의, 지적인	☐ judge	ⓥ 판단하다 ⓝ 판사; 심사 위원, 심판
☐ intelligent	ⓐ 똑똑한, 지능이 높은	☐ conclude	ⓥ 결론짓다, 끝맺다
☐ criticize	ⓥ 비판하다, 비난하다	☐ evaluate	ⓥ 평가하다
☐ deliberate	ⓐ 의도적인, 고의의; 신중한	☐ regard	ⓥ 여기다, 간주하다; 바라보다, 주시하다 ⓝ 관심, 고려
☐ exaggerate	ⓥ 과장하다	☐ classify	ⓥ 분류하다
☐ distort	ⓥ 왜곡하다; 일그러뜨리다, 비틀다	☐ differentiate	ⓥ 구별하다
☐ overlook	ⓥ 간과하다, 못 보다; 내려다보다	☐ manifest	ⓐ 분명한, 뚜렷이 나타난 ⓥ 나타내다, 드러내다

TO-DO LIST

☐ MP3 듣기   ☐ 표제어와 예문 읽기   ☐ 파생어 외우기
☐ Daily Check-up 풀기   ☐ 누적 테스트 풀기   ☐ 틀린 단어 복습하기
☐   ☐   ☐

외운 단어에 V 못외운 단어에 ★

□ beast	ⓝ 짐승, 야수	□ leather	ⓝ 가죽
□ species	ⓝ 종(種)	□ shell	ⓝ 껍데기, 껍질; 포탄
□ predator	ⓝ 포식자, 포식 동물; 약탈자	□ claw	ⓝ 발톱; 집게발
□ prey	ⓝ 먹이, 사냥감; 희생자, 피해자	□ paw	ⓝ (발톱이 있는 동물의) 발
□ mammal	ⓝ 포유동물, 포유류	□ migration	ⓝ 이주, 이동
□ reptile	ⓝ 파충류	□ flock	ⓝ (새·양 등의) 무리, 떼 ⓥ 모이다, 떼를 짓다
□ amphibian	ⓝ 양서류	□ herd	ⓝ (가축의) 무리, 떼; 군중, 다수 ⓥ 무리를 지어 가다
□ warm-blooded	ⓐ 온혈의	□ territory	ⓝ 영토; 영역, 세력권
□ caterpillar	ⓝ 애벌레	□ nocturnal	ⓐ 야행성의
□ domestic	ⓐ 1 국내의 2 가정의 3 길들여진, 사육되는	□ habitat	ⓝ 서식지
□ tame	ⓐ 길들여진 ⓥ 기르다, 길들이다	□ spawn	ⓥ 알을 낳다, 산란하다; (결과 등을) 낳다, 일으키다
□ parasite	ⓝ 기생충, 기생 동물[식물]	□ burrow	ⓥ 굴을 파다 ⓝ 굴
□ limb	ⓝ (하나의) 팔[다리]; (새의) 날개; 큰 나뭇가지	□ peck	ⓥ (새가 부리로) 쪼다, 쪼아 먹다
□ fur	ⓝ 모피; 털	□ sting	ⓥ 쏘다, 찌르다 ⓝ 쏘인 상처
□ horn	ⓝ (소·양·사슴 등의) 뿔; (차량의) 경적	□ poisonous	ⓐ 유독한; 독이 있는, 독성의

TO-DO LIST

- □ MP3 듣기
- □ 표제어와 예문 읽기
- □ 파생어 외우기
- □ Daily Check-up 풀기
- □ 누적 테스트 풀기
- □ 틀린 단어 복습하기
- □
- □
- □

외운 단어에 V 못외운 단어에 ★

☐ plant	ⓝ 식물; 공장 ⓥ 심다	☐ thorn	ⓝ 가시
☐ vegetation	ⓝ 식물, 초목	☐ photosynthesis	ⓝ 광합성
☐ seed	ⓝ 씨, 씨앗, 종자 ⓥ 씨를 뿌리다	☐ pollination	ⓝ 수분, 가루받이
☐ bud	ⓝ 싹, 눈, 꽃봉오리	☐ bloom	ⓥ 꽃이 피다, 꽃을 피우다 ⓝ (화초의) 꽃
☐ grain	ⓝ 곡물, 낟알; 알갱이	☐ reproduce	ⓥ 복사하다, 복제하다; 번식하다
☐ root	ⓝ 뿌리; 근원, 기원	☐ nectar	ⓝ (꽃의) 꿀; 과즙, 달콤한 음료
☐ bulb	ⓝ 구근, 알뿌리; 전구	☐ pollen	ⓝ 꽃가루, 화분
☐ stem	ⓝ 줄기 ⓥ 생겨나다, 유래하다	☐ bush	ⓝ 덤불, 관목
☐ trunk	ⓝ 1 (나무의) 줄기, 몸통 2 가방 3 짐칸 4 (코끼리의) 코 5 (남성용) 짧은 팬츠	☐ shrub	ⓝ 관목
☐ branch	ⓝ 나뭇가지; 지점	☐ hybrid	ⓝ (동식물의) 잡종 ⓐ 하이브리드의, 혼성의
☐ twig	ⓝ (나무의) 잔가지	☐ fungus	ⓝ 진균류, 곰팡이류; 버섯
☐ bark	ⓝ 나무껍질 ⓥ (개가) 짖다	☐ moss	ⓝ 이끼
☐ sprout	ⓥ (싹·잎 등을) 틔우다, 돋아나게 하다; 싹트다, 돋아나다; 생겨나다 ⓝ 싹; 새싹	☐ cactus	ⓝ 선인장
☐ blossom	ⓝ (유실수의) 꽃 ⓥ 꽃을 피우다, 꽃이 피다	☐ weed	ⓝ 잡초 ⓥ 잡초를 뽑다
☐ petal	ⓝ 꽃잎	☐ herb	ⓝ 허브, 약초, 향초

TO-DO LIST

- ☐ MP3 듣기
- ☐ 표제어와 예문 읽기
- ☐ 파생어 외우기
- ☐ Daily Check-up 풀기
- ☐ 누적 테스트 풀기
- ☐ 틀린 단어 복습하기
- ☐
- ☐
- ☐

Date   년   월   일

외운 단어에 V 못외운 단어에 ★

□ resource	ⓝ 1 자원, 물자 2 자산, 재력 3 지략	□ extinct	ⓐ 멸종된; 더 이상 존재[활동] 하지 않는
□ abundant	ⓐ 풍부한	□ endangered	ⓐ 멸종 위기에 처한
□ reserve	ⓝ 매장량, 비축(물) ⓥ 남겨두다, 보존하다; 예약하다	□ destruction	ⓝ 파괴, 파멸
□ petroleum	ⓝ 석유	□ threat	ⓝ 위협, 협박
□ raw	ⓐ 가공하지 않은; 날것의, 익히지 않은	□ renewable	ⓐ 재생 가능한, 회복할 수 있는
□ mineral	ⓝ 광물; 미네랄, 무기물	□ sustainable	ⓐ 지속 가능한, 유지할 수 있는
□ pollution	ⓝ 오염; 공해	□ alternative	ⓐ 대체 가능한, 대안이 되는 ⓝ 대안, 선택 가능한 것
□ contaminate	ⓥ 오염시키다, 더럽히다	□ conservation	ⓝ 보존, 보호
□ emission	ⓝ 배출, 방출; 배출 물질, 배기가스	□ preserve	ⓥ 보호하다; 유지하다, 보존하다
□ deforestation	ⓝ 삼림 벌채, 산림 개간	□ biodiversity	ⓝ 생물 다양성
□ sewage	ⓝ 하수, 오물	□ biofuel	ⓝ 생물 연료, 바이오 연료
□ landfill	ⓝ 쓰레기 매립지	□ eco-friendly	ⓐ 친환경적인, 환경친화적인
□ disrupt	ⓥ 지장을 주다, 방해 하다; 붕괴시키다, 분열시키다	□ ecological	ⓐ 생태학의, 생태계의
□ vulnerable	ⓐ 취약한, 공격받기 쉬운	□ ecosystem	ⓝ 생태계
□ nuclear	ⓐ 핵의, 원자력의	□ restore	ⓥ 회복시키다, 복원하다, 되찾게 하다

TO-DO LIST

□ MP3 듣기	□ 표제어와 예문 읽기	□ 파생어 외우기
□ Daily Check-up 풀기	□ 누적 테스트 풀기	□ 틀린 단어 복습하기
□	□	□

외운 단어에 ▽ 못외운 단어에 ★

☐ climate	⑪ 기후; 환경, 분위기	☐ visible	ⓐ 눈에 보이는, 볼 수 있는
☐ disaster	⑪ 재난, 재해, 재앙; 실패(작)	☐ rainfall	⑪ 강우, 강우량
☐ humid	ⓐ 습한, 눅눅한	☐ thermometer	⑪ 온도계, 체온계
☐ mild	ⓐ 1 온화한, 포근한 2 가벼운 3 (태도가) 온화한	☐ thunderstorm	⑪ 뇌우
☐ moderate	ⓐ 적당한; 온화한	☐ monsoon	⑪ 계절풍; 우기, 장마철
☐ harsh	ⓐ 혹독한; 가혹한	☐ drought	⑪ 가뭄
☐ prevail	ⓥ 만연하다, 지배하다; 승리하다, 이기다	☐ earthquake	⑪ 지진
☐ forecast	⑪ 예보, 예측 ⓥ 예상하다, 예측하다	☐ volcano	⑪ 화산
☐ temperature	⑪ 온도, 기온; 체온; 고열	☐ landslide	⑪ 산사태; (선거에서의) 압도적 승리
☐ lightning	⑪ 번개, 번갯불	☐ avalanche	⑪ 눈사태; (질문 등의) 쇄도, 공세
☐ hail	⑪ 우박 ⓥ 부르다, 소리치다	☐ collapse	ⓥ 붕괴되다, 무너지다; (사람이) 쓰러지다 ⑪ 붕괴
☐ breeze	⑪ 산들바람, 미풍; 쉬운 일	☐ widespread	ⓐ 광범위한, 널리 퍼진
☐ frost	⑪ 서리, 성에 ⓥ 성에로 덮다	☐ warning	⑪ 경보, 경고
☐ mist	⑪ 안개	☐ evacuate	ⓥ (집 등을) 비우다; 피난시키다; 피난하다
☐ vapor	⑪ 증기	☐ activate	ⓥ 활성화하다, 작동시키다

TO-DO LIST

☐ MP3 듣기	☐ 표제어와 예문 읽기	☐ 파생어 외우기
☐ Daily Check-up 풀기	☐ 누적 테스트 풀기	☐ 틀린 단어 복습하기
☐	☐	

외운 단어에 V 못외운 단어에 ★

☐ component	⓷ 구성 요소, 성분; 부품 ⓐ 구성하는	☐ formula	⓷ 공식, 화학식; (특정한 일을 이루기 위한) 방식
☐ element	⓷ 요소, 성분; 원소	☐ index	⓷ 색인; 지표, 지수
☐ atom	⓷ 원자	☐ principle	⓷ 원리, 원칙
☐ molecule	⓷ 분자	☐ definite	ⓐ 확실한, 명확한
☐ particle	⓷ 입자, 미립자; 극소량	☐ survey	⓷ (설문) 조사; 측량 ⓥ 조사하다; 측량하다
☐ fluid	⓷ 유동체, 유체 ⓐ 유동성의; 유동적인	☐ calculation	⓷ 계산
☐ liquid	ⓐ 액체의 ⓷ 액체, 유동체	☐ measure	ⓥ 측정하다, 재다; 평가하다 ⓷ 조치; 대책; 척도
☐ solid	ⓐ 고체의; 확실한, 견고한 ⓷ 고체	☐ interval	⓷ (장소·시간적인) 간격, 거리, 사이
☐ expand	ⓥ 팽창하다, 확대되다; 성장하다, 확장하다	☐ duration	⓷ 지속, 지속 기간
☐ experiment	⓷ 실험 ⓥ 실험하다	☐ accurate	ⓐ 정확한
☐ theory	⓷ 이론, 학설	☐ absolute	ⓐ 1 완전한 2 명확한, 확실한 3 절대의, 절대적인
☐ observe	ⓥ 1 관찰하다 2 준수하다 3 (견해를) 말하다	☐ proportion	⓷ 비율, 부분
☐ hypothesis	⓷ 가설, 전제	☐ density	⓷ 밀도, 농도
☐ research	⓷ 연구, 조사 ⓥ 연구하다, 조사하다	☐ vacuum	⓷ 진공; 공백
☐ correlation	⓷ 상관관계, 연관성	☐ weigh	ⓥ 무게를 재다; 평가 하다, 비교 검토하다

TO-DO LIST

☐ MP3 듣기   ☐ 표제어와 예문 읽기   ☐ 파생어 외우기

☐ Daily Check-up 풀기   ☐ 누적 테스트 풀기   ☐ 틀린 단어 복습하기

☐   ☐

외운 단어에 V 못외운 단어에 ★

☐ vertical	ⓐ 수직의, 세로의	☐ gravity	ⓝ 중력; 심각성, 중대함
☐ parallel	ⓐ 평행하는, 나란한; 유사한 ⓥ 유사하다	☐ vibration	ⓝ 진동, 떨림
☐ equation	ⓝ 방정식	☐ circuit	ⓝ 순회; 회로, 배선
☐ diameter	ⓝ 지름, 직경	☐ tension	ⓝ 긴장(감), 불안; 장력
☐ angle	ⓝ 각도, 각; 관점	☐ ultraviolet	ⓝ 자외선 ⓐ 자외선의
☐ physics	ⓝ 물리학	☐ chemistry	ⓝ 화학; 화합, 공감대
☐ magnetic	ⓐ 자석의, 자기의	☐ compound	ⓥ 혼합하다 ⓝ 화합물; 혼합물
☐ charge	ⓥ 1 부담시키다, 청구하다 2 기소하다 3 충전하다 ⓝ 요금; 책임, 담당; 전하	☐ substance	ⓝ 물질; 내용, 실체
☐ current	ⓝ 흐름; 전류; 경향, 추세 ⓐ 현재의	☐ core	ⓝ 핵; 중심부; 핵심 ⓐ 핵심적인, 가장 중요한
☐ constant	ⓐ 일정한; 끊임없는	☐ crystal	ⓝ 결정, 결정체; 수정
☐ mass	ⓝ 덩어리; 다수; 질량	☐ periodic	ⓐ 주기적인
☐ matter	ⓝ 물질; 문제, 일 ⓥ 중요하다, 문제가 되다	☐ filter	ⓝ 필터, 여과 장치 ⓥ 여과하다, 거르다
☐ relativity	ⓝ 상대성	☐ scatter	ⓥ 흩어지다; (빛·입자 등을) 산란시키다
☐ spectrum	ⓝ 스펙트럼, 가시 파장역; 범위, 영역	☐ mixture	ⓝ 혼합; 혼합물
☐ volume	ⓝ 1 부피, 체적 2 양, 분량 3 음량 4 (책의) 권	☐ transform	ⓥ 변형시키다, 변환하다

TO-DO LIST

☐ MP3 듣기	☐ 표제어와 예문 읽기	☐ 파생어 외우기
☐ Daily Check-up 풀기	☐ 누적 테스트 풀기	☐ 틀린 단어 복습하기
☐	☐	☐

외운 단어에 ✓ 못외운 단어에 ★

□ biology	ⓝ 생물학	□ orbit	ⓝ 궤도 ⓥ ~을 중심으로 궤도를 그리며 돌다
□ astronomy	ⓝ 천문학	□ explosion	ⓝ 폭발; 급격한 증가
□ geology	ⓝ 지질학	□ rotation	ⓝ (지구의) 자전; 회전
□ microscope	ⓝ 현미경	□ sphere	ⓝ 구, 구체; 영역, 권, 계
□ cell	ⓝ 1 세포 2 작은 방 3 휴대 전화	□ solar	ⓐ 태양의
□ tissue	ⓝ (세포) 조직; 휴지, 얇은 천	□ lunar	ⓐ 달의
□ germ	ⓝ 세균; (발생·발달의) 초기, 기원	□ eclipse	ⓝ (해·달의) 식
□ creature	ⓝ 생물체; 창조물, 산물	□ meteor	ⓝ 유성, 별똥별
□ organism	ⓝ 유기체, (극도로 작은) 생물(체)	□ asteroid	ⓝ 소행성
□ evolution	ⓝ 진화; 발전	□ comet	ⓝ 혜성
□ adaptation	ⓝ 적응, 순응; 각색, 개작	□ cosmic	ⓐ 우주의; 어마어마한, 장대한
□ astronaut	ⓝ 우주 비행사	□ continent	ⓝ 대륙; 육지
□ launch	ⓥ 시작하다, 출시하다; 발사하다 ⓝ 개시, 출시; 발사	□ layer	ⓝ 층, 막, 겹
□ satellite	ⓝ 인공위성; 위성	□ fossil	ⓝ 화석
□ probe	ⓝ (철저한) 조사; 우주 탐사선 ⓥ (면밀히) 조사하다	□ erosion	ⓝ 침식 (작용)

TO-DO LIST

□ MP3 듣기   □ 표제어와 예문 읽기   □ 파생어 외우기

□ Daily Check-up 풀기   □ 누적 테스트 풀기   □ 틀린 단어 복습하기

□   □   □

외운 단어에 ✔ 못외운 단어에 ★

☐ capable	ⓐ 할 수 있는; 유능한	☐ load	ⓝ (대량의) 짐; 양; 작업량, 업무량 ⓥ 싣다; 로딩하다
☐ storage	ⓝ 저장; 저장고	☐ disconnect	ⓥ 접속[전원, 연결]을 끊다
☐ install	ⓥ 설치하다	☐ crash	ⓥ 충돌[추락]하다; 고장 나다, 다운되다 ⓝ 충돌[추락] 사고; 고장
☐ access	ⓝ 접속, 접근 ⓥ 접속하다, 접근하다	☐ delete	ⓥ 삭제하다, 지우다
☐ command	ⓝ 명령(어); 구사력; 제어[통제] 능력 ⓥ 명령하다	☐ erase	ⓥ 지우다
☐ remote	ⓐ 먼; 원격의; 외딴	☐ interrupt	ⓥ 중단시키다, 방해하다
☐ sort	ⓥ 분류하다; 정렬하다 ⓝ 종류, 부류	☐ flaw	ⓝ 결점, 결함; 흠
☐ paste	ⓥ 풀로 붙이다; (데이터를 복사하여) 붙이다 ⓝ 풀; 반죽	☐ security	ⓝ 보안, 경비; 안전
☐ operate	ⓥ 작동하다, 작용하다; 수술하다	☐ distribute	ⓥ 배포하다, 유통시키다; 분배하다
☐ display	ⓝ 진열, 전시, 표시; 화면 표시 (장치) ⓥ 전시하다; 나타내다	☐ utility	ⓝ 공공 설비, 공익사업; 유틸리티
☐ input	ⓝ 입력 ⓥ 입력하다	☐ format	ⓝ 포맷, 형식 ⓥ 포맷하다
☐ output	ⓝ 산출, 생산량; 출력	☐ simulation	ⓝ 시뮬레이션, 모의실험
☐ procedure	ⓝ 절차	☐ virtual	ⓐ 사실상의; 가상의
☐ process	ⓝ 과정 ⓥ 처리하다	☐ immerse	ⓥ 담그다; 몰두하다, 몰두하게 만들다
☐ archive	ⓝ 기록 보관소; 파일 저장소	☐ domain	ⓝ 영역, 세력 범위; (컴퓨터) 도메인

TO-DO LIST

☐ MP3 듣기   ☐ 표제어와 예문 읽기   ☐ 파생어 외우기
☐ Daily Check-up 풀기   ☐ 누적 테스트 풀기   ☐ 틀린 단어 복습하기
☐   ☐   ☐

외운 단어에 V 못외운 단어에 ★

☐ industrial	ⓐ 산업의, 공업의	☐ prosperity	ⓝ 번영, 번창
☐ sector	ⓝ (경제 활동의) 부문, 분야	☐ aim	ⓝ 목표, 목적 ⓥ 목표로 하다
☐ essential	ⓐ 필수적인; 본질적인	☐ practical	ⓐ 실제적인, 현실적인; 실용적인
☐ textile	ⓝ 직물, 옷감	☐ instant	ⓐ 즉각적인, 즉시의 ⓝ 순간, 찰나
☐ innovation	ⓝ 혁신; 획기적인 것[방법]	☐ proficient	ⓐ 능숙한, 숙달한
☐ revolution	ⓝ 혁명	☐ devise	ⓥ 고안하다, 생각해 내다
☐ advancement	ⓝ 발전; 승진	☐ manufacture	ⓥ 제조하다, 생산하다 ⓝ 제조; 제품
☐ boost	ⓥ 신장시키다, 북돋우다 ⓝ 격려; 증가	☐ productivity	ⓝ 생산성
☐ excellence	ⓝ 뛰어남, 탁월함	☐ quality	ⓝ 질, 품질; 자질
☐ expertise	ⓝ 전문 지식, 전문 기술	☐ quantity	ⓝ 양, 수량
☐ ensure	ⓥ 확실히 하다, 보장하다	☐ warranty	ⓝ 보증, 품질 보증서
☐ incredible	ⓐ 믿을 수 없는, 믿기 힘든	☐ function	ⓝ 기능 ⓥ 기능하다, 작동하다
☐ advantage	ⓝ 유리함; 장점	☐ mechanical	ⓐ 기계의; 기계적인, 자발성이 없는
☐ collaboration	ⓝ 협력, 공동 연구	☐ performance	ⓝ 1 공연 2 성능, 성과 3 수행
☐ integrate	ⓥ 통합되다; 통합시키다	☐ gear	ⓝ 기어; 장비 ⓥ 맞추다, 조정하다

TO-DO LIST

☐ MP3 듣기	☐ 표제어와 예문 읽기	☐ 파생어 외우기
☐ Daily Check-up 풀기	☐ 누적 테스트 풀기	☐ 틀린 단어 복습하기
☐	☐	☐

외운 단어에 ∨ 못외운 단어에 ★

☐ agriculture	ⓝ 농업	☐ produce	ⓥ 생산하다 ⓝ 농산물
☐ irrigate	ⓥ 물을 대다, 관개하다	☐ soybean	ⓝ 콩, 대두
☐ cultivate	ⓥ 1 경작하다 2 재배하다 3 (품성을) 기르다, 함양하다	☐ cotton	ⓝ 목화, 면화; 면직물
☐ fertile	ⓐ 비옥한; 번식력이 있는	☐ yield	ⓥ 1 산출하다, 생산하다 2 굴복하다 3 양보하다 ⓝ 산출량, 수확량
☐ pesticide	ⓝ 살충제, 농약	☐ expose	ⓥ 노출시키다; 드러내다; 폭로하다
☐ harvest	ⓝ 수확, 수확량 ⓥ 수확하다, 거둬들이다	☐ straw	ⓝ 짚, 지푸라기; 빨대
☐ plantation	ⓝ (대규모) 농장; 조림지	☐ dairy	ⓝ 낙농장 ⓐ 유제품의; 낙농업의
☐ peasant	ⓝ 영세농, 소작농	☐ livestock	ⓝ 가축
☐ plow	ⓝ 쟁기 ⓥ 갈다, 경작하다	☐ raise	ⓥ 1 (들어) 올리다 2 인상하다 3 사육하다, 기르다
☐ ripe	ⓐ (과일·곡물이) 익은; (시기가) 무르익은, 적합한	☐ breed	ⓥ 새끼를 낳다; 사육하다
☐ orchard	ⓝ 과수원	☐ graze	ⓥ 풀을 뜯다; 방목하다
☐ intensive	ⓐ 집중적인; 집약적인	☐ meadow	ⓝ 목초지, 초원
☐ famine	ⓝ 기근, 기아	☐ pasture	ⓝ 목초지, 방목장
☐ barley	ⓝ 보리	☐ ranch	ⓝ 목장, 대농장
☐ crop	ⓝ 농작물; 수확량	☐ slaughter	ⓝ 도살; 학살 ⓥ 도살하다; 학살하다

TO-DO LIST

☐ MP3 듣기   ☐ 표제어와 예문 읽기   ☐ 파생어 외우기
☐ Daily Check-up 풀기   ☐ 누적 테스트 풀기   ☐ 틀린 단어 복습하기
☐   ☐   ☐

외운 단어에 V 못외운 단어에 ★

☐ fishery	ⓝ 어업, 수산업; 어장	☐ pine	ⓝ 소나무
☐ ocean	ⓝ 대양, 바다	☐ log	ⓝ 통나무
☐ marine	ⓐ 바다의, 해양의; 해군의, 해병의	☐ extensive	ⓐ 아주 넓은, 광범위한
☐ offshore	ⓐ 연안의, 근해의	☐ mine	ⓝ 광산 ⓥ 채굴하다, 캐다
☐ coast	ⓝ 해안, 해변	☐ cave	ⓝ 동굴 ⓥ 함몰하다, 꺼지다
☐ zone	ⓝ 구역	☐ drilling	ⓝ 시추, 지하 탐사
☐ overfishing	ⓝ (어류) 남획	☐ extract	ⓥ 추출하다 ⓝ 추출물
☐ underwater	ⓐ 물속의, 수중의 ⓐⓓ 물속에서, 수중에서	☐ steel	ⓝ 강철
☐ paddle	ⓝ 노 ⓥ 노를 젓다	☐ shovel	ⓝ 삽　ⓥ 삽질하다, 삽으로 파다
☐ anchor	ⓝ 닻; 앵커 ⓥ 닻을 내리다; 고정시키다	☐ exploit	ⓥ 착취하다; 이용하다; 개발하다
☐ bait	ⓝ 미끼 ⓥ 미끼를 달다[끼우다]	☐ leak	ⓥ 새다 ⓝ 새는 곳, 구멍
☐ freshwater	ⓐ 민물의, 담수의; 민물에 사는	☐ precious	ⓐ 귀중한, 소중한; 값비싼
☐ salmon	ⓝ 연어	☐ ore	ⓝ 광석
☐ forestry	ⓝ 삼림학; 임업	☐ refine	ⓥ 정제하다; 세련되게 하다, 다듬다
☐ lumber	ⓝ 목재	☐ copper	ⓝ 구리, 동

TO-DO LIST

- ☐ MP3 듣기
- ☐ 표제어와 예문 읽기
- ☐ 파생어 외우기
- ☐ Daily Check-up 풀기
- ☐ 누적 테스트 풀기
- ☐ 틀린 단어 복습하기
- ☐
- ☐
- ☐

외운 단어에 V 못외운 단어에 ★

☐ automobile	ⓝ 자동차	☐ brand-new	ⓐ 신형의, 아주 새것의
☐ fabric	ⓝ 직물, 천; (기본) 구조	☐ standard	ⓝ 수준, 기준; 규범 ⓐ 표준의; 일반적인
☐ pottery	ⓝ 도자기; 도예	☐ shipment	ⓝ 배송, 수송, 선적
☐ shipbuilding	ⓝ 조선(업)	☐ maximum	ⓐ 최대의 ⓝ 최대, 최대한도
☐ production	ⓝ 생산; 제작	☐ durable	ⓐ 내구성 있는, 오래가는
☐ conveyor	ⓝ 운반 장치, 컨베이어	☐ agency	ⓝ 대리점, 대행사
☐ assembly	ⓝ 1 집회 2 조립 3 의회, 입법 기관	☐ stock	ⓝ 재고(품) ⓥ (판매할 상품을) 갖추다, 비축하다
☐ equipment	ⓝ 장비, 설비	☐ estimate	ⓥ 추정하다, 추산하다 ⓝ 추정치, 견적
☐ facility	ⓝ 시설, 설비; 쉬움	☐ flourish	ⓥ (사업 등이) 번창하다; (동식물이) 잘 자라다
☐ mill	ⓝ 공장; 방앗간	☐ customize	ⓥ 맞춤화하다, 주문에 따라 만들다
☐ shift	ⓝ 변화; 교대 근무 (시간) ⓥ 옮기다, 이동하다, 바꾸다	☐ client	ⓝ 고객; 의뢰인
☐ mechanism	ⓝ (기계) 장치, 기구; 방법, 기제	☐ clerk	ⓝ 점원
☐ automation	ⓝ 자동화	☐ hospitable	ⓐ 환대하는, 친절한; (환경이) 쾌적한, 알맞은
☐ fuel	ⓝ 연료 ⓥ 연료를 공급하다; 부채질하다	☐ merchant	ⓝ 상인, 무역상, 도매상
☐ license	ⓝ 면허(증), 허가(증) ⓥ (사용을) 허가하다	☐ loyalty	ⓝ 충성; 충성심

외운 단어에 ∨ 못외운 단어에 ★

☐ literature	ⓝ 문학; 문헌	☐ irony	ⓝ 역설적인 점; 반어법, 풍자
☐ literary	ⓐ 문학의, 문학적인, 문예의	☐ plot	ⓝ 줄거리, 구상; 음모, 계략 ⓥ 음모를 꾸미다
☐ genre	ⓝ 장르, 유형, 양식	☐ heroine	ⓝ 여주인공; 여성 영웅
☐ classical	ⓐ 1 고전적인, 고전주의의 2 (음악이) 클래식의 3 전형적인	☐ analogy	ⓝ 유사성, 비유; 유추
☐ fiction	ⓝ 소설; 허구, 꾸며낸 이야기	☐ anecdote	ⓝ 일화
☐ novel	ⓝ 소설 ⓐ 기발한, 새로운	☐ rhyme	ⓝ 운, 각운 ⓥ (각)운이 맞다
☐ epic	ⓝ 서사시	☐ description	ⓝ 묘사, 설명, 서술
☐ poetry	ⓝ 시, 시가	☐ composition	ⓝ 1 구성 2 작품 3 작문; 작곡
☐ verse	ⓝ 운문	☐ imaginative	ⓐ 상상력이 풍부한, 창의적인
☐ prose	ⓝ 산문	☐ author	ⓝ 작가, 저자
☐ legend	ⓝ 전설; 전설적 인물	☐ publish	ⓥ 출판하다; 발표하다
☐ myth	ⓝ 신화; (사회적) 통념	☐ translation	ⓝ 번역, 통역; 해석
☐ narrative	ⓝ 이야기, 서술 ⓐ 이야기(체)의	☐ criticism	ⓝ 비평, 평론, 비판
☐ fable	ⓝ 우화, 교훈적 이야기	☐ appreciate	ⓥ 감상하다; 진가를 알아보다; 고마워하다
☐ lyric	ⓐ 서정시의, 서정적인 ⓝ 서정시; 노래 가사	☐ comparative	ⓐ 비교의, 상대적인

TO-DO LIST

☐ MP3 듣기　　　☐ 표제어와 예문 읽기　　　☐ 파생어 외우기
☐ Daily Check-up 풀기　　☐ 누적 테스트 풀기　　☐ 틀린 단어 복습하기
☐　　　　　　　　☐　　　　　　　　☐

외운 단어에 V 못외운 단어에 ★

☐ artistic	ⓐ 예술의, 예술적인	☐ portray	ⓥ 그리다, 묘사하다
☐ masterpiece	ⓝ 걸작, 명작, 대표작	☐ landscape	ⓝ 풍경, 경치; 풍경화
☐ aesthetic	ⓐ 미의; 심미적인	☐ perspective	ⓝ 관점, 시각; 원근법
☐ composer	ⓝ 작곡가	☐ background	ⓝ (사람·사건의) 배경, 환경; (그림·사진의) 배경
☐ instrument	ⓝ 기구, 도구; 악기	☐ graphic	ⓐ 생생한, 상세한; 그래픽의; 시각 예술의
☐ string	ⓝ 1 줄 2 연속, 일련 3 현악 파트 ⓥ 실에 꿰다; 줄을 매다	☐ vibrant	ⓐ 활기찬; (색채가) 선명한, 강렬한
☐ symphony	ⓝ 교향곡	☐ subtle	ⓐ 미묘한; 섬세한, 민감한
☐ score	ⓝ 1 점수; 득점 2 음악 3 악보 ⓥ 득점하다	☐ shade	ⓝ 그늘; (그림의) 색조, 음영
☐ vocal	ⓐ 목소리의 ⓝ 보컬[노래 부분]	☐ sculpture	ⓝ 조각품; 조각, 조소
☐ harmonize	ⓥ 조화를 이루다, 어울리다; 화음을 넣다	☐ statue	ⓝ 상, 조각상
☐ tune	ⓝ 곡조, 선율, 음정 ⓥ 조율하다	☐ carve	ⓥ 조각하다; 새기다, 파다
☐ pitch	ⓝ 1 (야구) 투구 2 음조 3 정점, 최고조 ⓥ 던지다	☐ calligraphy	ⓝ 서예
☐ note	ⓝ 1 메모 2 쪽지, 짧은 편지 3 음; 음표 ⓥ 주목하다, 유념하다	☐ gallery	ⓝ 미술관, 화랑; 방청석, 위층 관람석
☐ depict	ⓥ 묘사하다, 그리다, 표현하다	☐ exhibit	ⓥ 전시하다 ⓝ 전시; 전시품
☐ illustrate	ⓥ (예를 들어) 설명하다, 예증하다; 삽화를 넣다	☐ curator	ⓝ 큐레이터, 전시 책임자

TO-DO LIST

☐ MP3 듣기   ☐ 표제어와 예문 읽기   ☐ 파생어 외우기

☐ Daily Check-up 풀기   ☐ 누적 테스트 풀기   ☐ 틀린 단어 복습하기

☐   ☐   ☐

외운 단어에 V 못외운 단어에 ★

☐ theme	ⓝ 주제, 테마	☐ cast	ⓝ 출연진; 깁스 ⓥ 던지다; 캐스팅하다
☐ script	ⓝ 대본, 원고; 필체, 글씨체	☐ appear	ⓥ 1 ~인 것 같다 2 나타나다, 생기다 3 출연하다
☐ scene	ⓝ 장면; 현장	☐ rehearse	ⓥ 예행연습[리허설]을 하다
☐ crew	ⓝ 승무원 (전원); 팀, 조	☐ makeup	ⓝ 분장, 화장
☐ director	ⓝ (영화·연극의) 감독, 연출자; (회사의) 임원, 이사	☐ stage	ⓝ 단계; 무대 ⓥ 무대에 올리다, 상연하다
☐ crisis	ⓝ 위기, 고비, 결정적 단계	☐ tragedy	ⓝ 비극; 비극적 사건
☐ episode	ⓝ 사건, 일화; (연속극 등의) 방송 1회분	☐ effect	ⓝ 영향, 결과; (영화 등에서의) 효과
☐ intrigue	ⓥ 흥미를 끌다, 호기심을 자극하다 ⓝ 모의, 음모	☐ sequence	ⓝ 연속; 순서, 차례; (영화의 일부) 장면
☐ base	ⓥ ~에 근거[바탕]를 두다 ⓝ 토대, 기초	☐ shooting	ⓝ 발사, 총격; 촬영
☐ original	ⓐ 원래의, 원본[원작]의; 독창적인 ⓝ 원본	☐ nominate	ⓥ (후보로) 지명하다
☐ audition	ⓝ 오디션, 심사 ⓥ 오디션을 보다	☐ celebrity	ⓝ 연예인; 유명인사
☐ debut	ⓝ 데뷔, 첫 출연 ⓥ 데뷔하다, 첫 무대에 서다	☐ animation	ⓝ 만화 영화, 애니메이션; 생기, 활기
☐ terrific	ⓐ 아주 멋진, 훌륭한	☐ suspense	ⓝ (영화 등의) 긴장감, 서스펜스
☐ narrator	ⓝ 이야기하는 사람, 화자	☐ release	ⓥ 풀어주다, 석방하다; 개봉하다, 발매하다 ⓝ 석방; 개봉(작)
☐ role	ⓝ 역할; 배역	☐ earnings	ⓝ 소득; 수익

TO-DO LIST

☐ MP3 듣기	☐ 표제어와 예문 읽기	☐ 파생어 외우기
☐ Daily Check-up 풀기	☐ 누적 테스트 풀기	☐ 틀린 단어 복습하기
☐	☐	☐

외운 단어에 ∨ 못외운 단어에 ★

☐ tournament	ⓝ 토너먼트 (승자 진출전), 선수권 대회	☐ tie	ⓝ 1 끈 2 동점, 무승부 3 유대 관계 ⓥ 묶다; 비기다, 동점[무승부]이 되다
☐ league	ⓝ (스포츠 경기의) 리그; 연합, 연맹	☐ tough	ⓐ 1 힘든, 어려운 2 강인한; 강한 3 엄격한
☐ competition	ⓝ 경쟁; 대회, 시합	☐ fierce	ⓐ 강력한, 맹렬한; 사나운, 험악한
☐ annual	ⓐ 해마다의, 연례의	☐ violent	ⓐ 과격한, 난폭한; 격렬한, 맹렬한
☐ international	ⓐ 국제적인	☐ injury	ⓝ 부상
☐ qualify	ⓥ 자격을 얻다, 자격을 충족하다	☐ penalty	ⓝ 처벌, 벌칙, 벌금; 페널티 킥
☐ arena	ⓝ 경기장, 투기장; 활동 무대, 경쟁의 장	☐ whistle	ⓝ 호루라기[휘파람] 소리 ⓥ 호루라기 [휘파람]를 불다
☐ entry	ⓝ 들어감, 입장; 참가, 출전	☐ revenge	ⓝ 복수, 보복, 설욕
☐ amateur	ⓝ, ⓐ 아마추어(의); 직업적이 아닌	☐ applause	ⓝ 박수갈채
☐ extreme	ⓐ 극도의; 극단적인, 과격한 ⓝ 극도, 극단	☐ athlete	ⓝ (운동)선수
☐ defense	ⓝ 방어, 수비	☐ coach	ⓝ 코치, 감독 ⓥ 코치하다, 지도하다
☐ strategy	ⓝ 전략, 계획	☐ captain	ⓝ 선장; 기장; 주장
☐ match	ⓝ 1 경기 2 (경쟁) 상대 3 성냥 4 잘 어울리는 것 ⓥ ~와 어울리다	☐ opponent	ⓝ 상대, 적수; 반대자
☐ rivalry	ⓝ 경쟁 (관계)	☐ referee	ⓝ 심판
☐ defeat	ⓥ 이기다, 물리치다 ⓝ 패배	☐ spectator	ⓝ 관중, 구경꾼

TO-DO LIST

☐ MP3 듣기   ☐ 표제어와 예문 읽기   ☐ 파생어 외우기

☐ Daily Check-up 풀기   ☐ 누적 테스트 풀기   ☐ 틀린 단어 복습하기

☐   ☐   ☐

외운 단어에 V 못외운 단어에 ★

☐ arrange	ⓥ 준비하다, 마련하다; 정리하다, 배열하다	☐ jet lag	ⓝ 시차 부적응
☐ renew	ⓥ 재개하다; 갱신하다, 연장하다	☐ round-trip	ⓐ 왕복의, 왕복 여행의
☐ cancel	ⓥ 취소하다	☐ baggage	ⓝ 수하물
☐ search	ⓝ 찾기, 검색 ⓥ 찾다, 검색하다	☐ customs	ⓝ 세관; 관세
☐ vacancy	ⓝ 빈 방; 공석, 결원	☐ rental	ⓝ 임대, 대여; 임대료, 대여료
☐ available	ⓐ 이용 가능한, 구할 수 있는; 시간이 있는, 여가가 있는	☐ accommodation	ⓝ 숙소, 숙박 시설
☐ destination	ⓝ 목적지, 도착지	☐ check-in	ⓝ 숙박 수속; 탑승 수속 (장소)
☐ itinerary	ⓝ 여행 일정, 여정	☐ resort	ⓝ 휴양지, 리조트 ⓥ 의지하다, 호소하다
☐ depart	ⓥ 출발하다, 떠나다	☐ overnight	ⓐⓓ 밤사이에, 하룻밤 동안 ⓐ 하룻밤의, 야간의
☐ journey	ⓝ 여행, 행로	☐ sightseeing	ⓝ 관광, 유람
☐ voyage	ⓝ 항해 ⓥ 항해하다	☐ wander	ⓥ 돌아다니다, 헤매다; (마음·생각이) 산만해지다, 다른 데로 흐르다
☐ abroad	ⓐⓓ 해외에, 해외로	☐ excursion	ⓝ 짧은 여행, 소풍
☐ overseas	ⓐⓓ 해외에, 해외로 ⓐ 해외(로부터)의	☐ attraction	ⓝ 끌림; (사람을 끄는) 매력; 명소, 명물
☐ aboard	ⓐⓓ 탑승하여 prep ~에 탑승하여	☐ souvenir	ⓝ 기념품
☐ aisle	ⓝ 통로	☐ encounter	ⓥ 마주치다; 부딪히다 ⓝ 접촉, 조우

TO-DO LIST

☐ MP3 듣기　　　☐ 표제어와 예문 읽기　　　☐ 파생어 외우기
☐ Daily Check-up 풀기　☐ 누적 테스트 풀기　　☐ 틀린 단어 복습하기
☐　　　　　　　　☐　　　　　　　　　☐

외운 단어에 V 못외운 단어에 ★

☐ recreation	ⓝ 여가 활동, 휴양, 레크리에이션	☐ spare	ⓐ 여분의; 여가의 ⓥ 할애하다, 내다
☐ pastime	ⓝ 오락, 취미, 기분 전환	☐ adventure	ⓝ 모험; 모험심
☐ entertainment	ⓝ 오락, 즐거움; 연예	☐ vigor	ⓝ 힘, 활력; 활기
☐ leisure	ⓝ 여가, 한가한 시간	☐ interest	ⓝ 1 관심, 흥미 2 관심사, 취미 3 이자 ⓥ 관심[흥미]을 끌다
☐ gardening	ⓝ 정원 가꾸기, 원예	☐ pleasure	ⓝ 기쁨, 즐거움
☐ martial art	ⓝ 무술, 무도	☐ rewarding	ⓐ 보람 있는; 수익이 나는
☐ collection	ⓝ 수집(품); 소장품	☐ comfort	ⓝ 편안함; 위로, 위안 ⓥ 위로하다
☐ antique	ⓝ 골동품 ⓐ 골동품인; 고풍스러운	☐ soothe	ⓥ 덜다, 달래다, 진정시키다
☐ handicraft	ⓝ 수공예; 수공예품	☐ balance	ⓝ 균형; 잔고 ⓥ 균형을 맞추다[잡다]
☐ weave	ⓥ 짜다, 엮다	☐ amusement	ⓝ 즐거움, 재미
☐ sew	ⓥ 바느질하다, 재봉하다	☐ refresh	ⓥ 상쾌하게 하다; (기억 등을) 새롭게 하다
☐ gambling	ⓝ 도박, 내기	☐ relaxation	ⓝ 긴장 완화, 이완; 휴식
☐ pursuit	ⓝ 추구; 활동, 소일거리	☐ fitness	ⓝ 건강, 체력; 적합성, 적절
☐ skilled	ⓐ 숙련된, 노련한	☐ enrich	ⓥ 풍부하게 하다, 질을 높이다
☐ master	ⓥ 완전히 익히다, 숙달하다 ⓝ 1 주인 2 대가, 거장 3 석사 학위	☐ broaden	ⓥ 넓히다, 확장하다

외운 단어에 V 못외운 단어에 ★

☐ charity	ⓝ 자선 단체; 자선 사업	☐ offer	ⓥ 제의하다, 제공하다 ⓝ 제의
☐ foundation	ⓝ 1 토대, 기초 2 재단 3 설립, 건립	☐ assistance	ⓝ 도움, 원조, 지원
☐ organization	ⓝ 조직, 단체, 기구	☐ aid	ⓝ 도움, 원조 ⓥ 돕다
☐ nonprofit	ⓐ 비영리의, 비영리적인	☐ relief	ⓝ 1 안도, 안심 2 경감, 완화 3 구호, 구호품
☐ proceed	ⓥ 나아가다; 진행하다	☐ considerate	ⓐ 사려 깊은, 배려하는
☐ fund	ⓝ 기금, 재원 ⓥ ~에 자금을 대다	☐ thoughtful	ⓐ 자상한, 배려심 있는; 생각이 깊은, 신중한
☐ volunteer	ⓝ 자원봉사자 ⓥ 자원하다, 자원봉사를 하다	☐ cause	ⓝ 원인; 이유; 대의명분; 목적 ⓥ 일으키다, 야기하다
☐ voluntary	ⓐ 자발적인; 자원봉사의	☐ noble	ⓐ 숭고한, 고귀한; 귀족의
☐ coordinator	ⓝ 진행 담당자, 코디네이터, 조정자	☐ goodwill	ⓝ 선의, 호의; 친선
☐ generous	ⓐ 후한, 넉넉한; 관대한	☐ empathy	ⓝ 공감, 감정 이입
☐ contribution	ⓝ 기여, 공헌; 기부금, 성금	☐ humanitarian	ⓐ 인도(주의)적인, 인간애의
☐ donation	ⓝ 기부(금), 기증(품)	☐ pride	ⓝ 자랑스러움, 자부심 ⓥ 자랑하다
☐ anonymous	ⓐ 익명의	☐ worth	ⓐ ~의 가치가 있는 ⓝ 가치, 값어치
☐ steady	ⓐ 꾸준한; 확고한, 안정된	☐ aspiration	ⓝ 열망, 염원
☐ sponsor	ⓥ 후원하다 ⓝ 후원자	☐ impact	ⓝ (강력한) 영향, 충격 ⓥ 충격[영향]을 주다

TO-DO LIST

- ☐ MP3 듣기
- ☐ 표제어와 예문 읽기
- ☐ 파생어 외우기
- ☐ Daily Check-up 풀기
- ☐ 누적 테스트 풀기
- ☐ 틀린 단어 복습하기
- ☐
- ☐
- ☐

외운 단어에 V 못외운 단어에 ★

☐ historic	ⓐ 역사적으로 중요한, 역사적인	☐ dawn	ⓝ 새벽; 시초, 태동
☐ arch(a)eology	ⓝ 고고학	☐ advanced	ⓐ 선진의, 진보된; 고급[상급]의
☐ era	ⓝ 시대	☐ progress	ⓝ 진보, 발전; 진행 ⓥ 나아가다, 진전하다
☐ primitive	ⓐ 원시의, 미개의; 원시적인	☐ liberate	ⓥ 자유롭게 하다, 해방시키다
☐ ancient	ⓐ 고대의, 아주 오래된	☐ fade	ⓥ 바래다, 희미해지다, 서서히 사라지다
☐ medieval	ⓐ 중세의	☐ remains	ⓝ 유적; 유해
☐ enlightenment	ⓝ 계몽, 교화; 계몽주의	☐ legacy	ⓝ 유산
☐ contemporary	ⓐ 현대의; 동시대의 ⓝ 동시대 사람	☐ monument	ⓝ 기념비; 기념물, 유적
☐ precede	ⓥ ~에 앞서다 [선행하다]	☐ incident	ⓝ 일, 사건
☐ chronicle	ⓝ 연대기	☐ expedition	ⓝ 탐험 (조사), 원정; 탐험[원정]대
☐ division	ⓝ 1 구분 2 나눗셈 3 분열	☐ colony	ⓝ 식민지; (새·개미·벌 등의) 집단
☐ outline	ⓝ 요점, 개요; 윤곽(선), 테두리 ⓥ ~의 개요를 서술하다; ~의 윤곽을 그리다	☐ settlement	ⓝ 1 정착 2 정착지 3 (분쟁 등의) 합의, 해결
☐ civilization	ⓝ 문명	☐ slavery	ⓝ 노예 제도; 노예 신분
☐ dynasty	ⓝ 왕조	☐ dominate	ⓥ 지배하다; 우위를 점하다
☐ heir	ⓝ 계승자, 후계자; 상속인	☐ nomad	ⓝ 유목민; 방랑자, 유랑자

TO-DO LIST

☐ MP3 듣기	☐ 표제어와 예문 읽기	☐ 파생어 외우기
☐ Daily Check-up 풀기	☐ 누적 테스트 풀기	☐ 틀린 단어 복습하기
☐		☐

외운 단어에 V 못외운 단어에 ★

☐ geography	ⓝ 지리학; 지리, 지형	☐ seashore	ⓝ 해안, 해변
☐ formation	ⓝ 형성 (과정); (자연물의) 형태; 형성물	☐ slope	ⓝ 비탈, 경사면 ⓥ 경사지다
☐ equator	ⓝ 적도	☐ peak	ⓝ 꼭대기, 봉우리; 정점, 절정
☐ hemisphere	ⓝ 반구	☐ summit	ⓝ 정상, 산꼭대기; 정상 회담
☐ latitude	ⓝ 위도	☐ canyon	ⓝ 협곡
☐ longitude	ⓝ 경도	☐ ridge	ⓝ 산등성이, 능선
☐ pole	ⓝ 극; 막대기	☐ plateau	ⓝ 고원; 높고 편평한 땅
☐ tropical	ⓐ 열대의, 열대 지방의	☐ valley	ⓝ 계곡, 골짜기
☐ Pacific	ⓝ 태평양 ⓐ 태평양의; (p-) 평화로운, 평화적인	☐ basin	ⓝ 분지; (큰 강의) 유역
☐ border	ⓝ 국경(선), (지역 사이의) 경계; 가장자리, 테두리 ⓥ 접경하다	☐ rainforest	ⓝ (열대) 우림
☐ scale	ⓝ 1 규모 2 저울 3 축척 4 비늘	☐ marsh	ⓝ 늪, 습지
☐ iceberg	ⓝ 빙산	☐ barren	ⓐ 척박한, 황량한
☐ glacier	ⓝ 빙하	☐ desolate	ⓐ 황폐한, 적막한; 쓸쓸한, 외로운
☐ bay	ⓝ 만; 구역	☐ desert	ⓝ 사막 ⓥ 버리다
☐ gulf	ⓝ (크고 깊은) 만; 격차	☐ horizon	ⓝ 지평선, 수평선; 시야

TO-DO LIST

☐ MP3 듣기　　　☐ 표제어와 예문 읽기　　　☐ 파생어 외우기
☐ Daily Check-up 풀기　　　☐ 누적 테스트 풀기　　　☐ 틀린 단어 복습하기
☐　　　　　　　☐　　　　　　　☐

외운 단어에 V 못외운 단어에 ★

☐ transport	ⓥ 수송하다 ⓝ 수송	☐ canal	ⓝ 운하, 수로
☐ transit	ⓝ 운송, 운반; (대중)교통	☐ navigate	ⓥ 길을 안내하다; 항해하다
☐ means	ⓝ 수단, 방법	☐ merge	ⓥ 합쳐지다, 합류하다; 합병하다
☐ vehicle	ⓝ 차량, 탈것; 수단, 매개체	☐ overtake	ⓥ 따라잡다; 추월하다
☐ wagon	ⓝ 짐마차; 화물 열차	☐ reverse	ⓥ 뒤바꾸다; 후진하다 ⓝ, ⓐ (정)반대(의); 후진
☐ express	ⓐ 급행의, 신속한 ⓥ 표현하다	☐ distance	ⓝ 거리
☐ fare	ⓝ 운임, 교통 요금	☐ pedestrian	ⓝ 보행자 ⓐ 보행(자)의
☐ affordable	ⓐ 비싸지 않은, 감당할 수 있는	☐ pavement	ⓝ 포장도로; 인도, 보도
☐ accessible	ⓐ 이용할 수 있는, 접근 가능한	☐ commute	ⓥ 통근하다 ⓝ 통근
☐ passenger	ⓝ 승객, 여객	☐ location	ⓝ 장소, 위치; 현지 촬영지
☐ congested	ⓐ 붐비는, 혼잡한	☐ delivery	ⓝ 배달, 배송; 인도, 전달
☐ transfer	ⓥ 옮기다, 이송하다; 갈아타다, 환승하다 ⓝ 이동; 환승	☐ ship	ⓝ (큰) 배, 선박 ⓥ 보내다, 수송하다
☐ route	ⓝ 경로, 노선	☐ container	ⓝ 그릇, 용기; (화물 수송용) 컨테이너
☐ platform	ⓝ 승강장; 연단, 강단	☐ insurance	ⓝ 보험
☐ terminal	ⓝ 종착역, 터미널 ⓐ 말기의; 최종적인	☐ bound	ⓐ ~행의, ~로 향하는; ~할 가능성이 큰, ~하기 마련인

TO-DO LIST

☐ MP3 듣기 　　☐ 표제어와 예문 읽기 　　☐ 파생어 외우기

☐ Daily Check-up 풀기 　　☐ 누적 테스트 풀기 　　☐ 틀린 단어 복습하기

☐ 　　☐ 　　☐

외운 단어에 ✓ 못외운 단어에 ★

☐ legal	ⓐ 법률의; 합법적인	☐ sue	ⓥ 고소하다, 소송을 제기하다
☐ enforce	ⓥ 시행하다, 집행하다; 강요하다	☐ accuse	ⓥ 고발[고소]하다, 비난하다
☐ violate	ⓥ 위반하다, 어기다; 침해하다	☐ court	ⓝ 법정; 궁전, 왕실
☐ status	ⓝ (법적) 신분; (사회적) 지위	☐ trial	ⓝ 재판, 공판; 실험, 시험
☐ valid	ⓐ 유효한; 타당한	☐ case	ⓝ 1 사례, 경우 2 소송 (사건) 3 (경찰이 조사 중인) 사건
☐ patent	ⓝ 특허, 특허권 ⓐ 특허의	☐ judicial	ⓐ 사법의, 재판의
☐ illegal	ⓐ 불법의, 비합법적인	☐ jury	ⓝ 배심원단
☐ suspect	ⓝ 용의자, 혐의자 ⓥ (~이라는) 의혹을 품다, 의심하다	☐ justice	ⓝ 정의, 공정; 사법, 재판
☐ criminal	ⓐ 범죄의; 형사상의 ⓝ 범인, 범죄자	☐ witness	ⓝ 목격자; 증인 ⓥ 목격하다
☐ murder	ⓝ 살인 ⓥ 살해하다	☐ summon	ⓥ 소환하다, 출두를 명하다
☐ rob	ⓥ 강탈하다, 빼앗다	☐ sentence	ⓝ 문장; 선고, 형벌 ⓥ 선고하다, 판결을 내리다
☐ theft	ⓝ 절도, 도둑질	☐ appeal	ⓝ 호소; 항소; 호소력 ⓥ 호소하다; 항소하다; 관심을 끌다
☐ arrest	ⓥ 체포하다 ⓝ 체포	☐ fine	ⓝ 벌금 ⓥ 벌금을 부과하다
☐ deceive	ⓥ 속이다, 기만하다	☐ conviction	ⓝ 신념, 확신; 유죄 판결
☐ justify	ⓥ 정당화하다	☐ innocent	ⓐ 결백한, 무죄인; 순진한

TO-DO LIST

☐ MP3 듣기   ☐ 표제어와 예문 읽기   ☐ 파생어 외우기

☐ Daily Check-up 풀기   ☐ 누적 테스트 풀기   ☐ 틀린 단어 복습하기

☐   ☐   ☐

외운 단어에 V 못외운 단어에 ★

☐ moral	ⓐ 도덕적인, 도덕상의 ⓝ 교훈; 윤리	☐ trustworthy	ⓐ 신뢰할 수 있는, 믿을 수 있는
☐ ethical	ⓐ 윤리적인, 도덕상의	☐ responsibility	ⓝ 책임; 의무
☐ conscience	ⓝ 양심	☐ norm	ⓝ 표준, 기준; 규범
☐ dignity	ⓝ 존엄(성), 위엄, 품위	☐ duty	ⓝ 1 의무 2 근무; 임무 3 관세, 세금
☐ inspire	ⓥ 고무하다, 영감을 주다; (감정 등을) 불어넣다	☐ obey	ⓥ 복종하다, 따르다
☐ sacrifice	ⓝ 희생 ⓥ 희생하다, 희생시키다	☐ instill	ⓥ 스며들게 하다, 서서히 가르치다
☐ commitment	ⓝ 약속, 서약; 헌신	☐ uphold	ⓥ (법·원칙 등을) 유지시키다; 떠받치다
☐ persist	ⓥ (계속) 주장하다, 고집하다; 계속되다, 지속되다	☐ naïve	ⓐ 순진한, 때 묻지 않은
☐ virtue	ⓝ 1 미덕 2 선행 3 장점	☐ compromise	ⓝ 타협, 절충 ⓥ 타협하다; 굽히다; 손상시키다
☐ compassion	ⓝ 동정심, 연민	☐ tendency	ⓝ 경향, 추세; 버릇, 성향
☐ cherish	ⓥ 소중히 하다; (마음 속에) 간직하다	☐ judg(e)ment	ⓝ 판단, 판단력; 재판, 판결
☐ intention	ⓝ 의도, 의향	☐ critical	ⓐ 1 비판적인 2 매우 중요한 3 위급한; 위독한
☐ ultimate	ⓐ 궁극적인, 최종의	☐ tolerant	ⓐ 관대한, 아량 있는; 잘 견디는
☐ value	ⓝ 가치 ⓥ 가치 있게 여기다	☐ superior	ⓐ 상급의; 우월한, 우수한
☐ worthwhile	ⓐ 가치 있는, 보람 있는	☐ appropriate	ⓐ 적절한, 적당한

TO-DO LIST

☐ MP3 듣기   ☐ 표제어와 예문 읽기   ☐ 파생어 외우기
☐ Daily Check-up 풀기   ☐ 누적 테스트 풀기   ☐ 틀린 단어 복습하기
☐   ☐

Date   년   월   일

외운 단어에 V 못외운 단어에 ★

☐ religious	ⓐ 종교의, 종교적인; 신앙심이 깊은	☐ minister	ⓝ 장관; 성직자, 목사
☐ ceremony	ⓝ 의식, 식	☐ pope	ⓝ (천주교의) 교황
☐ ritual	ⓝ 의식; 의례적 행위 ⓐ 의식상의	☐ nun	ⓝ 수녀
☐ service	ⓝ 서비스, 사업; 예배, 예식	☐ monk	ⓝ 수도사, 수도승, 승려
☐ solemn	ⓐ 엄숙한, 근엄한	☐ prayer	ⓝ 기도, 기도문
☐ worship	ⓝ 예배; 숭배 ⓥ 예배하다; 숭배하다	☐ sin	ⓝ 죄, 죄악
☐ preach	ⓥ 설교하다, 전도하다; 훈계하다	☐ cult	ⓝ 추종, 숭배; (소수) 종교 집단; 신흥 종교
☐ reverence	ⓝ 존경, 숭배, 경의	☐ exclusive	ⓐ 배타적인; 양립할 수 없는; 독점적인
☐ meditation	ⓝ 명상, 묵상	☐ superstition	ⓝ 미신
☐ celebrate	ⓥ 기념하다, 경축하다; 널리 알리다	☐ spiritual	ⓐ 정신적인; 종교의
☐ divine	ⓐ 신의, 신성한	☐ faith	ⓝ 믿음, 신뢰; 신앙(심)
☐ sacred	ⓐ 성스러운; 신성시되는	☐ confess	ⓥ 자백하다, 고백하다, 고해하다
☐ saint	ⓝ 성인(聖人)	☐ destiny	ⓝ 운명, 숙명
☐ icon	ⓝ 우상; (컴퓨터) 아이콘	☐ fate	ⓝ 운명, 숙명
☐ priest	ⓝ 사제, 신부; 성직자	☐ convert	ⓥ 변환하다, 전환시키다; 개종하다[시키다]

TO-DO LIST

☐ MP3 듣기 ☐ 표제어와 예문 읽기 ☐ 파생어 외우기
☐ Daily Check-up 풀기 ☐ 누적 테스트 풀기 ☐ 틀린 단어 복습하기
☐ ☐ ☐

외운 단어에 ∨ 못외운 단어에 ★

☐ occur	ⓥ 일어나다, 발생하다; 떠오르다, 생각나다	☐ refugee	ⓝ 피난민, 난민
☐ arise	ⓥ 생기다, 발생하다	☐ flexible	ⓐ 융통성 있는, 유연한, 탄력적인
☐ approach	ⓝ 접근; 접근법 ⓥ ~에 다가가다, 접근하다	☐ pace	ⓝ 속도
☐ attempt	ⓥ 시도하다 ⓝ 시도	☐ eliminate	ⓥ 없애다, 제거하다
☐ basis	ⓝ 기초, 근거, 바탕	☐ artificial intelligence	ⓝ 인공 지능
☐ aspect	ⓝ 측면, 일면, 관점	☐ privacy	ⓝ 사생활; 사적 자유
☐ sentiment	ⓝ 정서, 감정; 의견	☐ suicide	ⓝ 자살
☐ consensus	ⓝ 의견 일치, 합의	☐ addiction	ⓝ 중독
☐ controversial	ⓐ 논쟁의, 논란의 여지가 있는	☐ racism	ⓝ 인종 차별
☐ civil	ⓐ 시민의; 민사의	☐ safety	ⓝ 안전
☐ gender	ⓝ 성, 성별	☐ abandon	ⓥ 포기하다; 버리다, 유기하다
☐ poverty	ⓝ 가난, 빈곤, 결핍	☐ generation	ⓝ 세대; 생성, 발생
☐ minority	ⓝ 소수; 소수 민족; 소수당, 소수파	☐ population	ⓝ 인구; (동·식물의) 개체 수
☐ injustice	ⓝ 부당함; 부정; 불공평	☐ death penalty	ⓝ 사형
☐ immigrate	ⓥ 이주해 오다, 이민 오다	☐ abortion	ⓝ 낙태, 임신 중절

TO-DO LIST

☐ MP3 듣기 ☐ 표제어와 예문 읽기 ☐ 파생어 외우기
☐ Daily Check-up 풀기 ☐ 누적 테스트 풀기 ☐ 틀린 단어 복습하기
☐ ☐ ☐

외운 단어에 V 못외운 단어에 ★

☐ political	ⓐ 정치의, 정치적인	☐ debate	ⓝ 토론, 논쟁 ⓥ 토론하다, 논쟁하다
☐ ideology	ⓝ 이데올로기, 이념	☐ involve	ⓥ 관련시키다, 참여시키다; 수반하다
☐ democracy	ⓝ 민주주의, 민주 국가	☐ manipulate	ⓥ 조종하다, 조작하다
☐ republic	ⓝ 공화국	☐ rally	ⓝ 집회, 대회 ⓥ 결집하다
☐ government	ⓝ 정부, 정권	☐ riot	ⓝ 폭동, 소요
☐ federal	ⓐ 연방의, 연방제의	☐ election	ⓝ 선거
☐ parliament	ⓝ 의회, 국회	☐ campaign	ⓝ (정치·사회적) 운동, 캠페인; 군사 행동
☐ council	ⓝ (지방 자치 단체의) 의회; 회의; 협의회	☐ candidate	ⓝ 후보자, 지원자
☐ constitution	ⓝ 헌법; 구성, 구조	☐ vote	ⓝ 투표, 표결; 표; 득표수 ⓥ 투표하다
☐ authority	ⓝ 권한, 권위; 당국, 기관	☐ diplomat	ⓝ 외교관
☐ bureaucracy	ⓝ (집합적) 관료; 관료주의, 관료 정치	☐ negotiation	ⓝ 협상, 교섭
☐ statesman	ⓝ 정치인, 정치가	☐ intervene	ⓥ 개입하다, 끼어들다
☐ resign	ⓥ 사임하다, 물러나다	☐ ally	ⓝ 동맹국 ⓥ 연합하다, 동맹을 맺다
☐ corrupt	ⓐ 부패한, 타락한 ⓥ 부패하게 만들다, 타락시키다	☐ embassy	ⓝ 대사관
☐ mayor	ⓝ 시장	☐ neutral	ⓐ 중립적인, 어느 편도 들지 않는

TO-DO LIST

- ☐ MP3 듣기
- ☐ 표제어와 예문 읽기
- ☐ 파생어 외우기
- ☐ Daily Check-up 풀기
- ☐ 누적 테스트 풀기
- ☐ 틀린 단어 복습하기
- ☐
- ☐
- ☐

외운 단어에 V 못외운 단어에 ★

☐ military	ⓐ 군대의, 군사의 ⓝ 군대	☐ mission	ⓝ 1 임무 2 사절단 3 전도, 포교 4 사명
☐ navy	ⓝ 해군	☐ rebel	ⓝ 반란군, 반역자; 반항아 ⓥ 반역하다; 반항하다
☐ troop	ⓝ 병력, 군대; 부대	☐ invade	ⓥ 침입하다, 침략하다; 침해하다
☐ warrior	ⓝ 전사, 용사	☐ conquer	ⓥ 정복하다; 극복하다
☐ veteran	ⓝ 참전 용사, 퇴역 군인; 베테랑, 노련한 사람	☐ assault	ⓝ 공격; 폭행 ⓥ 급습하다; 폭행하다
☐ rank	ⓝ 계급, 지위 ⓥ 등급을 정하다, (계급·등급을) 차지하다	☐ confront	ⓥ ~와 맞서다 [직면하다]
☐ armor	ⓝ 갑옷, 철갑	☐ betray	ⓥ 배반[배신]하다; (적에게 정보를) 넘겨주다
☐ weapon	ⓝ 무기, 공격 수단	☐ devastate	ⓥ 완전히 파괴하다; 엄청난 충격을 주다
☐ shield	ⓝ 방패 ⓥ 보호하다, 가리다	☐ patrol	ⓝ 순찰(대), 정찰(대) ⓥ 순찰하다
☐ bullet	ⓝ 총알, 탄알	☐ fatal	ⓐ 치명적인
☐ trigger	ⓝ 방아쇠 ⓥ 촉발시키다	☐ flee	ⓥ 도망치다, 달아나다
☐ battle	ⓝ 전투, 싸움 ⓥ 싸우다, 투쟁하다	☐ surrender	ⓥ 항복하다; 넘겨주다, 양도하다 ⓝ 항복; 양도, 포기
☐ combat	ⓝ 전투, 격투 ⓥ ~에 맞서 싸우다	☐ retreat	ⓥ 후퇴하다, 퇴각하다 ⓝ 후퇴, 퇴각
☐ outbreak	ⓝ (전쟁·질병 등의) 발발, 발생	☐ capture	ⓥ 붙잡다; 사로잡다 ⓝ 포획
☐ foe	ⓝ 적, 적군, 원수	☐ wound	ⓝ 부상, 상처 ⓥ 상처[부상]를 입히다

TO-DO LIST

☐ MP3 듣기	☐ 표제어와 예문 읽기	☐ 파생어 외우기
☐ Daily Check-up 풀기	☐ 누적 테스트 풀기	☐ 틀린 단어 복습하기
☐	☐	☐

외운 단어에 V 못외운 단어에 ★

□ economic	ⓐ 경제의; 경제학의	□ currency	ⓝ 통화, 화폐
□ gross	ⓐ 총계의, 총-	□ exchange	ⓝ 교환 ⓥ 교환하다
□ stock market	ⓝ 주식 시장	□ employment	ⓝ 고용, 취업, 일자리
□ monetary	ⓐ 통화의, 화폐의	□ enterprise	ⓝ 1 기업, 회사 2 사업 (활동) 3 진취성, 모험심
□ finance	ⓝ 재정, 재무, 금융 ⓥ 자금을 조달[공급]하다	□ venture	ⓝ 모험; 벤처 사업 ⓥ 모험하다, 과감히 ~하다
□ invest	ⓥ 투자하다; (시간·노력 등을) 쏟다	□ income	ⓝ 수입, 소득
□ tax	ⓝ 세금	□ terminate	ⓥ 끝내다, 종결시키다
□ boom	ⓝ 호황; 대유행	□ minimum	ⓐ 최소[최저]의 ⓝ 최소, 최소한도
□ inflation	ⓝ 통화 팽창, 인플레이션	□ statistics	ⓝ 통계, 통계학
□ depression	ⓝ 우울증; 불경기, 불황	□ quarter	ⓝ 4분의 1; 분기
□ demand	ⓝ 수요, 요구 ⓥ 요구하다	□ rate	ⓝ 비율; 속도, 요금
□ supply	ⓝ 공급, 공급량 ⓥ 공급하다, 제공하다	□ ratio	ⓝ 비율, 비(比)
□ vary	ⓥ 다양하다, 다르다; 달라지다	□ approximate	ⓐ 대략의 ⓥ ~에 근접하다
□ commodity	ⓝ 상품, 일용품; 원자재	□ indicate	ⓥ 보여주다, 나타내다
□ trade	ⓝ 무역, 거래 ⓥ 교역하다, 거래하다	□ gap	ⓝ 격차; 공백, 틈

TO-DO LIST

□ MP3 듣기	□ 표제어와 예문 읽기	□ 파생어 외우기
□ Daily Check-up 풀기	□ 누적 테스트 풀기	□ 틀린 단어 복습하기
□	□	□

외운 단어에 V 못외운 단어에 ★

☐ consumer	ⓝ 소비자	☐ account	ⓝ 1 계좌 2 계정 3 설명 ⓥ 설명하다; 차지하다
☐ bill	ⓝ 1 고지서, 청구서 2 지폐 3 계산서 4 법안	☐ afford	ⓥ (~할 금전적·시간적) 형편[여유]이 되다
☐ reasonable	ⓐ 분별 있는, 합리적인; 비싸지 않은, 적정한	☐ asset	ⓝ 자산, 재산; 가치 있는 존재
☐ bargain	ⓝ 싸게 사는 물건, 특가품; 합의, 흥정 ⓥ 흥정하다	☐ withdraw	ⓥ 인출하다; 철수하다, 물러나다
☐ thrifty	ⓐ 절약하는, 알뜰한	☐ fortune	ⓝ 재산, 부, 큰돈; 행운; 운명
☐ factor	ⓝ 요인, 요소	☐ deposit	ⓝ 보증금; 계약금; 예금 ⓥ 예금[예치]하다; 퇴적시키다
☐ receipt	ⓝ 영수증	☐ accumulate	ⓥ (서서히) 축적하다, 모으다
☐ retail	ⓝ 소매 ⓐ 소매의 ⓥ 소매하다	☐ property	ⓝ 재산, 소유물; 성질, 특성
☐ boycott	ⓝ 불매 운동 ⓥ 불매 운동을 하다, 배척하다	☐ adequate	ⓐ 적당한, 충분한; 적임의
☐ luxurious	ⓐ 사치스러운, 호화로운	☐ initial	ⓐ 초기의, 처음의 ⓝ (이름의) 머리글자
☐ primary	ⓐ 주된, 주요한; 첫째의	☐ auction	ⓝ 경매 ⓥ 경매로 팔다
☐ profit	ⓝ 이익, 수익 ⓥ ~에게 이익을 주다	☐ loan	ⓝ 대출, 융자 ⓥ 빌려주다, 대출하다
☐ thrive	ⓥ 번창하다; 잘 자라다[지내다]	☐ debt	ⓝ 빚, 채무
☐ beneficial	ⓐ 도움이 되는, 유익한, 이로운	☐ bankrupt	ⓐ 파산한 ⓥ 파산시키다
☐ saving	ⓝ 절약; 저축, 예금	☐ strike	ⓝ 파업, 노동 쟁의; 공격, 타격 ⓥ 부딪치다; 치다, 때리다; 파업하다

외운 단어에 V 못외운 단어에 ★

☐ currently	🔊 현재, 지금	☐ nearly	🔊 거의; 하마터면
☐ then	🔊 그때에, 그 당시에; 그 다음에	☐ approximately	🔊 대략, 거의
☐ instantly	🔊 즉시, 즉각	☐ perhaps	🔊 아마도, 어쩌면
☐ immediately	🔊 즉시, 바로, 곧바로	☐ somewhat	🔊 어느 정도, 약간, 다소
☐ eventually	🔊 결국, 마침내(는)	☐ rather	🔊 약간, 상당히; 오히려
☐ yet	🔊 아직 conj 그러나, 그렇지만	☐ indeed	🔊 정말로, 실로
☐ originally	🔊 원래, 최초에; 독창적으로, 참신하게	☐ extremely	🔊 극도로, 극히; 대단히, 몹시
☐ frequently	🔊 빈번히, 자주	☐ merely	🔊 단지, 그저
☐ seldom	🔊 드물게, 좀처럼 ~않는	☐ particularly	🔊 특히, 특별히, 각별히
☐ occasionally	🔊 때때로, 이따금	☐ utterly	🔊 완전히, 전적으로, 아주
☐ obviously	🔊 분명히, 명백히	☐ increasingly	🔊 점점, 더욱더
☐ certainly	🔊 확실히; 물론	☐ dramatically	🔊 급격히, 극적으로
☐ apparently	🔊 겉보기에; 보아하니	☐ still	🔊 아직도, 여전히; 그래도, 그럼에도; 훨씬 ⓐ 움직임이 없는; 고요한
☐ seemingly	🔊 겉보기에; 보아하니	☐ closely	🔊 긴밀하게, 밀접하게; 자세히
☐ mostly	🔊 주로, 대개	☐ overall	🔊 전반적으로, 전체적으로 ⓐ 전반적인, 전체의

외운 단어엔 ∨ 못외운 단어엔 ★

☐ among	`prep` ~ 사이에서; ~ 중에서	☐ on the other hand	반면에, 다른 한편으로	
☐ beneath	`prep` ~ 바로 밑에, ~ 아래에	☐ therefore	`ad` 그러므로, 따라서	
☐ except (for)	`prep` ~을 제외하고, ~ 외에	☐ consequently	`ad` 그 결과, 결과적으로	
☐ regarding	`prep` ~에 관하여, ~에 대해	☐ as a result	그 결과, 결과적으로	
☐ within	`prep` ~의 범위 안에; ~ 이내에	☐ accordingly	`ad` 그에 따라, 그에 맞춰	
☐ throughout	`prep` ~ 동안 내내, ~을 통틀어; ~의 전체에	☐ moreover	`ad` 게다가, 더욱이	
☐ whereas	`conj` ~인 반면에, ~한데	☐ furthermore	`ad` 뿐만 아니라, 더 나아가	
☐ provided	`conj` 만약 ~라면, ~라는 조건으로	☐ in addition	덧붙여, 게다가	
☐ once	`conj` 일단 ~하면; ~하자(마자) `ad` 한 번; 한때, 예전에	☐ in other words	다시 말해서, 즉	
☐ whether	`conj` ~인지; ~이든 (간에 상관없이)	☐ that is (to say)	즉, 다시 말해	
☐ however	`ad` 하지만, 그러나	☐ for instance	예를 들어	
☐ nevertheless	`ad` 그럼에도 불구하고, 그렇기는 하지만	☐ in conclusion	결론적으로	
☐ in contrast	대조적으로, 반면에	☐ to sum up	요컨대, 요약하자면	
☐ on the contrary	그 반대로, 오히려	☐ likewise	`ad` 마찬가지로, 비슷하게	
☐ conversely	`ad` 반대로, 역으로	☐ otherwise	`ad` 그렇지 않(았)다면	

TO-DO LIST

☐ MP3 듣기 ☐ 표제어와 예문 읽기 ☐ 파생어 외우기

☐ Daily Check-up 풀기 ☐ 누적 테스트 풀기 ☐ 틀린 단어 복습하기

☐ ☐ ☐

VOCA
PLANNER

고등 **필수**   **Workbook**